중국의 정치사상

관념의 변천사

중국의 정치사상

# 관념의 변천사

장현근 지음

**한길사**

Chinese Political Thought: A Historiography of Ideas
by Chang Hyun - guen

Published by Hangilsa Publishing Co., Ltd., Korea, 2016

• 이 책은 2011년 정부(교육부)의 재원으로 한국연구재단의 지원을 받아 수행된 연구임(NRF-2011-812-B00005).

This work was supported by the National Research Foundation of Korea Grant funded by the Korea Government(NRF-2011-812-B00005).

중국의 정치사상
**관념의 변천사**

제 1 장

# 관념사와 정치

# 관념사 연구와 '정치' 개념

## 사상사를 넘어 관념사로

중국의 정치사상에 대한 연구는 오래되었다. 근대 이전의 중국지식인들은 인문주의적 시각에서 왕권 강화를 통해 사회를 안정시키려 했다. 또한 유가적 이상인 도의를 가장 위에 두고 전제왕권에 대한 회의와 반성을 교직해가는 입장이었다. 연구방법도 주로 학파 별로 원류와 학설을 소개하는 학안식學案式으로 전기傳記를 기술하는 방식이었다.

이를 뛰어넘어 중국에서 자주적으로 근대적 의미의 사상사 연구를 시작한 것은 1920년대 이후였다. 서양의 충격 앞에서 중국의 1세대 근대지식인들은 전통 유교 사대부들의 개혁 성향을 이어가는 한편, 발전된 서구 문물에 영향을 받아 새롭게 생각하기 시작했다. 유학이 그들 공부의 출발점이자 바탕이었기 때문에 그들의 연구방법은 전통적 인문주의와 문사철 일체의 정합적 틀을 크게 벗어나지 않는다. 양계초梁啓超가 1922년 쓴 『선진정치사상사』의 초기 제목을 '중국 성철聖哲의 인생관 및 정치철학'이라고 쓴 점만 보아도 알 수 있다. 이들은 뿌리를 중국전통사상에 두고 서양정치사상을 수용하는 글쓰기를 했다.

그리고 100여 년의 세월이 지나면서 중국정치사상 연구는 양적인 측면과 질적인 측면에서 장족의 발전을 이루었다. 과학적인 서양 방법론을 도입하여 중국정치사상사를 쓰는 연구경향이 주를 이루었다. 1930~40년대 소공권蕭公權의 저술과 그 결정판인『중국정치사상사』가 1945년에, 유물론적 시각을 견지한 여진우呂振羽의 저작들과 그 결정판인『중국정치사상사』가 1937년 출판되었다. 그에 이어 1946년 출간된 진계천陳啓天의『중국정치철학개론』, 서대동徐大同 등 북경대학 교수진에 의해 1981년 출간된『중국고대정치사상사』, 1987년 유택화劉澤華 선생의『중국전통정치사상반사』와 1996년『중국정치사상사』등 헤아릴 수 없을 정도로 많다.

하지만 위에서 언급한 중국정치사상 관련 연구들 가운데 일부는 관념사the history of ideas적 연구를 곁들인 저작도 있으나, 거의 대부분은 사상사intellectual history였다고 할 수 있다. 사상사는 사상적 경험의 지속과 변천 및 그 역사적 의의를 통사적 입장에서 다룬다.[1] 이는 서양정치사상사 연구에서도 거의 비슷한 경향을 보이고 있다. 우리나라의 경우도 지금까지 통시적diachronic 특성을 지닌 '사상사' 저술이 주류를 형성하고 있다. 사상의 진면을 파악하기 위해서는 공시성

―

1) 사상사와 관념사의 차이에 대해서는 장현근 엮음,『중국정치사상입문』(지영사, 1997) 내 45~85쪽 황준걸黃俊傑,「사상사 연구의 두 가지 방법」참조. 특히 46쪽에서 황 교수는 사상사는 철학사와도 다르며 "철학사에서 연구하는 대상은 특정한 철학적 전통의 지속과 변천이며, 특히 분석의 중점을 특정한 철학체계에 내재하는 논리관계에 둔다"고 했다.

synchronic이 함께 드러나야 한다는 점에서 이제 '관념사' 연구가 꼭 필요한 시점이 되었다.

주체적인 동양정치사상의 정립을 위해서도 중국의 정치와 사상적 경험이 바탕이 된 한국만의 독자적인 '중국정치사상' 저술이 이루어져야 할 것이다. 이를 위해서는 중국인의 정치에 관한 말과 사유의 전개과정을 '통찰'하는 작업, 그 통찰을 통해 장구한 중국 역사상의 정치적 경륜을 '발견'하는 작업, 동서양의 사상을 융합하는 보편적 진리에 다가가기 위해 '비교'하는 작업, 그리고 통찰과 발견과 비교를 거쳐 새롭게 '창조'하는 작업이 필요하다.

관념사, 사상사, 학술사, 철학사는 중첩된 부분도 있지만 각기 독자적인 영역을 가진 연구 분야이기도 하다. 중국정치사상 변천에 관한 관념사적 연구는 정치사상의 보편적 의미를 정립해가는 데 필요한 통찰, 발견, 비교를 가능하게 해줄 것이다. 예를 들면 동중서董仲舒의 천인天人관계론은 중국정치사상사의 일대 사건으로 향후 2천 년간 중국정치사상에 큰 영향을 미쳤는데, 동중서의 주장이나 지성사에서의 흐름을 단순한 서술해온 그동안의 사상사 혹은 철학사적 방식을 벗어나 '천인' 관념의 형성과 변천, 천인철학에 내재하는 논리구성 및 발전과정 등을 상세하게 비교해준다면 문화사적 의의가 훨씬 분명해질 것이다.

서양학계에서도 사상체계 내부의 관념과 관념 간의 구성관계에 치중하며 내재적 접근방법internal approach을 채택하여 '단위 관념'Unit-idea 또는 '관념군'Ideas-complex의 변화를 명확히 정리하고자 시도한 것이 오래되지 않았다. 이 추세의 대표적인 것으로는 러브조이Arthur O.

Lovejoy, 1973~62가 제창한 '관념사'觀念史, History of Ideas 연구를 들 수 있으며, 1940년 러브조이와 그의 추종자들은 『관념사연구학보』*Journal of the History of ideas*를 창간했다.

관념사 연구는 비록 사상의 주류가 되지는 못했다. 하지만 우리는 관념사 연구를 통해, 특정 사상이나 사상가의 기본 가설 및 그 변증법적 동기를 통찰할 수 있고, 사상의 대원칙과 그것이 형성하는 사회적 상관 관념과 정치사상의 역사적 영향을 발견할 수 있을 것이다. 관념사 연구는 사상의 내재적 구조와 논리의 변화를 중시하기 때문에 사회관계의 실상과 시대적 조건 등이 배제되었다는 비판을 받을 수도 있다. 그러나 언어나 파생 개념이 그렇듯이 어떤 관념이라도 역사적 배경과 사회적 조건에서 완전히 벗어날 수는 없다. 오히려 그러한 배경과 조건 위에서 형성되었다고 보는 것이 옳을 것이며, 사상사 변천의 내부논리를 중시한다는 것은 곧 의식적이든 무의식적이든 관념의 변천에 대해 그 자체로서 자주성을 지니고 있다고 할 수 있다.[2]

중국정치사상은 전통적으로 한나라 때의 몇몇 학자들에 의해 '대충' 정의된 유가, 도가, 묵가, 법가 등의 구분방식으로 설명되고 이해되어 왔으며 서로의 다른 점을 찾는 데 연구의 초점이 모아졌다. 하지만 관념의 변천을 탐색함으로써 '차이와 구별'에 기초한 인식은 '동질성과 통합'에 기초한 인식으로 바뀔 수 있다. 예컨대 사람의 마음心과 주변 환경의 관계에 대한 탐색을 보자. 장자의 정치사상은 마

---

2) 장현근 엮음, 『중국정치사상입문』, 같은 책, 47쪽 및 50~57쪽 참조.

음의 자주성을 강조하고 외부요인의 영향을 받지 않은 상태를 상정하므로 관념사적 연구와 잘 맞는다. 『장자』 「응제왕」應帝王 편은 "위대한 사람은 마음 씀이 거울과 같다. 따르지도 거역하지도 않으며 응하면서 감추지도 않는다. 그렇기 때문에 물질계를 초월하여 다치지 않을 수 있다"[3]라고 말한다. 반면 순자의 정치사상은 마음의 자주성을 강조하지만 외부요인의 영향을 강하게 받는 상태를 상정하므로 사상사적 연구를 진행해야 더 분명히 드러난다. 『순자』 「해폐」解蔽 편에는 "사람이 어떻게 도道를 알 수 있는가? 마음 때문에 가능하다. 심心이 어떻게 알 수 있는가? 마음은 텅 비고 순일하며 고요한 상태虛壹而靜이기 때문에 가능하다. 마음은 담지 못하는 게 없기에 텅 비어 있다虛고 말하는 것이며, 마음은 채우지 못하는 게 없기에 순일하다壹고 말하는 것이며, 마음은 움직이지 않는 때가 없기에 고요한 상태靜라 말하는 것이다"[4]라고 한다.

이러한 心에 대한 견해들은 사실상 사상과 행위 혹은 환경과의 관계를 중시하는 '사상사' 연구의 기본 전제가 된다. 두 경향은 다르지만 마음의 자주성을 중심에 놓고 정치를 생각했다는 점에서 관념사 연구는 사상사 연구와의 절충 및 보완이 필요하다. 장자의 심과 순자의 심을 융합적 관점에서 동시에 고찰하면 마음이 갖는 중국정치사상의 특질과 보편성을 훨씬 잘 이해할 수 있게 될 것이다. 따라서

---

3) 至人之用心若鏡, 不將不迎, 應而不藏, 故能勝物而不傷.
4) 人何以知道? 曰: 心. 心何以知? 曰: 虛壹而靜. 心未嘗不藏也, 然而有所謂虛; 心未嘗不兩也, 然而有所謂壹; 心未嘗不動也, 然而有所謂靜.

『중국의 정치사상: 관념의 변천사』는 각 학파의 차이에 기초했던 중국정치사상에 대한 연구 패러다임을 융합에 기초한 연구 패러다임으로 바꾸어가게 할 것이다.

### '정치' 관념의 탄생

이 책의 제목에 등장하는 '정치'政治라는 관념만 보더라도 이것이 근대 서양에서 들어온 것이라는 인식이 강해서 마치 동양 전통에서는 '정치'가 존재하지 않았던 것처럼 취급되기 일쑤였다. 공자는『논어』「위정」爲政 편에서 정치는 세상사를 명분에 맞게 바로잡는 것, 즉 '정자정야'政者正也라고 한다. 조선을 포함한 동양의 선비들이 추구한 지식은 근본적으로 치란지방治亂之方이었다. 그러나 현대적 의미의 정치politics 혹은 정치적인 것the political은 이 개념과는 거리가 멀다. 대체로 서양의 근대 시민사회와 관련이 있고, 현대 자본주의와 맥락을 같이한다. 따라서 '전근대적인 것' 또는 '봉건적인 것'으로 표상되는 동양사회의 전통에서 이 같은 관념을 끌어내고 연결시킨다는 것은 난감하기 그지없는 일이다.

하지만 동양의 전통 정치사상 속에서 '정치'의 어원과 관념의 변천을 파악함으로써 시민사회 우위론이나 경제 우위론 속에서 하위 관념으로 전락해가는 현대 '정치'의 문제점을 파악하고 대안을 마련해가는 지혜를 얻을 수도 있다. '정치'를 사람의 모든 행위에 드러나고 일체의 사고에 작용하는 근원적 성찰인 동시에 인간의 본성과 관계에 관한 사유의 총체로 보기 위한 관념사적 접근이 필요하다. 서양 근대 시민사회 이전에도 정치는 존재했으며, 경제가 우위를 차지하지 않았던 시절에도 정치는 존재했으며, 동서와 고금을 가르기 이전에도 인간이 모여 사는 곳이면 어디든 정치는 존재했다는 사고의 전제가 필요하다. 중국사상사에서 '정치'는 인간 삶의 가장 큰 밑그림이며 역사적 지혜의 결정체이기도 하다.

오늘날 '정치'政治라고 부르는 단어는 '정'政과 '치'治의 결합어이다. 治자는 고대 하천의 이름5에서 비롯된 형성形聲문자였다. 나중에 음을 빌려서 '우임금의 치수治水' 등으로 쓰였으며, 옥결理처럼 잘 다듬어지고 질서가 잡힌 상태를 뜻하게 되었다. 치료治療, 치학治學, 치국治國 등 광범위한 용례를 갖고 있다.

『고문자고림』古文字詁林은 政에 대한 상세한 정보를 제공해준다.6 종합하면 바를 정正자와 두드릴 복攴자의 회의會意문자로 보는 시각도 있고 형성문자로 보기도 한다. 고대에 政자는 정正으로도 썼으며, 정리정돈을 뜻하는 정整자와 통용되었다. 政자의 초기문자 변천의 대강을 살펴보면 아래 〈그림1〉과 같다.

━

5) 중국 산동성 동래東萊, 오늘날 龍口市 곡성曲城 양구산陽丘山에서 발원하여 바다로 흘러가는 하천 이름. 『설문해자』원문은 "治, 水. 出東萊曲城陽丘山, 南入海. 從水台聲"이다. 『상형자전』象形字典에서는 금문 묘돈卯敦의 자를 빌어 治의 뜻을 나타냈다고 한다. 공적인 판단으로 혼란을 바로잡는다는 의미라고 하지만 정확한 근거는 제시하지 않았다. 『象形字典』(이하『상형자전』) http://vividict.com/WordInfo.aspx?id=3985 참조.

6) 李圃 主編, 『古文字詁林』제3책(上海敎育出版社, 2004. 12, 이하『고문자고림』), 629~630쪽.

| 燕 686 | 毛公鼎 | 설문해자 |
|--------|--------|---------|
| 갑골문 | 금문 | 소전 |

**그림 1 政자의 변천**

'正'자는 원래 정벌한다는 정征의 본자이다. 갑골문에는 행군한다는 의미의 ✦止 위에 읍성을 뜻하는 □자를 덧붙인 글자로서 마을 위를 행군해 질서를 잡는다는 의미로 쓰였던 것이다. 갑골문 ✦은 正자 오른쪽에 무기를 들고 두들겨 공격한다는 뜻의 ✦攴자를 붙여 '무력으로 정복하여 힘으로 통치를 행한다'는 뜻이다. 금문은 正자와 攴자가 변화된 글자이며 소전은 금문의 연속이다. 『묵자』墨子「천지상」天志上 편에 "반드시 윗사람을 좇아 아랫사람을 政한다"[7]고 함이 원뜻에 가깝다. 『시경』詩經「대아·황의」大雅·皇矣에선 '기정불획'其政不獲 즉 '그 정치가 민심을 얻지 못했다'고 한다. 여기서의 政은 정치 교화의 의미로 쓰였다. 이 관념은 차츰 확대되었다. 『대대예기』大戴禮記「용병」用兵 편의 '제후역정'諸侯力政의 政은 정벌의 의미로, 『예기』禮記「악기」樂記 편의 '서민이정'庶民弛政의 政은 세금의 의미로, 『한비자』韓非子「오두」五蠹 편의 '선왕지정'先王之政의 政은 정책 또는 법령의 의미로, 『손자』孫子「모공」謀攻 편의 '하정공성'下政攻城의 政은 전술적 책략의 의미로 쓰였다. 政 관념은 갈수록 다양해지면서 이른바 정치적인 것들을 모두 포함하게 된 것이다.

---

7) 必從上之政下.

『좌전』左傳에는 집정執政이란 말이 자주 보이며, 「선공 12년」에는 "덕이 세워지고, 형벌이 적절히 시행되고, 정치가 성공적이고, 사무가 모두 적합하고, 모두가 제도를 따르고, 예가 순조로워야"[8]한다는 등 政 관념의 외연을 이야기하고 있다. 이런 政에 대하여 가장 종합적으로 탐구하고 있는 책이 『논어』다. 「위정」 편에서 공자는 "정政으로 이끌고 형刑으로 질서를 잡으면 백성들이 법망만을 피해 가며 부끄러움이라곤 없는데, 덕德으로 이끌고 예禮로 질서를 잡으면 마음으로 부끄러워할 뿐만 아니라 행실이 바르게 된다"[9]고 말한다. 공자는 政 관념을 매우 유동적으로 해석하여 정권이나 정령政令 외에 효성과 우애도 政의 한 부분이라고 보았다. 같은 편에서 그는 "어찌 정무에 종사해야만 政을 하는 것이겠는가?"[10]라고 반문한다. 정치는 우리 삶의 어디에도 존재한다는 얘기다.

이처럼 동양 전통시대의 정치에 대한 사유의 기본을 형성하게 해주고 가장 영향력이 있었던 대표적인 서적이 『논어』다. 『논어』에는 政자가 43차례 출현하고, 治자는 6차례 출현한다. 위 인용문에 보이듯 政은 오늘날 용어로 번역하자면, 국가 또는 각급 조직의 행정, 각종 정무 혹은 정책 입안 등에 종사하는 일, 이해관계를 조정하는 일, 질서를 바로잡는 일 등을 말한다. 治는 그렇게 하여 질서가 잡힌 상태를 뜻한다. 治의 최고 상태는 순임금의 통치와 같은 이상적인 경

---

8) 德立, 刑行, 政成, 事時, 典從, 禮順.
9) 子曰: "道之以政, 齊之以刑, 民免而無恥; 道之以德, 齊之以禮, 有恥且格."
10) 書云: '孝乎惟孝·友于兄弟, 施於有政.' 是亦爲政, 奚其爲爲政?

계를 말하는데, 공자는 위에서 언급했듯이 형刑, 덕德, 예禮, 정正 등을 모두 治의 질서상태에 이르는 정치적 행위로 언급하고 있다. 위 인용문에 등장하는 政을 오늘날 용어로 굳이 번역하자면 정치, 행정, 정무, 정사, 정령政令, 정책, 정부 등이다. 공자는 형벌에 의한 질서를 예에 의한 질서보다 하위가치로 보고 있으며, 같은 논리로서 그 자신의 이념적 총 강령인 德을 政의 상위가치로 상정한다. 어찌되었든 다양한 인간사회의 관계망 속에 질서를 생각했던 것은 오늘날 우리가 생각하는 '정치'와 대동소이하다.

이런 점에서 동양의 경전들은 대부분 『논어』나 『맹자』孟子와 유사한 정치학 교과서들이다. 이들은 대부분 다스려진 상태, 질서가 이루어지는 상태를 치세治世라고 한다. 이 치세의 달성을 위해 동양의 문헌들은 政을 포함한 무수한 개념들을 생산했다. 예컨대 '다스린다'는 의미의 한자만도 수십 글자가 넘는다. 『대학』의 '수신제가치국평천하'의 수修, 제齊, 치治, 평平이 그렇고, 예乂, 리理, 발撥, 청聽, 관管 등이 그렇다. 특히 유가사상의 경우 인仁, 의義, 예禮, 지智, 신信이나 학學, 문文과 효孝, 심지어 예禮와 악樂 또한 治에 이르기 위한 정치적 행위이자 정치학적 탐구대상들이다. 군자君子는 그러한 '총체'적 덕목들을 한 몸에 갖춘 위대한 정치가의 표상이다. 이렇게 '정치적인 것'들을 다룬 경전을 읽고 외워 관료의 길에 들어섰던 전통시대의 지식인들은 정치를 '총체적인 것'으로서 삶과 인간관계의 완전한 질서체계로 생각하면서 '政의 治'를 실천하는 군자를 지향하며 살아왔던 것이다.

'政의 治' 상태를 얘기하는 '政治'라는 단어는 초기의 경전과 사서 및 제자백가의 서적에 아주 흔하게 발견된다. 『서경』書經「주서 · 필명」周書·畢命 편에는 "도道가 政治를 흡족케 하고, 은택이 생민을 윤택케 하다"[11]라고 한다. 통치자가 도의에 입각해서 행동하면 政은 넉넉히 治의 상태에 이른다는 뜻이다. 『주례』周禮「지관 · 수인」地官·遂人 편에 경작지를 관리하는 수인이란 관직을 설명하면서 "…하여 그 정치금령政治禁令을 관장한다"[12]고 한다. 政이 治를 할 수 있도록 하는 일체의 행정적 조치들이란 의미다. 특히 교육과 교화의 정치적 작용을 특징으로 하는 유가의 정치학은 '政을 治'하게 하는 관건으로서 통치자의 교화능력을 정치의 핵심으로 보았다. 이런 유가사상의 '政治' 개념을 한나라 때 가의賈誼는 그의 『신서』新書「대정 하」大政下 편에서 다음과 같이 정리했다. "백성은 제후의 근본이고, 교화는 政의 근본이며, 도는 교화의 근본이다. 도가 있은 연후에 교화가 이루어지고, 교화가 이루어진 연후에 政이 治되며, 政이 治된 연후에 백성이 그것을 권면하게 되고, 백성이 서로 권면하게 된 연후에 국가는 풍성하고 부유해진다."[13]

이처럼 전통시대 중국의 '정치' 관념은 제 몸을 바르게 다스리고, 사회의 도덕적 질서를 구현하며, 공동체의 선한 질서와 관련된 모든 것이었다. 정치는 내면의 심성수양을 포함하여 인간생활의 거의 모든 영역과 관련된 문제였다. 사람의 일거수일투족에서 일생동안의

---

11) 道洽政治, 澤潤生民.
12) 掌其政治禁令.
13) 夫民者, 諸侯之本也; 教者, 政之本也; 道者, 敎之本也. 有道然後敎也, 有 敎然後政治也, 政治然後民勸之, 民勸之然後國豐富也.

삶의 양식, 가족 - 집안 - 마을 - 국가의 모든 일이 도덕실천의 범주였고 그것이 곧 정치였던 것이다. 중국에서는 청나라 말까지, 우리나라는 고종 때까지도 정치를 그렇게 이해했다.

그런데 근대 서구의 정치 관념이 들어오면서 총체적인 것으로서 전통적 정치 개념은 '희소가치의 권위적 배분'이라든가 '권력을 통한 지배와 복종의 상호관계' 정도의 협애한 관념으로 의미가 축소되고 말았다. 일본인 니시 아마네西周가 1867년 영어 politics의 번역어로 '政治'란 단어를 처음 사용했고 후쿠자와 유키치福澤諭吉가 일본에서 확산시켰다. 이것이 이른바 '신식 학문'으로 중국과 한국으로 흘러들어가면서 근대 동아시아의 정치 관념을 지배하게 되었다. 손문孫文이 정치를 '뭇 사람을 관리하는 일'管理衆人之事로 보며, civil power를 政으로 government power를 治로 정의하면서 중국전통정치사상은 통치統治라고 주장한 것14 또한 전통적 '정치' 관념의 총체성이라는 본질을 간과하고 있다. 근대 한국의 경우도 마찬가지였다.15

따라서 우리가 이런 관념의 변천사를 이해한다면 정치학이 분과학문의 하나가 아니라 인문사회과학 전체를 아우르는 종합 학문임을 이해하게 될 것이다. 정치는 인간사회를 보다 나은 곳으로 이끄는 공동선을 창출하는 것으로서 철학이며, 경제며, 교육이다. 곧 역사와 철학을 포괄하는 '사람 사이'人間에 일어나는 일의 총체를 말한

---

14) 孫文, 『三民主義』「民族主義 第六講」 참조.
15) 이에 대한 상세한 논의는 장현근, 「근대 한국정치학과 '정치' 인식의 불연속성」(서강대사회과학연구소, 『현대정치연구』 제5권 제1호, 2012. 4), 155~180쪽 참조.

다. 정치는 사람의 삶 속에 녹아있는 것, 사람 사이에 살아 움직이는 도덕 그 자체, 공동체의 덕성과 관련된 모든 인간됨의 표상이다. 경제나 경영이나 법률이나 교육 등은 넓은 의미에서 정치의 하위개념이 된다. 이렇게 전통적 정치의 본질적 의미가 교육되고, 그 진정한 의미에 대한 사회적 합의가 이루어진다면 그저 권력다툼으로만 취급하거나 때로 경멸의 대상이 되기도 하는 현대인들의 '정치'에 대한 인식을 바꿀 수 있을 것이다.

이상 '政治' 관념을 예로 들어보았는데[16], 이처럼 사상의 내부 경로를 쫓겠다는 나의 저술동기와 목적이 처음은 아니다. 슈월츠 Benjamin I. Schwartz[17]나 여영시余英時[18] 등은 사상변천의 내부 경로를 중시한 연구를 한 적이 있다. 이들은 송명이학 가운데서 지성주의와 반지성주의, 존덕성尊德性과 도문학道問學 등 쟁론에 대한 탐구를 통해서 중국정치사상의 발전방향에 대한 새로운 설명을 만들어내었다. 『중국의 정치사상: 관념의 변천사』는 한편으로 이들의 논의를 계

16) 이상 '政治'에 관한 내용은 장현근, 「道家 · 法家의 관점에서 본 정치와 교육」(용인대학교인문사회과학연구소, 『인문사회연구』창간호), 1998. 3, 183~200쪽; 장현근, 「儒家思想의 養 · 敎 · 治論: 경제 · 교육 · 정치의 상관성」(고황정치학회, 『고황정치학회보』제2집, 1999. 5), 47~62쪽의 일부를 인용하고 수정 보완한 것이다.

17) Benjamin I. Schwartz, 張永堂 옮김, 「關於中國思想史的若干初步考察」(張永堂 等 옮김, 『中國思想與制度論集』, 臺北: 聯經出版事業公司, 1976), 1~20쪽을 참조.

18) 余英時, 「淸代思想史的一個新解釋」, 『歷史與思想』(臺北: 聯經出版公司, 1993), 124쪽.

승하지만 지리멸렬한 현학적 담론에 빠지지 않도록 가능하면 사상의 사회성이란 입장을 시종 견지하고자 한다. 예를 들면 같은 맹자 연구라 하더라도 대동원戴東原의 『맹자자의소증』孟子字義疏證처럼 시대성, 사회성을 중시했던 책들에 내재하는 관념 및 관념군을 설명하고자 한다.

중국 사상사를 연구할 때 부딪히는 어려운 점 가운데 하나는 고문헌의 성립시기를 특정할 수 없다는 점이다. 심지어 같은 책 내의 편들도 시기가 다른 경우가 많다. 이 때문에 왕왕 주장의 신빙성이 떨어지고 잘못된 판단을 내릴 가능성이 있다. 현재 우리가 사용하고 있는 고전문헌의 대부분은 한나라 때 재정리된 것들이다. 그 이전의 문헌들은 아직 정본작업이 이뤄지지 않았으며 성립시기에 대해서도 학자마다 생각이 다르다. 최근 많은 발굴이 이루어지고 있어 위서僞書 논쟁이 더 치열해졌으며 정립이 될 때까지 상당한 시간이 걸릴 것이다. 『일주서』逸周書처럼 오랫동안 위서로 여겨지다가 최근 학자들에 따라 정본으로 인정하는 경우도 있다. 이 책에서 공자 이전의 관념, 제자백가의 관념이란 가장 중요한 부분 또한 이 논쟁에서 자유로울 수 없다.

예를 들면 이 책의 가장 중요한 참고문헌인 『서경』만 보더라도 일부는 이미 은나라 말에 성립되었고 전국시대 말기에는 정본定本이 있던 것으로 추정이 되지만, 금고문今古文 논쟁이 일어난 한대부터 위서 논쟁이 끊이지 않고 있다. 『서경』 전체를 보면 전설시대의 요순堯舜 기록부터 춘추시대 중기까지의 정치사를 다루고 있어 정확히 언제의 일이냐고 묻는다면 난감해진다. 동양사상 연구의 고질적 문제이므로 이 책 또한 관념들의 출현과 변천의 정확한 시대를 특정하지는 못하고 수백 년 시대 단위로 묶어서 얘기하고자 한다. 이 책에서 춘추시대 말기에 살았던 공자를 경계로 삼은 것도 문헌의 시기와 관련된 애매함 때문임을 이해해주기 바란다.

이 책은 중국사상사를 공부하고 연구하는 사람들을 위한 일종의 시론試論이다. 중국은 역사의 연속성 측면에서 보면 세계에서 가장 길고 광범한 내용을 지닌 나라다. 정치사의 영역에서도 오랜 경륜과 수준 높은 논쟁과 제도적 성취의 역사를 지니고 있다. 따라서 중국정치사상사에 등장하는 개념은 헤아릴 수 없을 정도로 많으며, 누가 어떤 의도로 저술하느냐에 따라 그 중요성이 달라질 수 있는 숱한 관념들을 내포하고 있다. 이 책은 30여 년간 중국정치사상을 천착해 오면서 내가 중요하다고 생각하는 중국정치사상사 내의 기본적인 관념들을 모아서 기초적인 의미부여를 하고, 관념의 변천에 대해 설명하고 분석한 책이다.

중국에서 일찍이 출간된 523만 5천 자에 달하는 『중화사상보고』中華思想寶庫와 318만 3천여 자의 『중국사상보고』中國思想寶庫라는 방대한 책에는 다양한 관념들을 분류하고 고전문헌 속에서 관련 구절을 뽑아 정리해놓았다. 이 두 책은 관련 관념과 관계있는 문단들을 뽑아 편집했기에 전체적인 맥락은 파악하기 어렵지만, 각 시대 대표적 저자들의 단위 관념에 대한 용례를 파악할 수 있기 때문에 가장 유용한 자료로 활용되었다. 갑골문, 금문 등 고문자 관련해서는 상해교육출판사上海教育出版社에서 간행한 12권짜리 『고문자고림』이 큰 참고가 되었다.[19] 그 외에도 사전 및 전적들의 전자화가 급속히 진행되는 추세에 맞추어『한전』漢典,『상형자전』象形字典20,『백도백과』百度百科,『유기백과』維基百科 등도 관념사 연구의 중요한 자료로 이용했다. 무엇보다도 중국의 고전 저작들을 거의 망라한『중국철학서전자화계획』中國哲學書電子化計劃은 관념의 변천 흔적을 찾는데 결정적이고도 빠른 도움을 준다. 중화서국中華書局이 간행한『십삼경주소』十三經注疏와 병행하여 대조하면서 활용했다.

이 책은 서론과 결론을 포함하여 총 13장으로 구성한다. 기본적으로 각 장마다 philology, philosophy, political thought의 3단계 구성 방식을 취했다. 제1절에선 갑골문, 금문, 소전을 분석하고 해당 관념의 최초의 어원과 자의의 변천을 설명한다. 제2절에서는 중국정치사상사에 있어서 단위 관념의 전환에 절대적 공헌을 했던 공자를 중심으로 그 이전 초기 문헌들에 보이는 해당 관념의 의미, 공자 이후 제자백가의 사상경향에 드러난 철학적 논의들과 그것의 역사적 변천, 그리고 진한秦漢 이래 명청明淸까지 제국帝國시대에 해당 관념들의 변천사를 탐구한다. 제3절에서는 그 관념 및 관념의 변천과정이 정치사상적으로 어떤 의미를 지니고 있는가, 혹은 어떤 논쟁을 불러

---

19) 이 책의 갑골문자 그림과 관련해서는 주로『고문자고림』古文字詁林을 위주로 했으며, 徐中舒 主編,『甲骨文字典』(成都: 四川辭書出版社, 2006), 趙誠 編著,『甲骨文簡明詞典 -卜辭分類讀本』(北京: 中華書局, 1999) 등을 참고했다.

20)『상형자전』은 1985년 호북사서출판사湖北辭書出版社 와 사천사서출판사四川辭書出版社가 함께 출판한 세 권짜리『한어대자전』漢語大字典의 그림을 정리한 것이다. http://vividict.com

일으켰는가, 어떤 영향력을 발휘했는가 등을 나누어 규명했다.

이 책의 목차 및 순서는 나의 주관적인 생각에 의거해 설계했다. 참고할 만한 선행 업적이 없고, 무엇이 중요한지 객관적 평가를 가능케 해주는 참고서도 거의 없기 때문이다. 인터넷을 통해 언제든 쉽게 검색이 가능하기 때문에 등장인물들의 생몰연대와 행적 등은 자세히 밝히지 않았다. 관념의 변천에 가장 깊은 영향을 미친 것은 제자백가의 책들인데 모든 문헌을 언급할 수가 없어 정치사상에 가장 큰 영향을 미친 유가, 묵가, 도가, 법가 서적을 중심으로 분석했다. 또한 진한秦漢 이래 명청明淸까지의 제국시대는 그 방대한 책들을 다루기가 불가능하여 큰 흐름 속에서 관념의 변천에 지대한 영향을 미쳤다고 생각되는 책을 우선으로 다루었다. 책의 선정에는 나의 주관적 생각이 많이 반영되었다.

나는 다음과 같은 입장에서 서론과 결론을 포함한 13장의 목차를 구성했다: 정치政治는 이렇다. 하늘의 명이 있어天命, 사람의 마음과 본성이 있고心性, 나라와 집안이 있고國家, 군주와 제왕이 있고君王, 신하와 백성이 있다臣民. 도덕道德과 인의仁義와 예법禮法의 통치원리가 있고, 충효忠孝와 공사公私의 윤리가 있고, 화이華夷의 국제관계가 있다. 이상 중국정치사상사에서 중요하다고 생각되는 총 24개의 관념을 중심에 놓고 그와 연관된 중요한 개념어들은 중간중간에 간단하게 소개했다.

제 2 장

# 천명

정치는 사람의 일이다. 사람과 사람 사이에 벌어지는 행위에 관한 일이다. 고대 중국인들은 사람의 존재를 하늘과 분리해서 생각하지 않았다. 정치는 天과 인간의 소통과 깊은 관계가 있으며 군왕의 통치는 천의 命에 따른 것이라고 생각했다. 이 장에서는 중국정치사상 이론의 기초로서 천명 관념의 기원과 변천의 과정을 분석한다.

• 이하 천명 관념의 내용은 장현근, 「중국고대정치사상에서 천명$^{天命}$ 관념의 등장과
군권의 정당화」(중국학연구회, 『중국학연구』 73집, 2015.8)과 장현근, 「중국에서
천$^{天}$ · 천하$^{天下}$ 관념의 형성과 보편화 및 그 한계」(양승태 외, 『보편주의: 새로운 세
계를 위한 정치사상사적 성찰』, 책세상, 2016)의 일부를 수정한 것이다.

# 1. 천天 · 명命 관념의 형성

### 天의 어원

사전 특히『한전』漢典에 따르면 천天의 의미는 크게 날짜day, 신God, 하느님Heaven, 자연nature, 하늘sky, 날씨weather 등의 의미로 광범하게 쓰인다. 사람의 활동공간과 관련된 이 글자는 중국문화에서 신비적이고 종교적인 함의를 지닌 관념으로 오랫동안 기능하고 있다. 중국인들은 天을 존중하고 공경했다.

갑골문부터 진秦대의 소전까지 天자가 어떻게 변천해왔는지는 다음 〈그림2〉와 같다. 한대 이래 해서체에서부터 오늘날의 글자인 '天'이 되었다.

| 甲3690 | 乙1538 | ⟨頌⟩鼎 | 설문해자 |
|--------|--------|--------|----------|
| 초기갑골문 | 후기갑골문 | 금문 | 소전 |

**그림 2 天 자의 변천**

동작빈董作賓의 『은허문자갑편』殷虛文字甲編 3690에 등장하는 옷자는 큰 사람 즉 제사를 올리는 사람의 위에 텅 빈 공간을 뜻하는 동그

라미를 올리고 있다. 이 글자보다 후기에 등장하는 글자인 동작빈의
『은허문자을편』1538의 夫자는 저 높은 곳을 뜻하는 二자 형상을
올려놓고 있다. 모두 天자의 원형이다. 서주 후기 주 선왕周宣王 때의
청동기 송정頌鼎에 등장하는 天자는 오늘날의 글자와 거의 같다.

　보통 고대문자에서 사람 인人자는 卜자 형상으로 허리를 굽히고
노동하고 있는 모습으로 농사짓는 보통사람을 뜻한다고 할 수 있다.
그런데 갑골문과 금문에 이보다 훨씬 많이 등장하는 글자는 夫이다.
『고문자고림』의 내용을 종합하면 卜자는 옆모습이고 夫자는 직립해
있는 앞모습이라는 주장도 있으나 조상의 모습 또는 제사장의 모습
을 상형했다는 주장도 있다.[1] 天은 이렇게 위대한 사람들의 위에 있
는 존재라는 추상적 의미와 저 위에 존재하는 자연물인 하늘을 지사
指事한 문자일 수 있다. 특별한 경우 인체에서 가장 높은 부분인 정수
리를 뜻하는 글자로도 쓰인다. 허신許愼은 『설문해자』說文解字에서 꼭
대기를 의미하는 전顚으로 해석하고 의미는 지고무상至高無上으로 풀
이했다.[2] 이에 대해 단옥재段玉裁는 『설문해자주』說文解字注에서 상세
한 설명을 덧붙이고 있다. 요약하면 天은 顚으로 으뜸으로 큼丕大을
뜻하고, 그래서 첫 시작元始을 의미한다. 顚은 사람의 정수리로 가장
높은 곳이다. 신하에게 있어서 군주, 자식에게 있어서 아버지, 아내
에게 있어서 남편, 백성에게 있어서 음식은 모두 天이라 부르며 그

---

1) 『고문자고림』 제8책, 775~780쪽.
2) 顚也. 至高無上, 從一大. 他前切.

위대함이 둘도 없는 지고무상의 존재이다.[3]

『고문자고림』에는 天에 대한 방대한 정보[4]를 싣고 있으며, 서중서의 『갑골문자전』에는 갑골문에 보이는 天의 용례를 다음 네 가지 의미로 구분한다. 1) 사람의 정수리, 2) 크다는 뜻, 3) 지명이나 방국方國의 이름, 4) 사람의 이름 등이다. 갑골문 근거자료들을 보면 대大자와 내왕하는 의미로 '天雨'를 '큰 비가 내렸다'라고 하는 식으로 많이 사용되었다. 초기의 天자에서는 아직 주재자나 계시자와 같은 추상적 의미를 발견하기 어렵다. 문자의 성립은 보편적으로 인체로부터 비정한다. 고대 중국에서도 땅 위의 공간에서 가장 높고 큰 곳을 인체의 정수리를 비정하여 天이라고 쓴 듯하다.

우리말의 '하늘'에 해당하는 사람의 머리 위 저 높은 곳을 지칭하는 天은 시대를 관통하며 항상 비슷한 의미로 사용되었다. 초기 문헌인 『시경』 『서경』 『주역』에는 天자가 수백 차례 등장하는데 상당 부분이 그런 의미로 사용되고 있으며, 그보다 7~800년 뒤에 형성된 『맹자』 「공손추 하」公孫丑下 편에 "천시天時는 지리地利만 못하다"의

---

3) 전문은 다음과 같다. 顚也. 此以同部疊韵爲訓也. 凡門聞也, 戶護也, 尾微也, 髮拔也皆此例. 凡言元始也, 天顚也, 丕大也, 吏治人者也皆於六書爲轉注而微有差別. 元始可互言之. 天顚不可倒言之. 蓋求義則轉移皆是. 擧物則定名難假. 然其爲訓詁則一也. 顚者, 人之頂也. 以爲凡高之偁. 始者, 女之初也. 以爲凡起之偁. 然則天亦可爲凡顚之偁. 臣於君, 子於父, 妻於夫, 民於食皆曰天是也. 至高無上. 從一大. 至高無上. 是其大無有二也. 從一大. 於六書爲會意. 凡會意合二字以成語. 如一大, 人言, 止戈皆是. 他前切. 十二部.

4) 『고문자고림』 제1책, 17~28쪽.

天도 마찬가지이다. 맹자 사후 7~800년 지난 뒤 제갈량諸葛亮의 「출사표」出師表에 나오는 '천하삼분'天下三分도 마찬가지고, 그 후 7~800년 지난 뒤 송나라 범중엄范仲淹의 「악양루기」岳陽樓記에 '상하천광'上下天光이라 했을 때의 天의 의미도 비슷하다. 오늘날 우리가 습관적으로 사용하는 '천하'라는 말이 天의 어원을 대표한다고 할 수 있다. 갑골문의 최초 용례와 비슷하게 天의 어원적 의미는 통시대적 공통성을 지니며 유지되고 있다고 할 수 있다.[5]

## 命의 어원

『고문자고림』은 명命 관련 고대어 정보를 다양하게 싣고 있다.[6] 이에 따르면 영令자와 命자는 같은 어원을 지니며, 고대에 두 글자는 서로 통용되었다고 한다. 주준성朱駿聲은 이를 구분하여 일에 대한 것이 令이고 말에 대한 것이 命이라고 했다. 令은 일을 시킨다는 뜻이고 命은 호령을 발포한다는 뜻이라는 것이다. 〈그림3〉은 초기 문자의 모습이다. 令이 먼저 생겼고 命은 나중에 생긴 글자이다. 소전은 해서 命자와 흡사하다.

---

5) 天 관념의 변천에 대해서는 장현근, 「중국에서 천天·천하天下 관념의 형성과 보편화 및 그 한계」(양승태 외, 『보편주의: 새로운 세계를 위한 정치사상사적 성찰』, 책세상, 2016)에 상세하다. 여기서는 그 일부를 반영했다.
6) 『고문자고림』제2책, 34~37쪽.

| 鐵12·4 | 兔盤 | 伊簋 | 설문해자 |
|--------|------|------|----------|
| 갑골문 | 초기금문 | 후기금문 | 소전 |

그림 3 命(令) 자의 변천

유악劉鶚의『철운장구』鐵雲藏龜 12 · 4의 글자와 초기 금문인 면반 兔盤의 글자는 모두 명령의 영令자로 초기에는 命과 令이 한 글자로 쓰였다가 후기 금문인 이궤伊簋에 와서 〈그림3〉의 해당 글자로 오늘 날 命자와 같아진다. 동사적 용법을 지닌 회의문자이다. 위는 아래 를 향하고 있는 입 모양 ▲口이고, 아래는 꿇어앉아 지시를 기다리는 부하의 모습이다. 위에서 아래 부하를 향해 입을 열어 말을 내뱉는 권위적인 모습을 그린 것으로 보인다. 초기 금문의 자형은 갑골문의 아랫부분 꿇어앉은 사람 모습을 변형한 것이고, 후기 금문에는 아 랫부분에다 입 ㅂ口을 하나 더한 모습으로 명령에 대한 강조를 표현 했다.

한편 서중서의『갑골문자전』에서는 命과 令이 같은 글자임은 긍 정하지만, 어원적으로는 다르게 해석한다. 令의 아랫부분 해석은 『상형자전』과 같으나, 윗부분 ▲는 令의 갑골문 ▲의 아래 획이 생략 된 것으로 본다. 이 글자는 목탁 즉 나무경쇠의 상형이다. 옛날 사람 들은 목탁을 두드려 호령을 발했고, 아랫사람들은 무릎을 꿇고 명령 을 듣는 형상이라는 것이다. 명령을 발하고 듣는다는 점에선 비슷한 의미이다.

『설문해자』에서는 "命은 무엇을 시키는 것이다. 口를 따르고 令

을 따른다"[7]라고 한다. 口자와 令자가 합해진 회의문자라는 이야기다. 입을 벌리고 영을 하달하는 것과 관련을 짓고 있어 갑골문의 원래 뜻에 가깝다. 또한 令자에 대해서는『설문해자』에 "令은 호령을 발하는 것이다"[8]라고 한다. 命과 令 모두 위에서 아래를 향해 무엇을 하도록 시키는 것을 말한다. 우리 국어사전에 나오는 '명령'의 정의와 같다. 命의 어원적 의미가 오늘날까지 그대로 통용되고 있는 것이다.

『시경』「대아 · 권아」<sup>卷阿</sup> 편에서 "군자가 命을 내리니"라는 용례와『맹자』「이루 상」편에 "令을 내릴 수 없을 뿐더러 命을 받지도 못하면 이는 만물의 모든 관계를 끊는 것이다"[9]에서의 命과 令은 모두 같은 어원을 지닌 말이다. 제갈량「출사표」의 '봉명'<sup>奉命</sup>이나 송대에 성립된『자치통감』<sup>資治通鑑</sup>의 "기쁘게 命을 따른다"도 '명령'을 뜻하는 원래의 뜻과 같다.[10]

___

7) 命, 使也. 從口, 從令.
8) 令, 發號也. 從亼卩.
9) 既不能令, 又不受命, 是絶物也.
10) 한편 동식물의 생활능력을 뜻하는 '생명' 용례의 命 또한 위의 무언가로부터 명령을 받아 이루어진 것으로 보았던 것 같다. 수명<sup>lifetime</sup>의 命도 비슷한 경우로 命의 원래 뜻이 의미 확장을 한 결과로 보인다.『사기』「평원군우경열전」에 벌써 "왕의 命은 수<sup>壽</sup>의 손에 걸려 있다"는 용례가 있는 것으로 보아 진한시대에 벌써 이런 의미의 확장이 이루어진 듯하다.

## '천명' 관념의 등장

주지하다시피 공자는 나이 50세에 '천명天命을 알았다'고 한다. 청나라 태조 누르하치는 후금을 세우고 연호를 천명天命,1616~26이라 했다. 공자의 '천명'은 하늘로부터 부여받은 운명의 자각을 말하며, 누르하치의 '천명'은 하늘로부터 새로운 왕조 개창의 명령을 받았다는 뜻이다. 중국 역사에서 무수한 혁명과 반란을 일으키게 만들었던 하늘의 명령 즉 天命은 어떻게 등장한 관념이었을까.

'天命'의 天은 우리가 생각하는 자연이나 물질로서의 天은 아닐 것이다. 주재자이기도 하고 계시자이기도 하며, 이법理法의 궁극적 실천자이기도 하다. 따라서 어원적으로 우리 머리 위의 저 먼 창공을 뜻하던 天이 언제 이런 의미를 지니게 되었는지 파악한다면 天命 관념의 등장을 설명할 수 있을 것이다. 이와 관련된 연구는 매우 많은데 대표적으로 풍우란馮友蘭은 중국인 마음속의 천을 '주재主宰의 天', '물질物質의 天', '운명運命의 天', '자연自然의 天', '의리義理의 天' 다섯 가지로 구분한다.[11] 부패영傅佩榮은 중국문화의 유장한 흐름을 유가儒家의 질서로 파악하고 그 속의 天은 통치자統治者,Dominator, 계시자啓示者,Revealer, 심판자審判者,Judge, 조생자造生者,Creator, 재행자載行者, Sustainer, 이렇게 다섯 가지 성격을 지니고 있다고 말한다.[12]

---

11) 馮友蘭, 『中國哲學史新編 上』(北京: 人民出版社, 2004), 103쪽 참조.
12) 傅佩榮, 『儒道天論发微』(臺北: 臺灣學生書局, 1985), 27쪽 이하 참조. '天' 관념에 대한 세계적 연구 성과들을 망라하고 있는 부패영의 책은 특히 수많은 아이디어를 제공해준다. 일부 논의가 필요한 부분이 있지만 나 또한 이 책의 분석에 상당히 의존했다.

선진 유가문헌 속에 등장하는 天 관념에 대한 구양정인歐陽禎人의 최근 연구는 天 관념의 변천에 대해 다양한 분석을 시도하고 있다.[13] 제帝를 숭상하긴 했으나 은나라 때도 天에 대한 다양한 의미부여가 있었다. 앞에서 갑골문 복사를 통해 살펴보았듯이 天은 처음부터 가장 크고 높은 존재를 비정했다. 따라서 신정일체神政一體의 시대인 은나라에서 '최고의 존재' 즉 지상신을 뜻하는 개념으로 天을 사용했을 것이라는 추측을 해볼 수 있다. 하지만 현존 갑골문 속에서는 그에 대한 정보를 찾아볼 수 없다. 곽말약郭沫若은 "복사에서 칭하는 지상신은 帝이고 상제上帝이다. 결코 天이라고 부른 적이 없다"라고 결론을 내린다.[14]

최초의 문헌들인 『시경』 『서경』 등에서는 다양한 '天命'의 용례가 등장한다.[15] 그 『서경』 가운데 은나라 말기에 형성된 것으로 인정받는 「반경 중」盤庚中 편에는 이렇게 말한다.

"내 天으로부터 받은 命을 너희에게 영속시켜 주려고 하는데

---

13) http://www.confucius2000.com/admin/list.asp?id=2201(2006년 1월 5일 발표) 참조.

14) 郭沫若, 『靑銅時代-先秦天道觀之進展』(人民出版社, 1954), 5~6쪽 참조. 진몽가陳夢家 또한 그의 『殷墟卜辭綜述』(中華書局, 1992), 581쪽에서 복사의 天은 상천上天 관념이 없으며 그런 관념은 주나라에서 생겼다고 주장한다.

15) 『사기』史記 「은본기」殷本紀나 『서경』 「탕서」湯誓에도 '천명극지'天命殛之란 말이 있다. '천명' 개념이 언제 최초로 쓰였는지에 대해서는 고고학적 발굴과 『서경』 각 편의 성립연대에 대한 정론이 확립되면 입장이 달라질 수 있다.

어찌 너를 위협하는 것이겠는가. 너희 무리를 받들어 기르려는 것이다"[16]

반경殷庚은 은나라 탕湯왕의 9대손으로 은殷으로 도읍을 옮겨 혼란한 정치상황을 일소하고 문화의 꽃을 피운 군주이다. 이 구절은 반경이 천도를 위해 은나라 귀족들을 설득하면서 했던 연설인데 天命 관념을 처음 '정치적으로 이용한' 사건으로 볼 수 있다. 그리고 천도의 성공과 정치사회적 안정은 天命의 정치적 역할을 지속시켰을 것이다. 정치적으로 이용되었고, 당시 정치의 주체였던 귀족들을 설득할 수 있었으며, 성공을 거둘 수 있었다는 사실은 당시 天命 관념이 이미 보편화되어 있었으며 사람들의 영혼을 지배하고 있었다는 뜻이기도 하다. 생뚱맞은 관념이 정치적 언어로 기능할 수는 없기 때문이다.

주나라 초 문헌인 『서경』 「강고」康誥 편에는 "때맞추어 두터운 덕을 쌓고, 이것이 상제上帝에게 알려지니 帝께서 아름다이 여기시고 天은 문왕에게 대명大命을 내리셨다"[17]라고 한다. 天은 의지가 있고 만사를 주재하는 존재이며, 그가 내린 命이 天命이었던 것이다. 「강고」 편은 국정을 어떻게 운영해야 안정된 정치를 유지할 수 있는가에 대한 훈계이다. 대부분 정치지도자가 경덕敬德과 보민保民을 해야 조상의 은덕을 받게 된다는 내용이다. '선조', '선왕' 등의 용어가 대

16) 予迓續乃命于天, 予豈汝威, 用奉畜汝衆.
17) 惟時怙冒, 聞于上帝, 帝休, 天乃大命文王.

거 등장하며 이를 天命과 연결시킨다. 『시경』「대아 · 문왕」文王 편에는 천명미상天命靡常 즉 "天命은 일정하지 않다"라고 말한다. '영원히 부여받는 天命이란 없다'는 것은 군주에게 엄청난 스트레스를 주는 일이다. 덕을 쌓아 민심을 얻지 못하면 天命이 바뀔 수도 있다는 뜻을 함장하기 때문이다. 물론 이렇게 한 이유는 신하의 신분으로 은나라 주왕紂王을 멸망시키고 새로운 나라를 창립한 주 무왕武王의 행위를 정당화하기 위해서였을 것이다. 어찌되었든 이런 관념이 존재했음을 증명해 주는 말이다. 주 무왕과 주공은 은나라 말기부터 존재해 온 天命 관념을 이용함으로써 정치적 정당성을 확보하려 한 것이다.

『시경』「대아 · 탕」湯 편을 보자.

> "교만방자하신 上帝여
> 아래 백성들의 임금이시라
> 탐욕포악하신 상제여
> 그 명命이 너무도 잘못되었으니
> 天이 뭇 백성을 낳아 기르시더니
> 그 命은 믿을 수 없는 거짓이로다
> 무엇이든 좋게 시작하지 않는 것은 없으나
> 끝이 좋은 것은 극히 드물지니"[18]

---

18) 蕩蕩上帝, 下民之辟. 疾威上帝, 其命多辟. 天生烝民, 其命匪諶. 靡不有初,
鮮克有終.

여기서 天은 자연물로서의 천일 수도 있고 만물을 만들어낸 창조주일 수도 있고 절대자일 수도 있다. 통치자적 지위를 가진 天이나 上帝는 백성을 억압하는 존재이기도 하다. 이렇게 天을 인격적으로 생각했다는 사실은 『시경』이 성립된 은나라 후반부터 주나라 초에 天命 관념에 대해 깊이 알고 있었다는 반증이다. 天은 인문질서 속에서 권력의 중심과 통했다. 최고의 권력자는 상대적으로 최고의 신이 되는 구조이다. 天命은 최고신의 명령이란 관념으로 등장했던 것이다.

## 2. 천天·명命 관념의 변천

### 공자 이전의 天 · 命 관념

한나라 때 유향劉向은 그의 명저 『설원』說苑 「건본」建本 편에 다음과 같은 재미있는 고사를 싣고 있다.

제 환공이 관중에게 물었다. "왕이라면 무엇을 소중하게 여겨야 합니까?" 관중이 대답했다. "천天을 소중히 여겨야 합니다."

환공이 고개를 들어 天을 쳐다보자 관중이 말했다. "天이라고 하는 것은 저 푸르고 아득한 天을 말하는 것이 아닙니다. 군주 되는 사람은 백성을 天으로 여겨야 합니다. 백성들이 그의 정책에 동조하면 안정이 오고, 그를 적극적으로 도우면 강한 나라가 되고, 그의 정책을 비난하면 위태로워지고, 그를 배반하면 망하게 됩니다."[19]

---

19) 齊桓公問管仲曰: "王者何貴?" 曰: "貴天." 桓公仰而視天, 管仲曰: "所謂天者, 非謂蒼蒼莽莽之天也; 君人者以百姓爲天, 百姓與之則安, 輔之則彊, 非之則危, 背之則亡."

자연물로서의 天과 왕자의 규범인 이념으로서의 天을 구분시키고 있다. 같은 天이지만 환공이 올려다본 天은 자연물로서 天이고, 관중이 백성으로 비정한 天은 이념으로서의 天이다. 춘추오패의 첫 인물인 제 환공과 관중이 실제로 이런 대화를 했는지는 알 수 없다. 하지만 적어도 天에 대한 다양한 견해가 출현했던 한대 사람들의 의식 속에서 자연물로서의 天보다 종교적·이념적인 天을 더 중요하게 생각된 것은 사실인 듯하다.

위에서 언급했듯이 은나라 중기 이후 天은 양면성을 지닌 존재로 중국인들에게 인식되었다. 공자 이전 문헌들인 각종 경전과 역사서는 이러한 풍부한 용례들을 갖고 있다. 『서경』「다방」多方 편을 보자. 주지하다시피 『서경』은 창업주가 행한 당위성을 부하들에게 연설한 내용이거나 피정복자들을 향해 정복자들의 천하지배를 정당화하는 얘기로 가득하다.

"天이 이에 民의 主가 될 만한 사람을 구했고, 이에 빛나고 아름다운 명命을 성탕成湯에게 크게 내리시어 하나라를 징벌하여 멸망시키라 하시었다. 天이 여러 제후에게 하사하지 않은 것은 그 때 여러 방方의 수장들이 백성들을 다스림에 변함없는 권면과 계도를 하지 못하고 있었기 때문이다."[20]

---

20) 天惟時求民主, 乃大降顯休命于成湯, 刑殄有夏. 惟天不畀純, 乃惟以爾多方之乂民不克永于多享.

하나라 폭군 걸桀왕을 쳐서 새 왕조를 개창하라는 命을 天이 성탕에게 내려주었다는 얘기다. 물론 은나라 때 정권의 정당화를 위해 이런 논리가 있었는지는 확인할 길이 없다. 하지만 적어도 주나라 초기 은나라 폭군 주紂왕을 처단하고 새로운 왕조를 개창한 주 무왕이 성탕과 같은 天命을 받았다는 이야기가 있었거나 또는 만들어졌던 것은 사실인 듯하다. 「다방」편의 후반부는 같은 논리선상에서 주나라 정권수립을 정당화하고 있다. "우리 주나라가 제사를 잘 지내고 신을 잘 섬기면서 백성들을 보호하고 덕을 베푸니 하늘이 여러 방이 아니라 우리 주나라 왕에게 복을 내리신 것이다." "너희들은 어찌하여 우리 주나라 왕을 크게 도움으로써 天命을 같이 누리려 하지 않는가?"[21]라고 한다. 「다방」편은 '天命'이란 말로 뒤덮여 있다.

『주역』에도 수없이 많은 天·命의 용례가 보인다. 후대의 설명인 전傳을 제외하고 경經의 괘사만 보아도 「건괘」乾卦에 "비룡이 天에 머물고 있다"처럼 자연의 天을 얘기하는 경우와, 「대유괘」大有卦에 "天으로부터 보우를 받는다"처럼 의지의 天을 얘기하는 경우가 혼재한다. 이는 이 책이 天의 두 가지 의미를 모두 수용하면서 긴 세월에 걸쳐 형성되었음을 보여준다. 특히 후대에 형성된 〈단전〉彖傳, 〈상전〉象傳, 〈문언전〉文言傳, 〈계사전〉繫辭傳 등에는 도덕적, 윤리적인 의미로 가득한 天과 천명에 대한 얘기가 풍부하다. 경에 6차례 등장하는 命의 경우도 대부분 목숨이나 운명의 의미로 쓰이고 있다. 「대유괘」의 〈상전〉을 보자.

---

21) 爾曷不夾介乂我周王享天之命?

"불이 天 위에 머물고 있으니, '大有'의 상이다. 군자는 일체의 악을 억제시키고 선을 드날림으로써 天이 내려준 아름다운 命에 순응한다."[22]

「무망괘」无妄卦와 「췌괘」萃卦의 〈단전〉에서도 '천명'을 얘기하고 있다. 이 전들 또한 주나라 성립 이후 만들어진 것으로 추정된다. 주나라의 정권창출은 여러 관념의 변화를 가져왔다. 천명을 통한 정권의 정당화라는 정치적 필요성 때문에 天은 인간사를 결정하는 중요한 명령을 내리는 추상적이고 신적인 존재로 철저히 바뀌게 되었다. 은나라 말부터 강조되기 시작한 덕德이나 예禮 같은 여러 관념들도 이 天과 연관 지어 생각했다.

『시경』과 『서경』에는 천명에 의해 등장했던 은나라가 마찬가지로 천명에 의해 주나라로 바뀌게 된 이유를 잘 설명하고 있다. 『시경』 「대아·문왕」을 보면 은나라는 天의 제사에 소홀했고 주나라는 매우 조심하면서 天을 잘 받들었기 때문에 천명이 바뀌었다고 한다. 또한 『시경』 「대아·탕」 편에는 은나라 왕이 술을 탐하고 행실이 나빴다고 한다. 『서경』 「목서」牧誓 편에선 여자가 하라는 대로 했다고 한다. 또한 은나라 왕의 정치가 나쁘고 악인을 등용하고 포악했기 때문에 천명이 바뀌었다고 한다. 도덕적인 퇴폐에 하늘이 벌을 내렸다는 것이다. 이처럼 은의 군주들이 제사에 소홀하고 신을 경외하지 않으며 갖은 무례와 악행을 범했기에, 그에 대하여 하늘이 천명을

---

22) 火在天上, 大有; 君子以遏惡揚善, 順天休命.

바꾸는 방식으로 징벌을 내렸다는 주장이다. 덕이 없는 행위를 천명과 연결시키고 있다.

제정일치祭政一致의 은나라에서 저 높은 지고무상의 존재인 '천이 내린 명령'으로서의 천명 관념은 반경의 천도 사건을 거치면서 정치적 행위를 정당화하는 기능을 하게 되었으며, 쿠데타로 집권한 주나라는 이를 정권의 멸망과 탄생을 설명하는 기제로 활용했던 것이다. 그 중심에는 주공이 있었다. 그리고 '천명미상'天命靡常 등 군권을 강화하여 정치안정을 가져오지 않으면 위험할 수 있다는 권력 긴장을 조성하는 등 더욱 정교한 논리로 발전했다.

민중의 입장에서 天은 원망의 대상이기도 했다. 『시경』 「소아 · 절남산」小雅 · 節南山은 이렇게 읊조린다.

> "크나큰 天이 사람을 잘못 쓰니,
> 이토록 어지러운 재앙이 내리는구나
> 크나큰 天이 은혜롭지 못하니,
> 이토록 큰 허물이 생기는구나"[23]

「진풍 · 황조」秦風 · 黃鳥는 모든 후렴구에 "저 푸른 天이여, 우리 좋은 임을 죽이시니"[24]라는 문구가 붙어 있다. 역경에 빠진 사람들의 외침이다. 天은 지극히 심술궂은 불합리하고 황당한 신이자, 불공평

---

23) 昊天不傭, 降此鞠訩. 昊天不惠, 降此大戾.
24) 彼蒼者天, 殲我良人.

한 폭군의 대명사이기도 하다. 민중들이 보는 天이 지배자들이 보는 합법칙적인 天과 대조적인 이유는 무엇인가? 정복왕조에 의해 생긴 계급차별 때문은 아닌가? 각 부족의 수호신은 원래 다양했다. 정복왕조는 그런 신들 위에 군림하는 통합적인 신이 필요했을 것이다. 天은 주 왕조가 정치적 의도에 따라 강조한 신이므로 지배층에겐 합리적이고 도의적인 신일 수 있으나 피지배층에겐 억압적인 공포의 신일 수 있다.

고대 중국의 지배계급들에게 天은 윤리적인 신이었다. 즉 天은 인간에게 도덕적 권한을 부여하거나 정치적 안정과 민생의 안녕을 보장해주는 절대적인 존재였다. 그러한 天과 인간을 연결시키는 주재자가 '하늘의 아들' 즉 천자天子이다. 여기에는 혁명을 일으킨 사람도 도덕을 지키지 않으면 天命을 다시 상실할 수 있다는 자기경계가 요구된다. "天命은 항상 정해진 것이 아니다"라는 '천명미상'『시경』「대아·문왕」은 고대 경전들에 깔린 기본적 사유였다.

정복자에 의해 복잡한 의미를 지니게 된 天은 세월이 흘러가며 사람들의 마음에 내면화되었고, 그것은 춘추전국시대에 보편적인 신앙으로 화할 수 있었다. 天 관념은 광범한 지방풍속과도 밀착하여 변화했다. 별에 대한 관념처럼 天에 대한 외경의 관념은 자연스레 조상과 연결되고, 시조를 의미하는 은나라 제帝 신앙의 연속형태로 신앙화하기도 했다. 天 관념의 변천은 인간중심적 논의가 확장되어 가는 춘추시대에 이르러 종교적 관념의 天과 자연물로서 원래 관념의 天을 구분지어 사상적으로 논변하는 사상가들을 출현시키게 되었다. 그리하여 춘추시대 天은 냉정한 법칙으로 변하고, 숭고함과 신성함을 차츰 잃게 되었다. 자연의 질서도 호오가 있듯이 天도 항상성과 자의성을 공유한 존재로 인식되었다.

천명을 하달하는 신성한 天에 대해 불편한 생각을 갖게 된 것은 그 천명을 받았다는 권력과 관련이 있을 것이다. 특히 서융西戎에게 쫓겨 수도를 옮긴 서기전 771년 즈음 정치적 혼란은 무척 심했을 것이며, 민중들의 고난은 깊어졌을 것이다. 천명을 받았다는 왕실의 힘은 약해지고, 힘을 앞세워 제후들을 '회맹'會盟시킨 패자들의 정치 시대가 열린 춘추시대에 천명 관념의 변화는 당연한 일이었다. 사람들은 인간세계를 벗어난 저 높은 하늘의 명 즉 천명보다는 인간 세상 자체의 문제에 더 깊은 관심을 가지게 되었다.

이렇게 인간세상의 '윤리'에 대해 자각하면서 인간사를 결정하는 천명의 내용은 합목적적으로 바뀌어갔을 것이다. 공자와 비슷한 시대를 산 좌구명左丘明은 이 과정들을 그의 역사책 『좌전』과 『국어』國語에 충분히 담아내고 있다. 허탁운許卓雲은 「선진 제자의 천에 대한 관념」先秦諸子對天的看法이란 명문을 통해 天 관련 20여 조에 이르는 『좌전』 기록을 상세하게 분석하고 있다.[25] 그는 다음과 같은 결론을 내린다. "춘추시대에 크게 두 가지 다른 태도가 있었음을 알 수 있다. 하나는 인간사가 천명에 의해 결정된다는 외천론畏天論이고, 하나는 천명이 인간사에 기인한다는 수덕론修德論이다." 『국어』에도 인간처럼 자의적인 의지를 갖는 신적 의미의 天이 여러 차례 등장하고, 『좌

---

25) 특히 『좌전』의 天 관념에 대한 분석은 許卓雲, 『求古編』(臺北: 聯經出版事業公司, 1982), 423~428쪽 참조.

전』에는 국가의 흥망을 지배하는 天「희공22년」, 선한 사람의 편에 서고 악을 징벌하는 도의의 표준으로서 天 등이 자주 등장한다. 『좌전』「소공18년」에 이런 기사가 있다. 정나라에 큰 불이 나서 민심이 흉흉할 때 자산子産은 이런 말을 했다.

"天의 길은 멀고 사람의 길은 가깝다. 멀어서 미칠 수 없는데 어떻게 천도天道를 통해 인도人道를 알 수 있단 말인가?"26

자산은 천도나 천명 운운을 말 많은 사람들의 궤변으로 취급했다. 정나라 정치개혁을 이끌었던 자산은 天보다 인간의 법칙을 강조했던 것이다.

자산보다 한 세대 후배인 공자는 전통으로 회귀하자는 보수적 경향을 보였으나 당시의 시대 흐름 또한 잘 알고 있었다. 『논어』「선진」편에서 그는 가장 아끼던 제자 안연顔淵이 젊은 나이에 죽자 이렇게 말했다. "아아! 天이 나를 버리는구나! 天이 나를 버리는구나!"27 「팔일」편에선 "天에 죄를 지으면 용서를 빌 곳이 없다"고 한다. 天을 보는 종교적 정서가 농후한 대목이다. 공자는 하늘을 두려워하는 외천론을 견지했다. 「계씨」편에서 공자는 "군자는 세 가지를 두려워하는데, 天命을 두려워하고 大人을 두려워하고 성인의 말씀을 두

---

26) 天道遠, 人道邇, 非所及也. 何以知之.
27) 噫! 天喪予! 天喪予!

려워한다"[28]라고 말한다.

『좌전』을 통해 확인되는 서주 후기의 각종 정치적 주장, 예컨대 덕병德兵론이나, 국왕 이익독점 불가론, 화동和同론 등은 그러한 관념이 보편화되는 과정을 잘 설명해준다. 이러한 여러 선대 경전과 주장을 종합하고 집대성하여 제자들을 양성하고, 기존 개념의 의미를 새롭게 하거나, 새로운 관념을 창출하는데 지대한 공헌을 한 사람이 공자다. 그는 주공의 철저한 계승을 스스로 밝힌 사람이며, 주공이 만든 법제를 따르고 이를 인문주의로 승화시키고자 했다. 공자가 주공의 정치를 이상으로 받들며 '회복'하고자 한 바탕에는 당시 현실 정치와 사회에 대한 강한 부정과 '구세의식'救世意識이 깔려 있었다. 공자가 처한 춘추시대는 패자覇者와 '회맹'의 정치가 유행하면서 '힘의 지배'가 정당화되는 시대였기 때문이다. '덕의 지배'를 통해 천명을 정당화하려던 주공의 시도는 이미 오래전 과거의 이야기가 되어버렸다.

『논어』에는 세 차례 天命이란 말이 등장한다. 잘 알려져 있다시피 「위정」爲政 편에 '나이 50에 지천명知天命하게 되었다'는 구절이 있고, 「계씨」季氏 편에 두 번 등장한다.

"군자는 세 가지를 두려워한다. 天命을 두려워하고 大人을 두려워하고 성인의 말씀을 두려워한다. 소인은 天命을 모르고 두려

---

28) 君子有三畏, 畏天命, 畏大人, 畏聖人之言.

워하지 않으며, 대인을 업신여기며, 성인의 말씀을 깔본다."29

천명을 모르는 사람을 소인이라고 한 것을 보면 당시 천명은 지식세계의 보편적 주제였음에 틀림없다. 하지만 공자는 천명이라는 추상적 관념보다 인간의 삶이라는 구체적인 문제에 더 관심이 많았다. 인간의 노력을 강조했으며 천명을 도덕적 사명의 원천으로 받아들였다. "내가 무엇을 잘못하면 天이 나를 싫어할 것이다. 天이 나를 싫어할 것이다"30「용야」라고 말하기도 한다. 공자는 天을 도덕적 명령자이자 불합리하고 비정한 운명을 지닌 그 어떤 것으로 보았다. "天이 무슨 말을 하더냐? 말 없어도 사계절은 진행이 되고 만물은 생장을 한다. 天이 무슨 말을 하더냐?"31 공자는 하늘이 내린 문화적 사명을 알고 또 운명의 어쩔 수 없음을 인정하는 '지천명', 즉 현세 밖에서 위안을 구하지 않는 정치가로서 의연한 삶을 살았다. 공자는 그 이전의 소박한 종교적 관념을 벗어나 도덕윤리를 강조하는 인간 중심의 휴머니즘을 표방하고 있으면서도 한편으로는 어쩔 수 없는 운명의 기탁으로 천명을 수용했는데, 이러한 공자의 천명관은 그 후 펼쳐진 제자백가사상의 중요한 이정표가 되었다.

━

29) 君子有三畏, 畏天命, 畏大人, 畏聖人之言. 小人不知天命而不畏也, 狎大人, 侮聖人之言.
30) 予所否者, 天厭之! 天厭之!
31) 天何言哉? 四時行焉, 百物生焉, 天何言哉?

## 제자백가의 '천명' 관념

천명 관념은 공자의 문파에서 공부한 적이 있는 묵자에 이르러 크게 확장되었다. 생전에 대단한 조직을 만들고 전국적 명성을 얻은 묵적墨翟의 『묵자』에는 특별히 「천지天志 상·중·하」편과 「비명非命 상·중·하」편이 있어 전문적으로 天과 命을 다루고 있을 정도이다. 「천지 상」편에서 묵자는 이렇게 말한다.

"위로는 天을 존중하고 가운데로는 귀신을 섬기며 아래로는 사람을 사랑한다. 그래서 천의天意는 '이것이 내가 사랑하는 바이니 두루 서로를 사랑할 것이며, 내가 이롭게 하는 바이니 두루 서로를 이롭게 하라. 사람을 사랑하는 자는 넓어질 것이며 사람을 이롭게 하는 자는 두터워질 것이다'라고 말한다."[32]

묵자 사상의 핵심은 겸애兼愛와 겸리兼利, 즉 차별 없는 사랑을 통해 모든 세상이 두루 이롭게 되는 사회를 건설하는 것이다. 묵자는 이를 하늘의 생각 즉 '천의'로 표현하고 있다. 天 관념에 대하여 공자가 사람에게 내재하는 도덕적 당위성을 중시했다면 묵자는 초월적인 天으로서 인간의 의무를 강조했다고 할 수 있다.[33]

『묵자』에는 하夏나라 정치를 원용한 사례가 많은데 이는 '주나라

---

32) 其事上尊天, 中事鬼神, 下愛人, 故天意曰: "此之我所愛, 兼而愛之; 我所利, 兼而利之. 愛人者此爲博焉, 利人者此爲厚焉."

33) 상세한 내용은 최문형, 「공자와 묵자의 천 개념 비교」(『동양철학연구』 제68집, 2011), 112~130쪽 참조.

를 따르겠다'는 공자에 대해 반기를 든 묵자의 입장이 반영된 것으로 보인다. 앞서 얘기했듯이 주나라는 天을 권력의 정당화 수단으로 활용했고 공자 또한 그런 천명 관념을 지속했는데, 유가에 반기를 든 묵자는 이 점에서도 공자와 다른 길을 걸은 것이다. 그 결과 주나라 이전 절대자이자 초월적인 신으로 정의된 제帝 또는 상제上帝와 비슷한 관념으로 天을 정의하고자 한 것이다. 일견 과거 관념으로의 복귀로 생각되지만 天 관념을 더욱 풍성하게 만들었다고 볼 수도 있다. 다음 구절은 「비명 상·중·하」 편에 모두 비슷한 인용으로 등장한다.

"『서경』 「중훼지고」 편에는 이렇게 말한다. '하나라 사람이 천명을 왜곡해서 아래 백성들에게 帝께서 죄악을 토벌하시고 그의 군대를 소멸시켰다는 命을 퍼뜨렸다고 한다.' 이 말은 걸왕이 命을 받았다고 주장하는 것을 탕왕이 비난했다는 얘기다."[34]

여기서 命은 천명이며 하늘의 뜻이다. 믿기는 어렵지만, 『묵자』의 구절대로 해석하자면 천명으로 권력을 정당화하는 얘기가 하나라 걸왕 때도 있었다는 것이다. '하늘의 의지'를 뜻하는 묵자의 '천지' 天志는 위로 하느님과 동질화한다는 점에서 종교적 관념으로 볼 수도 있다. 그는 소박하게 의지를 가진 인격신으로 天을 상정했고, 귀

---

34) 於仲虺之告曰: "我聞于夏人, 矯天命布命于下, 帝伐之惡, 龔喪厥師." 此言湯之所以非桀之執有命也.

신이 인간의 선악을 감시하여 화와 복을 준다고 생각했다. 묵자는 외천론을 강조하지 않았으며, 천명을 무슨 절체절명의 설교방침으로 삼은 것도 아니었다. 천명은 무상하며 천명이 주나라로 옮겨졌다는 유가의 주장에 대응하여 자신의 이론인 겸애, 공리<sup>功利</sup>, 비공<sup>非攻</sup>의 최후적 근거로서 天을 말한 것이다. 그는 실용의 의미에서 절용<sup>節用</sup>과 비악<sup>非樂</sup>을 주장하기도 했으며, 특히 조상숭배라는 당시의 종교적 정서에 반하는 절장<sup>節葬</sup> 또한 강조했다. 묵자의 천명에 대한 관념은 초월적인 天을 강조하면서도 인간적인 삶과 정치적인 삶의 표준을 함께 중시했다는 점에서 공자 천명관의 보완이지 탈피가 아니다.

공자의 천명관을 과감히 부정한 사상은 도가였다. 도가 계열의 사상가들은 天을 자연물로 파악하고, 이념을 지향하며 인위적으로 天에 의미를 부여하는 데 반대했다. 예를 들면 『장자』에는 「천운」<sup>天運</sup>, 「천지」 「천도」 등 天이 포함된 편명도 여럿이지만 거의 다 자연물로서 저 푸른 하늘을 이야기하는 것이다. 앞서 공자는 주나라를 따른다고 하고, 묵자는 하나라 정치를 자주 예시했다고 했는데, 도가는 그보다 앞선 황제<sup>黃帝</sup>를 언급하며 더 근원으로 올라가고 있다. 天 관념 또한 기존의 것을 벗어나 더 원초적인 자연의 의미로 밀고 올라갔다고 할 수 있다.

노자는 천명을 거의 언급하지 않는다. 그가 말한 命은 천명이나 운명의 의미가 아니라 생명의 의미다. 『도덕경』 16장에서는 이렇게 말한다.

"만물이 무성하지만 결국은 각자 제 뿌리로 되돌아가게 된다.

뿌리로 되돌아감을 고요함이라 일컬으니 이를 가리켜 복명復命이
라고 말한다. 복명은 불변의 현상이니 그 불변의 현상을 아는 것
을 명철하다고 말한다. 불변의 현상을 이해하지 못하고 제멋대로
행동하면 재앙이 생긴다. 불변의 현상을 잘 알면 포용력이 커지
고, 포용력이 커지면 공을 중시하게 되고, 공을 중시하게 되면 왕
이 되고, 왕이 되면 天이 되고, 天이 되면 도를 이루고, 도를 이루
면 영원하여 몸이 다하는 그날까지 위태로울 일이 없다."[35]

여기서 '복명'은 운명의 긍정이 아니라 최초의 자연 상태로 회귀
함을 말한다. '왕 다운 왕이 되면 天이 된다'는 말 또한 추상적 의미
의 천도에 이른다는 뜻이 아니라 진정한 왕은 자연 상태 그대로의
통치를 행한다는 의미이다.

노자는 그 天을 탁약橐籥 즉 불 피울 때 바람을 밀어 넣는 풀무로
설명한다. "天과 地 사이는 탁약과 같지 않은가? 텅 비어 있되 사그
라지지 않고 움직일수록 더 생겨난다."[36] 『도덕경』5장 天을 고정된 것으
로 보지 않고 풀무질할 때 공간의 확장과 축약이 자유자재이듯이 풍
선처럼 텅 빈 상태로 보았다.

장자는 더 나아가 우주 간에 종횡무진 살아 움직이는 것으로 天을
표현한다. 하지만 천명에 대해서는 어쩔 수 없는 것이란 태도를 취

---

35) 夫物芸芸, 各復歸其根. 歸根曰靜, 是謂復命. 復命曰常, 知常曰明. 不知常,
妄作凶. 知常容, 容乃公, 公乃王, 王乃天, 天乃道, 道乃久, 沒身不殆.
36) 天地不仁, 以萬物爲芻狗; 聖人不仁, 以百姓爲芻狗. 天地之間, 其猶橐籥
乎? 虛而不屈, 動而愈出.

한다. 『장자』「덕충부」<sup>德充符</sup> 편을 보면 "天으로부터 命을 받은 사람 가운데 요임금 순임금만이 그렇게 올바르게 된 것이며 다행히 자신의 본성으로 다스림으로써 수많은 사람들의 심성을 바르게 만들 수 있었다"[37]고 한다. 천명은 인간이 어떻게 항거할 수 없는 것으로 인간 자신의 의지를 넘어선 것으로 본다. 『장자』「인간세」<sup>人間世</sup> 편에는 공자의 말을 인용하여 다음과 같이 말한다.

"천하에 크게 경계해야 할 것이 둘 있다. 하나는 命이요, 하나는 義이다. 자식이 부모를 사랑하는 것이 命으로 마음에서 떠날 수가 없는 것이다. 신하가 군주를 섬기는 것이 義로 어디를 가도 군주의 것 아닌 곳이 없으니 천지 사이에 도망갈 구석이 없는 것이다."[38]

命은 天의 '명'이요, 義는 인간의 '의'이다. 부자관계의 형성처럼 피할 수 없는 것이 천명이고 운명이란 얘기다. 「덕충부」 편에서 장자는 '생사, 존망, 빈부, 기갈 등'도 정해진 것이라고 말한다. 빈부나 귀천까지 천명에 의해 결정되는 것이란 주장은 사실 인간들이 인위적인 노력을 통해 억지행위를 하는 것에 대한 경계이다. 여기서의 天도 유가처럼 인격적, 도덕적, 윤리적 의미를 지닌 天이 아니다. 인간

---

37) 受命於天, 唯舜獨也正, 幸能正生, 以正衆生.
38) 天下有大戒二: 其一, 命也; 其一, 義也. 子之愛親, 命也, 不可解於心; 臣之事君, 義也, 無適而非君也, 無所逃於天地之間.

이 어떻게 할 수 없는 저 높은 존재일 뿐이다.

도가의 天 관념은 기본적으로 자연에 대한 관념과 같으며, 생명의 근원이나 무한정한 생식의 세계로 파악한다. 특히 장자는 나의 의지를 버릴 때 天을 자연스레 인식할 수 있다는 소극적 관념을 가졌다. 천명에 대한 이해를 강조했다는 점에서 유가와 도가는 비슷하지만 공자가 그것을 군자의 덕으로 보았다면 장자는 그것을 어쩔 수 없는 것으로 보았다는 점에서 두 관념은 출발점과 기반점이 전혀 다르다고 할 수 있다.[39]

공자를 계승했다고 자임한 맹자는 장자와 다르게 매우 적극적인 천명관을 피력한다. 『맹자』에 나오는 天 가운데 자연으로서 '하늘'을 얘기하는 곳은 몇 군데 없으며 주로 의지가 있는 天, 의지의 주재자로서의 天의 의미가 많다. 「양혜왕 하」편에서 맹자는 "내가 노나라 군주를 만나지 못한 것은 天 때문이다"라고 말한다. 天은 간접적으로 인간의 의지와 생각을 주재하여 행하게도 멈추게도 한다는 것이다. 「만장 상」편은 더욱 구체적이다.

"天이 현인에게 왕위를 주려고 하면 현인에게 주는 것이고, 天이 아들에게 주려고 하면 아들에게 주는 것이다. ……순·우·익이 주군을 보필한 세월의 길고 짧음과 그 아들의 현명함과 불초함은 모두 天의 뜻이다. 사람의 힘으로 어떻게 할 수 있는 것이 아

---

39) 羅安憲, 「道家天命論的精神追求」(『中國人民大學學報』 2007年 第3期, 2007), 37~42쪽 특히 39~40쪽 참조.

니다. 아무도 그렇게 하라고 시키지 않았는데도 그렇게 되는 것이 天의 뜻이고, 아무도 오라고 하지 않았는데도 그렇게 오는 것이 命이다."[40]

인간사회의 구제라는 분명한 의지를 갖춘 天이 주로 정치적으로 그 의지를 구현한다고 본 것이다. 맹자의 사유 속에서 天은 의지를 지닌 인간사회의 주재자이다. 하늘은 못된 권력자에게 죄를 묻는 소극적 역할뿐만 아니라, 유덕한 현인에게 정치권력을 이양시켜주는 적극적 역할을 하기도 한다. 천명이란 이런 하늘의 적극적 의지를 표현한 말이다. 天은 훌륭한 정치를 하고, 도가 있는 사람에게 정치권력을 넘겨준다. 그래서 천명은 정치상황에 따라 달라지는 것이지 고정된 틀이 있는 것이 아니다. 「이루 상」편에서 맹자는 『시경』의 '천명미상' 관념을 인용하여 그 이유를 구체적으로 설명하고 있을 정도이다.

맹자는 천명을 받아들이는 일은 부끄러운 일이 아니라고 한다. 오히려 "天의 뜻에 순응하는 자는 생존하고, 天의 뜻에 거스르는 자는 멸망한다"고 한다. 「양혜왕 하」편에선 이렇게 말한다.

"큰 나라로 작은 나라를 섬김은 天의 뜻을 즐겁게 받아들인 경우이며, 작은 나라로 큰 나라를 섬긴 것은 天의 뜻을 두려워한 경

---

40) 天與賢, 則與賢; 天與子, 則與子. ……舜, 禹, 益相去久遠, 其子之賢不肖, 皆天也, 非人之所能爲也. 莫之爲而爲者, 天也; 莫之致而至者, 命也.

우다. 天의 뜻을 즐겁게 받아들인 사람은 천하를 보유하고, 天의
뜻을 두려워하는 사람은 자기 나라를 보전시킨다."[41]

맹자가 인간의 힘으로 어쩔 수 없는 상태를 천명이요 운명으로 여
긴 것은 장자의 관념과 비슷하다. 다른 것은 그렇게 운명을 인정했
으면 바른 실천으로 순응할 방법을 찾아야 한다고 생각한 점이다.
"도를 최대한 실천하다 죽는 것이야말로 바른 命을 바르게 하는 것
이다. 죄를 지어 질곡에 빠져 죽는 것은 命을 바르게 하는 것이 아니
다."[42]「진심 상」 맹자는 인덕을 중시하면서도 천명을 두려워하는 관념
을 가졌다. 그는 도덕론의 범주 내에서 천명을 생각한 것이다. 맹자
의 천명관은 그의 일관된 도덕실천론의 연장이다. 천명에 대한 맹자
의 관념은 이 세상에서 자신이 할 수 있는 최선을 다한 뒤 운명에 맡
긴다는 '진인사대천명'의 의미에 가깝다고 할 수 있다.[43] 공자의 천
명 관념을 그대로 닮았다.

순자는 맹자와 달리 天을 두려워하지도 않았으며 종교적 정서도
없었다. 순자는 인간에 대한 天의 지배력을 인정하지 않는다. 순자
는 하늘을 일종의 자연체로 보았다. 자연체이되 영구불변하며 변하
지 않는 운행질서를 갖고 있는 것으로 보았다. 『순자』「천론」天論 편

---

41) 以大事小者, 樂天者也; 以小事大者, 畏天者也. 樂天者保天下, 畏天者保
其國.
42) 盡其道而死者, 正命也. 桎梏死者, 非正命也.
43) 이상 맹자의 천명 관념에 대해서는 장현근, 『맹자: 바른 정치가 인간
을 바로 세운다』(한길사, 2010), 184~207쪽 참조.

은 "天은 불변하는 운행질서를 갖고 있다. 요임금 때문에 존재하는 것도 아니요 걸임금 때문에 사라지는 것도 아니다"⁴⁴라고 한다. 하늘은 거기 그렇게 있는 존재이다. 하늘은 사람을 가난하게 만들 수도 없고, 병들게 할 수도 없고, 재앙을 내릴 수도 없고, 부자로 만들 수도 없으며, 길흉화복을 줄 수도 없다. 「천론」편은 천명에 순응하지 말고 '천명을 통제하라'는 제천명制天命을 주장한다.

"天을 위대하게 여겨 그것을 사모하기만 한다면 어떻게 더불어 물질로 취급하여 기르고 제어하겠는가! 天에 순종하여 그것을 칭송하기만 한다면 어떻게 더불어 천명을 제어하고 이용하겠는가!"⁴⁵

순자는 인간의 노력을 통하여 자연이 만든 만물이 각자 제 역할을 다하도록 도와줌으로써 우주만물이 완성된다고 보았다. 순자는 철저히 인위적이고 인간중심적인 사고를 한 것이다. 기존 천명 관념을 부정하는 듯 보이는 순자의 이 주장은 당시 유행하던 미신적인 경향을 탈피하여 인간중심의 왕도정치를 실현하자는 논리의 일환으로 강조한 것이었다. 성인의 정치는 운명에 대한 순응이 아니라 「부국」富國편에서 "천天과 지地가 만물을 탄생시키고 성인은 그것을 완성시킨다"고 말하듯 삼라만상을 적극적으로 완성시켜가는 것을 말한다.

———

44) 天行有常, 不爲堯存, 不爲桀亡.
45) 大天而思之, 孰與物畜而制之! 從天而頌之, 孰與制天命而用之!

순자는 '불구지천'不求知天 즉 '天을 이해하려고 노력하지 말라'고 한다. 순자의 관심은 '하늘'에 있지 않고 '사람'에 있었다. 특히 인간사회의 정치야말로 순자가 중점을 둔 문제였다. 순자는 "天은 만물을 낳을 수 있지만 만물을 변별할 수는 없다"라고 말한다. 『순자』 「예론」편을 보자.

"天과 地가 합하여 만물이 생기고, 음과 양이 만나서 변화가 일며, 본성과 인위가 합하여 천하가 다스려진다. 天은 만물을 낳을 수 있으나 만물을 다스릴 수는 없으며, 地는 사람을 실을 수 있으나 사람을 다스릴 수는 없다. 우주 속 만물이나 살아 있는 사람의 무리는 모두 성인을 기다린 뒤에야 적절히 구분되었다."[46]

순자는 인간의 일을 중시했고 인문주의로 일관했다. 순자는 자연을 이용하고 통제하는 데 관심이 있었다. 인간이 노력하여 자연이 만든 만물이 각자 제 역할을 다하도록 도와줌으로써 우주만물이 완성된다고 보았다. 순자는 철저히 인위적이고 인간중심적인 사고를 한 것이다. 그는 정치가 잘되고 안 되고는 하늘과 무관하며 사람에게 달려 있을 뿐이라고 한다. 「천론」편은 선명한 선언을 한다.

"치세와 난세는 天 때문인가? 가로되, 해 · 달 · 별과 천문기상

—

46) 天地合而萬物生, 陰陽接而變化起, 性僞合而天下治. 天能生物, 不能辨物也, 地能載人, 不能治人也; 宇中萬物生人之屬, 待聖人然後分也.

은 우임금 때나 걸임금 때나 똑같은 것이었다. 그런데 우임금은 치세였고 걸임금은 난세였으니 치와 난은 天 때문이 아니다."[47]

여기에 이르면 순자는 유가의 천명 관념을 부정한 듯 보인다. 하지만 순자가 天과 인간을 구분시켰다고 하여 천도를 완전히 무시하여 치지도외한 것은 아니다. 역할을 구분한 것이지 존재를 부정한 것은 아니다. 「부국」富國 편에서 "天과 地가 만물을 탄생시키고 성인은 그것을 완성시킨다"라고 말한 이유는 하늘과 인간의 역할이 다르되 조화가 가능함을 설파한 것이다. 순자가 하늘과 사람을 구분시킨 목적은 크게 두 가지로 생각할 수 있다. 하나는 자연숭배에 대한 미신을 깨뜨려보고자 함이요, 둘은 인간의 주관적 능력을 확장시키고자 함이었다. 공자나 맹자에게 보인 종교적 사유를 탈피하고 인간을 중심에 놓고 天을 객관화시키고자 한 것이다. 유가의 천명 관념은 긴 터널을 지나 순자에 이르러서야 天의 객관화가 이루어지고 운명은 인간의 일이지 하늘의 일이 아니라는 관념의 전환을 하게 된 것이다.

그 외 선진 제자백가의 문헌 속에 천명에 대한 논의가 여러 곳에 존재하지만 대체로 위의 논의를 답습한 것이거나 절충안을 제시하는 정도로 볼 수 있다. 예컨대 굴원屈原의 『초사』楚辭에 두 차례 '천명'이 등장한다. 「천문」天問 편에 "천명은 돌고 도는 것인데 누구를 벌하

─

47) 治亂, 天邪? 曰: 日月星辰瑞厤, 是禹桀之所同也, 禹以治, 桀以亂; 治亂非天也.

고 누구를 도울 것인가?"[48]라고 한다. 앞『시경』의 '천명미상' 관념
과 유사하다.

법가는 순자보다 더 철저한 인간사회 특히 군주전제의 사회를 전
제한 사고이기 때문에 천명 자체를 말하지 않는다.『상군서』商君書에
는 '천명'을 언급한 곳이 한 군데도 없다. 대신 군권 강화를 통해 힘
으로 '천하'를 복종시켜야 한다는 논의로 가득하다. 상앙은 직접적
이고 구체적인 용어로 존군을 주장했을 뿐이다. 천명이란 말은『한
비자』「대체」大體 편에 한 차례 등장한다.

> "도에 입각해서 법을 온전히 하면 군자는 즐겁고 큰 간악함은
> 그치게 된다. 담박하고 고요하게 그저 天命에 입각하여 치국의
> 대체大體를 지킨다. 그리하여 사람들로 하여금 법을 벗어나는 죄
> 를 짓지 않도록 하며 물고기에게 물이 없어지는 재앙이 없도록
> 한다."[49]

한비는 모든 사람이 법을 지키는 것이야말로 하늘과 같은 큰마음
을 가지는 것이라고 보고 있으며, 그것이 도의 실질이라고 말한다.
그리하여 마침내 모든 사람이 어떤 죄도 짓지 않는 자치自治의 상태
에 이르면 천하가 잘 다스려지고 행복한 세상이 될 것이라는 논지

---

48) 天命反側, 何罰何佑?
49) 因道全法, 君子樂而大姦止 ; 澹然閑靜, 因天命, 持大體. 故使人無離法之
罪, 魚無失水之禍.

다. 물고기와 물은 군주와 인민의 관계를 뜻한다. 스승 순자는 『순자』「왕제」王制 편에서 "군주는 배요 서인은 물이다. 물은 배를 실을 수도 있고 물은 배를 뒤집을 수도 있다"[50]는 상대적 군민관계를 언급했는데, 제자인 한비는 군주에게 복종하지 않는 백성이 없게 된다는 절대적 군민관계로 바꾸고 있다. 최상의 치세는 백성들이 군주의 법을 천명으로 여기고 따르는 것이란 주장이다.

### 제국시대의 '천명' 관념

전국을 무력으로 통일한 진 제국의 등장으로 다양한 목소리는 위축되었고, 법가 노선의 견지는 사상계를 크게 위축시켰다. 제자백가의 활발한 논쟁은 일시적으로 자취를 감추었으나 진나라에 이어 한나라가 등장하자 유가와 도가의 사상가들이 활발히 고개를 들었다. 유방劉邦을 도와 한 제국 성립에 공헌한 육가陸賈는 그의 『신어』新語「도기」道基 편에서 다음과 같이 말한다.

"『전』傳에는 '天이 만물을 낳고 땅으로써 이를 기르며 성인이 그것을 완성시킨다'라고 말한다. 공덕이 섞여 합하니 도술이 생겨났다."[51]

천생인성天生人成이라는 순자의 天 관념을 그대로 끌어다 쓰고 있

---

50) 傳曰: "君者舟也, 庶人者水也; 水則載舟, 水則覆舟."
51) 傳曰: '天生萬物, 以地養之, 聖人成之.' 功德參合, 而道術生焉.

다. 한대 초기 유학은 순자와 시기적으로도 가깝고 그의 학문적 영향이 매우 컸던 시기라 天 관념에 큰 변화가 생겼다고 보기는 어렵다. 다만 육가가「도기」편에서 天이 사회에 대하여 "기강紀綱으로 그것을 망라하고, 재변災變으로 그것을 고쳐주며, 상서로운 징조로 그것을 알려준다"[52]라고 말할 때의 그 天은 신비주의적이고 천인감응론적인 색채가 있다. 이는 동중서董仲舒 천인합일론 및 '천견론'天譴論의 원류 중 하나로 볼 수 있다.[53]

동중서는 유가를 자처했지만 그의 사상은 음양가, 법가, 묵가 등여러 주장이 복잡하게 섞여 있다. 그는 제자백가의 天에 대한 이론을 정치사상으로 승화시켜 일종의 '천인天人정치론'을 제기했다. 주공, 공자, 순자를 거쳐 변화된 천명 관념은 동중서에 이르러 의미심장한 변천을 겪게 된다. 동중서는 선진 제자백가의 천명 관념과 한대 초 육가 및 황로黃老사상 등을 종합하여 집대성했다. 그는 독특하게 천인감응론 등 天을 끌어다가 인간사를 대응시키는 신비주의적주장을 했다. 동중서의『춘추번로』春秋繁露는 그의 천명 관념을 압축하고 있는데「위인자천」爲人者天 편에선 이렇게 말한다.

"사람의 혈기는 천지天志가 변화한 것이라서 어질고, 사람의 덕행은 천리天理가 변화한 것이라서 의롭다. 사람의 좋아함과 미워

---

52) 羅之以紀綱, 改之以災變, 告之以楨祥.

53) 劉澤華 主編,『中國政治思想史』秦漢魏晉南北朝卷(浙江人民出版社, 1996), 제2장 제1절 참조.

함은 天의 따뜻함과 맑음이 변화한 것이고, 사람의 기쁨과 분노는 天의 추위와 더위가 변화한 것이며, 사람이 목숨을 부여받음은 天의 사시四時가 변화한 것이다."[54]

여기서 제기한 천지, 천리 등 관념에서 보듯이 동중서는 천인합일이라는 관점에서 신비주의적으로 天을 인격화시킨다. 선진 유가들 또한 天에 대한 신비주의적 태도를 갖고 있었지만 대체로 '天을 공경하되 멀리한다'는 공자의 입장을 견지했었다. 하지만 동중서는 아예 사람을 天의 피조물인 것처럼 만들어버렸으며, 인간은 천의天意나 천명에 그저 복종하며 살아야 할 존재로 만들어버렸다. 天이 인간의 주재자가 된 것이다.

동중서가 유가와 법가의 습합, 천명을 통한 군권의 정당화를 치밀하게 구성한 것이 그만의 독특한 사유체계에서 나온 것인지 강한 독재욕구를 지닌 한 무제와의 교감에서 이루어진 것인지에 대해서는 다른 논의가 필요하다. 하지만 정치사상의 자양분은 현실정치에서 공급된다는 측면에서 생각해보았을 때 동중서의 『천인삼책』天人三策은 전제군주 한 무제와의 교감에서 이루어진 것으로 볼 수 있다. 그는 천명을 극대화시킴으로서 한편으로 한 무제의 권력정당성에 신성성을 입혀주었다. 이는 법가적 존군론에 더하여 강한 이데올로기를 덧붙여준 것으로 볼 수 있다. 그러나 다른 한편으로 공자, 순자로

54) 人之血氣, 化天志而仁; 人之德行, 化天理而義; 人之好惡, 化天之暖淸; 人之喜怒, 化天之寒暑; 人之受命, 化天之四時.

이어지는 유가사상가의 한 사람으로서 동중서는 『거현량대책』擧賢良 對策에서 '독존유술'을 주장하며 대유를 자임했다. 민생확보와 도덕 실천을 통해 정치안정을 이루어야 한다는 유가의 기본 맥락을 타고 있던 동중서가 각종 재이災異론을 끌어다가 천인감응 운운하며 천명 과 군권을 동시에 언급한 것은 독재 군주의 폭정을 최소화해보려는 나름대로의 의지가 반영된 것일 수 있다. 이는 유가적 존군론에 더 하여 도덕 또는 이를 비정한 天의 권위로 군권을 제약하려는 시도로 볼 수도 있다.

동중서의 천명 관념이 권력에 제한을 가해보고자 한 시도와 관련 이 있다고 볼 때 동중서는 기존의 천명 관념에서 한 걸음 더 나아갔 다고 할 수 있다. 『춘추번로』「옥배」玉杯 편은 이렇게 말한다.

"춘추의 원칙에 따르면 사람들은 군주를 따라야 하고, 군주는 천에 따라야 한다. ……따라서 백성을 위축시켜 군주의 권력을 신장시키고, 군주를 위축시켜 天의 권력을 신장시키는 것이 춘추 의 큰 뜻이다."[55]

지상에서 인간의 최고 주재자는 군주이다. 그런데 군주도 인간이 다. 天은 모든 인간의 주재자이다. 따라서 天은 군주의 주재자이기 도 하다. 모든 백성이 군주의 명을 따라야 하듯 군주도 天의 명을 따

---

55) 春秋之法, 以人隨君, 以君隨天. ……故屈民而伸君, 屈君而伸天, 春秋之 大義也.

라야 한다. 하늘과 사람이 감응해서 모든 일이 이루어진다는 동중서의 천인합일론은 알 수 없는 天의 권위를 빌어 실제로 드러난 인ㅅ 특히 군왕의 행위를 설명해야 하므로 군권제약설로 이해될 수도 있다. 군권을 제약하는 여러 가지 구체적인 이론들은 『춘추번로』에 아주 잘 담겨 있다. 예컨대 상벌을 시행할 때도 군주 마음대로 할 것이 아니라 사시사철의 규율에 따라야 한다거나, 각종 국가의 재난은 군주의 정치적 잘못에 대한 하늘의 견책이라는 주장 등이 그렇다. 동중서는 이로써 정치권력의 창출과 확장에 관여했던 천명 관념을 정치권력의 유지에도 적용할 수 있는 근거를 마련했다. 그렇다고 군권에 대한 제약이 상대적으로 민권을 신장시키려는 의도에서 나온 것은 아니다. 천명과 군권을 연결시켜 군권의 정당성을 강화하기 위한 방법이었다.

동중서는 천명 관념을 혁명 관념으로 개조했다. 『춘추번로』「삼대개제질문」三代改制質文 편에서 역사는 '삼정삼통'三正三統 즉 하 왕조의 '정흑통'正黑統, 상 왕조의 '정백통'正白統, 주 왕조의 '정적통'正赤統의 왕복순환일 뿐 다른 경우는 없다는 일종의 역사순환론을 주장한다. 이 '삼통설'三統說에 입각해 '개제'改制 즉 "새 왕은 필히 제도를 바꾼다"「삼대개제질문」라고 말한다. 천명을 받은 군주는 새 왕조의 합법성을 드러내기 위하여 '삼통'의 순서에 입각하여 구체적인 제도형식과 절차의 일부를 조정함으로써 자신의 정권이 하늘로부터 온 것임을 밝히려 한다는 것이다. 주로 거처를 옮기고, 호칭을 바꾸며, 정삭正朔을 고치고, 복색服色을 바꾸는 등의 조치를 취한다.

이런 '개제' 시도는 왕망王莽 등 후대 정치인들의 이론적 무기가 되었으며, 참위讖緯와 결합하여 왕조교체의 정당성을 만들어내는 정치적 권모술수의 도구가 되었다. 후대 왕조교체 때마다 등장하는 정치적 언어로서의 '천명'은 오히려 유가와 법가의 논리가 습합된 동중서식의 권력 정당화 또는 권력 제한의 논리와는 상당히 동떨어진 것이었다.[56]

동중서의 천인관계론은 송대의 주희朱熹, 명대의 왕수인王守仁에게도 깊은 영향을 미쳤다. 이 점에서 동중서는 기존 천인관계론을 종합 집대성한 사람이며, 후대의 天 또는 천명 관념을 정형화한 사람이라 할 수 있다. 동중서 이후 天 관념은 작은 변화는 있었지만 획기적인 변천은 없었다.

남북조시대의 문헌인 『세설신어』「언어」言語 편에는 "이제 진晉 왕조가 비록 쇠미했지만 천명이 아직 바뀌지는 않았다"[57]고 하며 왕조의 교체를 천명으로 얘기한다. 같은 시대의 『안씨가훈』을 보면 「성사」省事 편에 도덕을 숭상해야 할 군자의 덕목을 얘기하면서 "신뢰를 받는 것은 천명으로 말미암고"라고 하고, 「귀심」歸心 편에서는 "부귀영화가 천명으로 말미암는다는 것을 모른다"라고 말한다. 천명 관념이 왕조의 교체를 넘어서 일반 사람들의 운명을 얘기하는 데에도 쓰이게 되었다는 의미이다. 청나라 초 『홍루몽』에도 "아들딸의 숫자도

---

56) 예컨대 오경五經의 신화화, 천명에 의한 예언을 담은 위서緯書, 도참圖讖설 등은 상당부분 천명을 조작하여 사람들의 비이성적 신뢰를 끌어내 정치적 복종을 유도하는 것이었다.

57) 今晉祚雖衰, 天命未改.

결국은 천명에 따르는 것이지 인력으로 강제할 수 없다"[58]라고 말한다. 이런 관념은 지금까지도 그대로 이어져오고 있다.

물론 동중서처럼 인격적으로 天 관념을 확장시킨 경우와 달리 天을 자연으로 보는 견해 또한 시종일관 중국사상사를 지배해온 기본 관념 중 하나였다. 『회남자』의 저자들은 天을 모든 사물의 근원적 원리를 뜻하는 '도'道처럼 취급하기도 한다. "天을 따르는 자는 도와 더불어 노는 자이다."[59]「원도훈」 天은 땅과 대비되는 저 높고도 높은 곳에 존재하는 자연에 뿌리를 둔다고 보았다.

한나라 사람들은 자연으로서 天에 대해서 매우 다양한 생각을 했는데, 당나라 때 방현령房玄齡 등이 편찬자로 참여했던 『진서』晉書의 「천문지」天文志는 이를 상세하고 설명하고 있다. 「천문지」는 한나라와 당나라 시대 天 관념을 이해하는 중요한 단서이다. 몇 가지만 예를 들면 첫째, 하늘은 우산처럼 둥글고 땅은 바둑판과 같다는 개천설蓋天說이다. 은나라 이래 天 관념에 도덕적 요소가 추가된 것이며, 나중에 하늘과 땅이 모두 곡면을 하고 있다고 바뀐다. 둘째 선야설宣夜說이다. 우주는 마치 계자막鷄子幕과 같아 사시와 주야는 길이가 다르다고 주장한다. 하늘은 움직이지 않는 것이며 지구에서 사람들이 보는 시각에 따라 다르다고 한다. 별은 둥둥 떠 있다고도 한다. '개천설'이 천동설天動說이라면 '선야설'은 지동설地動說에 해당되나 중

---

58) 『홍루몽』「魘魔法叔嫂逢五鬼 通靈玉蒙蔽遇雙真」장에 보이는 내용으로 원문은 "兒女之數總由天命, 非人力可强"이다.

59) 循天者, 與道游者也.

도에 단절되었다. 셋째 혼천설$^{渾天說}$이다. 한대에 발달한 관측기구인 혼천의$^{渾天儀}$에 의해 개발된 이론으로 땅을 평면이 아닌 구체로 본다. 우주를 계란과 같은 형체로 보고 흰자가 우주이고 노른자가 지구라고 한다. 과학적으로 천체의 움직임을 관찰하고 천지의 사이를 기$^{氣}$의 활동공간으로 본다. 天을 인간사상의 근원으로 보지만 사람이 사는 지구를 우주의 중심으로 여겼다. 또한 天과 직결된 인간사회의 영속적인 도덕성을 주장하기도 한다. 天의 질서가 영속하므로 개천설이 천명의 변이를 긍정하며 방벌$^{放伐}$을 긍정한 반면 혼천설은 일체의 혁명을 부정하며 봉건질서의 영속성을 주장한다. 天에 대한 이러한 관념들은 송나라 이후까지 과학적 근거의 하나로 꾸준히 연구되어졌으며, 명나라 이후 서양의 과학지식을 수용하는데도 큰 도움이 되었을 것이다.

이렇게 자연의 뿌리로 보는 天 관념과 동중서에 의해 인격적 의미와 정치이데올로기로 변한 天 관념은 한나라와 당나라, 그리고 송나라로 이어지며 더욱 풍성한 의미를 지니게 되었다. 특히 한나라와 당나라 이래 불교의 영향을 받고, 북방 민족의 풍습이 중국과 습합되면서 송나라에서는 이들을 종합 집대성하게 되었다. 송나라 학자들은 불교이론을 받아들여 天 관념을 확장시켰다. 불교적 우주 구조와 전통적인 인간 윤리를 연결시키는 형이상학을 발전시키기에 이르렀다. 성리학자들은 『주역』과 『중용』의 기초 아래 노장과 불가의 영향을 흡수하여 일가를 이루었다. 주희는 『주자어류』 「이기 하·천지 하」$^{理氣下·天地下}$ 편에서 다음과 같이 말한다.

"굴원의 「이소」離騷에 구천九天설이 있는데, 주석가들은 이를 망령되게 해석하여 아홉 개의 하늘이 있는 것이라고 말한다. 내 그것을 깊이 관찰해보니 그저 구중九重 즉 수없는 중첩을 뜻하는 것일 뿐이다. 天의 운행은 수없이 많은 중첩성과 다양성을 지닌다."[60]

天에 대한 주희의 관념은 동중서를 크게 벗어나지 않았지만, 불교적 우주관과 인간 내부의 윤리적 가치를 충분히 결합시켜 독특한 천리天理론을 개진했다. 그에게 있어 天 관념은 '우주의 정연한 법칙은 인간세계의 계층성이자 인간에 내재하는 도덕률'로 정의해볼 수 있다.[61] 한편 주자는 기氣가 모이면 생하고 흩어지면 죽는다는 장자적 사유를 하기도 했으며, 天은 리理이고, 귀신은 기氣이며, 죽음은 멸망이라고도 했다. 청나라 때 편찬된 『강희자전』康熙字典 「대부」大部에는 天자를 설명하면서 송나라 소옹邵雍의 말을 인용해 "자연自然 그 밖에 다른 天은 없다"고 한다. 결과적으로 한대 이래 天 관념은 자연적 의미와 윤리적 의미가 중첩되면서 상황과 시대에 따라 혹자는 天의 자연성을 강조하고 혹자는 天의 주재성을 강조하면서 오늘에 이르고 있다고 생각된다.

---

60) 離騷有九天之說, 注家妄解, 云有九天. 據某觀之, 只是九重. 蓋天運行有許多重數.
61) 야마다 케이지山田慶兒, 김석근 옮김, 『주자의 자연학』(통나무, 1998) 참조.

# 3. '천명'과 중국정치사상

## 천인관계와 중국정치사상

천인관계는 중국정치사상을 정의하는 중요한 내용 가운데 하나이다. 초기에 천天은 인간에 대한 절대적 주재자로서 인간의 일에 간여하지 않는 것으로 인식되었다. 하지만 은주 교체기 천명 관념이 유행하고 최고 정치지도자에게 하늘과 인간을 매개하는 반인반신의 '천자'天子라는 칭호를 부여한 것 등을 보면 天과 인人을 뗄 수 없는 관계로 보는 견해가 늘어나기 시작했다. 보이지 않는 신의 세계보다 지금 살아가는 현실의 세계를 중시하는 인문주의적 사상풍토는 일찍부터 형성되었으며, 공자에 이르러 획기적인 관념의 전환을 이루게 되었다.

물론 공자 이전과 공자의 시대에도 天은 인간이 가는 길과 달라서로 상관이 없다는 천인상분天人相分설이 있었다. 『국어』「주어 하」에 보면 진晉에 난이 발생하자 노후魯侯가 천도天道 때문이냐, 사람 때문이냐고 묻는다. 그러자 주단자周單子는 "저는 음악을 담당하는 고瞽도 아니고 천문역법을 담당하는 사史도 아닌데 어떻게 천도를 알겠습니까?"[62]라고 대답한다.『국어』와『좌전』에는 이처럼 天이 인사에 간여하지 않는다는 사례들을 많이 예시하고 있다.『좌전』「소공 26년」조에는 "천도는 의심받아서는 안 되며, 천명은 두 가지가 있을 수 없다"[63]는 안자晏子의 말을 싣고 있다. 물론 天과 인간은 서로 조응한다는 주장이 있었기 때문에 이런 주장을 했을 것이다. 성립시기에 대해 논란이 많은『서경』「홍범」편에 특히 이런 내용이 많다. 비과학적인 내용이 있긴 하지만 '천인상분'이든 '천인상응'이든 인간을 정치의 주체로 생각했다는 뜻이며, 천인관계를 가지고 정치적 흥망성쇠를 말했다는 사실 자체가 신비한 주재자로서 天의 지위를 크게 약화시키는 주장이라고 볼 수 있다.

공자가 제기한 인학仁學은 인간관계의 원리원칙으로 유가사상의 핵심을 이루었고, 나아가 중국인의 정치의식을 형성하는 중요한 기초가 되었다. 공자도 天에 대해 신비주의적 정서를 다분히 갖고 있었지만 그의 언행은 항상 인간을 중심에 놓고 생각한 것들이었다. 현실을 중시하고 인간을 앞세우는 사고는 순자에 의해 잘 계승되었다. 순자는『순자』「천론」에서 "천인天人의 구분을 분명히 하면 지인至人이라 부를 수 있다"[64]고 말한다. 순자의 '지인'은 최고의 정치지도자를 말한다. 천인관계에 대한 포괄적 통찰력을 지닌 사람이야말로 위대한 정치가라는 의미다. 순자는 천인상분의 입장에 섰지만,

---

62) 吾非瞽史, 焉知天道?
63) 天道不謟, 不貳其命.
64) 故明於天人之分, 則可謂至人矣.

전국시대 제자백가의 대부분은 천인합일을 주장했으며 인간은 天의 제약 속에 살아간다고 생각했다. 天과 정치는 긴밀한 관계를 맺고 있다는 것이다.

천인관계에 대한 순자의 생각은 육가陸賈를 거치면서 다분히 신비주의적인 성향을 띠게 되었으며 동중서는 한 걸음 더 나아가 기존 제자백가의 천인관계론을 종합 집대성했다. 『춘추번로』「심찰명호」深察名號 편에서 '천인 사이는 합하여 하나가 된다'는 천인합일설을 주장한다. 「음양의」陰陽義 편은 다음과 같이 말한다.

"天에도 기쁨과 노여움의 기氣가 있고, 슬픔과 즐거움의 심心이 있으니 이는 사람과 서로 버금한다. 부류별로 서로 합치하므로 천인은 하나인 것이다. 봄은 기쁨의 기이므로 탄생하고, 가을은 노여움의 기이므로 죽이며, 여름은 즐거움의 기이므로 양육하고, 겨울은 슬픔의 기이므로 감춘다. 이 넷은 하늘과 사람이 모두 갖고 있다. 그 이치에 맞추어서 똑같이 응용해야 한다. 天과 함께 더불어 하면 크게 다스려질 것이고, 天과 다르게 하면 크게 혼란스러워질 것이다."[65]

천인합일이란 인간과 자연의 화해와 융합을 얘기하는 것이므로

---

65) 天亦有喜怒之氣, 哀樂之心, 與人相副. 以類合之, 天人一也. 春, 喜氣也, 故生; 秋, 怒氣也, 故殺; 夏, 樂氣也, 故養; 冬, 哀氣也, 故藏. 四者天人同有之. 有其理而一用之. 與天同者大治, 與天異者大亂.

중국정치사상의 중요한 특징 가운데 하나이다. 물론 유택화 선생은 "하지만 무시해서는 안 될 것이 천왕합일天王合一이야말로 천인합일의 주지이고 주체라는 점이다"고 말한다. 중국은 왕권주의 국가이므로 인민 개인의 삶이 자연과 합치하는 경지를 얘기한 것이 아니라는 주장이다.[66] 그것이 민권이든 왕권이든 동중서에게 천인관계는 그의 정치철학을 구성하는 가장 중요한 관념 가운데 하나였다.

동중서는 군주전제를 기본 이념으로 삼아 국가의 흥망성쇠를 통치자의 작위와 관련이 있다고 생각했다. 그는 과거 역사를 분석하고 선대 군주의 공과를 분석했으며, 자신의 독특한 군권 관념의 기초하에 천인관계를 재정리했다. 특히 그의 군주에 대한 사고는 네 가지 측면, 즉 군권신수, 天을 본받는 정책, 천도에 어긋남으로써 발생한다는 천벌 관념, 유학의 여러 이념을 天으로 여기는 측면에서 과거와는 다른 천인관계론을 정립했다고 할 수 있다. 동중서는『춘추』를 통해 모든 것을 인식하면서도 인간사회와 우주의 구조를 하나로 취급했으며 정치 문제를 천인관계를 통해 해결하려고 하는 독특한 관념을 만들어냈다.『춘추번로』「위인자천」편에서 그는 "태어났다고 하여 사람이 될 수는 없다. 사람이 되게 하는 것은 天이다. 사람이 사람이 되는 것은 天에 뿌리를 둔다"[67]고 말한다.

동중서의 사상적 영향력은 한대 전체에 미쳤다. 그의 천인관계론

---

66) 유택화 주편, 장현근 옮김,『중국정치사상사』선진편 상(동과서, 2008), 10쪽 참조.
67) 爲生不能爲人, 爲人者天也. 人之爲人本於天.

때문에 한대 유학은 신비주의적 요소를 많이 띠게 되었으며 어떤 측면에선 종교적 구속력도 가지게 되었다. 공자를 신격화하고 『춘추공양전』이 대대적으로 유행하면서 천명에 입각한 정치가 강조되었다. 동중서가 이와 같은 생각을 피력한 내밀한 목적이 당시 끝없이 확장되어가는 황제의 권력을 어떻게 통제할 것인가에 대한 해답을 찾는 데 있었다고 하더라도, 그의 후계자들이나 일반 사람들은 거기까지 생각이 미치지 못했고 천인관계에 대한 신비주의적 해석은 차츰 민간 깊숙이 파고들어 시대의 추세로 자리를 잡았다. 특히 동중서가 천명 관념을 혁명 관념으로 개조하여 삼통설三統說68에 입각해 '개제'改制69를 시도한 것은 왕망王莽 등 후대 정치인들의 이론적 무기가 되었으며, 참위讖緯와 결합하여 왕조교체의 정당성을 만들어내는 도구로 전락했다.

한나라 무제의 독존유술獨尊儒術 정책은 공자의 신격화와 오경五經70의 신성화를 불렀다. 오경이 관학이 되면서 '경'의 뜻을 위반하

------

68) 특히 『춘추번로』 「삼대개제질문」三代改制質文 편에 설명한 대로 동중서의 일종의 역사순환론이다. 역사는 '삼정삼통'三正三統 즉 하 왕조의 '정흑통'正黑統, 상 왕조의 '정백통'正白統, 주 왕조의 '정적통'正赤統의 왕복순환일 뿐 다른 경우는 없다는 주장이다.

69) 「삼대개제질문」에서 동중서는 삼통설에 입각하여 "새 왕은 필히 제도를 바꾼다"新王必改制라고 말한다. 천명을 받은 군주는 새 왕조의 합법성을 드러내기 위하여 '삼통'의 순서에 입각하여 구체적인 제도형식과 절차의 일부를 조정함으로써 자신의 정권이 하늘로부터 온 것임을 밝히려 한다는 것이다. 주로 거처를 옮기고, 호칭을 바꾸며, 정삭正朔을 고치고, 복색服色을 바꾸는 등 조치를 취한다.

70) 한나라 때에는 건국방침으로 효孝가 강조되었고, 공자의 언행을 담은

는 것은 법을 위반하는 것과 같이 취급되었다. 그리하여 오경을 신화화하여 천명에 의한 예언을 담은 위서緯書가 등장하게 되었다.『시위』詩緯,『상서위』尙書緯,『역위』易緯,『춘추위』春秋緯 등은 모든 말씀을 하늘로부터 내려온 명으로 치장한 글이다. 위서는 도참圖讖설과 더불어 서한 후반부터 크게 유행하면서 천명 관념은 상상이 아니라 진실로 받아들여졌다.『효경위』孝經緯「원신계」援神契 편에는 "『역』은 변화에 장점이 있고,『서』는 천명으로 하도河圖를 받았다는 신표를 밝혔다"71고 한다.

외척으로서 안팎의 권력을 장악한 왕망王莽은 대사마大司馬, 안한공安漢公, 재형宰衡, 섭정, 가황제假皇帝 등 황제에 준하는 지위를 누렸다. 그리고 진짜 황제가 되기 위해서는 '천명의 갱신'이 필요했다. 그는 천명을 받을 제왕에게 하늘이 내려준다는 부명符命을 조작했고, 그 징조인 상서祥瑞를 활용하여 신新 왕조의 정당성을 살리려 했다. 하늘의 뜻을 인간으로서 부응하여 '순천응인'했다는 '경명'更命이 정권 교체의 논리로 이용되었다는 것은 당시 사회가 천인관계를 어떻게 받아들이고 있었는지를 알게 해주는 증거이다.

왕망을 물리치고 새로운 정권을 창출한 광무제 유수劉秀 또한 '천인감응'에 의한 천명의 갱신을 논리로 활용했다. 물론 이처럼 세상이 불합리한 신비주의에 빠져 황당한 논리를 통해 권력을 정당화하

---

　　『논어』를 중시하게 되어『시경』『서경』『역경』『예기』『춘추』『효경』『논어』를 칠경七經으로 불렀다.
71) 易長於變, 書考命符授河.

는 데 대하여 반기를 든 사상가도 있었다. 환담桓譚은 광무제의 도참을 날카롭게 비판하다가 참수를 당할 뻔했다. 동한의 왕충王充은 天은 자연일 뿐 신이 아니며 인간을 주재할 수 없다고 주장한다. 『논형』「담천」談天 편에서 "천지는 기운을 머금은 자연이다"[72]고 말한다. 天은 물질적 실체일 뿐이라고도 한다. 왕충은 천인관계에 대해 객관적이고 과학적인 시각을 가지려고 노력했으나 아무도 그를 인정해 주지 않았다.[73] 동한시대 천명 관념은 그만큼 신비주의적이었다.

왕부王符는 그의 『잠부론』潛夫論에서 민심을 중심으로 정권의 합법성을 논의했으며, 천인관계를 둘러싸고 평민을 중심으로 이단적인 사유를 전개했다. 위진남북조시대 천인관계에 대한 관념의 변천은 두 가지 방식으로 전개되었다. 하나는 동중서의 '천인감응론'이 발전한 형태로 왕조의 경질과 흥망성쇠를 천명으로 설명하는 방식이고, 다른 하나는 천인관계의 발전으로 天과 人이 서로 다른 존재로써 작용한다는 설명 방식이었다. 하지만 어떤 경우든 천명을 인간사회의 사유 속으로 끌어와 현실사회의 중대한 사건들을 설명하는 데 이용하곤 했으며 대부분 사람들은 그렇게 받아들였다. 청나라까지도 천명의 교체를 정권의 정당성 논리로 이용했다는 점은 신비주의

---

72) 天地, 含氣之自然也.
73) 그래서 왕충이 그렇게 가난하게 살았는지도 모른다. 『후한서』「왕충전」에는 "집안이 가난하여 책을 구할 수 없자 자주 낙양 시내를 돌아다니며 팔고 있는 책을 열심히 읽었다. 한 번 보면 즉각 그걸 외워버렸다. 그리하여 수많은 사상학파의 주장을 널리 통달하게 되었다"(家貧無書, 常游洛陽市肆, 閱所賣書, 一見輒能誦憶, 遂博通衆流百家之言)고 한다.

적 천인관계가 전통시대 내내 사회적으로 수용되고 있었다는 이야기다.

수당시대는 유교, 도교, 불교를 겸하려는 사조가 유행하면서 기존 천인감응론에 대한 비판과 부정이 이루어졌다. 어느 것이 진짜 '도' 道냐는 논쟁이 치열했고, 천명보다는 천도天道에 관심이 많았다. 공영달孔穎達은 『오경정의』五經正義에서 천도자연天道自然을 주장했다. 「문왕세자소」文王世子疏에서는 "부모와 자식은 천성적으로 자연이므로 도라고 한다"[74]고 말한다. 공영달이 강조한 것은 인륜이었으며 천도와 인도의 연결체로서 오륜을 특히 강조했다. 당연히 그는 정치의 윤리화에 관심을 갖고 군주에게 천명에 기대기보다 덕을 쌓으라고 충고한다.

당나라 유학자 양성에 큰 공을 세웠던 왕통王通 또한 천인감응론적 신비주의를 벗어나려고 애썼으며 다시 천인관계의 중심추를 인간에 놓고자 했다. 그는 『중설』中說 「위상」魏相 편에서 "하늘과 땅 가운데는 다른 것이 아니라 사람이 있다. ……인간사를 잘 닦으면 천지의 이치를 얻는다"[75]고 말한다. 그는 천명 또한 인간사를 기리기 위한 것이며, 정치적 흥망성쇠는 사람에게 바탕이 있다고 주장했다.

유종원柳宗元은 아예 「천론」天論을 써서 '천인 상호 불간여론'을 제기하여 인간사를 중시했다. 그는 『유하동집』柳河東集 「정부」 편에서 국가의 흥망이나 길흉화복 등 "수명受命은 하늘에서 오는 것이 아니

---

74) 父子天性自然, 故云道.
75) 天地之中非他也, 人也. ……人事修, 天地之理得矣.

라 사람에게서 오는 것이며, 좋은 조짐 즉 휴부休符는 상서로운 징조에서 생기는 것이 아니라 사람의 인仁에서 비롯된다"[76]고 말한다. 통치자들은 천명에 연연할 것이 아니라 인간사를 중시하는 어진 정치를 펼쳐야 한다는 주장이다.

하지만 이렇게 인간세상으로 내려온 현실적인 천인 관념은 한유韓愈에 이르러 다시 천명론의 깃발을 꺼내들고 천인감응론에 기울게 된다. 물론 한유의 글에는 사람의 '마음'을 강조하고 인간세상을 중시하는 언어가 적지 않다. 하지만 천인관계에 대한 그의 인식은 기본적으로 『한창려문집』「하책존호표」賀冊尊號表처럼 "하늘을 앞에 두고 그것을 어기지 않는 것을 법천法天 즉 하늘을 본받는다고 말하고, 도가 천하를 구제하는 것을 응도應道 즉 도에 응한다고 말한다"[77]는 것이었다. 한유는 천도자연설을 무시하지 않으면서 인의로써 세상을 구제해야 한다고 생각했다. 한유가 전적으로 신비주의적 천명관을 가졌던 것은 아니다. '도'를 강조하는 과정에서 천도를 끌어다 입론의 발판으로 삼았던 것이다.

한유의 절대적인 영향력 하에 정립된 송명이학은 기본적으로 천명보다 천도에 관심을 둔다. 성리학자들에겐 천명보다 도통이 중요했다. 이로써 천명 관념을 중심으로 한 천인관계론은 도덕법칙을 강조하는 천도와 천리天理가 중심 관념으로 다루어진다. 그들이 다룬

---

76) 受命不於天, 於其人; 休符不於祥, 於其仁. …未有喪仁而久者也, 未有恃祥而壽者也.

77) 先天不違之謂法天, 道濟天下之謂應道.

윤리강상에 대한 재해석 등은 관련 장에서 다시 다루기로 한다.

### 혁명革命과 방벌放伐

중국의 천명 관념과 관련된 가장 뜨거운 이슈는 역시 그것을 바꾸는 일 즉 혁명일 것이다. 『주역』 「혁괘」革卦의 〈단전〉彖傳에는 중국 역사상 가장 오랫동안 극명하게 논쟁을 해온 엄청난 사건을 기록하고 있다.

"하늘과 땅이 革하니 사계절이 이루어졌다. 탕왕과 무왕은 命을 革하여 하늘에 따르고 사람에 응했다. 革의 시대적 의의가 얼마다 위대한가!"[78]

혁명革命이란 말의 시원인 이 구절을 공자가 쓴 것이라면 그의 평가는 혁명의 정당화이다. 탕왕과 무왕은 각각 폭군으로 알려진 하나라 마지막 임금 걸과 은나라 마지막 임금 주의 신하였으므로 혁명이라기보다 군사정변을 일으킨 셈이다. 그런데 딱 한 줄 이 구절이 역사 속에서 얼마나 많은 혁명가를 탄생시켰으며, 이 구절을 빌미로 얼마나 많은 사람을 역적으로 몰아 3족 혹은 9족을 몰살시켰는가! 그런데 이들 탕왕과 무왕은 또한 역사상 성왕의 전형적인 모범이기도 했다. 성공한 정변이든 실패한 정변이든 모두 '천명의 변혁'을 부르짖었다.

---

78) 天地革而四時成, 湯武革命, 順乎天而應乎人, 革之時義大矣哉!

천명사상의 유래는 오래되었다. '천명은 항상 일정한 곳에 있지 않고', '천명은 영원히 하나의 왕조와 함께하지 않는다' 등 혁명사상 혹은 경명更命사상 또한 매우 오래되었다. 『주역』「혁괘」〈단전〉의 위 구절은 중국 천인관계의 정치적 변용을 대표하며 천인감응적 인식론에 기초를 두고 있다. 맹자 같은 사상가는 왕위를 교체한다는 '역위'易位, 포악한 군주는 죽여도 된다는 '주일부'誅一夫 등을 제기하며 탕무혁명론을 정당화하기도 했다. 순천응인順天應人은 역사상 수많은 혁명의 근거이자 새로 탄생한 왕조에게 합법성과 정당성을 부여해 주는 논리였다.

신하였던 탕이 주군이었던 걸을 죽이고 새로운 권력을 탄생시킨 것을 어떻게 정당화시킬 것인가? 『서경』「탕서」湯誓 편에는 "이윤이 탕왕의 재상이 되어 걸을 벌伐했다"[79]는 기록이 있다. '벌'이란 정의의 이름을 내세운 공개적인 공격행위를 말한다. '벌'에는 제후들이 동원된다. 비슷한 말로 정征이 있는데, '정'은 천자의 명령을 받들어 다른 민족 또는 아랫사람을 공격하는 행위를 말한다. '정벌'은 모두 정치적 정당성을 가진 왕이 부당하게 권력에 도전하는 사람을 공격하여 없애는 행위이다. 신하인 탕이 왕인 걸을 벌한 것은 모순이다. 그럼에도 『서경』에서 '정의'를 앞세워 '벌'했다고 하는 것은 신하였던 무가 왕인 주를 벌함이 정당하다는 것을 내세우기 위함이었다. '천명의 변혁'은 이를 설명하려는 무기이다. 천인관계에서 天이 인간보다 높으니 인간이 아닌 天의 이름으로 정벌을 했으며, 그것이

79) 伊尹相湯伐桀.

혁명이라는 말이다. 『서경』 「다사」<sup>多士</sup>편은 최초 혁명설을 이렇게 기록하고 있다.

"그대들의 선조 성탕은 하나라를 革하라는 命을 받게 되었고 뛰어난 백성들이 사방을 다스리게 된 것이다."[80]

혁명과 방벌은 춘추전국시대 유가사상가들에 의해 정당화되었지만 많은 논란을 불러일으켰다. 논점은 크게 두 가지였다. 하나는 군주에 대한 시해냐 천명의 집행이냐를 둘러싼 논쟁이고, 다른 하나는 혁명은 피할 수 없는 운명이냐 피할 수 있는 것이냐를 둘러싼 논쟁이다. 방벌은 왕위의 선양<sup>禪讓</sup>론과 마찬가지로 초기 유가사상가들이 만들어낸 고도의 상징조작이었을 수도 있으며 후대의 많은 사상가들도 이를 의심했다.[81] 매 왕조가 개창될 때마다 '천명의 변혁'을 구실로 내세웠고, 매 왕조가 끝나갈 때마다 왕조의 운명에 대한 의문을 표시하곤 했다. 『사기』 「유림열전」<sup>儒林列傳</sup>에는 서한 정권 성립 초에 경제<sup>景帝</sup> 앞에서 벌어진 혁명에 관한 논쟁을 신고 있다. 황로<sup>黃老</sup>학파의 황생<sup>黃生</sup>은 혁명론에 반대한다. "탕왕, 무왕은 천명을 받은 것

---

80) 乃命爾先祖成湯革夏, 俊民甸四方.
81) 방벌과 선양이 초기 유가사상가들이 만들어낸 이중주였다는 데 대해서는 장현근, 「방벌<sup>放伐</sup>과 선양<sup>禪讓</sup>의 이중주: 초기 유가사상의 정권에 대한 정당화」(한국정치학회, 『한국정치학회보』 46집 1호, 2012. 3), 5~24쪽 참조.

이 아니라 시해한 것이다."[82] 이에 대해 유가의 원고생轅固生은 "그렇지 않다. 걸주가 포악하고 어지러우니 천하의 마음이 모두 탕, 무에게로 돌아갔다. 탕, 무는 천하의 마음을 도와 걸주를 벌한 것이다"면서 천심이 깃든 민심 때문에 어쩔 수 없이 왕위에 오른 것은 천명 아니면 무엇이냐고 혁명론을 제기한다. 격렬한 논쟁이 한나라 정권성립의 정당성 문제로 비화되면서 '탕무혁명' 관련 논의는 금지되었다. 혁명을 둘러싼 논쟁은 권력자 측면에선 이익보다 손해가 많다.

동중서는 더욱 정교하게 천인합일론을 제기하면서 천명론으로 혁명론을 대신했다. 천명과 왕권을 동일시하고 '신왕개제'新王改制론을 제기하여 영명永命 즉 현 왕조의 영원한 생명을 이론적으로 받쳐주었다. 그럼에도 한나라 때 휴홍眭弘 등 일부는 괴이한 현상의 출현을 보고 '천명에 순응해야 하므로 현인을 구해 왕위를 선양해야 한다'는 견해를 제기하기도 했다. 당연히 신비주의적인 그들의 주장은 처절한 죽음을 불러올 뿐이었다. 유언비어로 민심을 현혹한다는 것이 주살의 이유였다. 이런 간접적인 혁명론은 한 제국의 정치적 위기에 직면해서 하나의 사조로 다시 부활했다.

신중한 사람이었던 유향劉向도 예로부터 망하지 않는 나라는 없었다고 주장하면서 "천명을 부여받는 사람은 아주 많으며 한 성씨에만 주어지는 것이 아님을 잘 알아야 한다"[83]는 상소문을 올렸다. 유덕한 사람에게 천명이 간다는 주장은 정치를 잘하라는 왕실에 대한

---

82) 湯武非受命, 乃弑也.
83) 明天命所授者博, 非獨一姓也.

경고이다. 서한 후기의 황제들은 이런 견해를 받아들여 주로 연호를 바꾸는 방식으로 정치적 혁신을 꾀했다. 황제들 스스로 유덕한 사람이 되어 천명을 다시 받고 싶어 하는 경명更命논의는 폭력에 의한 정권교체가 아니라 현명한 사람에게 양위하는 '선양론'과 연결되었다. 이런 식의 평화적 정권교체는 정권 말기 왕들에게도 한 가닥 살길을 열어주는 것이어서 왕망과 같은 새로운 실력자에게 정권이 넘어가는 것을 백성들이 받아들일 수 있는 근거가 되었다.

역성혁명을 가장 많이 다루고 있는 문헌은 위서이다. 위서의 저자들은 혁명은 피할 수 없으며 영원불변한 왕가는 없다고 한다.『상서위』尙書緯「제명험」帝命驗에는 "삼황 이래로 천명은 선을 누리도록 해주었으며 한 성씨가 다시 명을 받도록 하지 않았다"[84]고 한다.『역위』易緯「건착도」乾鑿度는 세상의 원리는 변역變易에 있으므로 혁명은 필연이라고 한다. "군주와 신하가 변하지 않으면 왕조를 이어갈 수가 없다"[85]는 것이다. 혁명은 언제 일어나는가? 위서는 현재 천자가 포악하여 천지가 돌아서면 천지운행을 정상화시키기 위해 신성한 암시를 받아 혁명을 해야 한다고 주장한다. 혁명은 왕조가 바뀐다는 점에서 커다란 사회변동임에 틀림없지만, 그렇다고 왕 – 신하 – 백성의 구조가 바뀌는 것은 아니다. 군주전제체제는 불변하고 왕이 바뀌는 것에 불과했다. 따라서 남북조시대 왕조가 무시로 바뀌는 상황에서 무수한 혁명론이 등장하지만 체제의 변화를 기획한 진정한 의

---

84) 自三皇以下, 天命未去饗善, 使一姓不再命.
85) 君臣不變不能成朝.

미의 혁명논의는 거의 없었다.

혁명론을 정권창출의 정당화논리로 구현한 가장 성공적으로 사람이 당 태종이다. 수당 황제들 대부분은 자신이 위대한 덕을 갖추고 공을 세웠다고 자랑하면서 혁명, 선양 등의 방법으로 용상에 올랐다. 당나라 이씨 왕조의 합법성을 논증하기 위하여 당 태종은 '하늘에 순응하여 혁명을 했다'고 주장한다. "제왕의 업이란 지모로 경쟁할 수 있는 것도 아니고 힘으로 다툴 수 있는 것도 아니다. ……天이 명을 내리시어 제왕의 역수歷數가 제 몸에 있게 됨으로써 ……옥새라는 신물을 차지할 수 있었다."[86]『당태종집』「제범서」帝範序 혁명은 하늘이 정해준 일이고, 그렇게 왕이 된 사람은 유덕한 행동을 해서 민심을 얻으면 된다. 민은 혁명의 주체가 아니라 혁명의 완성을 위한 수단이다.

포의布衣로 천자가 된 주원장朱元璋 또한 명나라 건국과 혁명의 정당성을 천명 관념에서 빌려왔다. 물론 오랑캐를 물리쳐야 한다는 화이華夷론도 그의 혁명의 중요한 이유가 되었지만 왜 주 씨여야 하는지에 대해서는 역시 천명을 빙자했다.『명태조실록』明太祖實錄 권255에는 다음과 같이 말한다. "짐은 천하에 마음을 두지 않았으나 백성들을 구제하려는 마음을 가지고 있었으므로 하늘이 특별히 명을 내린 것이 어찌 아니었겠는가?"[87] 혁명에 정통성과 합법성의 옷을 입

---

86) 帝王之業, 非可以智競, 不可以力爭者也. ……皇天眷命, 歷數在躬, ……
   叨臨神器.
87) 豈非朕無心於天下而以救民爲心, 故天特命之乎?

히는 데 성공한 주원장이었지만 집권 후에는 혁명을 철저히 금지시켰다. 혁명과 관련된 언어나 사상을 철저히 탄압했다. 주원장 자신의 뿌리이자 원나라에 대한 혁명의 본산이었던 백련교白蓮敎의 미륵불신앙마저 미신이라며 철저히 핍박했으며, 유교를 중시하면서도 역위易位 등 불편한 언어들은 없애고 편집하라는 명령을 내릴 정도였다. 이처럼 혁명론은 집권을 위한 도구로 활용되다가 권력을 잡으면 다시 금지되는 관념이 되었다.

### 천도, 천리와 군권

천도天道에 대한 이해는 천명과 불가분의 관계에 있다. 위에서 언급했듯이 공자에 의해 정립된 천명관은 중국 고대정치를 움직이는 중요한 가치기준이 되었으며, 유생들이라면 누구나 천명에 입각해 현실을 변화시키려는 메시아적 의식을 갖게 되었다. 여기에 뗄 수 없이 등장하는 것이 천도관의 피력이다.

天과 도道는 원래 다른 관념이었다. 道는 길을 뜻하는 글자였으며, 규칙이란 의미로 쓰이기도 했다. 『서경』「강고」편에 "天이 그 道를 가르치시어 사방을 이끌라고 당부하셨다"[88]에서 천도 관념이 처음 등장한다. 天 또는 천명 관념과 더불어 『시경』이나 『주역』 등에 '천도'라는 개념이 가끔 등장하지만 본격적으로 유행하는 관념이 된 것은 춘추시대였다. 『국어』「월어 하」越語下 편에서 범여范蠡가 "천도가

---

88) 皇天用訓厥道, 付畀四方.

밝게 드러나니 해와 달은 그것으로 불변의 법칙을 삼는다"[89]고 했을 때의 천도는 하늘의 운행규칙을 말하는 것이고, 『좌전』 「양공 22년」에서 안평중晏平仲이 "군주된 사람은 믿음에 입각하고, 신하된 사람은 공경에 입각하여, 충실한 믿음과 돈독한 공경으로 위아래가 하나 되는 것이 天의 도이다"[90]고 했을 때의 천도는 인륜관계를 비정한 말이다.

천도 관념은 자연에 순응해야 인간사회의 삶이 행복해진다는 생각을 바탕에 깔고 있다. 자연규율에 따라야만 인간은 생존이 가능하다. 권력도 마찬가지이다. 군주가 천도 즉 자연규율을 어긴다면 나라 전체가 자연의 보복을 받게 될 것이다. 천도 또한 천명 관념과 비슷하게 天에 대해 어떤 태도를 취하느냐에 따라 달라지는 개념이다. 인문주의와 합리적 정신이 지배하는 시대에 천도 관념은 자연스럽게 신비적 색깔을 벗고 세속적인 천도관을 갖게 되지만, 의도적이든 무의식적이든 신비주의가 사회전반적 분위기를 형성할 때는 종교적이고 철학적인 천도관이 유행하게 된다. 법가사상에서도 자연규율을 고려하여 법을 만들어야 한다고 강조하면서 '천도에 순응할 것'을 요구한다.

『장자』에도 「천도」 편이 있지만, 천도에 대한 논의는 마왕퇴馬王堆에서 발굴된 황로 관련 서적에도 등장한다. 예컨대 『십대경』[91] 「전

___

89) 天道皇皇, 日月以爲常.
90) 君人執信, 臣人執共, 忠信篤敬, 上下同之, 天之道也.
91) 마왕퇴 발굴문서인 『황제사경』黃帝四經은 『경법』經法, 『십대경』十大經, 『칭』稱, 『도원』道原을 말하는데 이 가운데 『십대경』의 '大'자가 '六'자와

도」前道 편은 이렇게 말한다.

"따라서 왕은 요행으로 치국하지 않는다. 치국에는 당연히 선
행하는 도가 있으니 위로 천시天時를 알고, 아래로 지리地利를 알
며, 중간의 인사人事를 알아야 한다."[92]

『경법』「육분」六分 편에도 "천하 왕의 도는 하늘이 있고, 사람이 있
고, 땅이 있다. 이 삼자를 두루 운용하기에 왕은 천하를 갖는다"[93]고
한다. 인도人道 즉 사람의 도는 핵심이 사회질서에 있다. 군주와 신
민 사이 귀천을 구분하여 질서를 잡는 것이 인도이다. 천도와 인도
는 둘이면서 하나이다. 세속적 천도관의 논리적 결과는 민본사상이
며 정치변혁을 위해 이론적 틀을 제공하는 지주역할을 했다. 동시에
천도 중심의 정치사상 형성은 소극적인 결과를 가져오기도 했다. 즉
도덕상대주의와 도덕허무주의를 불러왔으며, 결국은 정치에 대한
인민의 적극적 역할을 억압하는 작용을 했다. 규칙을 준수하거나 제
도적 성취를 이루는 데도 큰 제약을 주었을 것이다. 모든 것을 천도
에 의존한다면 백성들의 정치적 주체성이 살아날 수 없을 것이다.
　전국시대부터 한대에 걸쳐 만들어진 것으로 추정되는 『관자』管子
에는 '천도'란 말이 22차례나 등장한다. 자연운동의 궤도나 규칙을

━━

비슷하여 『십육경』이라 부르는 경우도 있다.
92) 故王者不以幸治國, 治國固有前道, 上知天時, 下知地利, 中知人事.
93) 王天下者之道, 有天焉, 有人焉, 又有地焉. 參三者參用之, 故王而有天下矣.

뜻하기도 하고, "天의 도는 가득 차도 넘치지 않는다"[94]「형세해」며 불변의 진리를 얘기하기도 한다. 어떤 곳에는 사회관계나 사람의 행위표준을 천도로 표현하기도 한다. 「판법해」版法解 편에서는 위정자는 천도에 순응해야 성취를 이룰 수 있고, 천도를 위반하면 실패한다고 말한다.

天이 강조된 한나라 때 천도는 정부든 민간이든 사회전체에 영향을 미친 중요한 관념이었다. 육가는 그의 『신어』「명계」明誠 편에서 인간사가 천도에 기초하고 있다고 말한다. 군주가 시시비비를 가릴 때에도 천도에 따라야 한다고 말할 정도였다. 『한서』「문제기」文帝紀에는 문제의 다음과 같은 푸념을 싣고 있다.

"생각하니 짐의 정치가 실패한 바 있고 행동에 잘못이 있었는가? 그래 천도가 순조롭지 못하고, 지리 또한 얻지 못하겠으며, 인사가 대부분 화합을 잃었으니 귀신이 포기하여 형통하지 못하게 함인가? 어찌하여 여기에 이르렀는가?"[95]

특히 天을 사상의 중심으로 삼았던 동중서는 천도, 천의天意의 지침에 따라 모든 행사와 정책을 시행해야 한다고 주장했다. 그는 『춘추번로』「음양의」편에서 "천도의 일반법칙은 일음一陰, 일양一陽이

---

94) 天之道, 滿而不溢.
95) 意者朕之政有所失而行有過歟? 乃天道有不順, 地利或不得, 人事多失和, 鬼神廢不亨歟? 何以致此?

다"[96]라고 말한다. 천도 운행의 규율을 정치원칙과 일치시켜 정치적 대일통大一統을 추구했으며, 천도와 인사를 소통시켜줄 중재자를 성인이라고 생각했다. 이 점에서 현실 군주는 성인을 지향하여 적극적인 도덕수양을 해야 하고, 天의 명령을 더욱 공손히 수행해야 한다. 이렇게 되면 군주는 상당한 스트레스를 받으면서 권력행사를 해야 한다. 천도의 강조는 군주권력을 어느 정도 제약하는 역할을 하게 된다. 물론 유택화 선생의 지적처럼 "천도의 규율을 이용해 군주 개인의 호오감정, 행동거지, 정치자질을 구속하려는 시도는 아무래도 황당하게 느껴지지 않을 수 없다. 실제 정치과정에서 이러한 방법으로 군권을 제약하여 실효를 거두기란 매우 어려운 일"[97]일 수 있다.

후한시대의 천도 관념은 신비주의적 색채를 띠며 더욱더 민간 깊숙이 파고들었으며, 위서는 이러한 경향을 대표한다. 『백호통의』白虎通義에서도 삼강오륜三綱五倫 전체를 천도에 따른 것이라며 무조건 복종해야 한다는 논지를 편다. 이러한 신비주의적 천도 관념에 대하여 왕충은 신랄한 비판을 가한다. 天이란 그저 자연체일 뿐이며 사람을 낳거나 기르거나 사회를 구속할 아무런 작용도 하지 않는다고 말한다. 거꾸로 사람 또한 천도에 간여할 수 없다고 주장한다. 『논형』「난룡」亂龍 편에서 "봄바람이 불었다거나, 술이 다 익었다거나, 고래가 죽었다거나, 혜성이 나타났다거나 하는 것은 천도에 따른 자연현상

---

96) 天道之常, 一陰一陽.
97) 劉澤華 主編, 『中國政治思想史』秦漢魏晉南北朝卷, 앞의 책, 제3장 제2절 부분 참조.

일 뿐 인위적인 것이 아니다"[98]라고 말한다. 사람의 언행으로 하늘을 감동시키는 따위의 일은 있을 수 없다는 것이다. 왕충의 천도자연 관념은 이성적 사유에 기초한 매우 합리적인 판단이었음에도 당시 조명을 받지 못했고 오히려 바보취급을 당했다.

위진 이후 왕충의 천도자연론은 차츰 조명을 받으며 사상사에서 중요한 위치를 차지하게 된다. 천인감응론은 약화되고 인사가 천도보다 중요하다는 생각을 하게 되었다. 특히 중장통仲長統은 인간사의 모든 재앙과 복락, 사회적 질서와 혼란, 흥망성쇠 모두 사람 스스로 결정짓는 일이지 천도와는 무관하다고 주장한다. 『군서치요』群書治要 권45에는 중장통의 「창언」昌言을 싣고 있는데 天의 자연성은 이용할 수 있으나 신비주의적 천도란 믿을 수도 없고 알 필요도 없는 것이라고 말한다. 중요한 것은 인간사란 것이 중장통 주장의 요체였다. 그는 말한다.

"천도만 알고 인사를 모르는 사람은 무당이나 점쟁이 무리이며 상대하지 말아야 할 하급의 어리석은 백성들이고, 천도를 믿고 인사를 배격하는 사람은 혼란과 미혹을 조장하는 군주이며 나라와 집안을 무너뜨릴 신하들이다."[99]

---

98) 夫東風至, 酒湛溢, 鯨魚死, 彗星出, 天道自然, 非人事也.
99) 故知天道而無人略 원 주석에 따르면 略은 事여야 맞다者, 是巫醫卜祝之伍, 下愚不齒之民也; 信天道而背人略者, 是昏亂迷惑之主, 覆國亡家之臣也.

한편 한대의 도가 경전 가운데 하나인 『태평경』太平經에는 여전히 천도를 중시하며 군주는 천심을 얻어야 한다고 강조한다. 이 책은 황건의 난 때 큰 역할을 했으므로 사회적 영향력도 만만치 않았으나 천도가 인간을 결정짓는다는 생각은 도교 일파의 종교적 주의로만 남고 정치사상으로서의 영향력은 거의 사라지게 되었다. 당나라 때 도가계열의 이전李筌은 『태백음경』太白陰經 「천무음양」天無陰陽 편에서 "천도나 귀신은 봐도 보이지 않으며 들어도 들리지 않으며 찾아도 찾아지지 않는다"고 말하면서 인간적 요인이 모든 것을 결정짓는다고 주장한다.

당나라 때는 유교, 도교, 불교가 유행하면서 天에 대한 논의보다 '道' 자체에 대한 논의를 더 활발하게 하면서 어떤 도가 진정으로 인간세상을 위한 것인가로 초점이 옮겨가게 되었다. 유종원 등 대부분 학자나 문인들은 '천도자연'天道自然 이라는 한 가지 주장을 하게 되었다. 천도와 인류을 동일한 기준으로 적용하면서 인간의 일을 더 중심에 놓고 생각하게 된 것이다.

당나라 말 유학은 불교와 경쟁하면서 '도학'道學의 기치를 높게 세웠고, 유교적 도덕윤리를 도통道統과 천리天理라는 관념으로 정리하면서 불교보다 우월한 정치적 영향력을 발휘하게 되었다. 도교에서도 천리를 내세우며 인간세상의 윤리와 결합시키기 시작했다. 저명한 도사인 성현영成玄英은 그의 『장자집석』莊子集釋 「인간세소」人間世疏에서 신하와 자식은 군주와 부모를 섬기고 명을 받들어 행했을 때

비로소 "안심하여 천명에 순응하고 천리에 괴리되지 않을"[100] 것이라고 말한다. 윤리강상을 천리로 상승시킨 논의는 불교의 영향도 다분히 있었다. 이런 논의들이 집대성된 송대 성리학에 이르면 천리는 인욕과 대비되며 거대한 사상적 논쟁으로 변하게 된다.

천리란 말은 초기 경전들에는 보이지 않지만 전국시대에 등장한다. 특히 『장자』「천운」天運 편 등에 '천리에 순응한다'는 얘기가 나오고 『한비자』「대체」大體 편에도 "옛날 대체를 온전히 하던 사람은 … 천리를 거역하지 않았고 사람의 성정을 상하게 하지 않았다"[101]고 한다. 동중서도 『춘추번로』「위인자천」에서 "사람의 덕행은 천리가 변화한 것이라서 의롭다"[102]고 한다. 『예기』「악기」에 등장하는 다음 구절은 성리학의 논쟁을 천 년 앞서 예고한 것이었다.

"사람은 나면서 고요한데 이것이 하늘의 성性이다. 물질에 감응하여 움직이는데 이것이 성의 욕欲이다. ……안에서 좋아하고 미워하는 데 절도가 없고 바깥으로부터 유혹을 당해 제 자신으로 돌아갈 수가 없게 되면 천리天理는 없어진다. 외물이 사람을 감응시킴이 무궁한데도 사람의 좋아함과 미워함에 절제가 없으면 물질이 이르렀을 때 사람은 물질에 의해 휘둘리게 된다. 사람이 물질에 의해 휘둘리게 되면 천리를 멸하고 인욕을 다하게 된다. 그

---

100) 夫臣子事於君父, 必須致命盡情, ……安心順命, 不乖天理.
101) 古之全大體者: ……不逆天理, 不傷情性.
102) 人之德行, 化天理而義.

러므로 패역과 거짓의 마음이 있게 되고, 음일과 작란하는 일이 생기는 것이다."103

당나라 때 공영달의 『오경정의』는 천리와 인욕 관련 논변에 길을 열어주었다. 위 구절에 대한 「악기소」에서 공영달은 정욕의 확장을 '천리를 없애고 인욕에 떨어지는 행위'라고 비판하면서 "천리가 사라지는 것은 큰 혼란이 일어나는 길"104이니 정치를 통해 사람의 정욕을 억제시켜야 한다고 주장한다. '천리를 보존하고 인욕을 없앤다'는 성리학의 대표적 주장인 존천리멸인욕存天理滅人欲은 여기에 근원을 둔다. 정호程顥와 정이程頤 두 형제의 '천리론'은 천리를 신유학 최고의 관념으로 승화시켰으며, 모든 인륜의 근본이자 군주도 따라야 할 근본으로 자리매김 되었다. 조선을 포함하여 청나라말까지 지식인과 정치인들은 이 범주를 크게 벗어나지 못했다.

『하남정씨유서』河南程氏遺書 권7에선 "인륜은 천리이다"105라고 선명히 선언한다. '천리'는 윤리의 절대화를 뜻한다. 성리학자들의 천리론은 종법윤리와 정치제도 및 규범들을 만들어내는 기초이론으로 작동했으며, '천리'는 영원불변하며 모든 합리성을 갖춘 최고의

---

103) 人生而靜, 天之性也. 感於物而動, 性之欲也. 物至知心智의 지知外物에 대한 인식, 然後好惡形焉. 好惡無節於內, 知誘於外, 不能反躬, 天理滅矣. 夫物之感人無窮, 而人之好惡無節, 則是物至而人化物也. 人化物也者, 滅天理而窮人欲者也. 於是有悖逆詐僞之心, 有淫佚作亂之事.
104) 天理滅, 大亂之道.
105) 人倫者, 天理也.

이치가 되었다. 주희朱熹는 천리가 있기 때문에 "부모는 부모로서의 본분에 편안하고, 자식은 자식으로서의 본분에 편안하고, 군주는 군주로서의 본분에 편안하고, 신하는 신하로서의 본분에 편안하다. 어찌 사사로움이 있겠는가!"[106]『주자어류』권61고 말한다. 이렇게 하여 천리는 군주의 사적私的인 판단보다 높은 데 위치하게 되었다. 천리가 군주의 사사로움을 견제할 수 있는 훌륭한 무기로 등장한 것이다. 황종희黃宗羲는 그의 『파사론』破私論「종사」從祀 편에서 "천리로써 천지를 관리한다"[107]고 말할 정도였다.

결국 중국정치사상사에서 天은 인격화되면서 지배의 정통성을 구하는 수단으로 이용되었으며, 일반 백성들에게 天을 두려운 존재로 인식케 함으로써 황제의 지배질서에 복종하도록 했다. 천인합일과 신비적 천명 관념 등을 동원하여 지배의 정당성을 확보하는 데 주력했던 天 관련 관념들은 군주전제주의를 뒷받침해주는 중요한 이론이었음에 틀림없다. 하지만 천명과 천리 등 '관념'이 무한정 확장되는 군주권력에 대해 일정한 의미의 제약을 가했다는 것도 중국정치사상사상의 중요한 특징 가운데 하나이다.

---

106) 天分卽天理也. 父安其父之分, 子安其子之分, 君安其君之分, 臣安其臣之分, 安得其私!
107) 以天理把捉天地.

제3장

# 심성

이 장에서는 중국정치사상 이론의 기초인 인성론에 관련된 관념들의 생성과 변천의 과정을 性과 心자를 중심으로 분석한다. 心과 性 가운데 어느 관념이 먼저 출현했는지에 대해선 정설이 없다. 널리 알려져 있듯이 성리학의 心卽理냐 性卽理냐 하는 논쟁은 心과 性 가운데 무엇을 먼저 생각하느냐에 관한 논쟁이다. 心에 입각해서 性을 논할 것인지, 性이 더 본질적인 것인지에 대한 학문적 논의는 동양철학의 핵심 범주 가운데 하나이다. 정치사상의 영역에서도 이는 간과할 수 없는 주제다.

# 1. 심心 · 성性 관념의 형성

### 心의 어원

심心자의 출현은 매우 오래되었지만 갑골문에는 깨진 조각에 몇 군데 비슷한 글자가 보일 뿐이다. 『고문자고림』에는 수십 개의 心자를 모았는데 갑골문은 없다. 아래 〈그림4〉에 보이는 첫 번째 글자는 心자로 추정되는 갑골문 글자이다. 『고문자고림』[1]에서 우성오于省吾는 긴 설명을 통해 이 글자가 '貝'자의 갑골문 글자와 비슷하지만 다른 글자라고 주장한다. 우씨의 주장이 정설로 받아들여진 것은 아니며 구체적인 용례는 아직 드러나지 않았다. 어쨌든 心자는 인체 내의 심장을 가리킨 상형문자임은 글자모양에서 쉽게 알아볼 수 있다.

| 미상 | 素숙鎛 | 克鼎 | 설문해자 |
|------|------|------|--------|
| 갑골문 | 초기금문 | 후기금문 | 소전 |

**그림 4 心자의 변천**

---

1) 『고문자고림』 제8책, 939~941쪽.

『한전』에선 첫 번째 자형을 心의 갑골문으로 인용하고 있다.[2] 초기 금문부터 心자가 심장의 상형임을 감안하면 은나라 때 해부학이 정교한 수준에 이른 것으로 추정된다. 어떤 금문의 자형을 보면 심장의 양쪽으로 흐르는 동맥과 정맥을 표현하고 있는 글자도 있고, 위 그림에서처럼 가운데 피를 그려 넣고 있기도 하다. 소전체가 더 정밀한 심장의 모습과 핏줄을 상형하고 있는 걸 보면 후대로 갈수록 해부학 수준이 높아져 갔다는 의미이다.

『설문해자』「心부」는 이렇게 말한다.

"사람의 心은 토±성에 속하는 장기이며, 신체의 한 가운데 위치한다. 상형문자이다. 어떤 박사博士는 화火성의 장기에 속한다고 주장하기도 한다. 心에 속하는 글자들은 모두 心을 변이나 방으로 삼는다."[3]

土가 중앙을 가리키는 음양오행 관념을 대표하고 있다는 점에서 이는 후대의 추상적 관념이 개입된 것으로 보인다. 오행 가운데 화火에 속하는 장기로 보는 견해는 心의 작용과 기능에 착안한 듯하다.

---

2) 『한전』 http://www.zdic.net/z/19/zy/5FC3.htm
3) 心, 人心, 土藏, 在身之中. 象形. 博士說以爲火藏. 凡心之屬皆從心. 인체의 기관을 오행에 비유하는 출처가 『금문상서』와 『고문상서』가 다르다. 『금문상서』에서는 肝을 木, 心을 火, 脾를 土, 肺를 金, 腎을 水에 비유하고, 『고문상서』에선 脾를 木, 肺를 火, 心을 土, 肝을 金, 腎을 水에 비유한다. 여기서의 박사는 『금문상서』 박사를 말한다.

인체 내 장기를 전문적으로 다룬 『황제내경』<sup>黃帝內經</sup>의 일실된 부분들이 복원된다면 보다 정교한 신체구조와 心에 대한 표현을 얻을 수 있을 것이다.

### 性의 어원

성<sup>性</sup>자는 心과 生이 합쳐진 회의문자다. 허신의 『설문해자』에서는 "性이란 사람 가운데 양기성선<sup>陽氣性善</sup>한 것이다. 心을 변으로 하며 소리는 生이다"<sup>4</sup>고 한다. '양기'란 기운을 밝게 드러낸다는 의미이고, '성선'은 본성의 선함을 말한다. 허신의 이 해석은 애매모호하기 이를 데 없다. 아마도 맹자 성선설의 영향을 받은 설명으로 보인다. 여하튼 '사람'과 관련이 있다. 갑골문 人자는 들판에서 노동하는 모습을 상형한 것이지만 곧 '사람'을 대표하는 글자가 되었다. 이에 대해 허신은 『설문해자』에서 "천지의 性 가운데 가장 소중한 존재이다"<sup>5</sup>라고 설명한다. 청나라 단옥재<sup>段玉裁</sup>는 『설문해자주』<sup>說文解字注</sup>에서 이 '性'의 고문자는 '生'자라고 한다. 性은 生과 같고 생명체라는 뜻이다. 하늘과 땅의 생명체 가운데 가장 소중한 존재가 사람이라는 말이다. 단옥재는 또 "사람은 천지의 心이다"고 해석한다. 갑골문이나 금문의 시대에는 性자가 없었으나 『시경』 등 고문헌에 性이 등장한 것은 후대인들이 生자와 구분하려고 추상화하여 옆에 忄을 덧붙

---

4) 性, 人之陽氣性善者也. 從心, 生聲.
5) 天地之性最貴者也.

인 듯하다.[6] 〈그림5〉는 生자의 변천을 그린 것이다.

| 甲380 | 豐尊 | 史頌簋 | 설문해자 |
|---|---|---|---|
| 갑골문 | 초기금문 | 후기 금문 | 소전 |

**그림 5 生자의 변천**

生자는 갑골문에 가장 많이 등장하는 글자 가운데 하나이며 갑골문에 등장하는 여러 生자의 모양은 대부분 甲380과 거의 같다. 지면을 상징하는 '一'자의 위에 움이 트는 것을 지사指事한 '生'자는 땅과 식물의 관계를 명징하게 보여준다. 땅에 나는 식물의 상형이 生이다. 거기에 사람의 가장 중요한 특징인 心자를 더하여 性자를 만들었다. 性은 生이라는 원래 의미를 간직한 채 두 가지 의미로 확장되었다. 하나는 성욕, 성감 등 용례처럼 본성이나 본능을 뜻한다. 다른하나는 성질, 성품 등 용례처럼 인간만의 내면적 특징을 뜻한다. 후자는 心에서 솟아난 생명인 셈이다.

『고문자고림』은 生에 대한 고문자 정보를 망라하고 있다.[7] 허신은 나아갈 진進으로 뜻풀이를 했으며 초목이 땅에서 솟아나는 것이라고 했다. 生자의 의미가 풍성해지면서 인간의 내면과 관련된 것은 性으로 읽으며, 여자가 낳는다는 점에서 女자를 붙여 姓이 되었다.

---

6) 마서륜馬叙倫의 주장이다. 『고문자고림』 제8책, 945쪽 참조.
7) 『고문자고림』 제6책, 95~99쪽.

금문에는 백생百生과 백성百姓이 혼재한다.[8] 生과 性은 춘추전국시대까지도 혼용되었다. 예를 들면 『국어』「주어」에 후기성厚其性 즉 '그 性을 두텁게 한다'에 대해 왕념손은 性은 生이라고 주석한다. 『여씨춘추』呂氏春秋「지분」知分 편에 전생全生 즉 '生을 보전한다'의 生은 성명性命을 뜻한다.

서중서의 『갑골문자전』에는 갑골문 㞷에 대한 다섯 가지 용례를 싣고 있다. 대표적으로 첫째는 생록生鹿의 용례粹951처럼 '살아 있다, 신선하다'는 뜻이다. 둘째는 분생䇂生의 용례合集34078처럼 '풀떨기처럼 잘 발육하길 기원하다'는 뜻이다. 셋째는 생월生月의 용례合集29995처럼 이 달과 대비되는 '다음 달'의 뜻이다. 넷째는 다생多生의 용례合集27650처럼 여러 아들에 대비되는 성姓이나 '생질'甥로 읽을 수 있다. 그 외에 뜻이 불분명한 용례도 있다.

---

8) '많이 낳는다'는 다생多生의 의미로 百生을 이해할 수도 있고, 은나라 때 姓을 구분하는 초기 관념이 이미 형성되었다고 볼 수도 있다. 대부분 고문자 용례는 백생, 다생, 백성, 다자多子를 같은 계층으로 본다. 百姓은 백관百官을 뜻했다는 주장도 있다. 『고문자고림』제6책, 98~99쪽.

## 2. 심心 · 성性 관념의 변천

### 공자 이전의 心 · 性 관념

심心과 성性이 단순히 육체의 한 기관이나 인간의 본능을 표현하는 것에서 마음, 영혼, 정신 등의 의미를 지니고 철학적 윤리적 관념으로 변화된 것은 매우 오래되었다. 性자의 경우, 초기 문헌에는 '性'자보다 '生'자로 썼다. 이것이 인간의 내면과 관련된 추상적인 관념을 표현한 용례는 거의 없다. 『시경』에 性자는 딱 한 군데서 반복되는데 「대아 · 권아」에 "비이미이성"俾爾彌爾性 즉 "오래오래 사시어" 정도의 별 사회적 의미는 없는 구절로 쓰이고 있다.

『서경』에는 세 차례 등장하는데 「탕고」편의 다음 구절이 대표적이다.

"위대하신 상제께서 아래 백성들에게 치우침 없는 정성됨을 보여주시면서, 너희에게 갖추어진 항성恒性에 따르며 안심하고 그 도를 지켜간다면 임금이 될 만하다 하셨다."9

---

9) 惟皇上帝, 降衷于下民. 若有恒性, 克綏厥猷, 惟后.

'항성'은 오늘날 용례처럼 변하지 않는 본성 또는 성품이라고 보아도 무방하다. 「탕고」湯誥 편의 성립시기에 이미 인간 내면의 본성에 대한 초보적 이해가 있었던 듯하다. 참고로 『서경』「태갑」 편에는 "습習과 성性이 완성된다"는 구절이 있고, 「서백감려」西伯戡黎 편에는 "천성天性을 염려하지 않는다"는 말이 있다.

『주역』의 경문에는 性자가 출현하지 않으나 「건괘」의 〈단전〉에 "각기 성명性命을 바르게 한다"고 하고 〈문언전〉에는 '성정'性情이란 단어가 처음 등장한다. 성을 '천성'으로 해석할 수도 있으며 '生'으로 보아도 뜻이 안 통하지는 않는다. 역의 경문에 쓰이지 않고 후대의 해설서에 쓰였다는 점에서 性 관념은 나중에 생겼다는 추측이 가능하다. 〈계사상전〉에는 "도와 덕에 순조롭게 동화하며 그 이치가 의義로 연결되니, 그 이치를 궁구해 본성을 다함으로써 천명에 다다르게 된다"[10]고 말한다. '이치를 궁구해 본성을 다한다'는 궁리진성窮理盡性은 유가철학의 핵심 주제로 후대 성리학자들의 기본적인 학문방법이 되었다. 性 관념은 공자 이전에 벌써 정립되어 지금까지 큰 변화 없이 이어져온 것으로 생각된다.

초기 문헌에 속하는 『일주서』逸周書에는 性자가 다수 등장하지만, 『주례』周禮에는 전혀 등장하지 않는다. 生의 性으로의 전환과 본성 관념의 본격적 확립은 대체로 『서경』「주서」의 성립 이후로 추측된다. 공자와 비슷한 시기에 성립된 『좌전』에는 9차례 性자가 등장하는데 대체로 "백성들이 그 性을 잃는다"「소공 25년」 등으로 쓰이고 있

---

10) 和順於道德而理於義, 窮理盡性以至於命.

다. 군주의 기원을 인간 본성과 연결시킨 점이 흥미롭다. 「양공 14
년」을 보자.

　　"하늘은 백성을 낳으시고 군주를 세우셔서 그들을 관리감독
　　하게 함으로써 性을 잃지 않도록 하시었다."[11]

　『국어』「주어 상」에도 "그 덕을 바르게 하고 그 性을 도탑게 한다"
고 하는 등 性의 의미는 비슷하다. 『논어』「양화」에서 공자는 이렇
게 말한다. "性은 서로 가까운데 습習에 따라 멀어진다. 오직 아주 뛰
어나게 지혜로운 사람과 아주 어리석은 사람만이 바뀌지 않는다."[12]
교육의 영향으로 사람의 性이 변화할 수 있다고 본 것이다.
　반면 心은 초기 문헌부터 매우 활발한 용례를 보인다. 특히 마음
의 노래를 담은 『시경』에는 유추된 의미나 변이된 표현까지 포함하
여 168차례나 心자가 보인다. 「소아 · 체두」杕杜에 "시절이 시월이
되니/ 女心이 아파하는구나"[13]라거나 「소아 · 교언」巧言의 유명한 구
절 "타인의 그 心을/ 내 짐작해 아노니"[14]가 대표적인 예이다. 처음
부터 단순히 심장을 뜻하는 생물학적 心이 아니라 외물에 반응하는
감정이 실린 '마음'으로 인식했던 것이다.
　『서경』에는 '민심'民心 등 결합어로 또는 정치적 의미를 지닌 집단

---

11) 天生民而立之君, 使司牧之, 勿使失性.
12) 性相近也, 習相遠也. 唯上知與下愚不移.
13) 日月陽止, 女心傷止.
14) 他人有心, 予忖度之.

의식의 표현으로서 등장하는 등 心의 용례가 매우 다양하다. 「대우모」 편에는 "생명을 아끼는 덕이 民心에 흠뻑 젖어있어서 이에 관리자의 금기를 범하지 않는다"고 하고 「함유일덕」 편에는 "모두 한 가지 덕을 갖추어 능히 天心을 누린다"고 하여 '민심은 천심'이라는 관념을 표현하고 있다. 『서경』에 65차례 보이는 心은 대부분 윤리 또는 정치권력의 정당화와 깊은 관련을 맺고 있다.

『주역』에는 경문과 전문을 가리지 않고 다양한 心의 용례가 보인다. 「명이괘」明夷卦의 육사六四 효사에는 어둠에 가려진 밝음 즉 "명이明夷의 心을 획득한다"고 한다. 『춘추』 『국어』 등에도 心은 가장 널리 쓰이는 담론의 주제였다. "나이 70이 되어 心이 하고자 하는 바대로 해도 법도를 어기지 않게 되었다"「위정」는 용례처럼 『논어』에도 6차례 心이 등장한다. 참고로 『주례』에는 心자가 보이지 않으며 한나라 때 성립되었다는 「동관고공기」冬官考工記 편에 '향심'鄕心이란 한 용례가 등장할 뿐이다. 여하튼 초기 문헌들에는 心과 관련된 다양한 관념들이 거의 대부분 등장한다. 심의 추상적 관념화가 초기 문헌부터 매우 활발하게 전개되었음을 알 수 있다.

### 제자백가의 '심성' 관념

『논어』 「공야장」 편에서 자공은 스승 공자가 본성에 대해선 제자들에게 설명해준 적이 없다고 말한다. 공자의 작품으로 추정되는 여러 문헌을 봐도 공자가 인성에 대해 깊이 논쟁하는 곳은 없다. 性에 대한 논의는 공자의 제자들로부터 시작된 듯하며, 공자 이후 백가가 경쟁하는 과정에서 중요한 쟁론의 테마가 된 듯하다.

특히 『중용』의 저자는 性에 대해 깊이 있는 논의를 했다. 1장부터 "천명을 性이라 하고, 그 性을 이끄는 것을 도라 하고, 그 도에 따르는 것을 교敎라 한다"[15]라고 말한다. 21장에는 "참되어 밝아지는 것을 가리켜 性이라 한다"[16]고도 한다. 도는 기왕의 본성에 따라 나타나는 것이며 그 性은 본질적으로 선하다는 것이다. 이 점에서 『중용』은 맹자의 성선설과 내면에서 조응하고 있다고 하겠다.

잘 알려져 있다시피 맹자는 性이 선하다는 전제에서 사회모순을 분석하고, 유덕한 정치의 필요성을 역설했다. 성선설을 통해 '차마 참지 못하는 정치' 즉 불인인不忍人의 인정仁政을 주장하고 정치와 윤리를 일체화시켰다. 그는 서민의 고통에 관심이 많았으며, 통치자와 백성들이 모두 갖고 있는 보편적인 선한 본성을 통해 훌륭한 정치에 이를 수 있다고 보았다. 맹자에 이르러 본성 관념은 본격적으로 정치적 의미를 갖게 된 것이다. 특히 고자告子라는 제나라 학자와의 다음 논쟁은 중국철학사의 대표적인 논점 가운데 하나이다. 『맹자』「고자 상」편을 보자.

고자가 말했다. "性은 용솟음하는 물과 같습니다. 동쪽으로 길을 트면 동쪽으로 흐르고, 서쪽으로 길을 트면 서쪽으로 흐르지요. 人性에 선과 선하지 않음의 구분이 없는 것은 물에 동쪽과 서쪽의 구분이 없는 것과 같습니다."

---

15) 天命之謂性, 率性之謂道, 修道之謂敎.
16) 自誠明, 謂之性.

맹자가 말했다. "물은 정말로 동서의 구별이 없소. 그런데 상하의 구분도 없을까요? 人性이 선한 것은 물이 아래로 흐르는 것과 같지요. 어떤 사람이든 선하지 않는 경우가 없고, 어떤 물이든 아래로 흐르지 않는 경우가 없소. 여기 물이 있는데 손으로 착 쳐서 튀어 오르게 하면 이마를 넘게 할 수도 있고, 보를 만들어 밀면 산으로 끌어올릴 수도 있어요. 이것이 어찌 물의 性 때문이겠소? 외부로부터의 힘이 그렇게 만든 것이지요. 사람이 선하지 않게 될 수 있는 것도 그 性이 이와 같은 경우를 당했기 때문이오."[17]

맹자는 외부로부터의 힘을 배제하고 인간에게 본래부터 존재하는 도덕적인 무엇을 性으로 보았다. 동물과는 달리 인간만이 가지고 있는 특질로 본성을 이해한 것이다.[18] 이 점에서 맹자는 性 관념에 대해 독창적인 견해를 피력했다고 할 수 있다. 특히 맹자는 「고자 상」 편에서 눈과 귀 같은 감각기관은 생각을 할 수 없으나 "心이라는 기관은 생각을 하여" 깨달을 수 있으며 이는 하늘이 부여해준 능력이라고 한다.[19] 心에 대하여 본래 갖고 있던 심장이란 의미보다

---

17) 告子曰: "性猶湍水也, 決諸東方則東流, 決諸西方則西流. 人性之無分於善不善也, 猶水之無分於東西也." 孟子曰: "水信無分於東西, 無分於上下乎? 人性之善也, 猶水之就下也. 人無有不善, 水無有不下. 今夫水, 搏而躍之, 可使過顙; 激而行之, 可使在山. 是豈水之性哉? 其勢則然也. 人之可使爲不善, 其性亦猶是也."

18) 맹자의 性에 관한 논의는 장현근, 『맹자: 바른 정치가 인간을 바로 세운다』, 앞의 책, 88~113쪽 참조.

19) 원문은 耳目之官不思, 而蔽於物, 物交物, 則引之而已矣. 心之官則思, 思

추상적 정신작용을 하는 관념으로 변화시키는 데 맹자는 큰 공헌을 했다. 그 이전 문헌들에서도 이런 관념이 없지 않았지만, 『맹자』만큼 心의 작용을 강조하고 정치적 사회적 관념으로 등장시킨 경우는 없었다. 그는 정치적 품성을 구분하여 군자는 '心을 다하고' 소인은 '性을 보존한다'라고 말하며 군자의 '진심'盡心을 정치의 요체로 보기도 했다.

맹자는 '즉심논성'即心論性, 즉 천天이 부여한 인간만의 특질인 心을 가지고 性을 논했다. 현대철학의 용어를 빌리자면 '도덕이성'을 심성 관념에 포함시킨 것이다. 인간만이 도덕 '心'을 갖고 있다는 맹자의 논의는 잘 알려진 측은지심, 수오지심, 사양지심, 시비지심의 사단四端설에서 꽃을 피운다.[20] 心으로 하여금 인의를 상실하지 않도록 하여 치세에 다다르고자 한 것이 맹자 심성론의 주지였다.

이러한 맹자의 心性 관념에 변화를 준 사람이 순자이다. 그는 성악性惡을 출발점으로 삼아 사회와 정치의 문제를 접근했다. 예禮를 모든 가치기준의 핵심이자 정점으로 생각한 순자는 예를 드높여 악한 性을 개조함으로써 좋은 세상을 만들 수 있다고 생각했다. 순자는 맹자의 논의를 더욱 정교하게 이론화시키고 철학적으로 관념화시켰다. 순자는 모든 주장들을 주체적 행동능력을 지닌 사람의 문제로 환원시켰다.

---

則得之, 不思則不得也. 此天之所與我者.
20) 맹자의 心에 관한 논의는 장현근, 『맹자: 바른 정치가 인간을 바로 세운다』, 앞의 책, 114~135쪽 참조.

순자는 "사람의 性을 보면 요임금이든 순임금이든 걸왕이든 도척盜跖이든 性은 한가지다. 군자든 소인이든 性은 한가지다"[21]「성악」고 공언한다. 이 보편성에 대한 긍정은 기존의 性 관념들을 종합한 견해다. 그는 본성은 자연이라고 긍정하여 고대 性자의 기본 의미에 충실했으며, 그 위에 논리적 의미를 부여했다. 『순자』「정명」편의 다음 구절을 보자.

"사람의 일에 관련된 산명散名 즉 구체적 명칭을 보면, 태어나면서 그렇게 된 바를 가리켜 性이라 한다. 性의 화기和氣가 만들어내고 정기精氣가 외물과 감응하여 일부러 노력하지 않아도 스스로 그렇게 된 것을 가리켜 性이라 한다. 性 가운데 좋아함, 미워함, 희열, 분노, 비애, 쾌락을 가리켜 정情이라 한다."[22]

사람에게 존재하는 것으로 태어나면서 자연스럽게 갖는 것이 性이다. 좋아하거나 싫어하는 감정, 기쁘고 화나고 슬프고 즐거운 감정들은 정情이다. 性은 情을 포함한다. 욕구의 발로가 情으로 이어지고, 여러 情들이 性을 구성한다는 것이다. 순자는 후천적 학습이나 인위적인 노력이 아니라 선천적으로 존재하는 자연스런 욕구를 性으로 보아 도덕이성을 강제한 맹자식 性 관념에서 탈피했다.

---

21) 凡人之性者, 堯舜之與桀跖, 其性一也; 君子之與小人, 其性一也.
22) 散名之在人者: 生之所以然者謂之性; 性之和所生, 精合感應, 不事而自然謂之性. 性之好, 惡, 喜, 怒, 哀, 樂謂之情.

이런 순자 性 관념의 변천은 역시 心 관념과 깊은 관련을 맺고 있다. 기본적으로 순자는 이침치성以心治性 즉 '마음으로 본성을 다스린다'는 관념을 견지했다. 당군의唐君毅는 순자사상이 성악 관념에서 나왔다고 볼 수 없으며, 순자사상의 핵심은 '심'에 대한 그의 언설 속에 존재한다고 말한다.[23] 『순자』를 주의 깊게 살펴보면 순자가 心과 性을 두 가지 층위로 나누어 생각하고 있음을 알 수 있다. 순자는 마음을 인체 가운데 가장 존귀한 층위에 두고 있으며, 마음이 일체를 주재하는 위치에 있다고 주장한다. 『순자』「해폐」解弊 편을 보면 심은 '청명하게 위에 존재하는 것'이고 본성이나 감정이나 욕구는 '탁하게 아래에 깔려있는 것'이다.[24]

순자는 心을 경험적 인지의 대상으로 여긴다. 그는 心의 존재를 몸의 천부적 감각기관인 눈, 귀, 입, 코, 형체의 오관과 같은 선상에 놓고 본다. 순자는 '心에 징지微知가 있다'「해폐」라는 독특한 철학개념을 개진했다. 이목구비 등 감각기관으로 인지한 대상들을 마음의 사유활동을 통해 경험적으로 분류하고 변별하고 취사선택함으로써 객관적 사물에 대한 인식을 더 깊게 할 수 있다는 의미이다. 心에 도덕적 인지능력이 있다는 이 견해는 인간은 동물과 다른 도덕적 판단능력이 있다는 맹자의 관념과 통한다. 서복관徐復觀 선생의 얘기처럼

---

23) 唐君毅,「孟墨莊荀之言心申義下」(香港新亞研究所, 『新亞學報』第1卷 第2期, 1955), 63쪽 참조.
24) 원문은 다음과 같다. 故人心譬如槃水, 正錯而勿動, 則湛濁在下, 而淸明在上, 則足以見鬚眉而察理矣. 微風過之, 湛濁動乎下, 淸明亂於上, 則不可以得大形之正也. 心亦如是矣.

순자는 지식이 성립되는 근원이 마음에 있다는 것을 일찍이 깨친 것이다.[25]

  법가사상에서도 性은 중요하게 다룬 관념 중 하나였다. 그들은 인성호리人性好利 즉 사람의 본성은 이익을 좋아한다는 관념 하에 독특한 상벌론과 부국강병론을 주장한다.[26] 법가는 민성民性 혹은 민정民情이란 말을 자주 쓰며 선과 악을 따지지 않는다. 그 性을 어떻게 이용하여 정치적 목적을 달성할 것인지에만 관심이 있다. 『상군서』「산지」算地 편에는 "백성의 性은 길이를 재보고 긴 것을 취하고, 무게를 달아보고 무거운 것을 취하며, 저울질을 해보고 이익이 되는 쪽을 찾는다"[27]고 한다. 상앙은 상세上世에는 사사로움을 좋아하고, 중세에는 인仁을 좋아하고, 하세에는 이익을 좋아한다면서 시대에 따른 인성의 변화를 얘기하기도 했다. 한비자는 性을 더욱더 부정적으로 본다. 『한비자』「심도」心度 편에 보면 "백성의 性은 힘든 것을 싫어하고 편안한 것을 즐긴다"[28]고 하고 인간은 철저히 계산에 입각해 행동한다고 말한다. 혼란을 즐기고 법을 가까이하려고 하지 않는다

---

25) 徐復觀, 『中國思想史論集』(臺灣學生書局, 1974), 246쪽에 상세하다.
26) 인성이 이기적이라는 주장은 순자에게도 존재한다고 보아 순자를 법가의 선구로 보는 견해도 있다. 『순자』「성악」 편에 보면 "이제 사람의 본성을 살펴보면 나면서부터 이익을 좋아하는 점이 있다"今人之性, 生而有好利焉고 말한다. 하지만 여기서 순자가 말한 호리生而好利는 인성이 본질적으로 이익을 좋아한다는 말이 아니다. 순자의 性은 더 근원적인 자연존재성을 말하는 것이므로 인성호리설이라 볼 수 없다.
27) 民之性, 度而取長, 稱而取重, 權而索利.
28) 夫民之性, 惡勞而樂佚.

고 한다. 그리고 그 性은 시대에 따라 달라지고 상황에 따라 다르게 나타난다고 한다. 性에 관한 논쟁을 하지는 않았지만 시대성을 중시 했다는 점에서 법가 또한 性 관념의 변천에 일정한 공헌을 했다.

『묵자』는 心의 작용을 특히 중시하여 그의 많은 주장들을 心으로 설명한다. 心자는 48차례나 등장하지만 性은 「대취」大取 편에 "性을 바로잡을 수는 없으나 바르게 되어야 한다"[29] 등 천성의 의미로 세 차례 나올 뿐이다. 『묵자』에는 민심民心, 원심怨心, 수심愁心 등 요즈음 쓰는 心과 유사한 관념도 많이 등장한다. 「비성문」備城門 편에는 "적 들이 두려움이 떨며 의심疑心이 생기기 때문에 철수하게 된다"[30]고 말한다. 묵가사상은 心 관념의 다양한 응용방면에 공헌을 했다.

도가는 인성자연설人性自然說을 주장한다. 인간을 자연의 일부로 보 는 견해는 『장자』가 가장 전면적이다. 「지북유」知北遊 편에는 "사람의 생명은 기의 취합이다. 기가 모이면 생명이 있고, 흩어지면 죽게 된 다"[31]라고 한다. 장자는 원초적으로 생성된 사람의 본성 즉 '원생성' 原生性을 강조한다. 「천지」 편에서 장자는 "물질의 형체形體는 모두 신 묘함을 보유하고 있으며, 각기 기준법칙을 갖고 있으니 이를 가리켜 性이라 한다"[32]라고 말한다. 「경상초」庚桑楚 편은 말한다. "性이란 생 명의 바탕이다. 性이 움직임을 가리켜 행위라고 하고 인위적인 작위

---

29) 性不可正而正之.
30) 適人恐懼而有疑心, 因而離.
31) 人之生, 氣之聚也. 聚則爲生, 散則爲死.
32) 形體保神, 各有儀則, 謂之性.

를 하는 것을 가리켜 실패라고 한다."³³ 장자는 인간의 능동적 행위를 본성과 대립하는 것으로 보았다. 장자가 말하는 性은 타고난 본질과 본능이다. 이와 같은 본질과 본능은 사람의 주관적 의식이 지배하거나 변화시킬 수 없다고 본 점이 장자 性 관념의 독창적인 부분이라 할 수 있다.

또한 『장자』는 여러 곳에서 '心'과 '性'을 대립하는 것으로 본다. 「선성」繕性 편에서 인위적인 교화의 정치 때문에 인간의 질박한 도가 사라지고 "性을 버리고 心에 따르게 되었다"³⁴고 말한다. 心은 性을 파괴하는 근원이라는 것이다. 장자는 인간의 여러 가지 심계心計가 본성이라는 자연을 파괴하는 도구들을 생산한다고 보았다. 「병무」駢拇 편에선 먹줄 등 기계가 본성을 해친다 하고, 「천지」 편에서는 아름답다는 색깔, 소리, 맛 등이 생명을 해치는 것이라고 한다. 그는 性을 자연의 생生 관점으로 본 것이다. 정치, 경제 등 각종 인간들의 관계 또한 性에 대한 족쇄 역할을 한다고 보았다. 그것들은 인간만의 특질이라고 우기는 心에서 생산된 것들이라고 한다. 일체의 심계를 없애고 욕망을 끊고 정치관계를 벗어나야만 사람은 순수한 자연 상태의 본성을 유지한다는 것이다. 자연으로 性을 보았지만 순자와 다른 관점을 견지했으며, 心을 인간만의 특질이라고 본 맹자와는 정반대의 지점에 선 것이다. 이것이 장자 심성 관념의 독특함이다.

그 외 선진 제자백가들은 심성에 대하여 각자의 관점에서 의견을

───

33) 性者, 生之質也. 性之動, 謂之爲; 爲之僞, 謂之失.
34) 去性而從於心.

개진하고 있으며 심성 관념의 다양한 변천에 나름대로 역할을 했다. 너무 많아 일일이 접근할 수 없으나 『관자』 및 『여씨춘추』 등 잡가에서 보이는 심성 관념처럼 위에 언급한 유가, 묵가, 도가, 법가의 심성 관념을 절충한 것이거나 일방의 주장을 따르는 것들이 대부분이다. 진한 제국시대에 이르면 심성 관념은 일정한 패턴으로 정형화하려는 시도가 등장한다.

### 제국시대의 '심성' 관념

한나라 때는 '효'孝 등 제국의 질서를 안정시킬 정치적 덕목들이 강조되었다. 법의 공공성에만 의존해서 급속히 멸망한 진나라의 교훈을 사상가들은 누구나 언급했다. 그래서 내적이고 자발적인 사회 질서의 유지야말로 장구한 통치와 백성들을 안정시킬 가장 효과적인 방법이라고 주장하게 되었다. 효 등 유가에서 강조한 인간의 내면적 가치들을 통제함으로써 정치권력의 유지와 확장, 그리고 정치적 안정을 가져올 수 있다고 생각했다. 그리고 그런 덕목들이 인간의 심성에 내재하는 것임을 철학적으로 증명하고자 했다. 육가를 거쳐 가의賈誼는 『신서』 「과진론」過秦論에서 이렇게 말한다. "천하의 백성들 모두 거기에 제 성명性命을 기대며, 허심虛心으로 위를 우러르지 않는 자가 없었다."[35] 심성에 관한 사상적 논의는 거의 순자의 논리를 따라가고 있었으며, 순자사상의 연장선에 있는 『예기』 「악기」樂記편에는 "사람은 나면서 고요한데 이것이 하늘의 性이다. 물질에 감

---

35) 元元之民冀得安其性命, 莫不虛心而仰上.

응하여 움직이는데 이것이 性의 욕欲이다"[36]라고 말한다.

심성 속에서 사회가치의 근거를 찾으려는 노력은 다양하게 나타났다. 『회남자』는 性 관념을 더욱 풍성하게 활용했다. 「태족훈」泰族訓은 본성을 선하다고 보면서 "사람의 본성에는 인의의 바탕을 갖고 있다"[37]고 말한다. 하지만 맹자와 달리 후천적 교육을 강조하는 순자의 견해도 받아들이고 있다. 「수무훈」脩務訓에는 인성호리설까지 결합시키며, 본성에 차등이 있다는 말도 한다. 性은 환경의 영향을 받는다고도 하며, 변화하는 것이라고도 한다. 「제속훈」齊俗訓에선 "사람의 본성은 어려서는 어지러이 날뛰고 젊어서는 사납고 강하며 늙어서는 이익을 좋아한다. 한 사람의 몸이면서 수차례 바뀐다"[38]라고 한다. 선진의 性 관련 관념들을 종합하려는 노력이 돋보인다.

동중서 또한 치국사상으로서 심성론에 깊은 관심을 가졌다. 『춘추번로』 「옥배」 편에서 그는 "사람은 하늘로부터 명을 받아 선을 높이고 악을 미워하는 性을 갖게 되었는데, 이는 기를 수 있을 뿐 고칠 수는 없다"[39]고 했다. 그렇다고 그가 맹자의 성선론을 추종한 것은 아니다. 그는 오히려 『춘추번로』 「실성」實性 편에서 "맹자가 그로써 만민의 본성이 모두 그에 해당할 수 있다고 한 것은 잘못이다"[40]라고 주장한다. 그리고 공자가 제기한 상지上知 즉 '아주 뛰어난 사람'

---

36) 人生而靜, 天之性也. 感於物而動, 性之欲也.
37) 人之性有仁義之資.
38) 凡人之性, 少則猖狂, 壯則暴强, 老則好利. 一人之身旣數變矣.
39) 人受命于天, 有善善惡惡之性, 可養而不可改.
40) 孟子以爲萬民性皆能當之, 過矣.

과 하우下愚 즉 '아주 어리석은 사람' 사이에 교육이 필요한 대부분의 사람들을 설정하여 '성삼품'性三品설을 제기했다. 「심찰명호」편에서 동중서는 "선은 본성을 초월하고, 성인은 선을 초월하니 ……왕은 천의를 받들어 백성들의 본성을 이뤄주는 것을 자기의 임무로 삼는다"[41]라고 말한다.

한대 사상가들은 인성人性과 신성神性을 결합시키면서 군주 권력을 더욱 신성하게 만들려는 의도를 보이기도 했지만, 性에 대한 철학적이고 논리적인 근거를 찾기 위해서 부단히 노력하기도 했다. 위서인 『효경위』 「구명결」鉤命訣은 이렇게 말한다.

"性은 생명의 바탕이다. 마치 나무의 性이 인仁이고, 쇠의 性이 의義이고, 불의 性이 예禮이고, 물의 性이 지知이고, 흙의 性이 신信인 것과 같다."[42]

생명의 바탕으로서 性을 오륜의 인간관계와 연결시키고 있다. 『백호통의』 「성정」性情 편은 더욱 구체적이다. 性과 정情을 구분시키고 性은 양에서 생겨나고, 情은 음에서 생겨난다는 독특한 주장을 한다. "양기는 어질고, 음기는 탐욕스럽다. 따라서 情에는 이익욕망이 있고, 性은 어짊이 있다."[43] 情은 악하고 性은 선하다는 논리이다.

---

41) 善過性, 聖人過善., ……王承天意, 以成民之性爲任者也.
42) 性者, 生之質, 若木性則仁, 金性則義, 火性則禮, 水性則智, 土性則信也.
43) 陽氣者仁, 陰氣者貪. 故情有利欲, 性有仁也.

사람이 오륜을 타고난다는 주장을 하기 위해서이다. 또한 동중서가
강조한 삼강三綱과 오륜을 심성과 표리관계에 있는 것으로 간주하기
도 한다. 한나라 때 학자들은 심성론을 철학적 기반을 가진 관념으
로 승화시키고자 다양한 노력을 기울였던 것이다.

왕충은 사람의 일생을 결정짓는 핵심 이치로 性과 명命을 구분한
다.『논형』「초품」初稟 편에는 "사람이 나면서 性을 받고 命을 받는다.
性과 命은 두루 부여받고 같은 시간에 얻어진다"[44]라고 한다. 그런
데「명의」命義 편에선 "性과 命은 차이가 있다. 어떤 사람은 性은 선
하나 命이 흉하며, 어떤 사람은 性은 악하나 命이 길하다. 선과 악을
조종하는 것은 性이며, 화복과 길흉은 命이다"[45]라고 말한다. 性은
선악이 있고 命은 길흉이 있는데, 이것이 인생을 결정짓는다는 얘기
다.「초품」편에선 性과 命은 임신했을 때 이미 결정된다고도 말한
다. 거역할 수 없는 운명이라는 얘기다. 정치도 이와 같이 거역할 수
없으나 인간의 선악에 대해 하늘이 상벌을 내리지는 않는다고 비판
한다.

왕충은 인간본성 속에 선도 있고 악도 있다고 주장한 사람이다.
그는『논형』「본성」本性 편에서 그동안 인성론을 일곱 가지로 나누어
정리한다. 첫째 세석世碩 등이 제기한 인성에 선도 있고 악도 있다는
인성유선유악人性有善有惡설, 둘째 모두 선하다는 맹자의 개선皆善설,

---

44) 人生受性, 則受命矣. 性命俱稟, 同時竝得.
45) 夫性與命異, 或性善而命凶, 或性惡而命吉. 操行善惡者, 性也; 禍福吉凶
者, 命也.

셋째 고자의 性에는 선악의 구분이 없다는 성무선악지분性無善惡之分설, 넷째 본성은 악하고 선은 인위라는 순자의 성악선위性惡善偽설, 다섯째 하늘이 사람을 낳고 예의를 본성으로 삼았다는 육가의 예의위성禮義爲性설, 여섯째 性은 양에서 생기고 情은 음에서 생긴다는 동중서의 성양정음性陽情陰설, 일곱째 性은 몸속에서 발하지 못해 음이고 情은 몸 밖에서 발현되어 양이라는 유자정劉子政의 성음정양性陰情陽설이 그것이다. 왕충은 기존 性 관념을 일목요연하게 정리해냈다.

왕부는 그의『잠부론』「덕화」편에서 민중들의 행위가 심성으로부터 결정된다고 생각했다. "백성들에겐 性이 있고, 정情이 있고, 화化가 있고, 속俗이 있다. 정과 성은 마음이고 뿌리이며, 화와 속은 행위이고 지엽이다. 지엽은 뿌리에서 생기며, 행위는 心에서 일어난다."[46] 왕부는 백성들의 心에 순응하는 정치를 할 때 사회악이 사라진다고 주장한다. 법제를 통한 통치보다는 민심에 순응하는 정치를 강조한 것은 민본사상을 심성론과 연결시킨 것이다. 왕부는 심성 관념을 민본과 결부시킴으로서 덕치사상의 설득력을 더욱 높였으며 후대 유학자들의 정치사상에 큰 영향을 미쳤다.

심성 관념의 확장과 내면에 대한 중시는 수양론으로 이어졌다. 수나라와 당나라 황제들은 '본성을 기르고 닦는다'는 생각을 하게 되었다. 외부로 드러난 생명에서 시작된 性 관념이 내면으로 들어가 이제 수양을 통해 닦아지는 존재로 관념의 변천을 하게 된 것이다.

──

46) 民有性, 有情, 有化, 有俗. 情性者, 心也, 本也 ; 化俗者, 行也, 末也. 末生於本, 行起於心.

당 태종이 손수 편찬한 『제범』帝範의 「숭검」崇儉 편은 "검소하게 본성을 기르고, 고요하게 몸을 닦으라"고 주문한다. 심성에 대한 사조의 유행이 제왕의 사고와 행동을 통제하기에 이른 것이다. 그렇게 군성君性이 잘 닦여야 민성民性이 바뀐다고 생각했다.

황제까지 나서서 심성수양을 중요시하게 되자 수당 시기 강력한 사회적 영향력을 가졌던 불교, 도교, 유교는 각자 경쟁적으로 심성에 관한 논쟁을 벌이게 되었다. 논쟁을 통해 융합과 절충이 이루어지기도 하면서 심성사조의 유행은 거대한 흐름을 형성했다. 중국정치의 관념들이 강한 철학적 기반을 갖게 되면서 새로운 국면을 맞이하게 된 것이다. 새로운 유학을 성리학性理學이라고 부르게 된 것은 우연이 아니다.

불교의 중국화 과정은 심성론의 심화와 관련이 깊다. 위진시대 불교에서도 심성 관념은 그들 사상의 중요한 일부였다. 쿠마라지바Kumārajīva, 鳩摩羅什의 제자 도생道生은 성정지심性淨之心의 불성佛性을 얘기하며 '본래 맑은 심성' 즉 심성본정心性本淨은 누구나 갖고 있다고 주장한다. 본심으로 돌아가면 '모두'가 성불한다는 주장은 불법 앞에서 사람마다 평등하다는 얘기다. 이 주장은 곧 불평등한 당시 사회에 대한 고발이기도 하다.

본체, 심성, 방법으로 구성된 불성론佛性論은 중국불교의 특징이다. 중국화한 불교 종파들 특히 선종의 교의는 '모든 중생은 해탈과 성불이 가능하다'는 불성론과 관련이 깊다. 『육조단경』六祖壇經에서 혜능慧能은 '사람은 모두 요순이 될 수 있다'는 맹자와 순자의 심성론을 흡수하고 있다. 도덕 주체를 중시하고 중용을 강조하기도 한다. 불교가 깨달음의 진수를 즉심즉불<sup>卽心卽佛</sup>, 돈오견성<sup>頓悟見性</sup> 등으로 삼는 것도 심성 관념의 또 다른 확장이다. 心이 곧 부처이니 목석 등 삼라만상 모두가 불성을 갖는다는 선종의 불성론은 당송 유학자들에게 받아들여졌다. 성리학의 중요한 테제인 '리<sup>理</sup>는 하나이지만 그 작용은 수없이 갈린다'는 리일분수<sup>理一分殊</sup>도 사실은 불교의 논리와 관련이 있다. 성리학의 '천명의 본성' 즉 성명<sup>性命</sup>론의 상당부분 또한 불성론과 연결이 된다.

도교는 인성자연론을 시종 중시했다. 당나라 때 황실의 보호 아래 도교가 비약적으로 발전하면서 외단<sup>外丹</sup>보다 내단<sup>內丹</sup>이 중시되고 내단의 기초로서 도성론과 수양론이 강조되었다. 당나라 도사들은 노장사상을 주석하면서 도의 보편적 존재로서 중생은 모두 도성<sup>道性</sup>이 있다고 주장한다. 불교의 영향을 받은 것으로 보이며 성불 대신에 득도를 내세운다. 이는 또 신유가 성리학의 심성론에 영향을 미치기도 했다. 도가 곧 본성이며 만물은 모두 윤리적 본성을 갖는다는 주희<sup>朱熹</sup>의 사유는 유, 불, 도 삼교의 교류와 융합의 산물이다.

불교와 도교의 영향은 특히 心을 보는 눈과 관련이 깊다. '心 밖에는 사<sup>事</sup>도 물<sup>物</sup>도 리<sup>理</sup>도 없다'는 심즉리<sup>心卽理</sup>설은 선종 사유방식의 변용이다. 특히 성리학 가운데 육상산, 왕양명의 심학은 불교와 도교의 영향을 깊게 받았다. 당나라 도사들은 득도의 중추를 心으로 생각했으며 '청정심'의 유지와 '마음의 때를 벗는 것'을 수도 방법으로 삼았는데 이 또한 성리학자들 학문방법의 중요한 기틀이 되었다. 성리학이 심성 관념의 범주를 확장하며 태극, 도, 리, 기 등 관념을 그 중요한 주제로 삼은 것은 불교와 도교에서 연원을 찾을 수 있다. 다만 구체적인 내용에서 3자간 차이가 클 따름이다.

삼교 모두 '욕망을 없애고 본성을 보존한다'는 공통된 논리로 심성 관념의 내면적 수양을 강조했는데 이는 당시 사회에 큰 영향을 미쳤다. 그 철학적이고 추상화된 원리의 궁극에는 삼교 모두 지고의 명제로 제시한 '도'가 있다. 유학자들은 이러한 추상적 관념들을 종합하여 집대성했다. 이들 유학자들이 정치와 사회의 주도권을 행사하면서 본체, 심성, 윤리, 정치가 한데 어우러진 심성 관념이 만들어졌다. 이것이 송명이학이고, 정주학이고, 주자학이고, 성리학이다. 특정한 의미에서 보면 "송명이학은 유학화된 불학이요 유학화된 도학이라 할 수 있다."[47]

결국은 유학이 심성 관념의 주류가 되었다. 당나라 중후반기에 이 흐름을 주도한 인물이 한유韓愈이다. 그는 『한창려집』韓昌黎集 「원성」原性 편에서 性은 탄생과 더불어 오고, 情은 후천적으로 사물과 접촉하며 생긴다고 말한다. 순자의 사유와 비슷한 생각을 가졌으면서도 그는 순자를 '하자가 있다'고 비판하고 맹자를 추종한다. 性과 情에 등급이 있으며 性은 선하고 情은 악하다고 보았다. 심성의 평등 관념을 포기한 것이다. 그리고 性에 3품이 있듯이 情에도 3품이 있다고 한다. "情을 이루는 바가 일곱 가지 있는데 '희'라 하고, '노'라 하고, '애'라 하고, '구'라 하고, '애'라 하고, '오'라 하고, '욕'이라 한

---

47) 劉澤華 主編, 『中國政治思想史』隋唐宋元明淸卷, 앞의 책, 제3장 제1절 부분 참조.

다."[48]「원성」 한유는 性과 情은 대립하는 것이 아니라고 한다.

한유의 문인이었던 이고李翶는 性과 情을 대립하는 것으로 보았다. 그의 「복성서」復性書는 유, 불, 도 삼교의 심성 관념을 집대성한 명저다. 이고가 제기한 '性은 선하고 情은 악하니 情을 멸하여 性을 회복하자'는 '성선정악, 멸정복성'性善情惡 滅情復性이란 명제는 심성 관념을 한 걸음 더 심화시켰는데, 이는 성리학 인성론의 핵심이 되었다. 이고는 인간 본성이 선한 것은 선천적으로 천지의 본성이 선하기 때문이라고 생각했다. 그래서 악인도 본성은 원래 선했다고 말한다. 「복성서 중」에서 이고는 "걸주의 본성은 요순의 본성과 같았으나 그들이 본성을 제대로 보지 못하고 욕망을 즐기고 악을 좋아했기 때문에 혼미해진 것이다. 본성의 죄가 아니다"[49]라고 말한다. 性은 情을 통해 드러나며 性이 없으면 情도 없으므로 상호의존적이다. 하지만 情이야말로 性의 적이다. 「복성서 상」에는 이렇게 말한다.

"사람이 성인이 되는 것은 본성 때문이다. 사람이 본성을 미혹에 빠뜨리는 것은 情 때문이다. 희, 노, 애, 구, 애, 오, 욕 일곱 가지는 모두 情 때문에 생긴 것이다. 情이 혼미해지면 性은 숨겨지는데 이는 性의 잘못이 아니다. 일곱 가지가 순환하면서 교차로 오기 때문에 性이 차 있을 수 없는 것이다."[50]

48) 其所以爲情者七: 曰喜曰怒曰哀曰懼曰愛曰惡曰欲.
49) 情有善不善, 而性無不善焉. ……乃情所爲也. ……桀紂之性猶堯舜之性也, 其所以不睹其性者, 嗜慾好惡之所昏也, 非性之罪也.
50) 人之所以爲聖人者, 性也; 人之所以惑其性者, 情也. 喜怒哀懼愛惡欲, 七者

어떻게 본성의 회복 즉 복성復性을 할 것인가? 이고는 자율과 타율을 얘기한다. 타율이란 전통유학의 예악을 말한다. 이고 정치철학의 핵심은 예악의 강제를 통해 선한 본성을 회복시킴으로써 이상적인 정치사회를 성취할 수 있다는 것이다. 악을 만드는 인간의 정욕을 규범을 통해 통제하려는 이고의 복성설은 성리학의 선구라 할 수 있다.

심성론을 주지로 삼아 고도로 형이상학화한 성리학은 천재적인 사상가들이 출현하면서 기존의 유학에 유교와 불교의 이론을 끌어들이고 창조를 더하여 주희에 이르러 집대성되었다. 주희에게 큰 영향을 미친 장재張載는 性과 心의 관계에 주목했다. 『정몽』「태화」太和 편에서 장횡거는 "허虛와 기氣가 합하여 性이란 이름이 있게 되며, ……性과 지각知覺이 합하여 心이란 이름을 갖게 된다"[51]라고 말한다. 「신화」 편에서는 그 마음을 확대하여 天心과 합치시킴으로써 하늘과 하나가 될 수 있다고 한다. 장재는 성리학의 도덕수양론에 이론적 근거를 제공했고 거기서 더 나아간 것이 이른바 심학이다.

육구연陸九淵은 심성지학을 더욱 발전시켰다. 『육상산전집』「잡저」 편에서 "우주가 바로 내 마음이며, 내 마음이 바로 우주다"[52]라는 유명한 명제를 제기했다. 心을 근본으로 생각하는 형이상학체계를 수립했으며 이는 왕양명을 통해 크게 발전했다. 주희도 心을 중시하여

―

皆情之所爲也. 情旣昏, 性斯匿矣, 非性之過也. 七者循環而交來, 故性不能充也.
51) 合虛與氣, 有性之名, ……合性與知覺, 有心之名.
52) 宇宙便是吾心, 吾心卽是宇宙.

"心은 수많은 理를 포괄하며, 수많은 理는 일심에 갖추어져 있다"[53] 『주자어류』권9라고 말한다. 심성론을 중심으로 한 성리학은 청나라 말까지 중국 학계를 지배했다. 그 후 중국사상사 속에서 심성 관념은 이를 어떻게 재해석할 것인가 또는 이를 경세론과 어떻게 연계시킬 것인가와 관련된 일부의 논의와 주장이 있었다. 그러나 관념사적으로 큰 변천을 겪지는 않은 채 오늘날에 이르고 있다.

---

53) 心包萬物, 萬理具於一心.

# 3. 심성론과 중국정치사상

## 인성자리人性自利와 법가정치사상[54]

### 1) 이기적인 성질의 이용

위에 언급한 심성 관념은 유가사상, 도가사상과 그것의 연장선상에 있는 유, 불, 도 삼교의 종교적이고 철학적인 관점에서 접근했다. 중국정치사상사 연구의 중요한 이론적 기초이기도 하다. 반면 법가의 인성론은 그러한 철학적 관념을 바탕에 깔고 있으면서도 형이상학적인 고려를 전혀 하지 않고 있으며, 오로지 권력의 운용과 그 효과를 중심으로 인성을 분석했다. 법가사상은 인성에 대해 현실적으로 이해했으며 경험적으로 판단했다. 그리고 인성 관련 논의를 전개하기보다 인성을 이용한 법치의 효과적인 실현을 목적으로 했다. 이 점에서 인성에 대한 법가의 견해는 후대의 권력운용자들 특히 통치자들에게 깊은 영향을 미쳤다.

법가들은 인성을 자리自利와 자사自私 즉 이기적이고 사리사욕을

---

54) 이 소절은 장현근, 『상군서: 난세의 부국강병론』(살림, 2005); 張鉉根, 「商鞅的政論與變法」(中國文化大學政治學硏究所碩士論文); 장현근, 「初期法家의 人性과 歷史에 대한 認識」(경희대학교행정대학원 『경희행정논총』 제7권 제1호, 1992. 12), 97~112쪽을 수정하여 인용했다.

추구하는 것으로 파악한다. 그들은 인성이 선하니 악하니 따위의 논쟁은 전혀 하지 않는다. 『상군서』고 『한비자』고 '성선' 또는 '성악'의 언사가 한마디도 비치지 않는다. 오로지 사람이란 '좋아하는 바' 所好와 '싫어하는 바'所惡가 있을 뿐으로 이것에 따라 상과 벌을 잘 운용함으로서 부국강병의 목적에 다다를 수 있다고 한다. 자사자리自私 自利, 즉 이기적인 인간은 상을 좋아하고 벌을 싫어하는 성질이 있으니 이를 어떻게 효과적으로 잘 '이용'하는가에 그들 인성 관념의 중심重心이 있었던 것이다. 『상군서』「군신」편은 이렇게 말한다.

"인민이 이익을 추구함은 마치 물이 아래로 흐르는 것과 같아 사방팔방에 다른 선택이 있을 수 없다. 그들은 순전히 이익을 얻을 수 있는 방향으로 행위를 할 뿐인데 이익은 군주가 제공하는 것이다. 눈을 부릅뜬다거나 알통을 내보인다거나 무용담을 떠벌리는 사람이 이익을 얻을 경우, 잘 다림질한 옷을 입고 앉아 일은 하지 않고 말장난이나 하고 있는 사람이 이익을 얻을 경우, 오랫동안 헛된 세월을 보내며 자기 집안일에나 힘쓴 사람이 이익을 얻을 경우가 있다고 하자. 만약 이런 세 종류의 사람들이 존중을 받는 세상이라면 공로가 없어도 모두 이득을 볼 수 있으니 백성들은 농사일과 전쟁 즉 농전農戰을 포기하는 방향으로 행동할 것이다."55

55) 民之於利也, 若水於下也, 四旁無擇也. 民徒可以得利而爲之者, 上與之也. 瞋目扼腕而語勇者得, 垂衣裳而談說者得, 遲日曠久積勞私門者得, 尊向三

부국강병을 이루려면 인민들이 힘든 농사와 어려운 전쟁에 열심히 종사해야 하는데 사람들은 그저 편하고자 한다. 말로 벌어먹고 살고자 한다. "그리하여 농전에 참여하는 인민은 갈수록 줄고 놀고 먹는 사람이 갈수록 늘어난다면 나라는 흔들리고 땅은 깎이고 말 것이다."56)『상군서』「군신」 따라서 현명한 군주는 법률제도를 신중하게 정하여 오로지 농전을 통해서만 이익을 얻을 수 있다는 것을 인민에게 인식시켜야 한다. 물론 농전에 해악을 미치는 요소들은 아무런 이익을 얻을 수 없도록 해야 하며 오히려 벌을 받는다는 것도 분명히 밝혀야 한다. 상앙은 이익을 탐하는 인간의 성질을 그의 농전 정책에 이용하려 들었으며 나아가 손해를 싫어하는 성질까지를 이용하려 들었다.『상군서』「착법」錯法 편을 보자.

"사람의 정情은 호好 즉 좋아하는 바가 있고 오惡 즉 싫어하는 바가 있다. 이를 잘 이용함으로서 인민을 다스릴 수 있는 것이다. 따라서 군주 된 사람은 인민의 좋아하는 바와 싫어하는 바를 깊게 살피지 않을 수 없다. 호오야말로 상과 벌의 정책을 실행할 수 있는 근본인 것이다. 무릇 사람의 성정이란 벼슬과 녹을 좋아하고 형벌을 싫어한다. 군주 된 사람이 이와 같은 작록과 형벌의 두 권한을 움켜쥐고 인민의 심지를 좌지우지할 수만 있다면 원하는 바 즉 부국강병을 이룰 수 있을 것이다. 인민이 있는 힘을 다하면

━━

者, 無功而皆可以得, 民去農戰而爲之.
56) 故農戰之民日寡, 而游食者愈衆, 則國亂而地削.

작위가 그에 따르게 하고 공을 세우면 이에 상을 준다. 군주가 온 백성들로 하여금 이를 믿게 만들어 일월처럼 분명하게 밝힐 수 있다면 그 군대는 무적이 될 것이다."[57]

법가는 인성이 무엇인가의 문제를 논하는 데는 관심이 없다. 백성들의 性을 파악하여 통치에 이용하는 것이 중요하다. 『한비자』「심도」心度 편에는 이렇게 말한다. "백성들의 性을 보면 힘든 일을 싫어하고 안일을 즐거워한다. 안일하면 황폐해지고, 황폐해지면 다스려지지 않는다. 다스려지지 않으면 혼란에 빠져 상과 벌이 천하에 행해지지 않고 중간에 반드시 막히게 된다."[58] 정치안정을 이루고 백성들을 열심히 일하게 만들어 부국강병을 달성하는 것이 목표다. 인성은 그대로 두면 나태하기 이를 데 없으니 좋아하는 것으로 상을 주고 싫어하는 것으로 벌을 주어서 철저히 부강의 도구로 사용해야 한다는 주장이다.

『한비자』「팔경」八經 편에는 소호所好와 소오所惡를 철저히 이용하라고 촉구한다.

"무릇 천하를 다스리는 것은 반드시 사람의 성정에 기인해야

---

57) 人情而有好惡; 故民可治也. 人君不可以不審好惡; 好惡者, 賞罰之本也. 夫人情好爵祿而惡刑罰, 人君設二者以御民之志, 而立所欲焉. 夫民力盡而爵隨之, 功立而賞隨之, 人君能使其民信於此明如日月, 則兵無敵矣.
58) 夫民之性, 惡勞而樂佚, 佚則荒, 荒則不治, 不治則亂而賞刑不行於天下, 者必塞.

한다. 人情이란 좋아하는 바와 싫어하는 바를 갖고 있기 때문에 상벌을 운용할 수가 있다. 상벌이 운용되면 금지명령이 수립되는 것이니 치도治道가 갖추어진 것이다. 군주가 상벌의 칼자루를 쥐고 권위를 갖춘 세勢로 임하므로 명령은 행해지고 범죄가 멈추는 것이다. 칼자루는 살생의 제어장치이며 위세는 대중을 꼼짝 못하게 하는 바탕이다."59

금지명령 내에는 인성을 따지는 논의도 포함된다. 법가는 인성을 따지지 않는다. 그들은 눈앞의 현실 속에서 이익과 편안함을 추구하는 매우 이기적인 인간의 속성을 性으로 직관할 따름이다. 법가의 법치나 농전 정책은 전적으로 그들의 이와 같은 인성관에 뿌리를 두고 있다. 이는 인성을 도구로 사용하려는 공구 관념일 뿐이다.

### 2) 소욕所欲과 소오所惡

『상군서』에서 '민지성'民之性 혹은 '민지정'民之情을 직접 언급한 부분은 아홉 대목이 있다. 그러나 「설민」說民 편에 "백성들은 바라는 바가 있고 미워하는 바가 있다"60고 말하고, 「착법」 편에는 "사람의 성정에는 좋아하고 싫어함이 있다"고 하는 등 인성과 관련한 언사는 상당히 많다. 이들의 문맥을 살펴보면 '성'이나 '정'은 거의 같은 의

---

59) 凡治天下, 必因人情. 人情者, 有好惡, 故賞罰可用; 賞罰可用則禁令可立
而治道具矣. 君執柄以處勢, 故令行禁止. 柄者, 殺生之制也; 勢者, 勝衆之
資也.
60) 民之有欲有惡.

미로 사용하고 있다. '민'民이 지니는 뜻은 '인'人보다 범위가 협소한 통치의 대상으로서 의미를 지닐 때도 있지만, '민성'民性이라고 했을 때 대부분의 경우 양자는 동등한 의미로 쓰여 民과 臣과 君을 다 포함하여 '인성'을 가리킨다고 할 수 있다.

법가들은 더 구체적으로 인성을 다양한 욕구와 연결시키고 있다. 법가가 경험세계에서 관찰을 통해 얻은 결론은 인성이 '바라는 바'所欲와 '싫어하는 바'所惡에 따라 움직인다는 것이다. 바라는 바란 대체로 '삶生, 음식食, 편안함佚, 즐거움樂, 출세顯榮, 작록爵祿, 부귀' 등을 일컫고 싫어하는 바란 대체로 '죽음死, 배고픔饑, 힘듦勞, 괴로움苦, 수치와 모욕羞辱, 형벌, 빈천' 등을 가리킨다. 『상군서』 「설민」 편에는 다음과 같이 얘기한다.

"백성들은 바라는 바와 싫어하는 바를 다 가지고 있다. 바라는 바에는 6음六淫 즉 혼란을 일으키는 여섯 가지가 있고, 싫어하는 바에는 4난四難 즉 실천하기 어려운 네 가지가 있다. 그 6음을 따르면 나라는 쇠망의 길을 걸을 것이고 4난을 실천하면 군대가 강해질 것이다. 그러므로 왕이 된 사람은 9할을 형벌로 다스리고 상은 단 1할만 책정한다. 9할이 형벌이면 6음이 그치고 1할이 상이면 4난이 실천된다. 6음이 그치면 나라에 간사함이 없어지고 4난을 실천하면 군대는 무적이 된다."[61]

---

61) 民之有欲有惡也, 欲有六淫, 惡有四難. 從六淫, 國弱; 行四難, 兵強. 故王者刑於九, 而賞出一. 刑於九, 則六淫止; 賞出一, 則四難行. 六淫止, 則國

'6음'과 '4난'에 대해 고유高誘는 다음과 같이 주를 달고 있다. "인간의 여섯 가지 욕망은 생과 사, 그리고 이목구비에서 비롯한다. 대체로 心은 죽음과 삶의 문제로 인하여 혼란스러워지고, 귀는 소리로 인하여, 눈은 색깔로 인하여, 입은 맛으로 인하여, 코는 냄새로 인하여 혼란스럽다. 네 가지 어려움이란 형벌을 엄격히 하는 것, 법을 준엄하게 하는 것, 농사에 힘쓰는 것, 전쟁에 종사하는 것을 일컫는다."

법가의 인성 관념은 도덕성에 대한 함양이라든가 인간의 선성善性의 성취가능성에 대하여 완전히 부정적이다. 법가의 역사관에 따르면 혹 재물이 풍부하고 친친親親의 덕이 지배했던 고대에는 그럴 수 있었을는지 모르지만 경쟁의 시대이고 거짓이 판을 치는 오늘날에는 기대할 수 없다.62 그들은 인간의 역사를 작위의 역사로 본다. 이 작위의 세계에서 선한 본성을 믿는다거나 자율적 인의仁義의 지배를 강조한다면 결국 인간은 방종에 빠지고 음란해져 오히려 행복하지 못한 결과를 부른다고 생각했다. 이러한 인간성에 대한 비관적인 견해는 필시 냉혹한 형벌통치와 연결될 수밖에 없다. 법가는 이기적 속성의 인간은 소욕과 소오에 따라 형벌통치를 하는 것만이 정치질서가 잡히고 구성원들이 행복해질 수 있다고 주장한다. 인간의 이기

---

無姦; 四難行, 則兵無敵.

62) 『상군서』「개색」開塞 편에는 상세, 중세, 하세로 나누고 상세에는 친친의 덕, 중세에는 상현上賢의 덕, 하세에는 귀귀貴貴의 덕이 세상을 지배하는 원리라고 말한다. 『한비자』「오두」五蠹 편에는 상고, 중고 혹은 중세, 근고혹은 당금으로 나누고 상고시대에는 도덕을 경쟁하고, 중세시대에는 지모智謀를 경쟁하고, 당금은 기력氣力을 다툰다고 말한다.

적인 성질을 엄혹한 형치刑治로 다스려야 한다는 것이다. 그들은 고대인은 질박하고 순후했을지 모르지만 오늘날 사람들은 약삭빠르고 거짓 된다고 보았다. 『상군서』「개색」편에는 이렇게 말한다.

"그러니 고대를 본받고자 하면 도덕에 기초하여 다스려야 하고 금세를 본받고자 하면 형벌을 중시하는 법치를 행해야 한다. 이것을 세상 사람들은 매우 곤혹스럽게 여긴다. 그런데 금세에서 말하는 의義란 백성들이 좋아하는 바 즉 소호所好를 추켜세워주고 싫어하는 바 즉 소오所惡를 없애는 것을 일컫는다. 그리고 불의라 함은 백성들이 좋아하는 바를 세워주고 즐기는 바 즉 소락所樂을 폐기함을 일컫는다. 이 둘은 명칭과 실제가 뒤바뀐 경우로 세심히 고찰하지 않을 수 없다. 백성들의 소락을 세워주면 인민은 오히려 소오의 피해를 입게 되며 소오를 세워두면 백성들은 오히려 소락에 안주할 수 있다. 그렇다는 것을 어떻게 알 수 있는가? 대저 인간은 걱정이 있을 때 깊이 사려하고 숙고함으로서 대처할 방도를 찾아낼 수 있다. 즐거우면 음란방탕에 빠지고 방탕하면 나태안일로 흐른다. 그러니 형벌로 다스리면 백성들이 두려워할 것이며, 두려워하면 간사한 짓을 하지 않을 것이다. 간사함이 없으면 백성들은 결국 소락에 안주할 수 있다. 반면 인의도덕으로 교화하면 백성들은 방종으로 흐르고 방종하면 혼란에 빠지며 혼란하니 백성들은 결국 소오의 피해를 입게 된다. 그러므로 내가 말하는 형刑이 사실상 義의 근본인 것이며 세상 사람들이 말하는 인의는 폭란에 빠지는 길이다. 무릇 백성들을 바른 길로 이끄는 통치자는 소오에 의거함으로서 마침내는 소호를 이루도록 한다. 소호에 의거하면 필시 소오로 인해 패망하게 된다."[63]

법가들의 책은 인간의 욕망에 대해 다양한 각도에서 언급하고 있으나 대체로 직관적으로 본 이기심 가득한 인간으로 그려지고 있다. 사실 '타고나면서부터' 배고프면 음식을 찾고 힘들면 쉬고 싶은 것은 동물적 본성이다. 이 기본적인 육체적 욕구를 정치에 이용하려는 시도 때문에 법가는 비판을 받는다. 하지만 '영달과 작록'을 상으로 내걸고 가족 간의 사랑과 편안함 등을 형벌의 수단으로 이용하여 부국강병을 달성하고자 한 사고는 생물학적 욕구를 넘어선 것이다. 소욕과 소호의 정치적 이용은 '최소한도의 생물학적 욕구에 대한 충족'을 무기로 '최대한도의 정치적 목적을 달성'하려는 것이었다.

인성의 최소한과 욕망의 최대한을 어디까지 볼 것인가는 법가마다 차이가 있다. 예컨대 상앙과 그 추종자들에 의해 만들어진 것으로 추정되는 『상군서』 한 권 내에도 중형후상重刑厚賞 즉 '무거운 형벌과 두터운 상'이 소욕과 소호의 통제에 유리한가, 경형후상輕刑厚賞 즉 '가벼운 형벌과 두터운 상'이 유리한가를 두고 생각을 달리하는

---

63) 故效於古者, 先德而治; 效於今者, 前刑而法; 此世之所惑也. 今世之所謂義者, 將立民之所好, 而廢其所惡; 此其所謂不義者, 將立民之所惡, 而廢其所樂也. 二者名貿實易, 不可不察也. 立民之所樂, 則民傷其所惡; 立民之所惡, 則民安其所樂. 何以知其然也? 夫民憂則思, 思則出度; 樂則淫, 淫則生佚. 故以刑治則民威, 民威則無姦, 無姦則民安其所樂. 以義教則民縱, 民縱則亂, 亂則民傷其所惡. 吾所謂刑者, 義之本也; 而世所謂義者, 暴之道也. 夫正民者: 以其所惡, 必終其所好; 以其所好, 必敗其所惡.

주장이 있다.[64]

인성의 이용을 어떻게 할 것이냐에 대한 구체적인 견해에 차이가 있다고 하더라도 부국강병이라는 법가의 기본 목표 아래 인성은 도구에 불과한 것이 사실이다. '백성들을 통일된 역량으로 농사와 전쟁에 전념토록 하려는' 부국강병 정책을 성공시키기 위하여 작록을 좋아하고 형벌을 싫어하는 인간의 정서를 십분 이용하려는 것이다. 『상군서』「설민」편에는 "백성들이 용감하게 농전에 매진할 때는 상을 베풀어 그들이 바라는 바를 얻도록 해주고, 겁을 먹고 부진하면 싫어하는 바를 통해 형벌을 가한다"[65]고 말한다. 법가들이 '소욕'과 '소오'를 법치와 부국강병 정책으로 전환시킬 수 있었던 근본적인 까닭은 인성이 이기적이라는 판단에 따른 것이었다.

### 3) 계산심

인성이 이기적임을 증명하기 위하여 법가들은 이해타산 가득한 心을 말한다. 『한비자』「비내」備內 편의 유명한 다음 구절을 보자.

"의사가 다른 사람의 상처를 핥고 타인의 피를 빠는 것은 골육의 친근함 때문이 아니다. 이익이 더해지기 때문이다. 그래서 가마를 만드는 사람은 모든 사람이 부귀해지기를 바라고, 관을 파

---

64) 이에 대한 상세한 논의는 鄭良樹, 『商鞅及其學派』(臺灣學生書局, 1987) 참조.
65) 民勇, 則賞之以其所欲; 民怯, 則刑之以其所惡.

는 목수는 모든 사람이 빨리 죽기를 바라는데, 이는 가마 만드는 사람이 어질고 관 만드는 목수가 도적이어서 그런 것이 아니다. 사람이 부귀해지지 않으면 가마가 팔리지 않고, 사람이 죽지 않으면 관을 사가지 않기 때문이다. 그 성정이 사람을 미워해서가 아니라 사람이 죽어야 이익이 생기기 때문이다."[66]

의사들이 저 고생을 하는 것은 돈 때문이며, 장의사나 자동차판매원이나 모두 이해타산으로 행동하는 것이지 심성이 바르고 어진 것과는 무관하다는 한비의 지적은 파천황적이다. 온갖 미사여구로 포장된 인간사회의 단면을 꿰뚫어버린 것이다. 상앙은『상군서』「산지」算地 편에서 "사람의 본성은 길이를 재어보아 긴 것을 취하고 양을 보아 무거운 것을 취하고 저울로 재어보아 이로운 것을 취한다. 훌륭한 통치자는 이 세 가지를 잘 살피어 나라를 태평성대로 이끌고 인민의 역량을 집결시킬 수 있다"[67]고 말한다.

법가들은 인간에게 소호와 소오의 두 가지 성질 이외에 '계산지심'計算之心이란 것이 있다고 생각했다. 그렇기 때문에 군주는 명리 名利의 칼자루를 쥐고 인민들로 하여금 부국강병 정책을 중심으로 '계산'할 것을 요청한다. 특히『상군서』「산지」 편에는 이를 군주가 가

---

66) 醫善吮人之傷, 含人之血, 非骨肉之親也, 利所加也. 故輿人成輿則欲人之富貴, 匠人成棺則欲人之夭死也, 非輿人仁而匠人賊也, 人不貴則輿不售, 人不死則棺不買, 情非憎人也, 利在人之死也.

67) 民之性, 度而取長, 稱而取重, 權而索利. 明君慎觀三者, 則國治可立, 而民能可得.

져야 할 술수와 연계하여 다음과 같이 주장한다.

"성인이 나라를 다스리면 안으로 인민들로 하여금 전심전력
농사에 힘을 쓰도록 하고, 밖으론 이익을 잘 계산<sup>計算</sup>하여 정복전
쟁에 참여토록 한다. 농사는 인민들이 힘들게 생각하는 일이고
정복전쟁은 위험하게 생각하는 일이다. 힘들게 생각하는 일을 능
히 하고 위험시하는 일을 감히 실행에 옮기는 것은 이해관계를
잘 계산해본 때문이다. 그러니 사람이란 살아생전에는 어떻게 이
익을 얻을 것인가를 계산하기에 바쁘고 죽은 뒤에 어떻게 이름을
남길 것인가를 고민한다. 이렇기 때문에 명리가 말미암는 바를
세심히 살피지 않을 수 없다. 결국 이익이 땅에서 나올 때 인민은
있는 힘을 다해 농사를 지을 것이며, 명예가 전장에서 나올 때 인
민은 죽기 살기로 싸울 것이다."<sup>68</sup>

사람은 끊임없이 계산을 하며 사는 존재이다. "모르면 배우려 들
고 힘이 못 당하면 굴복하는 것"<sup>69『상군서』「개색」</sup>도 계산의 습성에서 나
온 것이다. "명예에 손상이 오고 몸이 위험에 빠지는 경우라도 하는
짓을 멈추지 않음 또한 거기에 이익이 있다"<sup>70『상군서』「산지」</sup>는 계산에

———

68) 故聖人之爲國也, 入令民以屬農, 出令民以計戰. 夫農民之所苦; 而戰, 民之
所危也. 犯其所苦, 行其所危者, 計也. 故民生則計利, 死則慮名. 名利之所
出, 不可不審也. 利出於地, 則民盡力; 名出於戰, 則民致死.
69) 不知則學, 力盡而服.
70) 名辱而身危, 猶不止者, 利也.

서 나온 행동이다. 그러므로 군주는 이익을 중심으로 한 인민의 계산심을 부국강병 정책으로 이끌어야 한다. 계산의 결과, 인민들이 생산에 전념하고 또 죽음을 두려워 않고 싸운다면 부국과 강병은 가만히 앉아서도 성취된다는 것이다.

사람의 계산하는 성질은 죽은 뒤라야 끝난다. 이익이 있다는 계산이 떨어지면 일체를 돌아보지 않는다. 어떠한 희생도 애석해하지 않는다. 『상군서』 「상형」 편에는 "인간의 부귀해지려는 욕망은 관의 뚜껑을 닫은 후에나 멈추리라"[71]고 주장한다. 군주는 이러한 백성들의 계산심을 이용해야 한다. 이익의 출처를 한 가지 즉 부국강병 정책에의 매진으로 유도하기만 하면 군주가 채찍을 들 필요도 없이 백성들은 저절로 열심히 농사짓고 열심히 전쟁에 참여하게 된다고 말한다.

결국 법가의 인성에 대한 견해는 사람이 명리를 추구하는 존재임을 전제로 하여 그 명예와 이익을 군주의 손에서만 나올 수 있도록 통합하는데 목적이 있었다고 할 수 있다. 즉 인성을 이용하여 사회 가치를 '이'利 하나로 일원화시킴으로서 최대한의 정치효과를 보려는 것이었다. 인의 따위를 따지는 행위는 계산심을 이해하지 못하는 허구라고 질타한다. 『한비자』 「육반」六反 편에는 심지어 부모자식간의 관계, 아들을 바라는 심리 등도 계산심으로 이해한다.

---

71) 民之欲富貴也, 共闔棺而後止.

"부모와 자식 간의 관계를 보자. 아들을 낳으면 서로 축하하고 딸을 낳으면 죽여버린다. 이는 모두 부모가 낳은 자식을 가슴에 품자마자 드러난 현상인데 남자아이는 축하를 받고 여자아이는 죽임을 당하는 것은 후사의 편의와 장기적 이익에 대한 계산을 고려한 것이다. 그래서 부모와 자식 간의 관계를 보면 모두 계산지심計算之心을 이용하여 서로 대하는 것이다."[72]

이 정도면 윤리의 근본에 대한 부정이다. 법가는 그 특질이 고상한 윤리도덕에 있는 것이 아니라 분명한 정치현상에 있다. 그들은 보이지 않는 어떤 것에 착근하지 않으며 눈에 명료하게 보이는 사실을 중시한다. 추상적인 주관성이 아닌 구체적인 객관성을 추구한다. 법가사상가들은 직관에 의존하지 않으며 경험을 중시한다. 『한비자』「현학」편에는 "경험하지 않은 또 인증할 수 없는 것으로 무엇을 단정하는 것은 바보짓이다"[73]라고 말한다. 경험세계의 집중적 표현이 현실이다. 모든 역사는 현재의 역사다. 법가의 관심사의 모든 것, 세계에 이룰 모든 가능태는 현실 속에 존재할 뿐이었다. 그들은 보이지 않는 형이상학적이고 현학적인 '인성론'을 논쟁할 까닭이 없다. 그들은 현실 속에서 경험적 사실로부터 사람의 이해타산적인 모습 즉 '계산지심'과 자기를 위하는 모습 즉 '자위심'自爲心『한비자』

---

72) 且父母之於子也, 產男則相賀, 產女則殺之. 此俱出父母之懷袵, 然男子受賀, 女子殺之者, 慮其後便, 計之長利也. 故父母之於子也, 猶用計算之心以相待也.
73) 無參驗而必之者, 愚也.

「외저설 좌상」을 관찰해낸 것이다. 그들은 인간의 현실성을 있는 그대로 파악한 뒤 이를 이용하여 정치질서를 수립하려고 한 것이며, 이기적 인간의 이익추구 속성을 군주 한 사람이 관장하게 하여 결국 사회 가치를 일원화시키는 전체주의적 군주전제를 실행하고자 한 것이었다.

### 성리학의 관학화官學化와 그 한계[74]

1) 관학에 대한 반성과 성리학의 성립

한 무제의 독존유술獨尊儒術 이래 통치이데올로기로 자리를 잡은 유가사상은 공자 신격화와 더불어 경학을 중심으로 차츰 사상적 독창성을 잃고 훈고訓詁만 일삼게 되었다. 특히 당 고종 영휘永徽 5년654년 '오경정의'五經正義가 공포되고 과거시험 답안지에 등장하는 모든 경전해석을 그에 따르게 함으로써 딱딱한 고시과목으로 죽은 학문 즉 '관학'官學이 되고 만다. 이에 사유의 갈증을 느낀 학자들이 불교와 도교에 침잠했고, 한유韓愈와 이고李翺는 이를 질타하면서 유학부흥운동을 제창했다.

그러나 인성의 근원적 이치를 궁구하지 않은 그들과 달리 북송 초기 손복孫復, 호원胡瑗, 석개石介 등 소위 '송초 3선생'은 '경의'經義와 '치사'治事를 두루 중시하여 유학의 이념과 현실응용을 결합시켰다.

---

74) 이 소절은 장현근, 「朱子學의 官學化와 사상사적 한계」(한국정치학회, 『한국정치학회보』 33집 1호, 1999. 7), 149~168쪽의 일부를 인용하고 수정했다.

이들은 시문이나 경전 몇 구절을 외우고 과거에 합격하여 출세하려는 당시의 썩은 관학의 경향에 경종을 울리며 유학에 새 정신을 고취하려 노력했다.

관학을 반성한 선행 업적을 이어받아 '북송 5자'는 유학에 새로운 길을 개창했다. 소옹<sup>邵雍</sup>은 우주의 구성원리를 수학적으로 풀어내어 유학의 천<sup>天</sup>관에 일대 전환을 불러 일으켰다. 주돈이<sup>周敦頤</sup>는 불교와 도교의 철학적 사변을 흡수해 무극, 태극, 중화<sup>中和</sup> 등 '性과 천도'에 대한 새로운 범주를 탄생시켰으며 새로 통일된 중앙집권국가에 적용할 새 이데올로기를 구축했다. 한유 이래 이러한 학문경향을 도학<sup>道學</sup>이라 부르다가 심성에 대한 논의를 위주로 한 학문경향이란 점에서 성리학<sup>性理學</sup>이라 부르게 되었다. 생략하여 이학<sup>理學</sup>이라 한다. 그 완성에 결정적 공헌을 한 사람은 장재<sup>張載</sup>와 이정<sup>二程</sup>일 것이다. 장재는 관학으로 찌든 유학을 버리고, 근원적 이치에 대한 사변을 통해 궁극적 진리를 찾아가는 '태허<sup>太虛</sup>의 기<sup>氣</sup>'론을 제창했다. 이는 이정에서 주희<sup>朱熹</sup>로 이어지는 정주학<sup>신유학, Neo-Confucianism</sup>의 확립에 결정적 공헌을 했다.

정호<sup>程顥</sup>와 정이<sup>程頤</sup>는 유학의 기본 교재인 『주역』과 결부시켜 천리와 인욕, 성즉리<sup>性卽理</sup>, 이일분수<sup>理一分殊</sup>, 형이상과 형이하 등 성리학의 주요 테제들을 발전시켰다. 특히 만물의 근원으로서, 우주의 통칙으로서 '천리' 개념은 이정이 체득해낸 창작인데 새로운 정치사상의 탄생을 예고하는 성취였다. 즉 도덕 질서에 대한 전통 유가의 주장을 철학적으로 명제화한 것이다. 정치사회에 실현해야 할 선<sup>善</sup>의 선험적 근거가 이로써 마련되었다.

주희 즉 주자朱子는 이러한 모든 개념적 범주들을 깊은 사색과 폭넓은 탐구를 통해 완벽하게 종합했다. 그는 송초 3선생, 북송 5자로 이어지는 도학의 진수를 흡수하여 체계적인 철학논리구조를 만들어냈으며, '리'理를 중심으로 한 도체론道體論, 도통론道統論 등을 통해 '철학의 윤리화' 또는 '윤리의 철학화'에 성공했다. 성리학을 정주학程朱學 또는 주자학으로 부르는 이유가 여기에 있다. 이로써 관학에 대한 반성으로 시작된 유학의 새로운 경향은 성리학으로 정립되기에 이른다.

### 2) 주자학의 확산과 관학화

이상이야말로 현실을 재단하는 가장 좋은 잣대이다. 이상이 없는 현실비판은 비판을 위한 비판일 뿐이기 때문이다. 성리학자들은 현상만물의 궁극적 원리를 탐구하는 이상주의자들이었다. 그들은 이상을 탐구하며 불교와 도교를 깊이 넘나들면서도 성인의 학이라는 유학을 고집한 사람들이었기에 유가의 본질인 현실참여에 적극적이었다.

주자가 살았던 남송 초기는 북방 민족과의 대결에서 한족이 굴욕을 당하고 있는 상태였고, 현실적 정치안정을 꾀하는 신법당 계열의 화의론자和議論者들이 정국을 주도하고 있었다. 주희는 '천리' 즉 理를 인간사회에 구현해야 한다는 이상과 현실적 한계 때문에 많은 갈등을 했던 것으로 보인다.

그는 위기지학爲己之學을 어떻게 현실에 연결시켜 왕도를 실천해낼 것인가, 즉 수기와 치인의 관계를 고민했다. 그가 서원을 복원하고 이록이 아닌 수기修己의 학문을 하라고 강조하면서도 아들에게는 과거공부를 시켰고 말년에는 둘을 다 용인하는 태도를 보인 것도 이와 같은 이유 때문일 것이다.

주자의 입장은 이상을 앞세우라는 것인데, 이선기후理先氣後는 시간적 선후가 아니라 논리적 선후이다.[75] 그가 추진한 강경한 정책들도 이렇게 이해해야 한다. 이상을 앞세운 '강직'한 논리, 현실에 대처하는 '교격'矯激한 태도는 명리의 인욕에 갇힌 "보수적 관료들의 직감으로, 도학이라는 어쩐지 실체를 알 수 없는 교의敎義 속에서 자신의 존재를 위협하는 위험을 알아챘던 것"[76]이며, 학문적 이상을 추구한 양식 있는 학자들은 긴 안목에서 역사의 정도를 고민했을 것이다. 주자학은 그렇게 재야 사대부들에게 광범하게 퍼져갔다.

주자는 당대 최고의 학자들과 교유하면서 이상과 현실이 잘 조화된 도학자로서의 정책건의서를 지속적으로 황제에게 상주한다. 주자는 황제가 불러서 경연시강經筵侍講을 하게 되었으나 정치투쟁에 연루되어 경원慶元 연간인 1196년 무렵 관직을 박탈당하고, 모든 학문성취가 '위학'僞學으로 금지 당하게 되었다. 이렇게 정치적으로 문제가 될 정도로 주자의 성리학은 남송 전역에 광범한 영향력을 행사하고 있었던 것이다.

마침내 송 이종理宗에 의해 주자의 『사서집주』四書集註가 숭앙되었

---

75) 예컨대 『朱子語類』 권1에선 "要之, 也先有理, 只不可說, 是今日有是理, 明日却有是氣也, 須有先後"라 한다.
76) 미우라 쿠니오三浦國雄, 김영식 · 이승연 옮김, 『인간 주자』(창작과비평사, 1996), 234쪽 참조.

으며, 원 왕조에 이르렀을 때 그 도통을 의심하는 사람이 거의 없을 정도로 보편화되었다. 허형許衡은 국자좨주國子祭主를 지내며 "매번 소학小學을 먼저 제기하고 다시 사서四書를 언급"[77]했다. 『원사』 권81 「선거지 1」選擧志一에 따르면 원나라 연우延祐 2년1315 진사선발시험부터 『사서집주』가 표준서로 채택되었고 주자학은 관학의 길에 들어선다.

주자학이 관학화한 것은 당시 학술이 주자학으로 귀결되어 학문의 주류가 되었다는 점 외에도 성리학 자체에 군주전제정치체제에 합당한 통치이데올로기를 내재하고 있었기 때문일 것이다.

먼저 성리학의 최고 개념인 理에 대해 생각해보자. 주희는 理와 氣를 '불리부잡, 상의상분'不離不雜 相依相分 즉 상호 구분되면서도 상호 연결되는 관계로 보았으며 理를 현상체계의 배후적 본체로 확정했다. 『주자어류』 권1에는 "천지가 생겨나기 전에는 필경 理뿐이었을 것이다"[78]고 말한다. 그렇다면 황제의 통치가 있기 전에 더 본질적인 이치가 있었으니 理를 들어 황권을 제약할 수도 있다는 말인가? 논리적으로 그렇지만 현실적으로 지존무상의 황제를 상정하면 이 말은 거꾸로 모든 이치의 근원에 황제가 존재하게 된다. 다시 말해 황제는 만백성 가치판단의 궁극적 근원자가 되는 것이다. 주자의 理에 대한 논의는 결국 종법군주제도 아래서 사회규범의 황제 중심의

77) 陳榮捷, 『朱學論集』(臺北: 臺灣學生書局, 1982), 311쪽.
78) 未有天地之先, 畢竟也只是理.

절대화와 획일화를 의미할 수 있다.

둘째, 주자는 선배 학자들의 이론을 종합하여 理와 氣의 관계를
'천지인' 셋으로 집대성하면서 이들이 하나인 동시에 차별이 있음
을 말했다. 의미상으로 理는 시간이 아니라 논리적으로 氣에 선행하
는 것이며 보다 근원적인 존재라고 한다. 그러나 현실적으로 차별의
핵심은 신분등급의 존비차별일 수밖에 없다. 즉 기성 질서를 옹호하
는 윤리도덕과 강상명교를 理의 본체세계로 상승시키기만 하면 낮
은 차원의 현상세계는 이것을 따르지 않으면 안 된다. "주희에게서
理는 봉건적인 신분 위계 조직을 지탱하는 근거였던"[79] 셈이다. 다
시 말해 주자의 이선기후理先氣後설은 봉건적 신분질서를 정당화하여
기존 계급지배의 정치질서를 옹호하는 수단이 될 수 있다.

셋째, 성리학자들은 그것이 정주程朱의 이학이든 육왕陸王의 심학
心學이든 사실은 『중용』의 "인심유위人心惟危, 도심유미道心惟微, 유정유
일惟精惟一, 윤집궐중允執厥中"16자를 성인의 전승 비결로 간주한다.
주희에게 이것은 '존천리, 멸인욕'存天理 滅人欲을 위한 존양存養 공부
의 요체였다. 성리학들이 도덕적이고 이상적인 경지를 읊은 이 천리
란 사실 정치사회에서 도덕윤리라는 이데올로기의 기능을 하는 영
원불변의 최고원칙이다. 다시 말해 군주전제적, 권위주의적 신분질
서가 짓누르는 사회에서 이런 제도에 위배되는 일체의 행위나 사상,
감정 등을 모두 인욕人欲의 범주에 가두어 둠으로써 통치자들은 백

---

79) 오하마 아키라大濱晧, 이형성 옮김, 『범주로 보는 주자학』(예문서원,
   1997), 156쪽.

성들에게 '참아라', '허리띠를 졸라매라'고 당당하게 얘기할 수 있게 된다.

넷째, 주자는 『대학』을 강조하고 제가, 치국, 평천하를 학자의 임무로 여긴다. 그는 사람, 하늘, 땅을 삼재三才로 삼아 사람이야말로 천지의 중심이라고 본다. 자연과 사회는 '사람'이 있기 때문에 의미를 지니고, '사람'은 또 '천지'에 대하여 특수한 의무를 갖는다는 입장이다. 이렇게 '생민生民'을 위하여 도를 세울' 때 사람으로서 존재가치를 지니게 된다. 도를 통해 본성을 다하는 것은 효제孝弟라는 사회질서 수립과 관련이 있다. 그 '理'는 보편 원칙이 되어 사람의 도덕윤리행위규범으로 용솟음하게 된다. 다시 말해 학자들은 학문을 하여 열심히 현실정치에 봉사하는 것을 자신의 임무를 다하는 것으로 여기게 된다. 의론에 휩쓸리지 않고 치국평천하라는 봉건전제제도하의 권위주의적 사업에 만인이 동참하게 되는 것이다.

주자는 위기爲己 또는 위성爲聖의 공부를 통해 이 땅에 천리를 구현하는 것이 목적이므로 황제에게도 개인적으로 윤리도덕을 준수하고 온 힘을 다해 끝없이 수양하라고 요구한다. 『주문공문집』권12 「기유의상봉사」己酉擬上封事의 다음 구절을 보자.

"신이 듣자옵건대 천하의 일은 그 근본이 한 사람에게 있다고 합니다. 그 한 사람의 몸은 일심一心에서 주재된다고 합니다. 따라서 인주人主의 心이 바르면 천하의 일이 正하지 않음이 없고, 인주의 心이 한 번 사邪에 빠지면 邪되지 않음이 없다고 합니다."[80]

주희는 "봉건사회 안에서 권력의 최고 정점에 서 있는 군주의 '마음'을 사회역사발전의 결정적 요인으로 보고"[81] 있다. 도덕 정치의 실현을 위해 군주 한 사람의 마음에 기대는 이 주장은 동양 전통정치의 핵심 틀이다. 그런데 이는 일견 군주에게 부담스러워 보이지만 사실은 그렇지 않다. '천리'에 따라 가치를 창출하는 최고정점에 있는 군주의 입장에서 보면 이를 통해 신하들에게 보다 도덕적인 복종을 요구할 수 있으며, 신민의 입장에서 보아도 자신의 도덕적 의지처를 군주의 수위修爲형식을 빌려 발현시킬 수 있으므로 환영할 만한 일일 수 있다.

### 3) 주자정치사상의 한계와 대안모색

주자는 맹자의 계승을 도통의 핵심으로 삼았으며, 왕도의 실현과 예인일체禮仁一體의 중화적中和的 정치론을 전개했다.[82] 그러나 그의 현실적 실천이나 정책대안은 과도한 도덕주의에 치우쳐 있었고 결국은 황제독재의 이념적 도구가 되었다.[83]

___

80) 臣聞天下之事, 其本在於一人, 而一人之身, 其主在於一心, 故人主之心正, 則天下之事, 無有不正; 人主之心一邪, 則天下之事, 無有不邪.
81) 송영배, 『유교사상, 유교적 사회와 마르크스주의의 중국화 1-유교사상과 유교적 사회구조 분석』(남풍출판사, 1991), 300쪽.
82) 劉澤華 主編, 『中國政治思想史』隋唐宋元明淸卷, 앞의 책, 338~364쪽.
83) 예컨대 주자는 북쪽 금金나라와의 대외관계에서 『춘추』의 명분론과 차별의식에 입각한 중국 중심 천하 관념의 산물로서 주전론을 전개했고,

이론적 측면에서도 주자학은 여러 방면에서 내재적으로 구체적 인식대안을 제공하지 못하고 있다. 먼저 현상만물의 궁극적 근원이라는 천리의 실체는 무엇인가? 理는 그것이 타고 앉은 氣의 세계에서 어떻게 구현된다는 것인가? 현실적으로 理의 목적은 윤리의 절대화인데 理가 구체적으로 명시되지 않는다는 것은 결국 절대자의 어떤 말이든지 절대윤리로 조작할 수 있다는 말이 된다.

둘째, 그는 천리가 내재된 인성 즉 천명지성天命之性을 지극히 선한 것으로 보며 본성이란 측면에서 평등론을 제기했다. 하지만 理를 과도하게 강조함으로써 인간 욕망의 일체를 부정하여 이리살인以理殺人의 엄격주의라는 비판을 받을 수 있다. 같은 맥락에서 성리학자들은 공과 사, 의義와 이利를 대비시키며 공의公義에 치중한 순정한 도덕주의를 주장한다. 『주문공문집』「신축연화주찰 2」辛丑延和奏札二의 표현대로 공과 사가 '일념지간'一念之間의 일이라고 한다. 하지만 이렇게 인간 욕망을 철저히 부정함으로써만 얻어질 수 있는 공의로 충만한

---

농지개혁법인 경계법經界法을 실시하고, 향鄕이 중심이 되어 춘궁기에 곡식을 빌려주고 가을에 이자를 붙여 갚도록 하는 사창법社倉法을 주창했으며, 토지겸병은 『춘추』의 의의에 반대된다면서 정전론井田論을 제기했다. 그러나 황제중심의 일원적 독재체제와 문치주의, 그리고 힘의 우위를 점하지 못한 상황에서의 전쟁론은 현실적 명분을 가질 수 없으며, 종족의 차별을 전제한 논의는 자신의 천리의 본원적 평등의식을 부정하는 것이고, 향촌의 토호가 지도층으로서 도덕적으로 구휼에 나서야 한다는 주장도 위대한 도학자가 아닌 한 쉽지 않으며, 귀족과 사대부들을 없애지 않는 한 정전이란 불가능하다. 결국은 모두 황제중심주의 국가 이념에 충실한 사상이었고, 독재를 위한 통치이데올로기로 활용되었다.

이상사회의 사람들은 아무 개성도 없는 도덕군자만으로 채워지게 될 것이다. 인간의 개체적 자율성이 없으면 문화가 없고 문명의 진보가 있을 수 없다.

셋째, 주자학은 육상산의 비판처럼 지리멸렬한 사업이다. 펄펄 살아 움직이는 사람들의 마음을 도외시하고 오직 격물치지라는 학문방법을 통해 천리를 체득해서는 소기의 목적에 다다르기 어렵다. 절충이 필요하다. 사실 주희 또한 理를 안돈安頓시키고 격물치지에 다다르는 길이 '즉물궁리'卽物窮理이고 '내심구리'內心求理임을 알았다. '즉물'한 뒤 지리한 공부와 수양을 통해 '궁리'할 수 있었다 하더라도 결국은 그 '理'가 안으로 '心'을 통해 구해질 수밖에 없음을 주자는 알고 있었던 것이다. 그래서 『주자어류』 권9에서 스스로 말했듯이 사실 그의 '理'에 대한 논변은 대부분이 "心이 만리萬理를 포괄하며 만 가지 理는 일심一心에 갖추어져 있다"[84]는 것이다.

주자의 인식론은 육구연의 심학과 큰 차이가 없다. 성리학의 분파가 많고 발전경로도 다양하지만 그들의 주장은 대동소이하다. 성리학 발전사로 볼 때 성리학, 심학, 기학의 주요 학파가 나뉘고 그들 간의 이단논쟁 등이 치열했으나 정치사상의 각도에서 볼 때 성리학의 각 학파는 '수도동귀'殊途同歸했다.[85] 『송원학안』의 「상산학안」象山學案에서 황종희의 말처럼 "다 같이 강상綱常에 뿌리를 두고, 다 같이 명교名敎를 붙들었으며, 다 같이 공맹孔孟을 종주로 삼았다. 의견이 끝

---

84) 心包萬物, 萬物具於一心.
85) 劉澤華 主編, 『中國政治思想史』隋唐宋元明淸卷, 앞의 책, 302쪽.

내 불일치한 경우가 있었다 하지만 이 또한 '인자견인, 지자견지'仁者見仁 智者見智에 불과했다."[86]

이정이나 주희가 '성즉리' 즉 性과 理를 하나로 본 것과 육상산이 '심즉리' 즉 心과 理를 하나로 본 것은 다르지만, 그들 모두 도체道體로서 理를 핵심으로 삼았다는 점에서는 같다. 『주자어류』권9에서 理를 궁구하지 못했으면 지知가 미진한 것이며, "理를 궁득窮得할 수 없다면 心을 진득盡得할 수 없다"[87]고 할 때 '궁리'窮理는 도체, 理, 性, 명命, 心을 관통하는 중추인 동시에 왕양명이 『전습록』에서 말하는 '명명덕'明明德의 공부이다.

이 점에서 정주학이나 육왕학은 사실 같은 경지를 추구한다. 궁리의 정수를 붙잡았을 때 천인합일인 것이며, 만물과 내가 동체가 되며 무궁한 즐거움에 도달하는 이상적인 경지이다. 그래서 육상산과 주희의 성취와 기개는 같다고 볼 수 있다. 양쪽 다 학문의 본질을 탐구한다는 의미에서 『중용』과 『대학』을 강조했고 공맹의 끊긴 전통을 잇는다는 자부심이 있었다. 불교의 선禪을 유학에 끌어들인 점도 같으며, 이단을 상정하지 않고 다양한 학설과 왕안석王安石 등의 사상까지를 수용했다는 점에서도 같다.

이와 같은 여러 가지 동질성에도 불구하고 육상산과 주희는 디딤돌이 달랐고 기질이 달랐기에 치열하게 논쟁했다. 육왕학의 심즉리

---

86) 同植綱常, 同扶名教, 同宗孔孟. 卽使意見終於不合, 亦不過仁者見仁, 智者見智.
87) 不能窮得理, 不能盡得心.

란 心이 곧 理로서 고양되므로 이 心을 존양存養, 확충擴充하는 것으로 충분하며 心의 분석이나 궁리 같은 번잡한 절차는 필요 없다는 이간易簡의 사상이다. 이에 비해 주희의 성즉리란 잡다한 것이 혼일된 心을 그대로 理에 연결시킬 수 없으니 性 본래의 광채를 회복하기 위해서 거경居敬과 궁리窮理의 지리支離한 절차적 수행이 필요하다는 주장이다. '이간'과 '지리'는 조정이 안 되었으며 나중 무극無極, 태극太極이란 더 큰 논쟁으로 발전했고 그들은 죽을 때까지 양보하지 않았다.

송대 학문에 일대 진척을 가져온 이 논쟁은 서로가 서로의 실력을 인정함으로써 가능했다. 송나라 말부터 원나라 때 유생들은 서로 간에 왕래를 했으며 주희와 육구연의 화회和會를 주창했다.[88] 心과 性의 어느 부분을 강조하든 일장일단이 있고 상호 보완하여 발전할 여지가 있는 것이다. 그들 사상의 한계와 대안은 여기서부터 찾아야 할 것이다.

---

88) 이에 대해선 張立文, 『宋明理學硏究』(北京: 中國人民出版社, 1985), 28~29쪽에 상세하다.

제4장

# 국가

이 장은 중국정치사상에서 정치가 행해지는 공간과 관련된 관념들의 생성과
변천의 과정을 살펴본다. 國과 家 관념의 용례와 변천사를 다룬다.
중국정치사상의 초기 관념에서 천자가 지배하는 영역을 천하, 천자의
다음 계급인 제후가 통치하는 영역을 國, 제후의 다음 계급인 대부가 다스리는
영역을 家라고 불렀다. 후대로 갈수록 이런 관념은 변화를 겪었는데,
특히 전국시대 말기부터 國家가 혼용되어 하나의 관념으로 등장하기 시작한다.

• 이하 국가 관념의 내용의 일부는 장현근, 「중국고대정치사상에서 '국가'國家 관념의 형성과 변천」(한국정치학회, 『한국정치학회보』 49집 2호, 2015, 6), 159~180쪽의 일부를 수정·보완한 것이다.

# 1. 국國·가家 관념의 형성

**國의 어원**

국國 관념의 형성은 매우 오래되었다. 처음 갑골문자는 或이었으며 우리말로는 '혹'이라 발음하지만 땅과 관련이 있을 때 '역'으로 읽기도 한다. 현대중국어에서도 'yu역'로 읽는 경우가 있다. 역域과 함께 통용되었다.[1]

금문에서는 或과 國이 혼재하다가 차츰 國으로 정형화했으며 나중까지 글자상의 변화는 거의 없다. 或이 의혹이란 말로 쓰이기 시작하면서[2] 토지의 테두리를 뜻하는 □를 둘러씌워 회의문자 國자를 새로 탄생시킨 것으로 보인다. 이런 유추에서 보면 글자의 변천은 다음 〈그림6〉과 같다.

----

1) 或은 중국어에서 허사로 쓰일 때는 huo로 읽으나 강역을 뜻하는 글자로 쓸 때는 yu로 읽어, 域과 같아진다.
2) 단옥재의 주에 따르면 나중에 或은 '혹은' 등 부사나 허사적 용법으로 전환되면서 아래에 心자를 덧붙여 의혹을 뜻하는 惑자가 새로 만들어졌다.

| 甼 | 國 | 或 | 國 |
|---|---|---|---|
| 鐵117·3 | 彔卣 | 禹鼎 | 설문해자 |
| 갑골문 | 후기금문 | 중기금문 | 소전 |

그림 6 國자의 변천

유악劉鶚의『철운장구』鐵雲藏龜 117 · 3 글자에 대한 허신의『설문해
자』를 보면 "或은 방邦이다. 자형은 입 구口와 창 과戈를 채용한 회의
문자인데 이를 가지고 일一을 지킨다. 일一은 토지를 뜻한다. 지경 역
域은 或의 이체자로 흙 토土자를 덧붙인 것이다."[3] 그러니까 고대에
國, 邦, 或, 域 등 정치가 이루어지는 실제 공간을 표시하는 여러 글
자가 있었는데 或이 그 어원이라는 얘기다.

或에 큰입 구口자를 덧씌운 國자 형태는 은나라 갑골문에 없다. 서
주 초기의 금문이나 석각에도 國자는 없으며 토지의 경계를 뜻하는
구분으로 或자 형태의 갑골과 금문이 존재할 뿐이다. 서주 중기의
청동 술독인 녹유(彔卣[4])에 國자가 있고, 서주 말기의 청동 솥인 우
정(禹鼎[5])에 或자가 있는 것으로 판단하면 서주 중기부터 말기 사이
에 두 글자가 혼용하여 쓰이다가 나중에 國이 대표글자가 된 것으로

---

3) 或: 邦也. 從口從戈, 以守一. 一, 地也. 域, 或又從土.
4) 주나라 5대 천자 목穆왕 시기 백옹보伯雍父라는 인물의 가신인 녹彔이 만
   든 청동기로 본다.
5) 주나라 말기 여厲왕 때 우禹가 만든 유명한 청동기. 장문의 청동명문이
   있다. 1942년 섬서성 기산岐山 출토되었으며 목공정穆公鼎이라고도 불
   린다.

보인다. 그 과정에서 域자가 이체자로 끼어들어 한때 사용되었으며 오늘날까지 '강역'疆域 등 용례로 쓰이고 있다. 이런 유추에서 보면 정치가 이루어지는 공간에 대한 관념은 갑골문 이전시기부터 벌써 존재했으며 國이란 글자는 서주 중기에 생겨났다고 볼 수 있다.

或자의 구성은 무력을 뜻하는 창의 상형인 ㄱ자와 입이라기보다 성읍을 뜻하는 ㅂㅁ자의 결합이다. 무력으로 지키는 정치적 경계를 뜻하는 글자였다. 금문을 종합하면 國자는 或, 國, 國, 域 네 가지 형태를 보인다.6 경계를 분명히 하고자 하는 의식이 반영된 것으로 보아 토지를 구분으로 한 초보적 영토 개념이 성립된 듯하다.

글자가 國으로 확정되어 보통명사로 쓰인 것은 아마도 일정한 강역을 가진 무력으로 수호하는 제후국의 형태가 갖추어진 시기일 것이다. 천자에 의해 봉지를 부여받고 독자적인 군대를 갖춘 제후의 강역을 國으로 통일하여 부르기 시작했다는 말이다.

『설문해자』를 보면 "國은 방邦이다"고 하고, "방邦은 國이다" 또는 "읍邑은 國이다" 등으로 설명되어 있다. 사람들이 집단으로 모여 살며 정치가 행해지는 강역을 國이라는 글자로 대표하게 된 것이다. 정리하면 國을 뜻하는 초기 글자 或은 군대가 지키는 작은 방국이란 뜻으로 쓰이다가 본래 뜻이 상실되면서 土자를 덧붙여 域과 함께 썼다. 다시 域의 본뜻이 상실되면서 성벽으로 둘러쳐져 있음을 강조한 國자와 함께 혼용하다가 춘추전국시대에 이르면 國이 주로 쓰이게 된 듯하다.7

---

6) 『고문자고림』 제6책, 139쪽 참조.
7) 한편 오늘날 쓰는 간체자 国자는 당나라 때 등장한 것으로 추정되는

## 邦의 어원

허신은 國을 방<sup>邦</sup>으로 해석했다. 글자보다 정치가 이루어지는 공간이라는 관념으로 볼 때 邦자가 더 원초적인 '나라'의 의미를 함장하고 있었다는 얘기다. 속국, 속방의 예처럼 한자 개념들에서 나라 國자는 나라 방<sup>邦</sup>자와 혼용하여 쓴다. 초기 문헌에서부터 邦과 國은 섞어서 사용되었다.『시경』「대아 · 증민」<sup>烝民</sup> 편에는 "엄숙한 왕의 명령을 중산보가 지켜나가고/ 방국<sup>邦國</sup>이 잘되고 못 되는 이치를 중산보가 밝히나니"[8]라고 한다. 邦과 國이 모두 등장한다.『서경』「주관」<sup>周官</sup> 편에도 "사마<sup>司馬</sup>가 邦의 정무를 관장하고, 6사의 군대를 통솔하며, 방국<sup>邦國</sup>을 평정했다"[9]고 하면서 邦과 國을 혼용한다.

특히 고대의 정치제도를 논의하는『주례』에는 백여 차례나 방국을 붙여 쓰는 용례를 보여준다. 예컨대「천관 · 태재<sup>太宰</sup>」편에서는 "왕을 도와 邦國을 다스린다"고 한다. 이에 대한 주석을 보면 "큰 것이 邦이고, 작은 것이 國이라"고 한다. 그런데「대사마」<sup>大司馬</sup> 편에서 "사방 천리의 땅을 가리켜 국기<sup>國畿</sup>라 부른다"고 할 때, 가공언<sup>賈公彦</sup>의 주석에는 "國이 왕기<sup>王畿</sup>이고, 邦은 후기<sup>侯畿</sup>이다"[10]라고 한다. 國이 邦보다 크다는 얘기로 전후 두 해석이 모순을 일으킨다. 방국을

___

데, 가운데 王자를 넣은 지사문자로 제후왕이 무력으로 수호하는 영지를 나타내는 것으로 고대어와 같은 의미를 지닌다고 할 수 있다. 마서륜은 상앙<sup>商鞅</sup>의 책에 '국강민약'<sup>口强民弱</sup>이 있다고 하면서 國의 고문자는 口이었다고 말한다.『고문자고림』제6책, 138쪽.

8) 肅肅王命, 仲山甫將之/ 邦國若否, 仲山甫明之.

9) 司馬掌邦政, 統六師, 平邦國.

10) 方千里曰國畿, 詛祝以叙國之信用, 以資邦國之劑信.

혼용한 데서 온 혼란인 듯하다. 邦은 국의 추상적 관념보다 훨씬 구체적인 상형으로 보인다. 아래 〈그림7〉을 통해 邦자의 변천을 알 수 있다.

| 前4·17·3 | 盂鼎 | 毛公鼎 | 설문해자 |
|---|---|---|---|
| 갑골문 | 초기 금문 | 후기 금문 | 소전 |

그림 7 邦자의 변천

나진옥羅振玉의 『은허서계전편』殷虛書契前編 4·17·3의 圉자를 나라 방邦자로 보는 것은 왕국유王國維 등 고문자학자들의 공통된 생각이다. 무성한 나무의 상형인 ¥丰 아래에 강역을 뜻하는 田田자를 덧붙였다. 이는 정치적 지배의 경계선 사방에 초목을 심어 영토로 삼았다는 뜻이다. 금문에선 아래 田이 탈락하고 오른쪽에 邑이 붙었는데, 邑 또한 國의 의미로 일정한 경계口에 사람들이 모인 상태를 뜻하는 강역을 말한다.[11] 이로써 통치 지역을 뜻하는 정치적 주제임을 분명히 하고 있다.

주나라 초기 청동기 우정盂鼎의 글자는 조금 바뀌어서 圹자이고 주나라 후기 청동기 모공정毛公鼎의 글자는 다시 조금 바뀌어 圉이다. 여기서부터는 오늘날 방邦자와 큰 차이가 나지 않는다. 邦자의 오른

---

11) 邑자는 예서에서는 口자와 巴자의 결합이지만 갑골문과 금문에서는 口 아래 사람 人의 상형문자가 붙어 있었다.

쪽이 邑 대신 阝로 대체된 것은 예서가 확립된 진한 이후이다.

글자의 등장과 발전은 정치적 지배와 깊은 관련을 맺고 있다.『고문자고림』에는 고대 중국에서 사용된 수백 가지의 邦자 형태를 보여주고 있다.[12] 그만큼 邦은 보편적 개념으로 각종 정치행사와 의식 등에 쓰였다는 얘기다. 國보다 일찍 다양하고 풍성한 의미를 지니면서 사용되었던 듯하다.

은나라 후반부터 시작되었는지 주나라 초기에 비롯되었는지 특정할 수는 없지만, 중앙의 천자가 각 지역의 대표자들이나 공신들에게 자연적 경계를 중심으로 땅을 나누어 주는 행위인 봉封이 邦의 시작일 것으로 추정하는 학자도 있다.『고문자고림』에는 대가상戴家祥의 주장을 싣고 있는데 봉封은 옆에 마디 촌寸자가 붙어 땅을 나누는 동사적 용법으로 쓰이며, 邦은 옆에 읍邑자가 붙어 봉건의 결과로서 제후의 국읍國邑을 뜻한다고 한다. '제후'의 강역을 邦이라 했고 제후들이 邦 속의 자신들이 사는 곳에 인공의 성을 쌓고 군사들을 배치하면서 國이 생겼다고 볼 수 있다. 따라서 國은 邦보다 늦게 생긴 관념일 수 있으며 도성을 뜻한다.[13]

▬

12) 『고문자고림』제6책, 246~248쪽.
13) 물론 성을 쌓아 만든 國에 살고 있는 사람에게 봉지를 수여하여 邦으로 삼았을 수도 있으며, 이 경우 邦과 國은 선후를 알 수 없는 관념일 수 있다. 그러나 지배와 복종, 명령과 수용이라는 정치권력의 속성으로 볼 때 정치적 관념으로서 邦과 國의 관계는 선후가 있을 수 있다. 우리가 보는 자료들이 한나라 때 재정리된 것들인데 창업주 유방劉邦의 이름인 邦을 피하여 가급적이면 國자로 정리되었다는 점도 염두에 두어야 할 것이다.『고문자고림』제6책, 251쪽 참조.

『설문해자』에는 邦을 國이라 풀이하는데, 단옥재段玉裁는『설문해자주』에서 이에 대해 邦을 봉封으로 주석하면서 고대에 邦자와 封자는 통용되었다고 한다.[14] 한자의 國은 크게 방국邦國, 국도國都, 봉지封地의 세 가지 의미가 있는데 기본은 봉지에서 출발했다는 주장도 있다.[15] 중국의 역사서들은 봉封이라는 정치적 행위가 황제黃帝 때부터 있었다고 주장한다. 갑골문을 쓰던 시대에도 그런 봉토의 행위가 있었을 것으로 추정되며 공식적인 정치제도로 정착된 것은 주나라 때이다.

구체적인 정치공간을 뜻하는 邦자가 초목으로 경계를 삼았다는 점에서 인공의 담장으로 경계를 삼은 國보다 먼저 출현했을 가능성은 있으나 끝내는 인공적이고 추상적인 의미를 더 많이 지닌 國이 더 보편적으로 쓰이게 되었다. 國은 고대 경전에서 가장 많이 등장하는 용어 중 하나이다. 『시경』 『서경』 『주역』 『춘추』 등이 모두 '國'과 관련된 일을 기록한 것이므로 거의 모든 구절마다 國이 등장한다고 해도 과언이 아닐 정도로 용례가 많다. 파생어와 파생 관념도 많이 등장한다. 예컨대 『시경』 「국풍 · 묘문」國風·墓門 편에는 '국인'國人이란 말이 등장하고, 「소아 · 사월」四月 편에는 '남국'南國, 「대아 · 민

---

14) 왕국유도 고대에는 封과 邦이 한 글자였다고 한다. 『고문자고림』 제6책, 249쪽 참조.

15) 예컨대 張愛平, 「朝代與中國的國家槪念」(『讀與寫: 敎育敎學刊』 2013. 第12期), 146쪽 참조. 저자는 봉지가 있어야 방국이 있고, 방국이 있어야 국도가 있다는 논리로 봉지가 가장 기본적인 함의라고 주장한다. 그 이전에도 國 개념이 있었겠지만 관념이 모호한 것이라고 본다.

로」<sup>民勞</sup> 편에는 '중국'<sup>中國</sup>이 나온다.

### 家의 어원

가<sup>家</sup>는 여럿이 어울려 산다는 의미에서 비롯된 듯하다. 家자는 우리가 갓머리라 부르는 면<sup>宀</sup>자와 돼지 시<sup>豕</sup>자가 모여서 이루어진 회의문자이다. 초기갑골문부터 소전까지 家자의 형태상 변화를 보면 다음 〈그림8〉과 같다.

| 京津2152 | 前7·38·1 | 妺氏壺 | 설문해자 |
|---|---|---|---|
| 초기 갑골문 | 후기 갑골문 | 금문 | 소전 |

그림 8 家자의 변천

호후선<sup>胡厚宣</sup>의 『전후경진신획갑골집』<sup>戰後京津新獲甲骨集</sup> 2152의 자를 은나라 때 초기 갑골문 家자의 원형으로 본다. 집을 닮은 ∩자 안에 뚱뚱한 배를 자랑하는 돼지 한 마리가 들어가 있는 모양이다. 돼지를 간략화 하여 豕자로 만든 것이 후기 갑골문으로 나진옥의 『은허서계전편』 7·38·1의 자에서 보이는 것과 같다. 금문에선 이를 약간 변형시켰다. 초기 금문의 글자는 <sup>16)</sup>처럼 실제로 돼지를 그려 넣은 것도 있다. 춘추시대 말기 중산<sup>中山</sup>국의 청동기인 체씨호 <sup>妺氏壺</sup>의 자부터는 오늘날의 家자와 비슷하다. 소전은 금문의 자형

16) 청동기 가벌작<sup>家戈爵</sup>에 보이는 글자다.

을 그대로 받았으며, 예서 이래로 모두 돼지 시豕자의 형태를 사용한다. 돼지는 온순하고 번식력이 강한 동물이며, 우리나라에서도 그랬듯이 집안에 고기와 재물을 안겨주는 훌륭한 가축이다. 家는 돼지를 기르고 살아가는 장소를 뜻하는 글자일 수도 있다.[17]

『설문해자』에는 "家란 거주하는 곳을 말한다. 자형은 면宀자를 써서 변을 삼았으며 가叚자가 생략된 가豭를 독음으로 삼는다. 이것이 고문에서 쓰는 家자이다"[18]라고 말한다. 家의 뜻은 '거처하는 곳'이고 소리는 수돼지 가豭에서 따왔다는 얘기다. 단옥재는 『설문해자주』에서 소전 家자의 본뜻은 돼지가 사는 곳인데 의미가 전이되어 사람이 사는 곳으로 가차假借했다고 해석한다. 주준성朱駿聲은 소 우牛자에 움집 면宀을 씌워 소를 가둬두는 곳이란 의미를 만들어 감옥 뇌牢자로 쓴 것과 같은 이치라고 한다. 돼지를 사육하면 새끼를 많이 낳는데, 이 뜻이 옮겨져 사람이 많이 모여 양육되는 거처의 의미를 띠게 되었다는 것이다. 그리고 차츰 돼지우리란 家자의 본 의미는 없어지고 사람의 거처를 뜻하는 대표글자가 되어 오늘에 이르렀다는 것이다.[19]

家자의 어원에 대해선 여러 주장이 상존하고 있다. 예를 들면 家자는 원래 宀자 아래 글자는 豕가 아니라 개 견犬자였는데 『설문해자』의 전달과정에서 생긴 오탈자 문제 때문에 그렇게 되었다는 설[20]

---

17) 『상형자전』 http://vividict.com/WordInfo.aspx?id=3041
18) 家, 居也. 從宀, 豭省聲. 古文家.
19) 朱駿聲, 『說文通訓定聲』(1975), 485쪽 참조.
20) 곽씨郭氏의 설로, 같은 책, 485쪽에 소개되어 있다.

도 있다. 항간의 이야기와 우리의 상상력을 약간 동원하면 고대인의 생활방식이나 조상숭배의식儀式과 결부시킬 수도 있으며, 농업사회에서 풍요의 기원으로 돼지를 상상했을 수도 있다. 뱀을 내쫓기 위해서든, 기름진 고기를 위해서든, 집안에서 돼지를 키운 역사는 매우 오래 되었으니 고대에 돼지와 살던 곳을 돼지모양의 형상에 집의 형상을 더하여 집 家로 썼을 수 있다.[21]

무엇보다도 제사가 생활의 일부였던 당시 은나라를 생각할 때 제사용으로 쓰던 어린 돼지가 집 안의 사당에 올라있는 모습의 상형으로 家자가 집의 의미로 전환될 가능성을 생각해 볼 수도 있다. 오대징吳大澂 등은 고대 사士와 서인庶人계급은 따로 묘당이 없어서 침전에서 돼지를 잡아놓고 제사를 지냈는데 여기서 유래한 글자라고 한다.[22] 현재 중국학자들 사이에 가장 강한 영향력을 갖고 있는 이 주장이 家자의 유래로 가장 설득력이 있어 보인다. 서인들이 집에서 돼지를 길렀기 때문에 생긴 글자라는 주장도 있다.[23]

중국에서 문자의 출현과 발전은 정치권력의 확장 및 유지와 불가분리의 관계다. 갑골문이 형성된 은나라는 제정일치祭政一致 사회였으며 한자의 출현은 제사장의 역할 및 권력과 관련이 있다.[24] 家자

---

21) 『고문자고림』 제6책, 743~758쪽 참조.
22) 같은 책, 743~744쪽 참조.
23) 같은 책, 745쪽.
24) 특히 시라카와 시즈카白川靜는 초기 한자 모두를 제사장과 연관된 상형문자로 본다. 시라카와 시즈카, 윤철규 옮김, 『한자의 기원』(이다미디어, 2009) 및 장현근, 『성왕-동양리더십의 원형』(민음사, 2012) 참조.

는 그들이 쓴 희생의 제물과 관련이 있을 것이다. 권력의 크기에 따라 소일 수도 있고 돼지 또는 양일 수도 있겠으나. 어쨌든 家자는 돼지와 관련이 있으며 이 때문에 학자들 사이에는 왜 하필 돼지인가에 대하여 숱한 논쟁이 벌어졌다. 예를 들면『고문자고림』제6책에는 특히 고실顧實의 긴 논변을 744~747쪽에 걸쳐 소개하고 있는데 제수와 식품의 핵심인 돼지를 장악하고 있는 여자가 중심이 된 집안거주 형태를 표현한 것이라는 설에서부터 아래에서는 돼지가 살고 위로는 난간이 있는 사람 사는 집을 표현한 것이라는 설 등 다양하다.

나중에 家자는 피를 나눈 많은 사람이 동고동락하며 어울려 살아가는 거처라는 뜻으로 의미가 전환되었다. 돼지와 관련된 본뜻은 잃어버리고 사람이 사는 공간을 뜻하는 글자가 된 것이다. 대신 돼지우리는 환圂자를 만들어 대체했다. 갑골문과 금문에서 家자의 용례는 지명, 인명, 가嘉자의 가차자, 그리고 의미가 확장되어 거처의 뜻으로 쓰이고 있다.[25] 家 관념을 둘러싼 다양한 주장들은 오늘날 家가 갖는 의미와도 연결되며 우리의 삶과 밀접한 관련을 맺고 있다.

---

25) 趙誠 編著,『甲骨文簡明詞典－卜辭分類讀本』, 앞의 책, 127쪽, 179쪽, 213쪽, 280쪽.

## 2. 국國·가家 관념의 변천

### 공자이전의 國·家 관념

주공의 정책이 담긴 『주례』는 '봉건'의 결과에 따른 '방국'邦國의 일을 주로 언급하고 있다. 『주례』에는 '대국'大國과 '소국'小國을 구분하여 직관을 설명하는 곳이 많다. '국'國의 제도에 대한 설계를 담으면서 작위에 의한 신분 구분과 봉토의 크기를 중시한 것이다. 「지관 사도」地官司徒 편에는 방邦, 國, 역域, 강疆 등 관념이 모두 출현한다.

"邦國을 세워서 토규土圭[26]를 사용하여 그들의 토지를 나누고 다음과 같이 域을 제정한다. 공公들의 땅은 봉강封疆 즉 봉지의 경계를 사방 500리로 하고 세금을 걷는 식읍은 그 반으로 한다. 후侯들의 땅은 봉강을 사방 400리로 하고 식읍은 그 3분의 1로 한다. 백伯들의 땅은 봉강을 사방 300리로 하고 식읍은 그 3분의 1로 한다. 자子들의 땅은 봉강을 사방 200리로 하고 식읍은 그 4분의 1로 한다. 남男들의 땅은 봉강을 사방 100리로 하고 식읍은 그

---

26) 주나라 때 땅에 긴 막대기를 꽂아 해의 그림자를 측정하기도 하고, 이를 가지고 땅의 경계를 측정하기도 했는데, 이것을 토규土圭라 부른다.

4분의 1로 한다."[27]

공, 후, 백, 자, 남의 작위를 가진 이들을 통칭하여 제후 '國'이라 불렀다. 사방 100리가 되지 않는 것을 '소국'小國으로 칭하기도 했으며 '부용'附庸이라 불렀다. 천자는 '천하'의 소유자였지만 '직할지' 즉 왕기王畿는 사방 천 리로 했다.

『좌전』「환공 2년」에는 國, 家의 등장에 대한 정치적 얘기를 싣고 있다.

"내가 듣기에 國家를 세움에 근본을 크게 하고 말절을 작게 하면 능히 굳건하다. 따라서 천자가 땅을 나누어 國을 건설하고, 제후가 땅을 나누어 경·대부의 家를 일으키고, 경이 뭇 자식들로 실室을 두고, 대부는 적자 외의 자식으로 따로 종宗을 세우고, 사士는 자제에게 어디에 예속되어 업무에 종사하게 하며, 서인庶人·공工·상商은 제각각 친소관계에 따라 나뉘니 모두 차등이 있다."[28]

---

27) 凡建邦國, 以土圭土其地而制其域: 諸公之地, 封疆方五百里, 其食者半; 諸侯之地, 封疆方四百里, 其食者參之一; 諸伯之地, 封疆方三百里, 其食者參之一; 諸子之地, 封疆方二百里, 其食者四之一; 諸男之地, 封疆方百里, 其食者四之一.
28) 吾聞國家之立也, 本大而末小, 是以能固. 故天子建國, 諸侯立家, 卿置側室, 大夫有貳宗, 士有隸子弟, 庶人,工,商 各有分親, 皆有等衰.

천자가 다스리는 지역은 '天下', 제후가 통치하는 지역은 '國', 대부가 관리하는 지역은 '家'가 되었고 사士는 제 몸身만을 다뤘다는 점에서 생산수단을 전혀 소유하지 못하고 일신의 역량에 기대서 사는 계급이었음을 알 수 있다. 천자가 '건국'해서 제후에게 주므로 제후가 성곽을 쌓고 사는 곳이 國이고, 제후가 '입가'立家해서 대부의 사당을 세워주는 것이므로 대부가 읍성을 만들고 조상에 대한 제사를 모시고 사는 곳이 家였던 것이다. 주 왕실은 직접지배와 간접지배를 병행했으며 봉건과 종법을 통한 중국 특유의 중앙집권국가를 만들어갔다. 세습을 특징으로 했지만 천자가 여러 제후들을 동원할 수 있는 정벌征伐권을 장악하고 있었기 때문에 천자의 정책방향과 이데올로기에 어긋나는 독자적 권력행사는 쉽지 않았다.[29]

제후국들은 봉건 규정에 따라 국가 공동사업에 대하여 역역力役을 제공하고 공납貢納을 바치는 '직공'職貢의 의무를 졌다. 또한 3년에 한 번 가족을 대동하고 업무보고를 하는 대빙大聘과 매년 친히 출두하여 왕실에 조회하는 소빙小聘을 해야 했다. 또한 천자는 지방 제후들을 왕기 이외 지역에서 불러 모으는 '순수'巡狩를 어김없이 실시했으며, 정벌征伐 전쟁에 즈음하여 특정 지역에 제후들을 모아 '회동'會同을 하기도 했다. 또한 각 國의 내치를 감찰하는 '행인'行人을 두어 감독과 통제를 행하기도 했다. 제도의 실천이 느슨해지기 전까지 주

---

29) 서양의 feudalism과 일본 막번幕藩체제를 모두 封建으로 보는 견해도 있으나 feudalism이 영주와 농노와의 계약에 기초하고 있고, 幕藩체제가 무사에 의해 유지되었다는 점 등에서 중국 고대의 봉건과 다르다.

나라 중앙 왕실은 國들에 대한 통제권을 행사하고 있었으며, 따라서 이 시절의 國은 독립된 행정을 하지만 독자적인 정치권력을 행사한 것 같지는 않다.

한편 아직 '국가'로 합쳐지기 전 '家' 관념 또한 수많은 파생적 의미를 만들어냈다.[30] 돼지가 사는 곳이라는 의미에서 사람의 거처를 뜻하는 것으로 바뀐 家는 사회적 정치적 중요성이 갈수록 증대했다. 가의 범위가 넓어지고 결속력이 높아지면서 권력에 의해 사회의 기초단위로 인식되었다는 사실은, 家 관념의 용례가 그만큼 확장되었다는 의미이기도 하다.

확장된 家 관념의 용례는『시경』에서 다수 발견된다. 먼저 사람이 살아가는 장소란 의미로 '가실'家室이란 말이 5차례, 그것을 거꾸로 쓴 '실가'室家란 말이 9차례 나온다. 예를 들면「대아 · 면」縣에 "고공단보古公亶父는 흙집이나 토굴에 살았으며 아직 가실이 없었다"가 그렇다. '가실'은 창과 문이 있는 집을 가리킨다.『좌전』「환공 18년」에 나오는 "여자에겐 家가 있고, 남자에겐 실室이 있어 서로 더럽히지 않음을 예禮가 있다고 한다"[31]에서의 家나 室은 부부를 의미한다. 室은 부부가 사는 방, 家는 바깥문이 있는 내부 집 전체를 말한다.『맹자』「등문공 하」편에선 '남자가 태어나면 室을 갖게 하고, 여자

---

30) 이장의 '家' 관련 내용은 장현근,「'가' 개념의 유래와 사회화」(『전통과 현대』 2000년 겨울호, 2001)을 참조했으며 이 책의 구성에 맞추어 수정했다.

31) 女有家, 男有室, 無相瀆也, 謂之有禮.

가 태어나면 家를 갖게 하는 것이 부모의 마음이라'[32]고 한다. 이는 가족이 제도화되고 사회구성의 핵심단위로서 가족의 역할이 강조된 관념으로, 家의 의미가 확장된 것으로 볼 수 있다.

家 관념은 대대로 내려오는 전문 가업이나 가산 등을 뜻하기도 한다. 『좌전』「문공 14년」에는 "家를 다 쓰고 공공기관에서 관리에게 대출을 받아 유지했다"[33]의 家는 집안에 전해져 내려온 재산이라는 말이다. 이는 家의 가족, 가문 등의 의미가 굳건해지면서 가족제도에 사회경제적 의미를 더한 것으로 볼 수 있다.

國과 家가 각자의 의미로 쓰이기도 했지만, 공자 이전의 경전문헌에 벌써 '國家'를 붙여 쓴 용례가 있다. 물론 어떤 경우든 國과 家를 분리해서 해석하는 것이 맞다. 후대에 성립된 것으로 추정되는 『서경』「금등」金縢 편에는 "우리 國家의 예를 따름이 또한 마땅하다"[34]는 구절이 있다. 國, 家를 분리해도 뜻이 통하고 붙여도 뜻이 통한다. 같은 맥락에서 「입정」立政 편에도 "오직 길한 선비를 써서 우리 國家를 힘써 돕도록 해야 한다"라고 말한다. 「문후지명」文侯之命 편에도 "융적이 우리 國家를 침략하여 어렵게 되었다"고 한다. 『주역』「계사 하전」의 "국가가 보전된다"라는 말은 오늘날 국가 관념과 거의 같다. 『주례』「춘관종백」春官宗伯에 '國家'란 말이 집중적으로 5차례 등장한다. 등급에 따라 꾸미는 정도를 달리한다는 내용을 얘기하면서 '國

---

32) 원문은 이렇다. 丈夫生而願爲之有室, 女子生而願爲之有家. 父母之心, 人皆有之.
33) 盡其家, 貸於公有司以繼之.
34) 我國家禮亦宜之.

家'를 궁실宮室, 차기車旗, 의복衣服, 예의禮儀와 같은 선상에서 얘기하고 있다. 하지만 하나의 정치행정 단위로서 구성원들의 공동체 생활을 정의하는 오늘날의 nation state 관념과 여기서의 '국가' 관념이 일치한다고 할 수는 없다.

『논어』에는 國, 家를 따로 쓰고 있다.「계씨」편의 다음 구절은 공자의 국가 관념을 대표하는 유명한 말이다.

"나 공구는 國이 있고 家가 있는 사람이라면 분배가 적음을 걱정하지 않고 분배가 불균등함을 걱정하며, 재정이 빈약함을 걱정하지 않고 정치가 불안함을 걱정한다고 들었다."35

國과 家를 모두 정치행정의 단위로 파악하고 있는 것이다. 물론 '국가'를 붙여 사용하는 여러 가지 용례를 보면서 國과 家를 분리하지 않고 하나로 생각하는 경향이 나타났다고 추정할 수도 있다. 예컨대『좌전』「은공 11년」에 "예는 國家를 경영하고 사직을 안정시키며 국민들 사이의 질서를 잡고 후사를 이롭게 하는 것이다"36고 했을 때 國과 家는 분리해서 해석되지만 사실상 붙여 읽어도 무방하다. 당시에도 이렇게 독해하는 사람이 있었을 것이다. 이런 점으로 보아 '國家'가 통합된 단어로 하나의 관념을 나타내기 시작한 것은 『좌전』이 성립된 공자 전후일 것으로 생각된다.

▬

35) 丘也聞有國有家者, 不患寡而患不均, 不患貧而患不安.
36) 禮, 經國家, 定社稷, 序民人, 利後嗣者也.

## 제자백가의 '국가' 관념

위에서 살펴보았듯이 國, 家가 따로 또는 함께 쓰인 용례가 많았고 다양한 관념으로 의미 확장을 하여 통일적으로 '국가'를 지칭하게 된 것은 후대의 일이었다. 제후가 다스린 지역이 國이고 대부가 관리하던 지역을 家라고 했는데, 대부들이 제후가 된 전국시대에 이르면서 國과 家의 경계가 애매모호해진 것이다. 國家를 붙여서 쓰는 사례가 빈발했을 것이다.

서기전 651년 첫 번째 패자 제 환공齊桓公이 첫 회맹會盟을 주도한 이래, 춘추시대의 중국 정치는 제후가 천자를 무시하는 일이 빈발했다. 이로써 제후 '國'의 고정된 경계가 차츰 의미를 잃어갔다. 그리고 춘추시대 후반에는 대부들이 주군인 제후를 죽이고 그 땅을 갈라가짐으로써 대부 家와 제후 國의 경계가 허물어졌던 것이다. 가장 유명한 사례는 중원의 강국 진晉나라가 한韓씨, 위魏씨, 조趙씨 세 대부에 의해 분할되어 사라진 일이다. 삼가분진三家分晉이 이루어진 해는 서기전 453년이다.

대부의 家는 상대적으로 國이라는 공적 공간에 비해 독립적인 공간을 의미한다. 전국시대 초반에 형성된 문헌이긴 하지만『묵자』「상동 하」편은 '家 - 國 - 天下'의 관계에 대한 설명으로 가득하다. 예컨대 "天下의 國을 다스림을 한 家를 다스림과 같이 하고, 天下의 民을 다스림을 장부丈夫 한 사람을 다스림과 같이 한다"[37]라고 말한다. 國에 대비되는 개념으로 家가 정치행정의 기본단위로 國의 제후

---

37) 治天下之國若治一家, 使天下之民若使一夫.

들의 명령 또는 부탁을 수행하면서 공동체 전체의 질서에 편입되어 간 과정을 잘 설명하고 있다. 춘추시대의 변화를 잘 담아내고 있다고 하겠다.

'國, 家'가 '국가'로 쓰이게 된 정확한 시기를 예측하기는 매우 어렵다. 전국시대에 성립된 것으로 추정되는 『효경』「간쟁」諫諍 장의 다음 구절에도 『좌전』과 같은 國, 家 관념을 보이고 있다.

"옛날에 천자는 간쟁을 잘하는 쟁신爭臣 일곱 사람만 있으면 무도하더라도 天下를 잃지 않았다. 제후는 쟁신 다섯 사람만 있으면 무도하더라도 國을 잃지 않았다. 대부는 쟁신 세 사람만 있으면 무도하더라도 家를 잃지 않았다. 사士는 간쟁하는 벗이 있으면 신身이 명예를 지킬 수 있었다. 부모에게 간쟁하는 자식이 있으면 몸이 불의에 떨어지지 않았다."[38]

하지만 전국시대 제자백가에 이르면 '國, 家'를 분리해서 생각하는 경우는 차츰 없어졌다. '국가'를 가장 많이 다루고 있으며 하나의 관념으로 사용한 사람은 묵자였다. 『묵자』「상현 상」편에 "오늘날 왕공대인들은 國家에서 정치를 하면서 모두 國家가 부유해지고 인민들이 많아지고 형정刑政이 잘 행해지길 바란다"[39]라고 말한다. 『묵

---

38) 昔者天子有爭臣七人, 雖無道, 不失其天下；諸侯有爭臣五人, 雖無道, 不失其國；大夫有爭臣三人, 雖無道, 不失其家；士有爭友, 則身不離於令名；父有爭子, 則身不陷於不義.

39) 今者王公大人爲政於國家者, 皆欲國家之富, 人民之衆, 刑政之治.

자』에는 '국가'의 용례가 81차례나 나온다. 國과 家를 분리해서 해석하고 있는 곳도 많지만 하나의 관념으로 사용한 경우도 많다.

『맹자』「등문공 하」편에는 "사士가 지위를 잃는 것은 제후가 國家를 잃는 것과 같다"[40]고 한다. 제후에게 國이 아니라 國家를 함께 쓴 것이다. 그럼에도 「이루 상」편에는 "천하의 근본은 國에 있고, 國의 근본은 家에 있으며, 家의 근본은 身에 있다"[41]고 말하며 이전 시대의 관념을 일부 받아들이고 있다.

『예기』나 『순자』에 이르면 국가는 제국시대의 용법과 거의 흡사해진다. 『순자』「부국」편에는 이런 주장이 있다.

"백성들을 이롭게 하고 그들에게서 이익을 취하지 않으며, 백성들을 아끼면서 그들을 부리지 않는 사람은 천하를 얻는 자이다. 백성들을 이롭게 한 뒤 그들에게서 이익을 취하고, 백성들을 아끼고 난 뒤 그들을 부리는 사람은 사직社稷을 보존하는 자다. 백성들을 이롭게 해주지도 않으면서 그들에게서 이익을 취하고, 백성들을 아끼지 않으면서도 그들을 부리는 사람은 國家를 위태롭게 하는 자이다."[42]

40) 士之失位也, 猶諸侯之失國家也.
41) 天下之本在國, 國之本在家, 家之本在身.
42) 利而不利也, 愛而不用也者, 取天下者也. 利而後利之, 愛而後用之者, 保社稷者也. 不利而利之, 不愛而用之者, 危國家者也.

사직과 국가가 등치되고 있다. 그 외 『순자』에 20차례 등장하는 '국가'는 모두 그의 정치사상을 설명하는 중심 단위로 설정되고 있다.

유가는 덕과 예라는 공공common 가치를 행정이나 법률이라는 공적public 가치보다 정치적으로 중요하다고 생각한다. 그래서 『중용』 20장에선 수신을 '천하국가'를 다스리는 일보다 앞선 단계라고 주장하고, 『대학』에선 "제 身이 닦여진 뒤라야 家의 질서가 잡히고, 家의 질서가 잡혀진 후라야 國이 다스려지며, 國이 다스려진 뒤라야 天下가 태평하다"[43]라는 '수신제가치국평천하'의 공식을 만들었다. 사士로부터 천자에 이르는 정치단위에서 일관된 이념의 통일성을 주장한 것이다. 제가齊家의 家는 대부가 다스리는 지역으로서 家가 아니라 집안, 가문 등을 뜻한다고 보는 것이 더 자연스럽다.

『장자』는 그의 우화를 설명하기 위한 예시로 춘추시대의 여러 '國' 이름을 많이 사용하고 있다. 「대종사」에서의 "國을 잃고도 인심을 잃지 않는다"처럼 '國' 한 글자를 선호하지만, 「양왕」讓王 편에서의 "도의 진수는 몸을 다스리는 것이며, 그 몇 가닥 남는 것으로 國家를 다스리는 것이고, 그 찌꺼기로 천하를 다스리는 것이다"[44]처럼 國家로도 말한다. 천하와 身 사이에 家와 國이 분리되지 않고 하나로 통일되어 있다. 『장자』에서 '國', '家'는 분리되기도 '국가'로 통일되기도 한다. 『도덕경』 18장과 57장에 등장하는 '국가' 또한 함께

---

43) 身修而後家齊, 家齊而後國治, 國治而後天下平.
44) 道之眞以治身, 其緒餘以爲國家, 其土苴以治天下.

읽어도 되고 분리해 읽어도 된다.

『상군서』『한비자』등 법가는 주로 '國' 한 글자로 모든 국가의 일을 다루고 있으며 수백 차례 등장한다. 이때의 國은 곧 국가이다. 예컨대 『상군서』「래민」徠民 편에 "진나라가 걱정하는 것은 군대를 일으켜 정벌을 하면 國家가 가난해지는 것이다"[45]라고 말한 것이나, 『한비자』「외저설 좌상」편에 "國家가 안정되지 못하고 백성들이 다스려지지 않고 경전耕戰 정책이 도탑게 시행되지 못하는 것은 역시 당신의 잘못이다"고 말할 때의 '국가'란 말은 다른 부분의 國 관념과 동일한 의미로 쓰인다. 법가는 國 한 글자로 國家를 대체했으며 家를 더 이상 공식적 정치공간으로 인식하지 않았다.

결국 제후 '國'에서 출발한 관념은 전국시대 후반 강력한 중앙집권적 국가운영기반이 갖추어지고 각종 전쟁을 수행하면서 오늘날 국제정치 단위로서의 국가와 유사한 의미를 지니게 되었다. 오늘날 민족국가 단위를 정의하는 영토, 인민, 주권, 정부 등의 요소를 거의 갖게 된 것이다. 일정한 강역을 지니고 토지로부터 독자적인 세금체계를 갖추었으며, 군사력과 기초적 인사체계까지 부여해 지방분권적 구조를 가졌던 기존의 國 관념은 독립된 정부를 가진 국가가 되었다.

전국시대 후기 國家는 과거 대부의 정치공간이던 家 관념을 포괄하는 정치와 정책의 최종 단위로서 얘기되어졌으며, 대부분의 제자백가는 國 한 글자로 이 관념을 포괄했다. 그러다 서쪽에 등장한 초

---

45) 夫秦之所患者, 興兵而伐, 則國家貧.

강력 패권국가인 진나라를 두고 합종과 연횡을 반복하다 영정嬴政의 무력 앞에 모든 전국戰國의 '國'들은 사라지고 말았다.

## 제국시대의 '국가' 관념

춘추전국시대 격변기를 거치면서 중앙권력이 약화되고 윤리와 교화에 기반을 둔 봉건은 형식적으로만 남게 되었다. 실질적인 권력 행사는 힘을 가진 國들의 손에서 이루어졌으나 진시황의 천하통일로 토지에 기반을 둔 세습적 권력지배가 부정되고 전격적인 군주전제가 실시되면서 봉건은 형식과 실체가 모두 끝나게 되었다. 뒤에 언급하겠지만 땅을 나누어 통치한다는 관념으로부터 군주가 직할한다는 관념으로 바뀐 것이다.

봉건의 폐지는 여러 國에서 하나의 國만을 인정하는 것으로 관념의 변천을 불러 왔다. 천하통일은 國들의 소멸을 뜻한다. 전국의 國이 天下에 흡수된 것이다. 사람들은 추상성까지 곁들여서 더 넓은 범위의 '천하국가' 관념을 갖게 되었으며, 그것은 황실이 영원히 사적으로 소유하는 천하국가였다. 그것은 덕과 예라는 공공성이 지배하는 공公천하가 아니라 황제가 만든 법으로 황실을 수호하는 家천하 관념이 지배하는 천하국가였다. 통일제국에서 家는 더 이상 독자적인 정치행정의 단위로 기능하지 못했고 가문을 뜻하는 처음의 의미로 돌아갔으며, 차츰 제국의 시대에 최하의 정치적 단위를 구성하고 세금을 책정하고 군역을 부과하는 기초단위로서 호戶와 비슷한 기능을 하게 되었다.

물론 진시황이 군현제郡縣制를 실시했다고 하여 기존의 國 관념이 사람들의 머릿속에서 완전히 사라진 것은 아니며 통일 15년 만에 역사의 뒤안길로 사라진 진 왕조에 이어 등장한 한나라 유방劉邦은 통일 왕조에 군국제郡國制를 채택함으로써 國을 다시 살려냈다. 한 제국 초기 군郡 규모보다 조금 큰 '國'들은 정치, 행정, 사법, 군사 기능을 독자적으로 수행하는 춘추전국시대의 國 구조와 비슷했다. 일부 國은 중앙정부보다 뛰어난 관료구조를 갖고 있었으며 관료들의 급여도 중앙보다 많이 주었다. 독자적 역량을 갖춘 이런 國들의 힘을 약화시키고 중앙 황실을 강화시켜 진정한 통일천하의 국가를 수립해야 한다는 것이 한나라 초기 군주와 사상가들의 공통된 관심사였다. 그 결과 무제武帝 때부터는 다시 군주전제의 일원적 정치체제로 돌아선 뒤 중국에선 공식적으로 봉건이 실시된 적은 없다. 한나라 중기부터 독자적 역량을 갖춘 國은 소멸하고 황친이나 공신에게 수여하는 명목상의 國과 제후만 존재하게 된 것이다. 황제가 그들에게 수조권의 일부를 부여하여 생계를 유지하게 하는 단위로서 國이 존재했을 뿐이다. 이 후대의 國들에게는 독자적인 군사력 보유를 불허했고, 인사 문제에 대해서도 모두 천자가 직접 내리는 명령을 우선으로 받들게 했다.

한나라 이래 중국은 특별한 경우를 제외하고 대부분 유교를 국가 통치의 이념으로 받아들였다. 그 결과 행정이나 법률보다 덕과 예를 강조하는 도덕정치에 대한 사고가 국가 관념의 중심으로 자리를 잡게 되었다. 따라서 법치라는 제도적 틀보다는 누가 정치를 담당하여 도덕을 실천하느냐 하는 인치人治적 사유가 근대적 국가 관념이 수립되기 전까지 중국사상사를 지배했다고 볼 수 있다. 그들 국가 관념의 핵심은 사람 특히 군주에게 모아졌다. 동한의 순열苟悅은 國家 정치구조의 기본 요소로 군주, 신하, 인민을 예로 든다. 군신민의 지위와 역할은 다르지만 정치과정에서 유기체적 통일체를 이룬다고 생각했다. 그의『신감』中鑒「정체」政體 편은 "천하국가天下國家는 한 몸이다. 군주는 으뜸인 머리이고, 신하는 다리와 팔이며, 백성은 손과 발이다"[46]라고 한다. 군신민君臣民을 몸에 비정하며 상호제약과 보완을 이루어 완성을 지향하는 유기체적 국가론을 가졌다는 점에서 매우 특징적이다. 순열의 목표는 군신민이 조화를 이루어 정치안정을 찾는 것이었다. 여기서 '천하국가'는 분리된 형태의 정치공간이 아니라 정치가 이루어지는 하나의 공간을 뜻한다고 할 수 있다. 천하국가의 핵심에는 왕실과 군주가 존재한다.

국가가 무엇을 중시해야 하느냐에 대하여 후대의 유학자들은 각자 중점이 조금씩 달랐다. 이 땅에서 도덕의 구현이라는 기본 목표에는 동의했지만 실제 정치에 있어선 시대와 상황에 따라 강조점이 달랐던 것이다. 예를 들면 왕부王符는 국가의 치란과 존망에 가장 중요한 것은 인사정책이라고 생각했다. 특히 현명한 선택이라는 '명선'明選을 인재선발의 핵심으로 강조한다.『잠부론』「본정」本政 편에는 "국가 존망의 근본이나 치란의 동기는 명선에 달려있을 뿐이다"[47]고 한다.『후한서』「최식전」에서 최식崔寔은 군주에게 창조적 정신을 가지라고 강력히 요구했다. 최식은 수구적 선비들이 권력과

---

46) 天下國家一體也, 君爲元首, 臣爲股肱, 民爲手足.
47) 國家存亡之本, 治亂之機, 在於明選而已矣.

제도를 이해하지 못하고 있다고 지적하며 "기존에 들은 것만을 위대하게 생각하고 직접 눈으로 본 것은 소홀히 여기니 어찌 그들과 국가의 대사를 논할 수 있으리오!"[48]라고 비판한다.

위진시대 왕필王弼은 노자정치사상의 핵심을 찌르며 전국시대 법가와 유사하게 국가와 백성의 대비를 얘기한다. 그의 『노자주』 57장 주석에는 "백성들이 강하면 국가는 약해진다. 백성들의 지혜가 많으면 교묘함과 거짓이 생겨난다. 교묘함과 거짓이 생기면 사악한 일들이 벌어진다"[49]라고 말한다. 권력담당자들이 위험해질 일을 '국가'가 위험해진다고 말하고 있는 것이다. 이처럼 백성들을 어린아이처럼 아무 지식도 못 가지게 하면 수많은 정치적 문제를 해결할 수 있을 것이라는 주장은 국가를 위하는 일이 아니라 권력자의 독재를 위하는 일임에도 이런 국가 관념을 가진 사람들이 오랫동안 존재했던 것이다.

『논어』 「안연」 편에서 공자는 정치에 대한 제자의 질문에 "충분한 식량, 충분한 군대, 백성들의 신뢰다"[50]라고 대답한 적이 있다. 그 중 가장 중요한 것은 '신뢰'라고 했다. 당 태종은 『정관정요』貞觀政要 「납간」納諫 편에서 무슨 일이 있어도 신뢰를 지켜야 하며 법령에 신뢰가 있어야 천하를 복종시킬 수 있다고 한다. 『구당서』舊唐書 「저수량전」褚遂良傳에도 "믿음은 국가의 근본이요, 백성들이 귀결되어야 할 것"[51]

---

48) 俗人拘文牽古, 不達權制, 奇偉所聞, 簡忽所見, 烏可與論國家之大事哉!
49) 民强則國家弱. 民多智慧, 則巧僞生; 巧僞生, 則邪事起.
50) 足食, 足兵, 民信之矣.
51) 信爲國本, 百姓所歸.

이라고 국가운영의 핵심을 신뢰에 두고 있다. 국법은 신뢰에 기초하고 있으므로 한 번 정해지면 군주도 작은 분노를 참고 큰 신뢰를 얻어가야 한다고 강조한다. 그 신뢰의 중추를 공영달은 법이 아니라 예여야 한다고 주장한다. 그는 『오경정의』「중니연거소」<sup>仲尼燕居疏</sup>에서 예의를 국가의 운영지침으로 삼아야 한다면서 "국가의 존비상하 제도는 모두 예의 안에 존재한다"[52]라고 말한다.

국가를 강조하는 당나라 때 사유는 불교와 논쟁을 하면서 더욱 구체화되었다. 유불논쟁의 중심에 서 있었던 한유<sup>韓愈</sup>는 불교와 도교가 치세<sup>治世</sup>가 아니라 치심<sup>治心</sup>을 하려는 데 폐단이 있다고 비판한다. 『한창려집』「원도」<sup>原道</sup> 편을 보면 한유는 유교야말로 수신제가치국 평천하의 도리로 모든 일을 국가와 공동체를 위해서 처리하는데 불교와 노자의 도는 "그 마음을 다스리고자 하며 천하국가를 도외시하고 천륜을 멸시한다. 자식임에도 제 부모를 부모로 여기지 않고 신하임에도 제 군주를 군주로 여기지 않으며 백성임에도 섬겨야 할 사람을 섬기지 않는다"[53]고 말한다. 역시 덕과 예를 강조하는 유가적 국가 관념으로의 복귀다.

성리학자의 국가 관념은 한유의 생각에서 크게 벗어나지 않는다. 오륜을 중시하고, 유덕한 사람을 등용하며, 민생과 안정을 중시한다. 이런 관념은 그 후 제왕들에게도 공통적으로 보인다. 『명태조실록』

---

52) 國家尊卑上下制度, 存在於禮.

53) 欲治其心, 而外天下國家, 滅其天常; 子焉而不父其父, 臣焉而不君其君, 民焉而不事其事.

권87에 보면 주원장<sup>朱元璋</sup>은 신하를 왕조의 중책을 맡은 사람이 아니라 '국가'의 중책을 맡은 사람이라고 하면서 "군국<sup>君國</sup>의 도는 백성을 근본으로 삼는다. 그래서 관직을 나누어 설치하고 현인을 골라 쓰는 것은 오직 백성들의 안녕을 추구하기 때문이다"<sup>54</sup>라고 말한다. 그는 국가의 중임으로서 관료들에게 효제충신하고, 예의를 실천할 것을 강조한다. 초기 유가의 국가 관념에서 크게 벗어나지 않은 것이다.

---

54) 君國之道, 以民爲本, 故設官分職, 簡賢用人, 惟求安民而已.

## 3. 봉건국가와 천하사상

### 봉건, 종법과 중앙집권

정착농경과 인구의 증가, 잉여의 확대에 따른 사회변화가 이루어지면서 은나라는 19대 임금 반경盤庚 이후 정부의 중앙통제가 강화되었다.[55] 혈연에 기초하여 크고 작은 농토와 인구를 독자적으로 경영하던 씨족장들은 대가大家, 소가小家의 사회 기층구조를 형성했으며 조상신에 대한 독자적 제사를 주관하기도 했다. 『서경』「반경」편에 따르면 중앙정부는 덕德, 예禮 등 정치 이념을 강화하여 독자적 행정을 하며 생산과 분배를 담당하던 이 성姓을 가진 가家들을 하나로 묶기 위한 정책적, 이념적 노력을 기울였다.

『서경』「주고」酒誥 등에는 각종 씨족장들이 지방의 일급 행정장관이었음을 밝히고 있다. 성이 희姬였던 주周 또한 서쪽 융戎족 가까이에서 거대집단으로 성장하며 가문과 주변의 여러 갈등을 해결하는 정치적 역할을 하고 있었다. 그리고 무왕武王과 주공周公은 은나라를

---

55) 느슨한 씨족 연합체였던 은나라는 『서경』「반경」편에 따르면 반경은 '천명'天命을 빌어 수도를 오늘날 하남성 안양安養 즉 은허로 옮겼으며 "옛 제도와 규정을 준수하여 법도를 정비함"以常舊服正法度으로써 왕권강화를 시도했다.

무너뜨리는 하극상의 정복전쟁에 성공한 후 천하를 71개 국國으로 나누었다. '天下'를 소유한 천자 아래 제후들이 國을 다스리고, 제후 밑의 경이나 대부가 家를 다스리는 이른바 '봉건'封建을 실시했다. 家와 國이 같은 구조를 가졌으며, 家의 윤리가 國의 윤리가 되었던 것이다.[56] 이리하여 혈족집단이었던 家는 상당한 규모를 가진 경대부들의 일종의 식읍이 되었다. 다른 말로 하면 기초적인 정치단위로 존재하던 家들에게 '대부'라는 칭호를 만들어준 것이다.[57] 『주례』의 「지관사도」地官司徒 편 및 「하관사마」夏官司馬 편 등에 이에 관한 기록이 산재한다.

은나라 후기 중국인의 실질 생활공간에서 家는 이미 사회의 기층 구조로 인식되어 정치사회의 핵심단위로 등장했다. 귀족들의 家는 기본적인 제사를 주관했으며, 상당한 규모의 농경지를 소유하면서 거대집단으로 성장했다. 각자의 특성을 지닌 독자적인 행정을 실시하면서 생산과 분배 그리고 집단의 갈등을 해결하는 여러 가지 정치적 역할을 하고 있었다.

『장자』「병무」 편에는 이렇게 얘기한다. "소인은 이익을 위해 신身을 바치고, 사士는 명名을 위해 몸을 바치고, 대부는 家를 위해 몸을

---

56) 가家와 국國의 구조적 일체성과 파생적 문제에 대해서는 孫仁宏, 「簡論中國古代家國關係與科學文化」(『鹽城師範學院學報: 人文社會科學版』, 1995年 第1期, 1995. 1), 40~44쪽 및 謝長征·李敏, 「論古代家國同構與腐敗的關係」(『廣西社會科學』 2003年 11期, 2003. 11), 154~156쪽 참조.

57) 『예기』「왕제」王制 편 등에 하나라 우禹임금이 '3공三公, 9경九卿, 27대부大夫를 두었다'는 기록이 있으나 증명하기 어려우며 실질적인 정치제도로 등장한 것은 주나라 초이다. 『주례』에 상세하다.

바치고, 성인은 천하를 위해 몸을 바친다."[58] 대부의 家는 국가라는 공적 공간에 비해 상대적으로 독립적인 공간을 의미하게 되었다. 家는 정치행정의 기본단위로서 國의 제후들의 명령 또는 부탁을 수행하면서 공동체 전체의 질서에 편입되어갔던 것이다.

한편, 농경사회에서는 노동력의 중추로서 남성의 위치가 중요해지고, 그들의 집합체인 家에서는 남성이 지배적 권력을 행사했을 것이다. 힘이 강조되고 물리적 폭력이 존재의 핵심인 정치세계에서 여성의 역할은 상대적으로 줄어든다. 정치행정 단위로서 家는 보다 큰 지배력을 행사하는 國의 하위 존재가 되고, 그 國들의 주인인 천자 즉 천하의 주인을 중심으로 상하 위계질서가 분명한 모습을 갖추어갔을 것이다. 남성중심의 정치권력이 지향하는 중앙집권적 정치체제는 체제의 유지를 위한 조치가 필요했고 그것이 종법宗法 관념을 형성하게 했을 것이다. 종宗은 으뜸, 마루를 뜻한다. 성과 씨를 강조하며 부계혈통의 우두머리인 적장자에게 권력과 재산을 물려주는 제도이다.[59] 은나라 후기에 정착되면서 왕위계승과정에도 그대로 투영되었다.

---

58) 小人則以身殉利, 士則以身殉名, 大夫則以身殉家, 聖人則以身殉天下.
59) 家 관념은 대대로 내려오는 전문 가업이나 가산 등을 뜻하기도 한다. 『좌전』「문공 14년」에는 "家를 다 쓰고 공공기관에서 관리에게 대출을 받아 유지했다"라는 구절이 있다. 여기서 家는 집안에 전해져 내려온 재산이라는 말이다. 이는 家의 가족, 가문 등의 의미가 굳건해지면서 가족제도에 사회경제적 의미를 더한 것으로 볼 수 있다.

주공은 분봉과 종법을 두 기둥으로 권력의 조직화에 착수했다. 기초 정치단위를 나누어 봉封하고 그 봉국封國들은 상급 단위인 천자에게 정기적, 부정기적으로 조회에 참여함으로써 충성을 맹세했다. 이러한 봉건적 중앙집권체제의 유지를 위해 종법은 필수적이다. 주 무왕과 주공 단은 은나라를 멸망시킨 후 은의 씨족제적 정치기구를 개혁하고 백성과 토지를 동족과 공신에게 나누어 주는 봉건제도를 실시하면서 권력과 재산의 적장자 계승이라는 대원칙에 입각한 종법제도를 아울러 시행했다. 소종실은 대종실에게 통제되고 마침내 중앙의 가장 높은 천자는 대종가 중의 대종가로써 천하를 통제하는 방식이다.

그리하여 종법의 질서에 순응하는 봉국들이 세워졌다. 왕실과 같은 희姬씨로는 노魯국, 연燕국, 채蔡국 등이 있고 공신으로는 태공 망太公望의 제齊국 등이 있었다. 또한 선왕의 후예로 황제黃帝를 기리는 축祝국, 요임금을 기리는 계薊국, 순임금을 기리는 진陳국, 하나라를 기린 기杞국 등이 있으며, 성왕 때는 은나라 미자微子를 기리는 송宋국을 봉했다. 『순자』「유효」편에는 71국 가운데 53국이 희씨였다고 한다. 주 왕실의 땅 주변에는 친인척 제후를 두고 공신들과 다른 성씨는 교차하여 상호경계토록 했다.

천자는 종법의 가족적인 유대관계를 활용하여 어른에게 인사를 오듯 윤리적인 관계를 강조함으로써 천하질서의 기본을 유지하는 한편, 책봉冊封과 정벌征伐의 권한을 가지고 제도에 순응하지 않는 봉국을 응징할 수 있었다. 예를 들면 정기적 조회에 참여하지 않으면 봉지를 회수할 수 있었고, 종법을 준수하지 않은 제후국은 만승萬乘

천자의 직속군대 또는 천자의 명령을 받은 다른 제후국들의 연합군에게 정벌당할 수 있었다.

중앙집권 관념은 주공이 강화한 복服 규정에 의해 더욱 발전했다.[60] 『서경』「우공」禹貢 편에 따르면 제도로서 오복五服의 핵심은 세금과 병역, 그리고 정치교화를 중심으로 편성된 것이다. 보통 왕기를 중심으로 주변 500리 지역은 왕의 전답이란 의미의 전甸과 왕에게 종사한다는 의미의 복服을 합쳐 전복甸服이라 했다. 전복의 바깥 500리 지역은 후복侯服이고, 후국侯國의 사방 500리 바깥 지역을 수복綏服이라 한다. 왕의 교화와 정치에 안주하여 복종한다는 의미이다. 수복의 바깥 사방 500리 사이 지역이 요복要服이며 만이蠻夷의 거주지, 죄인을 유배 보내는 지방이다. 요복의 바깥 사방 500리는 미개척의 황야가 대부분인 황복荒服을 배치했다. '오복' 규정의 요지는 왕성에 가까운 지방은 문화의 수준이 높고 왕의 통제가 미치는 지역이지만 멀수록 문화수준이 낮고 왕에 복속하는 정도도 미약하다는 것이다. 가장 궁벽한 요복과 황복은 왕의 교화도 미치지 않는 오랑캐 지역이므로 그들 습속대로 살게 한다는 취지이다.

---

60) 『고문자고림』 제7책, 717~719쪽 참조. 『서경』에는 '오복'五服이라 하고 『주례』에는 더 상세히 '구복'九服을 얘기한다. 오복에 대해 『국어』「주어 상」周語上 편에는 선왕의 제도로 천자가 사는 곳으로부터 "邦內甸服, 邦外侯服, 侯衛賓服, 蠻夷要服, 戎狄荒服"이라 한다. 『순자』「정론」正論 편에도 방邦자 대신 봉封자를 썼을 뿐 똑같은 내용이 있다. 구복은 좀 더 구체적으로 왕기에서 가까운 곳으로부터 후복侯服, 전복甸服, 남복男服, 채복采服, 위복衛服, 만복蠻服, 이복夷服, 진복鎭服, 번복藩服이라 한다.

주나라의 수도 호경鎬京은 오늘날 서안 부근이다. 여기서 오복 규정으로 사방 2,500를 환상環狀형으로 따지면 오늘의 중국영토 상당 부분을 포괄하는 광대한 지역이다. 여기 저기 수없이 흩어진 國들을 중앙에 집중시키는 방식이 오복이었다. 주공은 봉건, 종법 정책과 동시에 봉지를 받은 國의 주인들에게 3년마다 가족을 데리고, 1년마다 친히 조회에 들어 정무보고를 하라는 '삼년대빙, 비년소빙'三年大聘 比年小聘 정책을 실시했다. 중앙집권을 위한 구상이었던 것이다. 천자가 다스리고 그 영향력이 미치는 끝이 어디인지 모르는 이 광대한 지역을 '천하'天下라고 인식했을 것이다.

백성들의 생활편의를 생각해주는 듯한 내용을 담고 있으며, 천자의 문화적이고 윤리적인 교화가 미쳐 천하의 태평성대를 기원한다는 의미를 담고 있다는 이상적 정치제도로서 오복 · 구복 규정은 봉건제도의 정치적 효과를 극대화하고 있다. 그것은 중국을 중심에 둔 국제질서를 뜻하며, 중앙집권과 군주전제를 지향하는 것이었다.

봉건, 종법과 오복 규정에 따라 천하는 하나여야 하고 최고의 대종大宗은 중국 하나이고, 그 중심에는 유일자로서 천자가 존재할 뿐이다. 이렇게 현실 정치권력의 핵심은 중국에 있으며, 도덕과 윤리 또한 중국의 것에 따라야 한다는 중앙집권적 관념은 문화우월주의적 중화사상과 결합되어 오늘날까지도 중국정치의 내면에서 사라지지 않고 있다.

## 천하 관념의 등장과 변천[61]

天下라는 한자어는 천지하天之下 즉 '하늘의 아래'란 뜻으로 공간을 특정할 수 없는 모호한 관념이다. 하지만 은나라 때부터 천자天子란 말과 천하가 함께 사용되었던 것으로 추정되며, 이 때문에 천하는 천자가 하늘을 대신해 다스리는 지역을 뜻하는 정치적 의미를 띠게 되었다. 천자의 질서가 통하는 세계가 천했다. 천자가 직접 다스리는 화하華夏 또는 중국中國 지역과 천자의 교화와 간접적 영향력이 미치는 사방四方 또는 보다 먼 곳의 이적夷狄 지역을 모두 합쳐 천하라고 불렀다.

중국사상사에서 '천하'는 오늘날 일반적 의미에서의 우주 또는 세계를 뜻한다. '우주'라는 말은 전국시대 『시자』尸子라는 책에 등장한다. "천지사방을 우宇라 하고, 고금왕래를 주宙라 부른다"가 그것이다. 『장자』「경상초」편에도 등장한다. "실체가 있으나 특정한 위치가 없는 것이 宇이고, 길이는 있으나 근본이 되는 기점이 없는 것이 宙이다."[62] 하늘과 땅이 어우러져 만물을 생성한다는 의미에서 중국인이 언급하는 천지와 우주의 개념은 일치한다. 宇는 거대한 공간을, 그리고 그 공간에서 이루어지는 무궁무진한 움직임을 말하고,

---

61) 이 소절은 장현근, 「동양사상과 세계시민: 중국 天下思想과 儒家의 大同論」(한국유럽학회, 『유럽연구』 통권 3호, 1995. 12), 231~260쪽; 장현근, 「중화주의의 시원과 화이공조華夷共祖론 비판」(한국고전학회, 『동방학』 제31집, 2014. 8.); 장현근, 「중국에서 천天·천하天下 관념의 형성과 보편화 및 그 한계」, 앞의 글의 일부를 수정하여 반영했다.

62) 有實而無乎處者宇也, 有長而無乎本剽者宙也.

宙는 인생과 자연의 영원히 이어지는 시간을 뜻한다.

세계世界란 용어는 우주보다 출현이 늦다. 불교가 중국에 들어온 이후에 쓰이기 시작했다. 그 이전에는 世자와 界자를 함께 붙여 쓴 적이 없다. 유사한 의미로 세상世上 또는 世相이 있다. 1세世는 30년을 의미한다. 世世는 世를 중첩하여 자연계와 구분되는 생명계의 유한성이나 분별성을 뜻하는 것이었다. 중국인은 현실 사회 속에서 시간변화를 바탕으로 한 단순한 공간의식의 전통을 갖고 있었다. 여기에 공간층인 '계'界를 무수히 구별하고 각 계역이 속성을 달리한다는 불교의 우주관과 접하면서 '세계'라는 새로운 개념으로 발전한 것이다.

구체적으로 世界는 범어 lokadh(a-)tu의 loka를 번역해서 世자를 끌어오고 Dh(a-)tu를 번역해서 계界자를 끌어와 합친 것이다. 『능엄경』楞嚴經에 보면 "世는 변화하는 흐름이고, 界는 방위이다. ……동서 남북과 상하는 界이며 과거, 미래와 현재는 世이다"[63]고 한다. 世는 과거, 현재, 미래의 시간변화를 의미하고 界는 상하사방 공간의 경계를 말한다. 국가와 국토 혹은 우리의 생활공간인 세간世間처럼 다른 세계와 막혀 구분되는 공간을 세계라 부른 것이다. 이 점에서 세계는 중국 전통적인 우주, 천지 관념보다 천하의 의미에 가깝다고 할 수 있다.

'천하'의 의미는 우주생성적인 '천지'의 의미를 포함하고 있지만 그 안에 존재하는 모든 것들의 조화와 질서를 포괄하는 의미도 지닌

---

63) 世爲遷流, 界爲方位, ……南西北, 上下爲界, 過去未來現在爲世.

다. 즉 천하는 세계의 질서 혹은 인간세상의 각종 질서와 관련한 정치적 의미가 강하다. 현실 정치에 깊은 관심을 둔 유가의 경전 속에 천하라는 용어가 많이 비치는 이유도 그 때문이다. 정치질서란 의미에서 천하는 철학적 의미에서의 우주나 종교적 의미에서의 세계와는 다르다.

지금 천하라는 말은 우주, 세계 등과 비슷하게 사용되지만, 고대 중국에서 천하는 國들의 상호관계 등 국제질서가 통용하는 국제성 속의 정치영역을 의미했다. 진한 이래 제국의 통일이 완성된 후 황제를 천하의 주인으로 부르고 상대적으로 지방 군주를 왕王 또는 군君이라 부른 것은 그런 초기 관념을 그대로 이어간 것이라 할 수 있다. 『시경』「소아 · 북산」北山의 다음 구절은 고대 천하 관념의 대표적인 명구이다. "하늘 아래 모든 곳은 왕의 땅이 아닌 곳이 없고/ 땅 위의 모든 것은 왕의 신하가 아닌 것이 없다."[64] 당시 '王'은 유일자 즉 후대의 천자나 황제에 해당하는 글자였다.

중국의 천하 관념은 오늘날의 영토국가 관념과는 차이가 있다. 포괄적인 세계나 우주 전체로 확장되는 매우 추상적인 공간이다. 오복 규정과 봉건론에서 살펴보았듯이 천하는 왕의 교화라는 이데올로기가 통하는 정치공간이기도 하다. 현대의 민족국가 관념으로는 설명이 불가능하다. 최고 정치지도자 한 사람의 직접적, 간접적, 문화적 영향력이 미치는 공간으로 국경의식과는 아무 관련이 없는 것이 천했다. 천하는 이러한 세속적 지배질서의 뜻을 내포하는 정치적 개

---

64) 溥天之下, 莫非王土. 率土之濱, 莫非王臣.

념이며 세계질서 또는 세계공동체와 관련된 개념이다. 김충렬 선생의 얘기처럼 이렇게 "'天下'를 쓸 경우, 이는 철학적 의미와 아울러 국제정치질서가 통용하고 또는 통용되어야 한다고 보는 그러한 국제성을 깔고 있는 정치영역을 가리키는 것으로 보아야"[65] 하며, "도덕실현의 영역이요, 인간 삶의 전반을 역사役事할 수 있는 정치행위의 유일한 현장"[66]으로 인식해야 한다.

주나라 왕은 천자로서 천과 인간을 매개하는 절대적 지배자로 군림했다. 천의 자식으로서 천자는 하늘帝 또는 天의 명령을 받아 그것을 인간 세상에 구현하는 유덕한 사람일뿐만 아니라 백성을 보호하는 막중한 책무를 떠맡은 사람이었다. 주 왕실에 보민의 임무를 부여해준 天의 아래에 있는 모든 존재를 싣고 있는 곳이 천하이다. 天의 의지를 지상에 실현하는 천자天子, 즉 주 왕실이 지배하는 정치적 영역이 天下가 된다. 특히 천의 인격신적 의미에 천착하면 天下 개념은 더욱 확대된다. 天이 갖는 보편의지, 즉 보민保民을 위해 덕德, 예禮를 갖춘 자를 선택한다는 말은 곧 주 왕실의 직접지배를 받지 않는 어떠한 지역도 모두 天子의 정치질서에 복종해야 한다는 당위의 세계까지 포함하게 된다. 다시 말해 우리가 추구하는 세계공동체가 天下일 수 있는 것이다.

天에 대한 신앙보다 사람의 일이 중시되면서 천하 관념은 변화를

65) 김충렬, 「中國 <天下思想>의 基調와 歷史傳統의 形成」(전해종 外, 『中國의 天下思想』, 민음사), 1988, 107쪽 참조.
66) 같은 글, 113쪽.

겨게 된다. 특히 춘추전국시대에 군주권력의 중앙집중화 현상이 벌어지고 패권적 세계질서가 추구되면서 天과 인간 王과의 관계는 형식화하고 만다. 어떤 수단을 통해서든 정권을 장악한 사람은 천명에 그것을 기탁했으며 패자들 또한 자신의 힘에 기초한 국제질서에 天을 끌어들이기도 했다. 전국시대의 순자에 이르면 '하늘을 잘 이용해 생산에 보탬이 되도록 해야 한다'는 정도로까지 발전한다. 천이 가진 종교적 성격은 이제 완전히 그 기능을 상실했고, 따라서 천하 개념도 정치생활을 하는 사람이 살아가는 지역 어디든 얘기하는 보통명사로 쓰이게 된다. 따라서 제자백가의 글 속에 보이는 천하는 天 관념과 무관한 경우가 많다.

천하 개념은 천과 관련을 가지고 시작되었지만 천의 종교성과 무관한 정치질서 또는 세계질서의 의미만 강해지게 되었다. 특히 춘추전국시대의 의미로 보면 천하란 'World Order'와 같은 정치적 용어로도, 그저 우리가 말하는 세상 또는 세계와 같은 보통명사로도 쓰이게 된다. 『논어』 같은 작은 책에도 20여 차례의 天下라는 말이 등장하는데 일반적 의미의 천하 운운이거나 정치사상적 의미를 지니는 세계질서로 혼합적으로 쓰이고 있다. 특히 그것이 '치천하'<sup>治天下</sup>와 같이 정치를 통해 인간 세계를 이상적으로 만들어간다는 데 이르면 순전히 사람에 의해 만들어가는 세상을 가리키는 말이 된다. 『순자』「중니」편에는 "위대한 정치가가 天下에 훌륭한 정치질서를 수립할 때는 반드시 사람의 길로부터 시작한다"[67]고 말한다.

---

67) 聖人治天下必自人道始.

한나라에 이르면 천하 관념은 한 번 더 변화 하게 된다. 한나라는 대제국을 건설했으나 북으로 흉노와 경쟁하고 또 패배하기도 하면서 주변 민족을 용납해야 하는 상황이 되었다. 이로써 중앙집권적인 천하 관념이 흔들리게 된다. 중국 중심의 국제질서 관념인 기미羈縻정책을 채택했는데, 소나 말의 굴레를 '기'羈라 하고 고삐를 '미'縻라 한다. '기미'는 天下의 주인으로서 중국 황제가 중앙에 존재하고 주변 민족에 대하여 굴레를 채우고 고삐를 매어서 관리한다는 외교정책의 하나다. 중심은 중국의 황제라는 점에서 기존의 천하 관념과 다를 바 없지만 관념적으로만 중심일 뿐 현실적으로 중국과 다른 민족의 존재와 정치체제를 긍정한다는 점에서 정치와 문화의 동질체로서의 기존 천하 관념과는 다르다.

봉건, 종법과 오복 규정에 따라 천하는 하나여야 하고 최고의 대종大宗은 중국 하나여야 하는데, 다른 영토를 인정한 셈이라 천하 관념에 변화가 생긴 것은 맞다. 하지만 현실적으로 도덕과 윤리는 중국의 것에 따라야 한다는 천하 관념은 문화우월주의적 중화사상과 결합되면서 여전히 위력을 발휘했다.

### 봉건 관념의 변화와 중국 천하사상의 한계[68]

위에서 언급했듯이 중국적 봉건이란 제후가 세습적으로 '천자'에

---

68) 이 소절의 일부는 장현근, 「동양사상과 세계시민: 중국 天下思想과 儒家의 大同論」, 앞의 글, 231~260쪽 및 장현근, 「중국에서 천天 · 천하天下 관념의 형성과 보편화 및 그 한계」, 앞의 글을 참고하여 반영했다.

게 영지를 부여받은 형태로 출발한 것으로 제후국의 독자적 정치제도를 가리키는 관념은 아니다. 맹자의 봉건은 왕과 제후의 군신관계가 아닌 임금과 인민 간의 관계와 같은 치자治者와 피치자被治者의 관계이다. 제후의 영토는 채읍采邑이 아니며 양자의 관계는 치자에 대한 피치자의 군역과 공납의 관계이다. 이 점에서 서양의 feudalism 또는 일본 도쿠가와德川 막부 하의 막번幕藩체제와 다르다. 國 관념의 성장과 발전, 그 변천의 과정에서 정치권력의 분점을 의미하는 중국적 관념이었고 중앙집권적 통치기제인 군현郡縣제도의 상대적 관념이었다.

그런데 서기전 221년 진시황에 의한 중원의 통일로 강력한 중앙집권을 표방하는 통일국가가 출현했다. 법과 제도에 입각한 통치체제의 완성은 정치제도로서 봉건과 종법을 끝장낸 사건이었다. 한대에 군국을 시행하면서 분권적 봉건이 제도로 시행되는 듯했지만, 결국은 중앙집권적 전제 황권에 의해 중단되었다. 그 후 중국에서 분권적 봉건론은 다시 행해지지 않았으며, 전제정체의 중앙집권적 관료국가가 2천 년을 존속한 것이다.

그러나 청나라 건륭乾隆 43년1778년에 칙명으로 봉건논의를 금지하기까지 복고적 사상가들에 의하여 군주의 전제권력을 제한하는 방법으로 봉건은 끊임없이 논의 되었다. 제국 황제의 중앙집권을 견제하는 봉건 논의는 당나라 때 특히 무성했다. 당 태종은 즉위 초에 뭇 신하들을 향해 다음과 같은 문제를 제기했다. "짐은 자손이 영구히 이어지고, 사직이 영원히 안정되도록 하고 싶은데, 그 이치는 어떠한가?"[69] 그리하여 봉건을 둘러싼 논쟁이 당나라 지식인들 사이에 뜨거운 화두로 등장했다.

분봉제 실행 문제에 있어서 조야에는 대체로 찬성파, 반대파, 절충파 등 세 파의 의견이 있었다. 세 파의 의견은 모두 왕권 옹호를 근본 목적으로 했다. 황위계승 문제에 어떤 것이 유리한가, 어떤 체제가 군주의 위상을 높이느냐, 어떤 체제가 이치吏治라고 부르는 지방행정을 개선하는데 유리한가, 어떤 체제가 군주와 신하를 서로 안정시킬 수 있느냐, 어떤 것이 공적이고 어떤 체제가 사적인 것인가 등이 핵심 논쟁거리였다. 결국은 중앙집권적 전제를 정당화하는 이러한 논의들은 오히려 권력의 집중을 부추기는 역할을 했다. 그런데 중앙집권의 강화는 국가의 정치적 통일을 유지하는데 유리할 수는 있지만 관료 및 지방수령의 부패 문제를 해결할 수는 없다. 그래서 다시 봉건 논의를 불러일으키는 순환을 하게 된다.

유종원柳宗元은 「봉건론」封建論을 써서 진시황이 '대사'大私로서 '대공'大公 체제를 성취시켰다는 논점을 제기했다. 봉건은 '성인'의 고안이 아닌 필연성에 기인한 제도이며 진시황이 봉건을 폐한 것은 천하의 인민을 자기 신하로 하려는 사욕에서 출발했지만 결국은 공적인 체제를 성립시키는 결과를 가져왔다는 것이다. 유종원의 봉건론은 당시 절도사들이 토지와 백성과 무력을 장악한 뒤 독자적인 과세권과 인사권을 가지고 독립된 정치세력으로 성장하며 횡포가 심해진

---

69) "朕欲使子孫長久, 社稷永安, 其理如何?"『당회요』唐會要「봉건잡록」封建雜錄.

상황에 대한 대처였다. 그들을 중앙의 통제 아래 두고자 한 의도였던 것이다.

명말청초의 여유량呂留良은 다른 의미의 봉건론을 전개했다. 유종원에 반대하면서 봉건을 행할 수 없다는 주장은 사심을 품고 천하를 사유화하려는 속셈일 뿐이라고 공격했다. 진나라 이후 대혼란은 봉건의 폐지가 주 원인이라고 하면서, 봉건은 천하를 사私아닌 공公으로 나아가게 하려는 정신에서 나온 것이라고 주장한다. 군현郡縣은 사유화의 의도이며 이로부터 존군비신尊君卑臣의 풍조가 생기고 '의리'에 입각한 상하의 의사소통이 불가능해졌다는 것이다. 신하가 은혜와 봉록만 탐하는 결과가 군현제의 폐단이라고 주장한다. 군현시대의 군신관계는 의리가 아닌 군주 독단으로 이루어진다는 것이다. 여유량은 선진유가의 고유한 군신 관념으로 이상화한 봉건을 염두에 두고 군주권력의 과대한 집중과 전제정치를 제한해보고자 한 것이다.[70]

봉건 관념의 변화는 중국 중심의 세계질서인 천하 관념의 변화와도 관련을 맺고 있다. 공천하가 아니라 가천하家天下의 관념 속에서 전개된 후대 봉건논의에서 보듯 천하 관념도 가천하적 사유와 그 맥락을 벗어나지 못했다. '天'과 '帝'의 개념적 연원으로 보면 중국의 천하사상은 인류사적 보편공동체로서 '사해동포주의'Cosmopolitanism,

---

70) 이상 유종원과 여유량의 '봉건' 관련 상세한 내용은 劉澤華 主編, 『中國政治思想史』隋唐宋元明淸卷, 앞의 책, 제3장 제3절 및 제13장 제4절을 참조할 것.

자연사적 순 공간으로서 '우주질서론'Cosmism의 의미를 모두 포함하는 신성한 지배영역이었다. 그런데 춘추전국의 정치적 격량을 겪으면서 중국인의 천하 관념은 종교적 성격을 잃고 정치적 성격만이 남게 되었다.

이 天下는『순자』「영욕」편의 말처럼 내적으로 "신분이 고귀해 天子가 되어 天下의 재부를 다 갖는다"[71]는 식의 지배층 중심의 세계질서였을 뿐만 아니라, 외적으로는 중국 중심의 세계질서요 정치질서였다. "나는 하夏로 이夷를 변화시킬 수 있다는 말을 들어보았을 뿐 夏가 夷의 문화에 의해 바뀐다는 얘긴 들어보지 못했다"[72]『맹자』「등문공 상」는 맹자의 자신감은 이를 가장 극명하게 대변해 준다. 중화 또는 화하華夏라고도 부르는 '夏'는 중국의 문명과 문화를 나타내는 개념이며, 만이蠻夷 또는 오랑캐라고도 부르는 '夷'는 중국 주변 사방의 이민족을 가리키는 말이다. 다시 말해 중국 중심의 세계질서란 중국의 문화가 다른 지역으로 펼쳐지는 질서라는 말이다.

앞에서 예로 든『시경』「소아·북산」의 인용문 또한 그렇게 읽어야 할 것이다. 天下는 '하늘의 아래'라는 보편적 공간 개념일 수 있으나, 그것은 '왕의 땅', '왕의 신하'라는 '가천하家天下적 사고'인 동시에 정치적 예속의 의미이다. 이를 확장한 것이 중국적 봉건론이며 왕도의 실현으로 보편적인 이념의 토양을 마련한다는 왕토王土사상이다. 오늘날 중국인이 내적으로 추구하는 중화사상과 외적으로 표

---

71) 夫貴爲天子, 富有天下.
72) 我聞用夏變夷者, 未聞變於夷者也.

방하는 세계질서 운운 또한 이와 같은 중국 중심의 天下의식을 바탕에 깔고 있을 것이다.

보통의 경우 중국인들도 우리와 마찬가지로 보편적 의미로 사람들이 살고 있는 이 세상을 天下라고 부른다. 그러나 정치적 의식을 따지고 들어가 보면 그들은 중국 왕실을 天下의 가운데에 놓고 주변과의 관계를 설정하는 자기중심적 사고를 하고 있다. 완벽한 체계를 갖춘 중앙집권국가를 매우 일찍 이루어낸 중국이지만 전통정치의 전개 속에서 국경 개념을 찾아볼 수 없는 것도 이와 밀접한 관련이 있다.

특히 '왕의 땅'이라는 관점에서 중국이 국가적 통일 상태를 맞아 강성했을 때는 하늘 아래 모든 지역이 중국 왕실의 지배를 받거나 또는 지배를 받아야 하는 것으로 인식한다. 이 때 사람들이 사는 공간적 영역은 모두 그 왕실의 천하일 뿐이다. 중국 왕실 외의 주변 왕실들은 소위 형제의 나라 또는 군신의 나라라는 정치적 예속상태로 생각되었다.

물론 이 가천하적 의식은 힘의 우위에서 비롯된 문화적 시혜의식이었기 때문에 조공제도를 보더라도 받는 것보다 주는 것이 더 많았을 수 있다.[73] 한편 중국 왕실이 상대적으로 약했거나 이민족의 점령상태에 들었을 때면 주변 나라들에 대하여 수평적, 독립적인 관계를 인정하는 평등의식이 깔리기도 한다. 그러나 근본적으론 역시 문화

73) 이에 대해선 유인선, 「中越關係와 朝貢制度」(전해종 外, 『中國의 天下思想』, 앞의 책), 147~183쪽 참조.

적 우월의식을 가지고 상대를 보는 국수주의적이고 자기중심적인 틀을 벗지 못한다.[74] 이런 의미에서 天下 개념은 문화적 측면에서 중국 중심의 '세계 정책'Cosmopolitic으로 이해된다.

天下를 인문질서의 영역으로 파악한다든가 인간의 도덕능력에 기대한다든가 하는 접근은 공감할 수 있다. 세계공동체를 폭력에 의존하지 않고 문화에 기초하여 구상한다는 것에도 동의할 수 있다. 그러나 이것이 근본적으로 중국 중심의 가천하적 사고에서 나온 것이라면 보편성을 확보할 수 없다. 평등한 주권들의 합의에 기초했을 때만이 진정한 세계공동체일 수 있다. 자유, 평등, 합의, 합리성을 기초로 한 서양 근대민주주의가 도래하자 중국적 天下가 일거에 붕괴해버린 이유도 이 때문이다. 이어서 논의할 유가들의 이상세계론과 마찬가지로 이제 중국의 천하사상은 자신의 도덕만이 최고의 도덕이라는 한계에서 벗어나 '공적 윤리의 보편적 기준'을 마련하는 새로운 시도를 해야 할 것이다.

---

74) 이와 유사한 天下 관념에 대한 세 가지 논쟁을 김한규는 「漢代의 天下思想과 <羈縻之義>」(전해종 外, 같은 책), 58~79쪽에서 매우 상세히 다루고 있다. 그는 한대의 천하론을 시기적으로 구분하여 첫째 한나라 초기의 화친론和親論에서 발견되는 것으로 수평적 독립적으로 병존하는 영역이라는 관념, 둘째 무제武帝의 시대 황제권력의 반영으로 중국과 다른 영역의 구분 없이 황제에 의해 일원적 직접적으로 지배되는 장소라는 관념, 셋째 무제의 죽음 이후 중국을 중심으로 모든 주변 국가들이 일정한 질서 하에 결집되어 안정된 위계位階를 부여받는 범주를 가리킨다는 관념 등 세 가지 논쟁으로 분석한다.

## 제5장

# 군왕

君과 王은 현실의 정치지도자로 출발했다. 차츰 스스로를 높은 덕을 지닌 존재로 이상화시키기도 했으나, 중국정치사상사에서 군왕은 가치의 궁극적 판단자라는 이상적 지위와 혹독한 법률을 시전하며 신민의 생살여탈권을 장악하고 있는 공포의 존재이기도 하다. 이 장에서는 현실의 정치지도자로서 君과 王 관련 관념들의 생성과 변천의 과정을 분석한다. 왕도와 패도, 성왕과 폭군 등 군주론 관련 관념들도 다룬다.

# 1. 군君·왕王 관념의 형성

## 君의 어원[1]

『이아』爾雅에는 "제帝는 군君이다"라고 한다. 帝는 은나라 민족의 씨족신이었다. 종교적 숭배의 대상이었으며 은나라 후반에는 권력을 장악한 왕을 표현하는 가장 확실하고 강력한 글자였다. 帝의 갑골문인 釆鐵159·3에 대한 해석은 분분하다.『고문자고림』에는 장문의 여러 가지 주장들을 싣고 있어 帝가 갖는 정치적 무게를 실감케 한다.[2] 오대징처럼 조상의 조상을 뜻하는 글자로 만들어졌다는 설, 손이양孫詒讓처럼 천제 즉 천신을 뜻하는 글자로 만들어졌다는 설, 오이의 꼭지 또는 꽃받침을 뜻하는 체蔕자와 연관시켜 꽃의 주인이 듯 인간의 주인을 帝라고 불렀다는 설, 천신에게 제사를 지낼 때 장작단을 쌓아 태웠는데 그 형상이라는 설, 구석규裘錫圭의 의견처럼 천자가 죽으면 돌아가신 아버지를 아들이 帝라고 불렀다는 설, 은나라 사람들은 조상숭배와 생식숭배를 했으며 조祖자는 남성생식기고

---

1) 君의 어원에 대해서는 장현근, 『성왕: 동양 리더십의 원형』, 앞의 책, 82~84쪽의 일부를 수정하고 요약하여 인용했다.
2) 『고문자고림』 제1책, 44~56쪽.

비妣는 여성생식기고 후后는 부녀자가 아이를 낳는 형상이라며 帝도 여성생식기의 상형이라고 주장하는 등 다양한 설이 있다. 나무 자루 의 끝에 꼬부라진 칼날을 단 무기를 소지한 사람을 가리킨 지사문자 라는 설도 있다.[3]

帝는 끝내 은나라 왕의 호칭이 되었고『설문해자』에선 천하를 지 배하는 왕에게 부여하는 호칭이라고 한다.[4] 대체로 조성의『갑골문 간명사전』과『한어대사전』에서처럼 帝를 꽃받침화체花蒂의 상형으로 보는 설이 우세하다. 꽃받침을 천제의 帝로 의미를 바꾸어 쓴 것은 음을 빌려 쓴 것이라고 한다. 은나라 사람들은 帝가 하늘 위에 살며 일체를 주재한다고 생각했으며, 사람들이 열심히 제사를 올리면 인 간사회에 강림한다고 믿었다.[5]

帝가 君이라면 초기 君은 또 어떤 관념이었을까? 갑골문에서 君

---

3) 『상형자전』 http://vividict.com/WordInfo.aspx?id=3626

4) 諦也. 王天下之號也. 從亠束聲. 帝, 古文帝. 체蒂가 帝보다 앞선 글자일 수 없으므로 허신의 이 주장은 설득력이 별로 없다.『고문자고림』제1책 의 내용들은 이에 대한 부정이 많다.

5) 유택화劉澤華 선생은 帝에 대하여 오대징吳大澂은 이를 꽃꼭지의 꼭지蒂 로 해석했고 왕국유王國維도 그의 해석을 따랐다고 한다. 帝가 어떻게 변 하여 은나라의 지상신이 되었는지는 모르지만 帝가 '체蒂'의 초기 글 자였다면 최초에는 아마도 식물숭배의 상징이었을 것이다. 은 민족은 황하黃河유역에서 생활했는데, 이 지역은 식물재배 농업이 매우 일찍 발달했다. 은나라 사람들은 매우 일찍 농업에 종사했으므로 식물에 대 하여 특별히 숭배하고 있었을 것이다. 그러다가 계급사회에 들어선 뒤 이 식물에 대한 숭배가 점차 승화하여 차츰 지상신으로 변해갔으리란 추측은 일리가 있다. 유택화 주편, 장현근 옮김,『중국정치사상사』선 진편 상, 앞의 책, 39쪽 참조.

의 본 글자는 尹이다. 고대에 君과 尹은 통용되던 글자이다. 君이라
는 글자의 변천은 다음 〈그림9〉와 같다.

| 後下13·2 | 天君鼎 | 설문해자 |
|---------|-------|---------|
| 갑골문 | 금문 | 소전 |

그림 9 君자의 변천

尹의 갑골문 ᄊ은 손으로 권력을 상징하는 지팡이를 잡고 있는 모
양이다. 집정권을 장악하여 사무를 관장하는 사람을 뜻한 것이다.
후기 갑골문에 명령을 뜻하는 ᄇᄆ자를 아래에 덧붙여 회의문자를
만들었고 이것이 君의 어원이 된 것이다. 갑골문의 뜻은 명령을 발
표하고 정무를 관장하며 나라를 다스린다는 의미이다.

『상형자전』에는 君 관련 어휘들에 대해 다음과 같은 재미있는 논
의를 덧붙이고 있다. "옛 사람들은 날이 있는 목제 무기를 사용하는
수령을 가리켜 '帝'라 불렀고, 손에 특별히 큰 전투용 도끼를 든 수
령을 가리켜 '王'이라 불렀으며, 文으로 천하를 다스리는 수령을 가
리켜 '君'이라 불렀고, 머리에 금관을 쓰고 있는 왕을 가리켜 '皇'[6]이

---

6) 王과 관련된 글자들 가운데 후대에 형성된 것으로 보이는 황皇자는 갑
골문에는 보이지 않고 금문에 보인다. 『설문해자』에는 소전에 근거하
여 약간은 황당한 해설을 달고 있다. "크다. 自를 따른다. 自는 시작
함이다. 처음 皇이라 한 사람은 삼황三皇이며 큰 군君이었다. 自자는 코
비鼻자처럼 독해한다. 오늘날 풍속에 처음 태어난 아들을 비자鼻子로 삼

라 불렀다"[7]라고 한다. 帝나 皇의 어원적 근거로 볼 때 증명하기는
어렵지만 추측이 가능한 얘기이다.

　근거를 찾기는 어렵지만 일리가 있는 주장으로는『설문해자』의
경우도 마찬가지이다. "君은 지존이다. 자형은 尹자를 채용하여 변
의 방으로 삼았다. 호령을 발포하기 때문에 동시에 口자를 채용하여
변방으로 삼았다."[8] 그리고 덧붙여 👐 𦥑자를 쓰고 君主가 단정히
앉아있는 모양이라고 한다.『고문자고림』제2책, 31쪽에 따르면 이
글자는 두 손을 맞잡고 조심하고 삼가는 모양이었는데 왼쪽 손 형상
이 탈락하면서 오늘날 君자가 되었다고 한다.

　조성의『갑골문간명사전』에는 갑골문의 아랫부분은 입 구口이고,
윗부분의 왼쪽은 붓 필筆자이고 오른쪽은 손 수⺘자라고 한다. 그리
고 복사의 몇몇 용례를 들어 "은나라 왕의 좌우에 있던 사람으로 지

━

는다. 胡hu와 光guang의 반절로 발음한다."(大也. 從自. 自, 始也. 始皇者,
三皇, 大君也. 自, 讀若鼻, 今俗以始生子爲鼻子. 胡光切).『한전』에서는
상형문자로 보고, 금문의 皇자는 등불이 휘황한 모양이라고 한다. 위
의 세 점은 등불이 위로 솟는 형태이고, 중간부분은 등잔이며, 아래 부
분은 등잔 받침대라고 한다. '휘황찬란하다'에서의 황煌자와 皇을 같
이 본 것이다. 謝光輝 主編,『常用漢字圖解』(北京大學出版社, 1997),
365쪽에서는 약간 다르게 설명한다. 아래는 王자이고 위는 화려한 장
식으로 꾸며진 모자의 형상이라는 것이다. 고대 제왕이 쓰고 있는 관
모라고 한다. 여기서 의미가 확장하여 제왕이나 군주의 의미가 이끌려
나왔다는 것이다.

7)　古人稱使用帶刃的木制武器的首領叫"帝"; 稱手持特大战斧的首領叫"王";
　　稱文治天下的首領叫"君"; 稱頭戴金冠之王叫"皇".『상형자전』http://
　　vividict.com/WordInfo.aspx?id=871

8)　君, 尊也. 從尹, 發號, 故從口.

위가 상당히 높은 사람으로 사관史官 부류에 속한다."고 한다.[9] 탕을 도와 은나라를 창업한 중국 역사상 최고의 명재상은 이윤伊尹이었다. 서중서의 『갑골문자전』에는 역시 윤尹자와 같이 보지만 고대 부락의 추장 혹은 방국의 군장으로 볼 수도 있고, 다군多君의 용례처럼 은나라 때 직관의 명칭일 수도 있다고 한다.[10]

이들을 종합하면 君은 최고의 지존 스스로를 가리키는 말이기도 하고, 임금의 주위에서 임금을 보좌해 정치적 명령을 만들어내는 사람일 수도 있다. 대부가 자기 종족을 봉하여 君으로 삼았다는 주장도 있다.[11] 시라카와 선생의 상상처럼 구口를 축고기祝告器로 본다면, 제사장인 임금이 제사에 올리는 동안 손으로 축문 따위를 축고기에 기대어 들고 있는 보좌관일 수도 있다.[12] 중요한 권력의 핵심부였을 것이며 이것이 의미 확장을 하여 나라를 다스리는 사람, 국가의 최고 통치자를 부르는 호칭이 되었을 것이다. 물론 초기의 의미를 잃지 않고 후대에도 君은 왕의 바로 아래 직위를 부르는 용어로 사용되었고, 최고 통치자는 君들의 주인이라는 의미에서 군주君主로 불리게 되었다.

---

9) 『고문자고림』제2책, 32쪽 참조.
10) 시라카와 시즈카, 윤철규 옮김, 『한자의 기원』, 앞의 책, 292쪽 참조.
11) 『고문자고림』제2책, 32쪽 참조.
12) 시라카와 시즈카, 윤철규 옮김, 『한자의 기원』, 앞의 책, 292쪽 참조.

## 王의 어원[13]

현재 우리가 떠올리는 왕王은 어느 정도 도덕적 이미지를 갖고 있
지만, 王자가 처음 출현한 고대에는 훨씬 구체적인 상징으로서 王자
였다. 여러 가지 설이 있으나 대체로 다음 〈그림10〉에 보이듯이 王
과 관련하여 몇 가지 갑골문이 존재하는 것으로 추정된다.

| 佚386 | 甲426 | 觥尊 | 頌簋 | 설문해자 |
|---|---|---|---|---|
| 초기 갑골문 | 후기 갑골문 | 초기 금문 | 후기 금문 | 소전 |

그림 10 王자의 변천

초기, 후기 구분은 사실 애매한 점이 없지 않으며, 시라카와 등은
甲2908모양이 王자의 최초의 원형이라 주장한다.[14] 조성도 이에 동
의한다. 『상형자전』에 따르면 佚386 과 사士의 금문 글자인
을 동일 자형으로 보고, 모두 전투용 도끼의 상형인데, 나중 위에
한 획을 그어 를 만들어 지사문자로 王자가 출현했는데, 슈퍼파워
를 지닌 士를 뜻한다고 한다. 가장 큰 전투용 도끼를 든 사람으로 전
장에서 천하무적의 대장이라는 얘기다. 작은 도끼를 든 사람을 병兵,
장수 옆에서 비교적 큰 도끼를 들고 수호하는 사람을 사士, 특별히

---

13) 王의 어원에 대해서는 장현근, 『성왕: 동양리더십의 원형』, 앞의 책,
　　71~79쪽을 수정하고 요약했다.
14) 시라카와 시즈카, 윤철규 옮김. 『한자의 기원』, 앞의 책, 47쪽 참조.

큰 전투용 도끼를 든 장수를 왕王, 대나무 무기를 든 사람을 불木, 날이 있는 나무 병기를 든 사람을 제帝라고 한다. 하나의 학설이며, 그외에도 王에 대한 해석은 분분하다. 남성 생식기의 상형이라는 설에서부터 병장기 부월斧鉞의 상형이라는 설까지 다양하다.

王자의 어원에 대해서는 도끼 유래설이 가장 넓게 받아들여지고 있다. 시라카와도 이 설을 지지하는데, 王자가 "큰 도끼를 뜻하는 鉞도끼 월과 같은 음으로 불렸기 때문에 생긴 가차인지, 아니면 큰 도끼의 머리 부분이 왕권을 나타내는 상징적인 의례 도구였기 때문에 왕을 의미하는 글자가 된 것인지 어느 한쪽으로 명확하게 결정짓기 힘든 문제이다"[15]라고 한다.

전쟁의 시대 군사적 수령을 도끼로 상징되는 王으로 불렸다는 것은 일리가 있는 주장이다. 그런데 『시경』「상송 · 장발」商頌·長發 편에는 죽은 임금들에 대해 王자를 사용하고 있다.[16] 시라카와처럼 王자를 의례용으로 사용하던 도끼에서 유래한 글자로 보든, 조성처럼 도끼가 아래로 눕혀있는 이 모양이 王자의 기원이라고 하면서 상형문자와 회의문자의 결합으로 보든[17] 도끼라고 보는 입장에선 동일하지만 조성은 아래로 향한 도끼날을 권력의 상징으로 본 것이고, 시

---

15) 같은 책, 46쪽 참조.
16) 예를 들면 간지 신辛의 날에 왕해王亥에 대한 제사를 올렸는데, 왕해라는 묘호를 받은 왕은 고조신高祖辛으로 불렸을 것이라 한다. 데이비드 N. 키틀리, 민후기 옮김, 『갑골의 세계』(학연문화사, 2008), 79~80쪽 참조.
17) 趙誠 編著, 『甲骨文簡明詞典─卜辭分類讀本』, 앞의 책, 227쪽 참조.

라카와는 선비 사士와 마찬가지로 王자는 "병기의 날을 의례 도구화
한 그릇의 모양을 본떴다는 점"을 강조하고 "중국과 비슷한 청동기
문화가 발달되었던 크레타 섬의 고대 문화에서도 이와 유사한 의례
도구가 왕권을 상징하면서 왕의 자리 앞에 놓여져 있었다는 사실도
참고가 될 것이다"라고 한다.[18]

갑골문에 王자는 아주 많이 등장한다. 이 王은 크게 세 가지 용례
로 나타난다. 첫째, 조상님 즉 선공先公에 대한 명칭으로 사용했다.
곽말약의 『은계수편』股契粹編 75에는 "추왕해치우"隹王亥蚩雨라는 용례
가 보인다. 조상 중 하나였던 해亥에게 비를 기원하는 이 복사에 王
자를 붙여 선조에 대한 높은 존중을 나타낸 것이다. 왕해王亥라는 이
름으로 알려진 이 사람은 은 민족의 시조인 설契의 6세손으로 하나
라 때 소와 말을 가축으로 만들어 인류문명에 위대한 공헌을 한 인
물로 전해지고 있다. 은 민족의 후손들은 왕해를 대단한 신격을 지
닌 조상으로 섬겼는데, 조상 가운데 거의 유일하게 王자를 앞에 붙
여주며[19] 고조高祖로 추앙했다.[20] 심지어 하늘에 대한 제사와 동격으
로 제사를 받들기도 했으며 기우제를 지낼 때도 왕해를 향해 기원한
다. "점을 쳐 묻습니다. 왕해에게 풍년을 기원할까요?"[21]

━━

18) 시라카와 시즈카 지음, 윤철규 옮김. 『한자의 기원』, 앞의 책, 47~48
   쪽 참조.
19) 등장하는 사례로만 본다면 왕해의 동생인 왕항王恒과 다른 사람인 '王
   夨' 등에도 王자를 앞에 붙여 사용한 갑골문 용례가 있다.
20) 오늘날 중국인들도 이를 굳게 믿고 있으며, 상업을 시작한 인물도 왕
   해라고 주장한다. 그래서 '화상'華商이란 말의 원조로 삼기도 한다.
21) 貞于王亥年? (羅振玉, 『殷虛書契前編』 상 1·1).

둘째, 방국의 수령을 부르는 용례로 王자를 썼다. 방方이란 글자는 원래 방주方舟라고 쓸 때처럼 배를 뜻하는 글자였는데, 은나라 때는 자신들과 다른 사람들이 사는 지역을 方이라 불렀다. 그로부터 지방이니 사방이니 하는 말들이 나왔는데, 다른 지역의 최고 수장을 부를 때 王자를 썼던 용례가 왕양王襄의 『보실은계징문』簠室殷契徵文 인人 96에 보인다. 서중서의 『갑골문자전』에는 "영왕추황"令王隹黃의 상세한 의미는 알 수 없지만 황국黃國의 수령을 王이라 칭했다는 것이라고 한다.[22]

셋째, 갑골문에 가장 보편적으로 많이 등장하는 王자는 역시 은나라 왕이라는 유일자에 대한 일반적 호칭으로 쓰인 경우였다. "王이 궁 땅에서 사냥을 함"[23], "부缶가 王을 배알하려고 옴"[24], "신유辛酉날 점, 맘이 점을 쳐 묻습니다. 끝에 王에게 재앙이 내리겠나이까?"[25] "王이 여러 윤尹에게 서쪽에서 전답을 개단하라고 명령함"[26] 등이 그렇다.

도끼가 갖는 상징성을 긍정한다면 王의 어원을 죽음의 형벌을 내릴 수 있는 사람으로서 도끼를 든 최고 권력자로 보는 것이 타당한 듯하다. 군사통수권을 장악한 사람이 도끼를 그 상징으로 사용했으

—

22) 徐中舒 主編, 『甲骨文字典』, 앞의 책, 227쪽 참조.
23) 王其田于宮.(董作賓, 『殷虛文字甲編』573).
24) 缶其來見王.(郭若愚, 『殷契拾掇』301).
25) 辛酉卜, 貞, 季崇, 崇의 오기王?(羅振玉, 『殷虛書契前編』5·405).
26) 王令多尹墾田于西.(貝塚茂樹, 『京都大學人文科學研究所藏甲骨文字』2363).

며, 『서경』 「탕서」 편 등에 도끼를 형구로 사용했다는 기록이 있다. 도끼는 전쟁터에서 직접 적의 목을 치는 도구가 아니라 전쟁명령을 듣지 않는 사람에게 형벌을 가하는 도구로서 작용했다는 것이다. 의례용으로 도끼를 사용했던 것도 결국은 王의 상징성을 뜻하는 것 아니겠는가.

## 2. 군君·왕王 관념의 변천[27]

### 공자 이전의 君·王 관념

왕王은 물리적 폭력을 장악하고 권력의 핵심부를 구성한 사람을 부르는 용어였다. 어떤 지역에선 최고 통치자를 부르는 호칭으로 쓰였을 수 있고, 어떤 지역에선 군부의 수령, 혹은 지역의 우두머리를 지칭하는 것이었을 수도 있다. 최고 통치자는 단 한 사람이기 때문에 王은 인간사회의 최고 지배자 한 사람을 부르는 용어가 되었고, 은나라 말기와 서주시대는 그렇게 '천하의 모든 사람들이 귀의하여 복종하고 그리워하는 대상'으로서 의미를 가졌다.

갑골문 시기에 王자는 최고 지도자 한 사람만을 가리키는 용어였다.[28] '혹종왕사'或從王事 등 『주역』 경문에 자주 등장하는 王자는 갑

---

27) '王' 관념의 변천에 대해서는 장현근, 『성왕: 동양리더십의 원형』, 앞의 책, 87~123쪽을 참고했다.
28) 물론 선조를 지칭할 때나 특정 지방의 수령을 부를 때 王을 쓰는 용례가 가끔 있었다. 『이아』에 37차례 등장하는 王자 가운데 대부분은 「석친」釋親 편에 있는데 부계, 모계의 선대 가족들의 호칭 앞에 王자를 붙였다. 예를 들면 "아버지가 돌아가신 아버지는 왕부王父라 하고, 아버지의 돌아가신 어머니는 왕모王母라 한다."(父之考爲王父, 父之妣爲王母). 王은 다른 일체의 사람들과 대립적인 존재가 되어 사람 위의 사람

골문 시기에 갖고 있던 王 관념이 그대로 통용되고 있다고 할 수 있다.『시경』에 197차례 등장하는 王자의 용례도『주역』과 비슷하다.『서경』에 등장하는 王자도『시경』처럼 유일자 임금에 대한 다양한 의미를 담고 있다.「대우모」大禹謨 편에 "사방의 이민족이 王에게 온다"의 '사이래왕'四夷來王은 역사적으로 중국인의 중화의식을 키우는 데 큰 역할을 한 구절이다. 여기서 王은 중원을 통치하는 최고지도자를 뜻하기도 하지만, 문화적으로 우월한 나라의 임금, 또는 그 임금의 덕이라는 뜻이기도 하다.『서경』에서 못 다한 말을 담고 있는 책이『일주서』이므로 여기 나오는 王자의 용례도『서경』과 비슷하다. 대부분은 실존했던 유일자들이었던 상왕商王, 문왕, 무왕, 성왕, 목왕 등으로 표현되고 있다.

『좌전』「환공 6년」에는 "초나라 무왕이 수나라를 침공했다"는 기사가 있다. 지금까지 유일자로서 하늘의 명령을 수행하는 천자, 즉 주나라 중앙의 최고 권력자 한 사람에게만 부여하던 王자가 초나라 정치지도자에게 쓰인 것이다. 서기전 740년에서 서기전 690년까지 재위한 웅통熊通은 중원 제후국들을 향해 강력한 자기주장을 한 사람으로 보인다.『춘추』가 기록되기 전 왕위에 오른 그는 서기전 704년 '무왕'武王이라고 王을 자칭했다.『좌전』에는 王을 칭한 초나라 군주에 대한 비판 없이 19차례나 언급하고 있다. 춘추시대 王자는 더

---

이 되었고 스스로를 '여일인'余一人 즉 나 한 사람이라 불렀다. 유택화 주편, 장현근 옮김,『중국정치사상사』선진편 상, 앞의 책, 49~50쪽 참조.

이상 주나라 천자의 전유물이 아니었다.

『국어』「월어 하」편의 다음 구절을 보자.

오호五湖로 되돌아오게 되자 범려가 王에게 사직하며 말했다. "君王께서 말씀하시면 신은 다시는 월나라에 들어가지 않겠사옵니다."

王이 말했다. "불곡不穀이 그대가 한 말을 의심한 것이 무엇이오?"

범려가 대답했다. "신하가 된 자로서 군君이 걱정하면 신하는 노력을 다하고, 君이 욕을 당하면 신하는 죽음으로 맞서야 한다고 신은 들었사옵니다. 옛날 君王께서 회계 땅에서 욕을 당하셨으나, 신이 죽지 못한 까닭은 이 일 때문입니다. 오늘 어려움에서 벗어났사옵니다. 저 범려는 회계에서의 벌을 받고자 청하옵니다."[29]

이 구절에는 王, 君, 君王, 불곡 등의 용어가 혼재해 등장한다.『국어』의 기록에 따르면 춘추시대 후반으로 갈수록 王은 유일자를 다루는 용어가 아니다. 남부의 세 왕국 즉 초, 오, 월의 王을 자연스럽게 받아들이는 과정이라고 할 수 있다. 비교적 특별한 것은 세 나라

---

29) 反至五湖, 范蠡辭于王曰: "君王勉之, 臣不復入越國矣." 王曰: "不穀疑子之所謂者何也?" 對曰: "臣聞之, 爲人臣者, 君憂臣勞, 君辱臣死. 昔者君王辱于會稽, 臣所以不死者, 爲此事也. 今事已濟矣, 蠡請從會稽之罰."

기록에 여러 차례 등장하는 '君王'이라는 호칭이다.『국어』에는 '君王'의 용례가 23회 등장한다.「월어 상」편에서 군주는 스스로를 '불곡' 뿐만 아니라 '과군'寡君이라 쓰기도 한다.

한편『서경』의「주서」周書에는 〈군진〉君陳, 〈군아〉君牙, 〈군석〉君奭 세 편에 君자를 쓰고 있다. 모두 사람 이름이고 君의 지위와 관련이 있을 것이다. 특히 '군석'은 주공의 동생인 소공召公 석奭 앞에 君자를 붙여 높임말로 썼다. 君 또한 王처럼 유일자에게 붙이는 고유명사기이기도 하고 동시에 지존을 삼는다는 동사적 용법으로도 쓰였다.『예기』「곡례 하」편에는 이렇게 말한다.

> "천하를 君하는 사람을 천자라 부른다. 제후의 조회를 받으며, 직책을 나누어 정무를 맡기고 공헌에 따라 임용하며, '여일인'予一人이라 말한다."[30]

여기서 君은 천하를 통솔하는 최고의 존재가 된다는 뜻이다. '予一人'은 여일인余一人이라고도 쓰며 최고 통치자가 스스로를 칭할 때 부르는 이름이었다. 후에 등장하는 과인寡人, 짐朕에 해당하는 개념이었다. 은나라의 금문이나 사적에도 '여일인'이 등장한다.『좌전』「애공 16년」과『사기』「공자세가」孔子世家를 보면 춘추시대 제후들도 자칭 '여일인'이라 한 사람이 있었으나 예를 어지럽히는 행위로 취급되었다. '여일인'이란 군왕을 부르는 일반적인 칭호였을 뿐만 아니

---

30) 君天下曰天子. 朝諸侯, 分職授政任功, 曰予一人.

라 유아독존의 일체를 초월한 사람이라는 정치 관념의 일종이다. 진시황이 '짐'을 황제만이 독점하는 자기칭호로 삼은 것은 바로 이 '여일인'이 발전하여 이루어진 것이다. '여일인'은 바로 군주전제주의를 반영한 말이다. '여일인'을 타인이 부를 때 王이고 君이었던 것이다.

王이 딱 한 사람을 지칭한 데 비해 君은 초기 용례부터 최고 통치자를 포함한 권력의 핵심층을 아울러 부르던 칭호였다. 그러다 차츰 君은 추상적인 최고의 지존을 뜻하는 글자와 현실적으로 王 아래의 사람을 지칭하는 개념으로 분화된 듯하다. 초기 경전 이후『좌전』『논어』보다 훨씬 앞선 시기로 생각된다. 다수의 王이 출현한 후에는 君은 더 많은 인물에 대한 호칭이 되었을 것이다. 王보다 한 등급 낮은 사람이라면 왕의 부인이나 자제子弟들일 것이다. 君은 이들에게 보편적으로 쓰였다. 그럼에도 추상적으로 지존의 의미를 담고 있었으며, 君의 조상을 추앙한 선군先君이란 말도 이상적인 군주를 뜻하는 선왕先王과 비슷한 용례로 쓰였다.『좌전』「은공 3년」을 보자. "先君께서 과인을 현명하게 여겨 사직을 이끌도록 하셨습니다. 내가 덕을 버리고 양보하지 않는다면 先君의 추천을 폐기하는 셈입니다. 이를 어찌 현명하다 하겠습니까?"[31]

주나라 초 문헌인『주례』에는 君이 국國에 해당하는 사례에만 국한되는 데 비해 王은 300차례가 넘게 등장한다. 반대로 춘추시대를 기록한『좌전』에는 君자와 王자가 헤아릴 수 없을 만큼 많이 출현하는데, 王이 실존하는 왕의 명칭으로 사용되는 데 비해 君은 다양한

---

31) 先君以寡人爲賢, 使主社稷, 若棄德不讓, 是廢先君之擧也, 豈曰能賢?

용례와 더불어 군주됨이나 군주다움의 도리를 설파하는 추상적 관념으로 사용되기도 한다. 예컨대 「양공 14년」에 "민民은 자신의 君을 받들며 사랑하기를 부모처럼 한다"[32]고 말한다. 공자정치사상의 핵심 개념 중 하나인 군자君子도 '군의 자제'라는 원래 의미를 내포하며 상당히 많이 등장한다.

공자의 시대에는 君과 父를 대비시키는 관념이 보편화되었던 듯하다. 최고 통치자로서 君의 추상적 개념화가 한껏 심화되면서 군주와 신하의 관계를 부모와 자식의 관계에 비교하기 일쑤였다. 공자의 군자론은 상대적 군신관계에 대한 초기 유가의 관념이 잘 내포되어 있다. 공자는 다른 관념들과 마찬가지로 君에 대해서도 도덕성을 갖춘 위대한 지도자라는 관념을 덧씌워 유행시켰다. 『논어』 「양화」 편에서 공자는 君을 부父와 비교하고 있다.

"『시경』은 감흥을 일으키며, 득실을 관찰할 수 있게 하며, 사회를 올바르게 화합시켜주며, 분노 없이 원한을 드러내게 한다. 가까이는 父를 섬기는 데 좋고 멀리는 君을 섬기는 데 좋다. 새 · 짐승 · 풀 · 나무 등의 이름을 많이 알게도 해준다."[33]

『논어』 「자로」 편에서 공자는 "만약에 王이 된 사람이 나타난다

---

32) 民奉其君, 愛之如父母.
33) 詩, 可以興, 可以觀, 可以群, 可以怨. 邇之事父, 遠之事君, 多識於鳥獸草木之名.

면, 반드시 한 세대가 지나고 난 뒤 어진 정치가 이뤄지게 될 것이다."[34] 여기서 王자는 어진 정치 즉 인정仁政을 시행하여 도덕적인 세상을 만들 수 있는 위대한 임금에 대한 통칭이다. 이미지로 상상할 수 있는 추상적인 통치자이다. 공자는 '君王'을 모두 추상화시켰다.

군주와 신하를 대비하여 군신君臣이라고 표현함으로써 정치권력의 중추와 권력의 주변부를 함께 칭하게 된 것도 춘추시대로 생각된다. 그렇기 때문인지 왕신王臣이란 말은 '왕의 신하'라는 소유격 개념으로 쓰였을 뿐, '군신'처럼 상대적 관계를 얘기하는 것이 아니었다.

군신관계에 대한 논의는 서기전 500년에 죽은 제나라의 명신 안영晏嬰에 대한 기록에 특히 많다. '군신'이란 말의 관념화는 안영과 깊은 관련이 있는 듯하다. 『좌전』 「양공 22년」에서 안영은 이런 말을 한다. "君은 믿음에 입각하고 臣은 공경에 입각하여 충실한 믿음과 돈독한 공경으로 상하가 하나가 되는 것이 하늘의 도이다."[35] 「양공 25년」에서 안영은 예의 기본내용이라면서 다음과 같이 설파한다.

"君은 명령하고 臣은 받들며, 부모는 자상하고 자식은 효도하며, 형은 우애하고 동생은 공경하며, 남편은 화목하고 아내는 부

---

34) 子曰: "如有王者, 必世而後仁."
35) 君人執信, 臣人執共, 忠信篤敬, 上下同之, 天之道也.

드러우며, 시어미는 자애롭고 며느리는 경청한다."[36]

군신관계를 부자관계, 부부관계, 형제관계 등과 등치시켜 비교하고 있다. 안영은 君을 사직과 등치시키기도 한다. 군신관계, 군민관계에 대한 안평중의 기본 아이디어는 공존과 조화라는 '화동'和同론으로 귀결된다.[37]

### 제자백가의 '군왕' 관념

『도덕경』 25장에는 王이 등장한다. "도가 크고, 하늘이 크고, 땅이 크고, 王 또한 크다. 영역 가운데 네 가지 큰 것이 있는데 王 또한 그 가운데 하나를 차지한다."[38] 여기서 왕은 도나 천지처럼 큰 존재로 그려지고 있다. 王자의 용례는 특정 정치가를 지칭한다기보다 보통 명사로서 대표자를 부르는 말이라고 하겠다. 이는 『도덕경』 66장에 "강물과 바다가 능히 수많은 골짜기의 王이 될 수 있는 것은 그것이 아래로 아래로만 잘 흘러들어 모두 모아드는 것이므로 능히 수많은 골짜기의 王이 될 수 있다"고 할 때의 王 관념과 비슷하다.

공자보다 두세 세대 후의 인물로 추정되는 묵자도 王 관념의 추상화를 시도한 인물이다. 『묵자』 「친사」親士 편에 "월나라 王 구천은 오

---

36) 君令臣共, 父慈子孝, 兄愛弟敬, 夫和妻柔, 姑慈婦聽.
37) 안영의 '화동'에 대한 상세한 논의는 장현근, 「초기 유가 '화동'和同 논의의 정치철학적 의미」(『동양정치사상사』 제11권 1호, 2012. 3), 7~29쪽 참조.
38) 道大, 天大, 地大, 王亦大. 域中有四大, 而王居其一焉.

나라 王에게 패해 창피를 당했음에도 마침내 중국을 위협하는 현군賢君이 되었다"[39]고 한다. 王과 君을 동등한 의미로 쓰고 있으며 어떤 면에선 君이 더 높아 보이기도 한다. 王자는 그저 일반 군주를 지칭하는 용어로 쓰이고 있는 것이다. 『묵자』에서 王자는 대부분 특별한 의미를 갖지 않고 일반 명사로 다양하게 쓰이고 있지만 예외인 경우도 있다. 「상현 중」편에 네 차례 등 총 9회 등장하는 '왕천하'王天下가 그것이다.

> "오늘날의 王, 공, 대인이 王天下하고 '정제후'正諸侯하고자 하면서 덕의가 없으면 장차 무엇에 의지할 것인가? 그들은 반드시 권위와 강력한 힘에 의지할 것이라고 말한다."[40]

'정제후'正諸侯는 제후들을 바로 세우는 것, 즉 제후국들의 대장이 되어 질서를 잡는 맹주나 패자의 역할을 가리키는 듯하다. 正諸侯의 대구가 되는 王天下는 그보다 한 단계 높은 천하의 왕이 되는 것, 즉 천하를 통일하여 옛날 주나라 천자처럼 王으로 군림하는 것을 뜻한다.

『묵자』는 또한 '군주론'이라 부를 수 있을 정도로 君에 대한 얘기가 대부분이다. 그는 國의 주인을 君이라고도 하고, 추상적으로 현군賢君 등의 관념을 등장시키기도 한다. 「친사」편에서 진 문공, 제 환

---

39) 越王句踐遇吳王之醜, 而尚攝中國之賢君.
40) 今王公大人欲王天下, 正諸侯, 夫無德義將何以哉? 其說將必挾震威彊.

공, 월왕 구천 등 패자를 "중국의 현군"이라고 부른다. 모두 國의 소유자들로 天下에 이름을 떨쳤다고 말한다. 같은 편에서 또 "현군이라 하더라도 공이 없는 臣을 아끼지 않으며, 아무리 자애로운 부모라 하더라도 무익한 자식은 아끼지 않는다"[41]고 말한다. 君을 어버이에 비교하기도 한다. 『묵자』「겸애 상」편에 "신하와 자식이 君과 父에게 효도하지 않음이 이른바 난亂이다"[42]라고 한다. 호칭으로서의 君과 이념으로 추상화된 춘추시대의 君 관념을 묵자는 그대로 받아들이고 있는 것이다. 묵자는 심지어 대부들에게도 君이라 호칭한다. 「소염」所染 편에서 오나라 왕 부차夫差, 송나라 강왕康王 등 제후 왕뿐만 아니라 진晉의 범范, 중행中行, 지백知伯 등 대부들까지도 나라를 망친 '6군君'이라 부른다.

전국시대의 제자백가 대부분은 王에 대해 단순히 최고 정치지도자를 부르는 호칭이 아니라 추상적 의미를 부가하여 생각했다. 완벽한 도덕정치 즉 왕도王道를 실행하는 현명하고 성스러운 정치적 영수를 王이라 불렀고, 힘을 앞세우는 패覇와 구분시켜 사용했다. 그후 통일제국인 한나라는 군국郡國제도를 채택하며 무수한 '신하' 왕들을 두게 되었다. 진한 이후 王자는 천자인 황제皇帝 아래 제후국의 우두머리를 뜻하는 글자로 의미가 하강하게 되었다.

王에 의미를 부여하고자 하는 노력은 『순자』에 많이 보인다. 「왕

---

41) 故雖有賢君, 不愛無功之臣; 雖有慈父, 不愛無益之子.
42) 臣子之不孝君父, 所謂亂也.

제」편에는 "제후들을 신하로 거느린 사람이 王이다"[43]라고도 하고, "명령을 중국의 여러 제후 나라에 실행시킬 수 있는 사람을 일컬어 王이라 한다"[44]고도 한다. 같은 편에서 "천하를 능히 사용할 수 있는 사람을 일컬어 왕이라 한다"[45]면서 여전히 王과 天下를 연결시키기도 한다. 단도직입적으로 王을 권력자로 표현한 사람은 한비이다. 『한비자』「오두」편에는 "王이란 다른 사람을 쳐서 다스릴 수 있는 사람이다"[46]라고 한다.

君은 더욱더 일반적인 관념으로 쓰이게 되었다. 『황제내경』「본병론」本病論에서는 "心은 군주君主의 기관이며 신명이 거기서 나온다"[47]고 말한다. '군주'란 말을 몸의 심장에 해당하는 기관으로 쓴 것이다. 그 외 제자백가 문헌 가운데 군주란 말은 유독 한비자에만 세 차례 등장한다. 『한비자』는 군주론을 다룬 책으로 君자가 900차례 가까이 출현한다. 「애신」愛臣 편에는 "제후의 세력이 커지는 것은 천자의 손해이며, 뭇 신하들이 과도하게 부유한 것은 君主의 실패이다"[48]라고 말한다.

전국시대 제자백가에게 '군왕'은 더 이상 특정인을 지칭하는 말이 아니었다. 여전히 국가의 최고 정치지도자를 뜻하기는 했지만 독

---

43) 臣諸侯者王.
44) 令行於諸夏之國謂之王.
45) 能用天下之謂王.
46) 夫王者, 能攻人者也.
47) 心爲君主之官, 神明出焉.
48) 諸侯之博大, 天子之害也; 群臣之太富, 君主之敗也.

립된 나라들이 경쟁하고 전쟁하던 시대적 배경 때문에 보통명사로 군왕을 다루는 경우가 많았던 것이다. 이렇게 보통명사가 된 君은 자신이 섬기는 주인을 표현하는 데에도 쓰였다. 『한비자』「난 1」편에서는 "역아易牙는 식도락을 좋아하는 君主를 위했다. 君께서 오직 인육만을 아직 맛보지 못했음을 알고 역아는 자기 아들의 머리를 삶아서 진상했다"[49]고 하며 궁중 주방장이 제 주군에게 아부하는 장면을 보여준다.

### 제국시대의 '군왕' 관념

『주역』「서괘전」은 한대에 성립된 것으로 알려져 있다. 여기에는 천지만물과 군신상하의 질서를 비견하는 내용이 들어 있다. 언뜻 유가의 오륜을 연상시키는 이 구절은 한대 군왕 관념을 잘 대변해준다.

"천지가 있고 난 뒤 만물이 있게 되었다. 만물이 있고 난 뒤 남녀가 있게 되었다. 남녀가 있고 난 뒤 부부가 있게 되었다. 부부가 있고 난 뒤 부자가 있게 되었다. 부자가 있고 난 뒤 君臣이 있게 되었다. 군신이 있고 난 뒤 상하가 있게 되었다. 상하가 있고 난 뒤 예의를 갖출 곳이 있게 되었다."[50]

---

49) 易牙爲君主味, 君惟人肉未嘗, 易牙烝其子首而進之.
50) 有天地然後有萬物, 有萬物然後有男女, 有男女然後有夫婦, 有夫婦然後有父子, 有父子然後有君臣, 有君臣然後有上下, 有上下然後禮義有所錯.

천지만물의 공평한 창조물의 결과 부모자식이라는 천륜이 만들어지고, 그로 인해 생겨난 사람들 때문에 사회적 관계인 군신관계가 이루어지게 되었다는 논리이다. 군신관계로 정치가 등장한 것이고 그것은 상하질서를 말하며, 예의가 통하는 세상을 만들어갈 바탕이라는 말이다. 군신관계를 예의에 입각한 상대적 관계로 본 순자의 군왕 관념이 한대로 이어져갔음을 알 수 있는 대목이다.

한대는 제왕의 시대였다. 아직 제왕의 정치적, 정신적 무게가 짓누르지 않았던 시대이기도 하다. 이때 성립된 육가의 『신어』에는 전국시대 군왕 관념이 그대로 살아 있는 경우가 많다. 특히 유가사상가를 표방한 육가는 『순자』의 君王 관념을 수용하고 있다. 「도기」편에 "모든 관직이 바로 서고 王道가 생겨나게 되었다"[51], "성인이 다스리는 王의 세계에는 현자가 공을 세운다"[52]는 용례는 王 관념의 현실성과 이상성이 잘 조화된 표현이라고 할 수 있다.

가의는 그의 『신서』「과진 중」편에서 王 관념에 대해 패기 넘치는 용례를 보여준다. 주 왕실도 미약하고 오패도 없어진 마당에 천하에 명령이 행해지지 않는 걸 보면 "근고에 王이 없어진 지 오래이다"[53]라고 말한다. 여기에서 王은 천하를 호령하는 현실의 최고 권력자를 지칭한다. "이제 진나라는 남면하여 천하의 王이 되었으니 위로 천자의 지위를 갖추었다고 하겠다"[54]에선 역사적 사실로서 진시황이

---

51) 百官立, 王道乃生.
52) 聖人王世, 賢者建功.
53) 近古之無王者久矣.
54) 今秦南面而王天下, 是上有天子也.

천하를 통일한 王이 되었다는 뜻이다. 그런데 '진 王'이 "王道를 폐기하고 사사로운 친밀함만을 내세웠다"[55]고 할 때의 왕도王道는 천하 사람들의 마음을 진정으로 복종시키는 도덕군주의 길을 지칭한다 하겠다. 그 도덕은 과거 '三王'이 건립한 바 있다고 한다. 가의는 王 관념을 보는 당시의 여러 가지 시각을 잘 드러내주고 있다.

가의의 시대는 이미 수많은 '제후王'들이 지방에 산재해 있는 시절이었고, 가의는 이들의 권력을 대폭 제한하여 중앙 황실의 권위를 높임으로써 정치안정을 이룰 수 있다고 주장한 사람이다. 가의의 군왕에 대한 관념은 현실에서 정치를 책임질 이상적 지도자와 현실군주를 모두 포괄한다. 가의는 또 君과 王의 관념에 대해서, 정치지도자를 뜻하는 보통명사를 君으로 일반화하고, 王은 그 군주들이 도달해야 할 어느 상태로 보았다. 『맹자』이래 유가의 저작들에서 노력해오던 새로운 '王' 개념을 분명히 해주는 또 한 번의 역할을 한 것이다.

『회남자』「본경훈」本經訓은 "帝는 태일太一을 체현하고, 王은 음과 양을 기준으로 삼고, 패覇자는 사시를 모범으로 삼고, 君은 육률六律을 운용한다"[56]고 말한다. 帝, 王, 覇, 君 관념을 추상화시키면서 서열화하고 있다. '태일'이란 우주의 근원을 뜻하며, 도와 일치된 개념이기도 하고, 자연과학적으로는 천문의 기준이 되는 북극성이기도 하다. 이를 帝의 모범으로 삼은 것이다. 봄, 여름, 가을, 겨울 사시

---

55) 廢王道而立私愛.
56) 帝者, 體太一; 王者, 法陰陽; 霸者, 則四時, 君者, 用六律.

사철 생명의 생장과 거둠을 기준으로 삼아 정치를 하는 사람을 覇라 한다. 君은 그보다 아래인 살리고, 죽이고, 상을 내리고, 벌을 내리고, 관직을 수여하기도, 빼앗기도 하는 현실 정치의 여섯 가지 칼자루를 잡고 있는 존재이다. 王은 천지의 조화로운 운용에 참여하여 만물을 변화시키는 음양의 이치를 가지고 정치를 하는 사람이다. 추상성의 극단이 帝라면 현실정치에서 피통치자 백성들뿐만 아니라 천지자연의 자발적 복종을 이끌어낼 수 있는 인물을 王으로 본 것이다. 『회남자』가 지향하는 군왕 관념은 다분히 유가를 닮아 보인다.

동중서는 순자사상의 영향을 받았으면서도 군주를 상대적으로 보려고 하지 않고 하늘을 끌어다 군왕의 권위를 정당화하는 데 주력했다. 무수한 王이 존재하는 전국시대와 유일한 황제만이 존재하는 한대의 차이 때문이기도 하겠지만, 동중서에게 王은 자신이 한껏 부풀려놓은 황제라는 권력에 도덕적 권위를 부여해주는 상징어로 작용했다. 『춘추번로』「초장왕」楚莊王 편은 이렇게 말한다.

"하늘로부터 命을 받아 姓을 고치고 王을 바꾸었으니 이전의 王을 계승하지 않고 王이 된 것이다."[57]

王자는 새로운 권력을 장악한 최고권력 담당자에게 쓰인다는 말이다. 『춘추번로』「옥배」편에서는 "공자께서 새로운 王의 길을 수립

___

57) 受命於天, 易姓更王, 非繼前王而王也.

하셨다"[58]라고 말한다. 동중서는 가의와 마찬가지로 군왕에 대하여 적극적인 정의를 내린다. 하지만『신서』가 당시의 제후王들을 비판하고 王을 현실권력의 도덕성과 연결시키려고 노력한 데 비해 동중서는 현실 속의 황제를 추켜올리고 추상적인 천도와 王道를 연결시키려고 노력했다.『설문해자』는 동중서의 다음 말을 인용하고 있다. "옛날에 문자를 만들었던 사람은 세 획을 긋고 그 가운데를 연결시켜 王이라 불렀다. 셋은 하늘, 땅, 사람이며 셋에 두루 통하는 사람이 王이다."[59]

위서는 군주전제를 찬양하는 대표적인 책들이다.『춘추위』「감정부」<sup>感精符</sup>에는 "삼강의 뜻을 보면 해는 君이고, 달은 신하이며, 뭇 별들은 백성이다"[60]라고 한다. 군주를 해에 비유하고, 양의 정수라고 한다. 해가 대지를 비추듯 군주는 만물과 만백성을 살피는 존재라고 찬양한다.『악위』<sup>樂緯</sup>「계요가」<sup>稽耀嘉</sup>에는 "팔괘는 건괘를 君으로 삼고, 팔음은 경<sup>磬</sup>을 최고로 삼는다"라고 한다. 귀천상하와 친소관계 등도 모두 군왕의 변별에 따른다고 말한다.

제국시대의 학자들 대부분은 군주전제를 주장하면서도 군주, 사직, 국가를 나누어서 생각했다. 맹자의 '민귀군경'<sup>民貴君輕</sup>에 영향을

---

58) 孔子立新王之道.
59) 古之造文者, 三畫而連其中謂之王. 三者, 天, 地, 人也, 而參通之者王也. 동중서의『춘추번로』「왕도통삼」에는 다음과 같이 말한다. 古之造文者, 三劃而連其中, 謂之王. 三劃者, 天地與人也, 而連其中者, 通其道也.
60) 三綱之義, 日爲君, 月爲臣, 列星爲民也. 日以陽明, 月以陰承化, 行晝夜, 星紀乃行, 列星分布耀舒精. 日者, 陽之精, 耀魄光明, 所以察下也.

받아 사직을 군주보다 높다고 강조한 사람도 있었으나, 대체로 군주가 곧 국가요 사직이라고 생각했다. 한대에 유행한『춘추공양전』「장공 4년」에서는 '국가와 군주의 일체'를 말하기도 하고,『백호통의』에서는 '군통'君統이란 단어가 등장한다. 만유를 통괄하는 군왕의 중요성을 강조한 것이다.

후대 군왕 관념은 대부분 군주의 지위와 역할을 강조하는 데 초점이 맞추어져 있다. 성리학에서는 천리天理를 군주보다 높은 곳에 위치시켰음에도 군주를 통해 천리가 구현된다는 논리로 인해 여전히 군주전제주의를 벗어나지 못했다. 주로 군주에 대한 순종, 특히 군사부일체라는 말에서 드러나듯 모든 사회구성원이 궁극적 가치판단까지를 군주에게 의지해야 한다는 논의가 대부분이다. 동중서 이래 삼강三綱의 첫째로 군위신강君爲臣綱을 얘기하면서 군주는 성인이자 절대자이고 때로는 부모보다 높은 존재로 추앙한다. 교화와 양육 모두 궁극적으로 왕에게 귀속된다는 주장을 할 정도였다.

# 3. 왕도, 패도와 군주전제주의

**왕패론王覇論**

오늘날 힘으로 질서를 장악하는 사람의 대명사로 쓰는 패覇자는 초기에 정치와 관련이 없는 글자였다. 『설문해자』에는 "달이 처음 보이기 시작하니 覇라고 여긴다"[61]라고 말한다. 覇는 달빛을 뜻하는 백魄자와 통용되던 글자로 초승달 이미지가 원뜻이라는 얘기다. 하지만 魄은 보름달에도 사용했으나, 覇는 보름달에는 사용하지 않았다고 한다.[62] 〈그림11〉의 글자들이 처음에 무엇을 뜻하는 것이었는지에 대해서는 여전히 이설이 분분하다.

| 屯873 | 令簋 | 설문해자 |
|---|---|---|
| 갑골문 | 금문 | 소전 |

그림 11  覇자의 변천

---

61) 月始生, 覇然也.
62) 『고문자고림』 제6책, 500쪽 참조.

『백도백과』百度百科에는 근거는 박약하지만 이런 상상을 하고 있다. 즉 霸를 형성문자로 보고 비 우雨, 가죽 혁革, 고기 육肉의 결합어로 본다. 肉은 인체를 비정한 것이므로 가죽으로 인체를 감싼다는 의미이다. 위에 雨와 연결하면, 폭우가 쏟아지니 가죽으로 몸을 가린다는 뜻이 될 수 있다는 것이다. 여기서 추정하여 폭우가 쏟아지듯 채찍으로 내리치니 가죽으로 감싸서 이를 막는다는 의미라 하고, 그래서 강포한 자의 의미를 내포하게 되었다는 것이다.[63] 굳이 의미를 찾으려 들면 이런 해석도 가능하겠다. 그러나 그러나 霸는 백白의 음을 가차假借한 데서 출발하여 백伯 또는 魄을 가차한 글자라는 주장이 설득력을 얻고 있다.

『강희자전』에는 『좌전』을 인용하며 "오백五伯을 霸라"고 한다. 『백호통의』에는 "霸는 伯이며 방백의 직무를 행한다"[64]고 한다. 또 伯은 장長의 의미로 제후들의 長을 말한다고 한다. 정치교화를 완전히 장악하고 있는 사람을 뜻하는 글자라고도 한다.[65] 글자의 출현은 오래되었으나 정치적 의미를 지니는 霸자의 등장은 춘추시대로 추정된다. 아래 〈그림12〉의 갑골문 伯자는 지혜로운 족장을 뜻한다.

---

63) 『백도백과』 http://baike.baidu.com/view/127469.htm
64) 霸者, 伯也, 行方伯之職.
65) 정강성鄭康成의 주가 그렇다. 霸, 把也, 言把持王者之政敎, 故其字或作伯, 或作霸也.

| 後2·4·11 | 古鉢 | 설문해자 |
|---|---|---|
| 갑골 또는 초기금문 | 금문 | 소전 |

그림 12 伯자의 변천

갑골문에서 伯은 白자와 통용되었다. 말을 뜻하는 ⊖에 ᠕을 첨가하여 견문이 넓고 사리에 밝은 족장을 뜻하는 글자가 되었다. 『상형자전』에서는 중간에서 갈등을 중재하는 역할을 하는 사람이 仲이고 신에게 제사를 드리는 남자를 叔이라 했다고 한다. 갑골문에는 ⍾ 형태의 글자도 있으며 ⚡ 형태의 글자도 있다.

伯 대신 霸자를 빌려다 썼을 수 있다. 특히 진정한 전체의 권력자, 즉 '伯중의 伯'을 뜻하는 글자가 없어 霸자를 빌려 구별했을 가능성이 있다.[66] 霸자가 오래된 글자이긴 하지만 정치적 의미를 지니는 霸의 등장은 지혜로운 족장을 뜻하는 금문 ⍾자와 연결되면서부터이다.

춘추시대는 패자와 회맹의 정치로 요약된다. 霸는 춘추시대 후반에 보통명사로 쓰였다. 힘으로 세상을 지배하는 자에게 사용되었다. 춘추전국의 제자백가들은 霸와 伯을 혼용했다. 『신자』愼子「위덕」편에는 '삼왕오백'三王五伯이란 말이 등장한다. 『손자병법』에는 '패왕의 군대'霸王之兵라는 용례가 두 번 나온다. 『오자』吳子「도국」圖國 편에는

---

66) 『고문자고림』 제7책, 282쪽 참조.

"나라에는 현인이 없어지지 않으니 능히 그 군사軍師를 얻을 수 있는 사람은 王이 되고, 그 우군을 얻을 수 있는 사람은 霸가 된다"[67]고 한다. 이 용례는 『맹자』나 『상군서』에 무엇을 어찌어찌하면 '王'이 된다는 식의 용례와 비슷하다.

『논어』에는 관중管仲을 언급하면서 霸를 직접 언급한 곳이 한 곳 있다. 관중은 제 환공을 도와 패업을 완성한 사람이다. 「헌문」 편을 보자.

> 자공이 물었다. "관중은 어진 사람이 아니겠지요? 환공이 형인 공자 규를 죽였는데도 함께 죽지 못하고 더군다나 환공을 섬겼으니까요." 공자가 말했다. "관중은 환공의 재상으로 제후들의 패자가 되어 천하를 일거에 바로잡았으며 백성들은 오늘날까지도 그 혜택을 받고 있다. 관중이 아니었다면 우리들은 머리를 풀어헤치고 옷깃을 왼쪽으로 여미는 야만이 되었을 것이다. 어찌 필부필부匹夫匹婦처럼 하찮은 믿음에 갇혀 제 목을 도랑에 처박고 죽어도 아무도 모르는 그런 일과 같겠느냐."[68]

공자는 관중의 패업을 중화문명의 수호, 즉 정치질서를 바로잡아 이민족의 침탈로부터 중국을 지켜낸 사건으로 칭송하고 있다. 공자

---

67) 國不乏賢, 能得其師者王, 得其友者霸.
68) 子貢曰："管仲非仁者與？桓公殺公子糾, 不能死, 又相之." 子曰："管仲相桓公, 霸諸侯, 一匡天下, 民到于今受其賜. 微管仲, 吾其被髮左衽矣. 豈若匹夫匹婦之爲諒也, 自經於溝瀆, 而莫之知也."

와 같은 시기에 편찬된 『좌전』에는 패업의 사실과 설명을 20여 차례나 기술하고 있다. 이 때문에 공문의 제자들 사이에는 霸를 둘러싸고 여러 논쟁들이 있었을 것이며, 다른 제자백가들도 霸에 대해 나름대로의 정의를 갖고 있었다.

묵자도 근본은 공자의 문하에서 나왔다. 『묵자』에 세 차례 등장하는 霸에는 가치판단이 없다. 묵자는 세상의 질서를 잡는 힘의 정치에 대하여 긍정적인 태도를 취한다. 맹자와 동시대를 산 상앙商鞅의 구분은 좀 더 명확하다. 「경법」 편에는 "하, 은, 주 3대는 각기 다른 예법을 갖고 있었음에도 모두 왕업을 이루었으며, 오패는 각기 다른 법률제도를 갖고 있었음에도 모두 패업을 달성했다"고 한다. 王의 다음 단계지만 霸 또한 중요한 정치적 성취임을 긍정한다. 「수권」 편은 더 분명하게 "삼왕은 의로써 친목의 정치를 했으며, 오패는 법으로 제후들을 바로잡았다. 모두 사사로이 천하의 이익을 탐한 것이 아니라 천하를 위해서 천하를 다스린 것이다"[69]라고 말한다. 『사기』 「상군열전」에는 상앙이 진 효공秦孝公을 처음 만나 설득하는 장면을 실감나게 그리고 있는데, 처음에는 성인과 도덕의 정치인 제도帝道와 왕도王道로 설득했다가 실패했으며 다음에 힘의 정치인 패도霸道로 설득해 인정을 받고 마지막에 부국강병의 방법인 강국지술強國之術로 성공을 거두었다는 얘기다.[70]

---

69) 三王以義親, 五霸以法正諸侯, 皆非私天下之利也, 爲天下治天下.
70) 전문은 다음과 같다. 公叔既死, 公孫鞅聞秦孝公下令國中求賢者, 將修繆公之業, 東復侵地, 乃遂西入秦, 因孝公寵臣景監以求見孝公. 孝公既見衛鞅, 語事良久, 孝公時時睡, 弗聽. 罷而孝公怒景監曰: '子之客妄人耳, 安

왕패론의 절정은 맹자에게서 이루어졌다. 『맹자』에는 제목을 포함하여 무려 300번 이상 王자가 등장한다. 王자는 더 이상 천자에게만 쓰는 용어가 아니었던 것이다. 「양혜왕 하」편 첫 번째 장의 마지막 말을 주의해볼 만하다. "지금 王께서 백성들과 즐거움을 함께 나누신다면 王이 될 것입니다."[71] 백성들과 즐거움을 같이 나눈다는 사자성어 '여민동락'與民同樂을 다룬 이 구절에서 맹자가 강조하고자 한 것은 이 마지막 王이라는 글자이다. 앞의 王은 제 선왕을 지칭하는 명사이고, 뒤의 王은 동사적 용법인데, 맹자가 말하는 소위 왕도王道를 실천하는 왕이기도 하고, 그로써 천하를 통일하는 왕이 될 수 있다는 말이기도 하다. 다시 말해 맹자가 쓰는 王자는 「고자 하」편에 "진나라 초나라의 王"처럼 주로 보통명사로 쓰지만, '왕도를 실천하는 진정한 王이 되다'처럼 동사적 용법으로 쓰는 특별한 경우도 있다는 것이다. 이 용례는 맹자의 창조로 보인다. 「양혜왕 상」편에 '왕지불왕'王之不王이란 말이 세 차례 나오는데, 여기서도 앞의 王자는 대화의 상대인 제 선왕을 말하고, 뒤의 '不王'은 왕도를 실천하

---

足用邪!' 景監以讓衛鞅. 衛鞅曰: '吾說公以帝道, 其志不開悟矣.' 後五日, 復求見鞅. 鞅復見孝公, 益愈, 然而未中旨. 罷而孝公復讓景監, 景監亦讓鞅. 鞅曰: '吾說公以王道而未入也. 請復見鞅.' 鞅復見孝公, 孝公善之而未用也. 罷而去. 孝公謂景監曰: '汝客善, 可與語矣.' 鞅曰: '吾說公以霸道, 其意欲用之矣. 誠復見我, 我知之矣.' 衛鞅復見孝公. 公與語, 不自知厀之前於席也. 語數日不厭. 景監曰: '子何以中吾君? 吾君之驩甚也.' 鞅曰: '吾說君以帝王之道比三代, 而君曰: "久遠, 吾不能待. 且賢君者, 各及其身顯名天下, 安能邑邑待數十百年以成帝王乎?" 故吾以彊國之術說君, 君大說之耳. 然亦難以比德於殷周矣.'

71) 今王與百姓同樂, 則王矣.

는 진정한 왕이 되지 못한다는 말이다. 이 구절에서 맹자는 왕도의 실천이 산을 들고 바다를 넘듯 어려운 일이 아니라 나뭇가지 부러뜨리듯 쉬운 일인데, 현실의 군주들이 하려고 들지 않는다고 질타하고 있다. 맹자는 '왕도'王道를 직접 언급하며 "산 사람을 양육하고 죽은 사람을 장사지내는 데 아무런 유감이 없는 상태야말로 왕도의 시작이다"[72]고 한다.

맹자는 王자의 용례에 한 가지 더 새로운 개념을 덧붙였다. 그것은 '王'을 '覇'의 반대말로 규정한 것이다.[73] 한 세대 늦은 순자가 王과 覇를 다 긍정해버린 것을 보면 王과 覇의 대비는 당시 크게 유행한 것 같지는 않다. 다만 맹자를 추종하는 사람들에게 오랫동안 영향력을 행사했으며 특히 맹자를 성인으로 떠받든 성리학자들이 다시 '왕패'를 열심히 대비하여 연구했다. 춘추시대는 패자의 시대이고, 특히 춘추오패春秋五覇라고 불리는 강력한 군사력과 경제력을 보유한 제후국의 왕들이 회맹會盟이라는 형식을 통해 국제질서를 주도하던 시대였다. 맹자는 여기에 강한 반기를 든 것이다. '왕패'는 사람들의 내면에서 우러나와 자발적 질서를 잡아가는 정치의 본래 의의에 맞지 않으며, 폭력적 억압에 굴종하는 거짓 질서라는 것이다.

---

72) 養生喪死無憾, 王道之始也.
73) 맹자는 왕도사회의 구현이라는 소명의식에 사로잡혀 의도적으로 覇라는 역사적 사실을 부정하는 정치적 기획을 했다. 이에 대한 상세한 주장은 장현근, 「덕의 정치인가, 힘의 정치인가: 맹자 왕패王覇논쟁의 정치 기획」(한국정치사상학회, 『정치사상연구』 20집 1호, 2014. 5), 65~86쪽을 참조할 것.

그래서 '왕도를 실천하는 진정한 왕'이 다스리는 정치세계에 있어서는 안 될 일이라고 한다. 「공손추 상」편의 일곱 번째 장에 이런 내용이 있다.

"힘으로 어짊을 가장하는 정치가 霸이다. 霸는 반드시 큰 나라를 필요로 한다. 덕으로 어짊을 실행하는 정치가 王이다. 王은 큰 나라를 필요로 하지 않는다. 탕은 사방 70리의 땅으로 되었고, 문왕은 사방 100리의 땅으로 되었다."[74]

맹자와 달리 상앙은 王과 霸를 같은 가치로 여긴다. 위에서 언급했듯이 『상군서』「경법」편에서 상앙은 유일자로서 최고 정치권력의 담당자를 王이나 霸라고 한다. 상앙이 말하는 王은 삼대와 관련은 있으나 맹자처럼 높은 인격적 수양을 바탕으로 한 위대한 임금들을 王으로 표현한 것이 아니다. 그냥 정치권력을 장악하고 법치를 잘 시행하여 제왕이 된 사람을 王으로 부른다. 특히 이 점에서 맹자와 선명한 대조를 이룬다. 『상군서』도 '왕도'王道를 이야기하는데, 「농전」편의 다음 구절을 보자.

"백성들이 오직 한 가지 임무 즉 농사와 전쟁에 전념할 때 그 나라는 부유해진다. 국가가 부유하고 잘 다스려지는 것이야말로

---

74) 以力假仁者霸, 霸必有大國, 以德行仁者王, 王不待大. 湯以七十里, 文王以百里.

王의 길이다. 王道가 제대로 갖춰지면 개인적인 지혜 따위를 멀리하고 오직 농전 한 길에 전념하는 것이다."[75]

'王의 길'이란 제왕이 가야할 길이다. 王道란 한 국가의 최고지도자가 강력히 추진해야 할 정책을 일컫는다.『상군서』「신법」愼法 편에서는 그렇게 법치를 잘 수행하면 "覇王의 도가 완결되는 것이다"[76]라고 말한다.『상군서』는 전쟁을 잘하는 것, 강력한 법치를 시행하는 것, 부국강병을 달성하는 것이 '왕도'라는 독특한 아이디어를 생산해 내었으며, 王자의 용례를 풍부하게 했다고 할 수 있다. 물론「산지」편에서『묵자』나『맹자』에서처럼 '천하를 통일한 왕'이란 의미의 '왕천하'란 말도 쓰고 있듯이 기존의 개념들을 충분히 수용한 바탕 위에서 구성해낸 것이었다.

王・覇 구분의 치밀한 이론화는 순자에 의해 이루어졌다. 제자백가의 사상과 학설을 종합 집대성한 순자는 王자에 대해서도 다시 새로운 의미를 부여하며 그의 왕도정치론을 완성했다. 그는 먼저 '백왕'百王이 있음을 인정해버렸다. 순자는 자신이 이상으로 생각하는 도덕적 군주를 후왕後王이라 부른다. 현실 정치가의 노력을 긍정하고 거기서 정치적 정당성을 찾으려는 것이 순자의 생각이었다. 그렇다면 바로 얼마 전 역사에 등장했던 패자覇者 또한 그런 입장에서 노력한 정치가로 볼 수 있을 것이다. 여기서 이상주의자 맹자와는 확

---

75) 壹務則國富, 國富而治, 王之道也. 故曰: 王道作, 外身作壹而已矣.
76) 覇王之道畢矣.

연히 다른 선언을 했다. 순자는 패자를 부정함으로써 王을 도드라지게 하고 싶었던 맹자와 달리 패자를 긍정하지만 왕의 다음 순위에 놓으면서 王을 더욱 도드라지게 만들었다. 그렇게 하면 역사도 긍정하고, 王道와 현실 정치 사이에 항상 괴리로 존재하는 '정치적 신의'의 문제를 긍정적인 가치로 만들 수 있기 때문이다. 맹자는 인의도덕이 최고의 정치적 가치라는 점을 강조하는 데 성공했지만, 투쟁과 갈등이 만연한 현실 정치에서 최고정치지도자가 어쩔 수 없이 타협해야 하는 그 지점을 부정해버림으로써 현실로부터 멀어졌다. 대부분의 정치가들은 맹자의 王道가 지향해야 할 가치일 뿐 실천하기 어려운 길이라고 외면해버렸다. 반면 같은 王道를 지향하지만 霸道도 왕도로 가는 길목에 있는 가치이므로 긍정하여 키워가야 한다는 순자의 논리는 수많은 후계자를 양성해낼 수 있었다. 『순자』에는 전문적으로 왕도와 패도에 대해 논하는 「왕패」王霸편이 있는데, "도의를 앞세우는 것이 王이며, 신의를 앞세우는 것이 霸다"[77]라고 말한다.

『순자』에는 41차례나 霸자가 등장하는데 물론 王을 최상의 것으로 보지만, 어떤 나라의 정치를 평가할 때는 항상 霸를 王의 다음에 두었다. 평가기준이 王이냐 망亡이냐 두 가지로 가는 경우는 없었다. 세 가지의 평가기준을 가질 때는 王, 霸, 亡이고, 네 가지의 평가기준을 가질 때는 「천론」편의 다음 구절과 같다.

"군주 되는 사람이 예를 높이고 현인을 존중하면 천하의 王이

---

77) 義立而王, 信立而霸.

되고, 법을 중시하고 백성을 아끼면 제후들 사이의 霸가 되고, 이익을 좋아하고 속임수가 많으면 위태롭게危 되고 권모술수, 뒤집음, 음험하면 완전히 망亡한다."[78]

다섯 가지 즉 「왕제」편처럼 "王, 霸, 안존安存, 위태危殆, 멸망滅亡"으로 상세하게 구분할 때도 霸는 王의 다음이다.

과거의 선왕, 성인들이 완벽한 도덕의 표준을 만들어두었으므로 이를 따르기만 하면 된다는 것은 유가사상가들의 공통된 생각이기도 하다. 맹자를 비판했던 순자조차도 같은 입장을 취한다. 유가 왕패론은 결국 성왕聖王론으로 귀결될 수밖에 없다.

### 성왕과 폭군[79]

성인聖人, 성왕 관념은 중국의 정치사상사 전체를 관통하는 핵심 주제이다. 처음 형성된 글자를 보면 聖자는 사회적으로 큰 의미를 지니지 못했다. 그런데 세월이 가면서 차츰 지혜롭고 능력 있는 사람이란 뜻으로 발전해갔으며, 聖자는 마침내 유덕하고 위대한 최고의 정치지도자로 자리매김되었다. 그 후 수천 년 간 중국의 황제들을 비롯하여 동아시아의 정치가들은 '聖' 때문에 엄청난 스트레스

---

78) 君人者, 隆禮尊賢而王, 重法愛民而霸, 好利多詐而危, 權謀傾覆幽險而亡矣.
79) 이 절은 장현근, 「성인의 재탄생과 성왕 대 폭군 구조의 형성」(한국정치사상학회, 『정치사상연구』 17집 2호, 2011. 11), 104~125쪽을 요약했다. 상세한 내용은 원문을 참조할 것.

를 받아야 했으며, 그들의 정치에 대한 의식을 통제받아 왔다. '聖'은 또한 정권 장악을 꿈꾸는 자에게, 그리고 제한 없는 제왕 권력의 폐해에 대해 고민하던 학자나 사상가들에게 언제나 꿈과 이상의 가치기준이 되기도 했다.

현재의 한자 聖자[80]는 귀 이耳와 입 구口가 합하고 아래에는 임금 왕王자 혹은 아홉 번째 천간 임壬자와 비슷하게 쓴다. 여기서 耳와 口는 맞지만 아래에 붙은 글자는 원래 王도 壬도 아니었다. 아래 〈그림 13〉에서 보듯 갑골문에 ⸮人바로 앞에 'ㅂ'입 또는 축고기, 그리고 위에 '⸮'귀이 붙어 있는 글자가 있는데, 聖자로 추정된다.[81]

| 乙6533 | 師聖鼎 | 설문해자 |
|--------|--------|----------|
| 갑골문 | 금문 | 소전 |

그림 13 聖자의 변천

서중서의 『갑골문자전』에는 이 글자를 갑골문 제1기인 무정武丁 임금시기로 본다.[82] 갑골문과 금문의 聖자는 사람이 땅을 딛고 서서

80) 현대 중국에서 聖자의 간체자로 쓰고 있는 '圣'자는 원래 힘쓰다는 의미의 '골'현대 중국어 발음으로는 1성 kū이다. 갑골문에도 보이는 이 글자는 원래 여氵와 영粟이라는 두 강 사이 땅에서 열심히 손으로 노동을 하고 있다는 의미였다고 한다. 요즈음 쓰이지 않는 글자라 빌려와서 聖의 간체로 사용하게 되었다.

81) 謝光輝 主編, 『常用漢字圖解』, 앞의 책, 95쪽 참조.

82) 徐中舒 主編, 『甲骨文字典』, 앞의 책, 1287쪽 참조.

다른 사람이 하는 말을 주의 깊게 듣고 있는 형상이다. 'ㅂ'은 어떤 사람이 말을 하고 있는 것이고, 사람의 머리에 귀가 특별히 돌출되어 있어 대단한 청력을 지닌 사람을 뜻한다고 풀이할 수 있다. 영민한 청각을 지닌 사람, 하늘과 사람의 목소리를 다 듣는 사람, 바로 제사장의 모습이다.

한편 『설문해자』가 채택하고 있는 소전의 𦔻자는 금문에 보이는 주술적, 종교적 의미보다 주나라 때의 인간중심적 사유가 개입된 것으로 생각된다. "聖자는 만사에 통달하다는 뜻이다. 뜻은 이耳자에 연유하며, 소리는 呈cheng을 따른다."[83] 여기서 聖人이란 귀 밝고 눈 밝은 총명인聰明人, 즉 세상의 이치를 꿰뚫는 사람을 뜻한다.

공자 이전의 문서인 『시경』에서 聖자는 외면적 혹은 육체적으로 능력을 지닌 사람을 언급한 보통명사로 사용되었다. 『서경』의 聖人은 겉으로 드러나는 의지가 굳센 모습을 말한다고 할 수 있다. 백성들의 말을 널리 듣고 이를 하늘에 알리는 제사장이자 지도자로서 聖자의 오래된 뜻이 함축적으로 표현된 것이다.

『춘추』의 경經부분에는 聖자의 용례가 없지만 『춘추좌씨전』 즉 『좌전』에는 聖人 관념을 한 걸음 진전시키고 있다. 「환공 6년」에 "무릇 백성은 신령의 주인이다. 그러므로 聖王은 먼저 백성들을 완성시키고 그런 뒤에 신령을 섬기는 데 온 힘을 다한다"[84]라고 하여 '聖王'에 대한 새로운 관념을 만들어내고 있다. 『좌전』은 곳곳에서 새롭

---

83) 聖: 通也. 從耳呈聲. 式正切.
84) 夫民, 神之主也, 是以聖王先成民, 而後致力於神.

게 聖王을 도입시키고 있으며, 聖王에게 정치적 위대성, 역사성, 도덕적 정당성 등 높은 가치를 부여해주고 있다.

『좌전』의 저자인 좌구명左丘明은 공자와 동시대 인물이다. 그러니까 聖자는 공자의 시대에 이르러 위대한 정치인이라는 정의를 새로 갖게 된 것이다. 『논어』를 통해 공자가 聖자를 어떻게 사용했는지 더 상세히 알 수 있는데, 공자가 생각하는 聖人은 정치하는 계급인 군자들이 더 깊이 수양하여 깨치고 다다라야 할 높은 경지의 사람이다. 주술적이고 종교적인 능력을 지닌 정치지도자를 의미하던 초기의 聖자가 하늘의 명을 인간사회에 소통시키는 사람이었다는 점에서 공자가 생각한 聖과 연결이 가능할 것 같다. 주술능력 대신에 학문 혹은 도덕능력으로 대체되었을 뿐이다. 이렇게 볼 때 공자는 주술의 도덕화 또는 종교의 학문화라는 인문주의의 성취를 聖자에 부여한 셈이다. 결국 오늘날과 같은 도덕의 완성자로서 聖자의 용례는 공자와 그의 시대에 재창조된 개념이었다고 할 수 있다. 그리고 위대한 聖人이며 정치지도자의 상징으로서 요임금 등은 이와 같은 이유에서 공자의 재창조와 밀접한 관련이 있다.

공자를 거치면서 학문의 보편화가 이루어지고, 인문주의가 성숙하고, 경전에 대한 해설서들이 나오면서 '聖人'은 새로운 의미를 띠고 재탄생하게 된 것이다. 『주역』의 전傳이 그렇고, 『춘추』의 전이 그렇고, 그 외 공자 이후에 형성되어 덧붙여진 전들은 대다수가 공자의 말을 빌려다 쓰고 있는데 聖人 관념은 특히 그렇다. 따라서 위대한 인격적 완성자이며 인간사회 최고의 정치가를 상징하는 聖人은 공자와 그의 시대가 만들어낸 것이라고 할 수 있다. 『논어』의 「태백」

편에서 공자는 요임금을 다음과 같이 묘사한다.

"크도다, 堯의 임금됨이여! 위대하도다! 오직 하늘을 크다고 하겠으며, 오직 堯임금만을 본받을만하다. 아득하구나! 백성들이 어떻게 이름조차 부를 수가 없다. 영원하도다! 그의 성공함이여. 빛나는구나 그의 문장文章이여."[85]

공자는 『논어』의 여러 편에서 요순을 칭찬하고, 맹자도 입만 열면 요순 타령이었다. 요임금, 순임금, 우임금에 대한 유학자들의 칭송은 어디에 근거를 둔 것인지 역사적 사실은 알 수 없지만, 적어도 두 가지는 명백하다. 하나는 세 명의 위대한 군주 즉 후대에 聖王으로 칭송받는 요임금, 순임금, 우임금이 공자에 의하여 '聖人'으로 추앙되었다는 것이다. 둘은 그 추앙의 내용을 고찰해볼 때 자기 수양을 강조한 것이고 특히 君子다운 정치가가 되어야 한다는 것이다. 다시 말해 세 사람에 대한 극찬은 공자정치사상의 요체인 仁을 강조하기 위해 공자가 새롭게 의미를 부여해 재창조한 것이다. 요임금의 위대함을 얘기한 부분 외에는 현실 정치가로서 백성들의 안위를 걱정하고 백성들을 위해 온 힘을 다하는 참으로 인간적인 정치지도자에 대한 희구가 대부분이다.

공자에 의해 새로운 인물로 재탄생된 요임금, 순임금, 우임금 이

---

85) 子曰: "大哉, 堯之爲君也! 巍巍乎! 唯天爲大, 唯堯則之. 蕩蕩乎! 民無能名焉. 巍巍乎! 其有成功也; 煥乎, 其有文章!"

후 그들을 계승하여 聖王으로 추앙받는 역사적 인물은 은나라의 창업자 성탕成湯과 주나라의 창업자 문왕文王, 무왕武王이다. 실재했던 이들은 어떻게 요순처럼 聖王으로 대접받게 되었을까? 그 작업은 공자의 제자의 제자들 및 추종자들에 의해 이루어졌다.

제자백가 가운데 요순을 칭송하지 않는 학파는 거의 없었다. 다만 『한비자』「현학」편에 "공자와 묵자는 모두 요순을 칭송하지만 취하고 버리는 바가 각기 달랐다. 모두 자신의 말이 진짜 요순의 것이라고 주장하지만 요순이 다시 태어나지 않는 한, 장차 누가 유가와 묵가 가운데 한쪽이 참된 말임을 확정할 수 있겠는가?"[86]라고 한 점이 다를 뿐이다. 그렇다고 한비자가 요순의 존재까지 부정한 것은 아니다. 앞서 언급했듯이 요순 이전에 대한 기록은 거의 없다. 단편적인 찬양이나 회고뿐이며, 구체적인 행적이나 정치적 의미를 지닐 만한 사건기록도 거의 없다. 요임금, 순임금, 우임금에 관한 내용의 상당 부분이 꾸며진 것임에도 제자백가들은 이를 실재했던 사실로 인식했고, 인간으로서 인간사회를 지배한 존재로 묘사했다. 요, 순, 우는 제자백가들이 하나같이 칭송한 고대 聖王들이다. 그리고 제자백가는 마찬가지로 탕왕, 문왕, 무왕 심지어는 주공까지를 聖王으로 받든다.

『서경』은 주나라 성립에 대한 예찬이며, 천명天命이 주나라에 왔음을 강조하는 정권교체의 정당화이며, 좋게 말하면 좋은 정치가 무엇

---

86) 孔子墨子俱道堯舜, 而取舍不同, 皆自謂眞堯舜, 堯舜不復生, 將誰使定儒墨之誠乎?

인지 수천 년간 동양인에게 깨우침을 가져다준 상서로운 책이다. 이 책의 「상서」商書에는 「탕서」湯誓라는 편이 있는데 "이윤이 탕湯왕의 재상이 되어 걸桀을 벌伐했다"[87]는 기록이 있다. '伐'이란 정치적 정당성을 가진 최고 권력자가 부당하게 권력에 도전하는 사람을 공격하여 없애는 행위를 말한다. 신하였던 '탕'이 왕이었던 '걸'을 벌했다는 것은 모순이다. 그런데 이렇게 한 것은 바로 주나라 무왕이 왕이었던 은나라 주紂왕을 벌했다고 말하려는 의도가 깔려 있다. 이것이 모순이 아니라는 논리를 『서경』은 아주 많은 분량을 할애해서 얘기하고 있는데 그 핵심내용은 '천명'이다. '탕'과 '무'는 천명을 받았기 때문에 성왕이 되었다는 것이다. 이는 거꾸로 해석하면 폭군을 정벌하여 혁명에 성공하면 聖王이 될 수 있다는 말이 된다. 앞에 창조된 요, 순, 우와는 판이하게 다른 聖王이다. 다시 말해 폭군의 반대편에 聖王을 위치시키고 있다.

『서경』에는 은나라 창업주 탕왕의 훈계를 담은 「탕고」편이 있다. 여기에는 하나라 마지막 왕 걸이 폭정을 하자 탕이 하늘에 제사를 올리고 그들에게 죄를 줄 것을 요청하니 "마침내 원성元聖을 구하여 그와 더불어 온 힘을 기울여서 너희 군사 무리와 함께 하늘이 내려준 명령을 실행했다"[88]고 말한다. 여기서 '원성'은 하늘의 명령을 수행할 '훌륭한 사람'을 찾았다는 내용으로 탕왕의 신하인 이윤伊尹을 지칭한다. 제사장 본인이 아니라 탁월한 능력을 지닌 현명한 신하에

----

87) 伊尹相湯伐桀.
88) 聿求元聖, 與之戮力, 以與爾有衆請命.

게 聖자를 부여한 것이다.

'성왕聖王 – 현신賢臣', '폭군暴君 – 영신佞臣'의 구조화된 틀이 만들어짐으로써 성왕은 더욱 성스런 인물이 되고, 폭군의 출현은 민중들에게 성왕을 더욱 그리워하게 만드는 역할을 하게 된다. 이런 구조는 진한 통일제국을 거쳐 유가사상이 정치이데올로기로 기능한 수천 년 중국정치사상사의 틀 내에서 이치理가 되었다. 이치화한 성왕 모델과 폭군 모델은 역사적 사실과는 다를 수 있다. 하, 은, 주 3대의 성왕을 이런 모델 속에 가두게 된 배경과 예시들은 무엇일까. 이상이야말로 현실을 비판할 수 있는 중요한 근거다. 이상이 없으면 현실정치의 폐단을 적시하기 어렵다. 당시 현실정치를 비판하기 위하여 '성왕 만들기'를 한 것인가? '폭군 만들기'를 한 것인가.

『묵자』에서도 '성왕 – 폭군 구조'는 만들어진다. 하, 은, 주 3대는 묵자가 최고로 생각하는 태평성대였다. 우, 탕, 문, 무, 주공은 태양처럼 빛나는 성왕이었다. 그러나 그 광명 속에서도 걸, 주의 통치와 같은 암흑시대가 나타난다. 걸, 주가 일어나니 대란이 일고 탕, 무가 흥하여 그들을 대치하게 되었다. 그래서 묵자는 치와 난의 원인이 "위에서 어떻게 위정을 하느냐에 달려있다"[89]라고 말한다. 『묵자』「비명 하」非命下 편에도 천하의 백성은 하나같은데 "걸, 주에게 있으면 천하가 혼란하고 탕, 무에게 있으면 천하가 다스려진다"[90]고 말한

---

89) 存乎上之爲政也.
90) 存乎桀紂而天下亂, 存乎湯武而天下治.

다. 천하가 다스려지는 까닭은 "탕, 무의 힘씀 때문이다"[91]라고 한다. 성왕이 창조한 태평성대는 결코 때마침 찾아온 우연이거나 하늘의 혜택 때문이 아니다. 성왕도 때로는 하늘의 재앙을 만나지만 "그 힘을 다하여 시급한 생산에 진력하고, 스스로 쓰임새를 절약하기"[92]「묵자」「칠환」 때문에 곤란이 하나하나 극복되어 마침내 위험에서 벗어난다는 것이다.

치세와 난세를 '성왕-폭군 구조'로 이해한 것은 공자의 다음다음 세대가 되면서 차츰 정형화된 형태를 띠게 된다. 맹자는 역사의 진행과정을 일치일란一治一亂 즉 한 번은 잘 다스려지는 치세이고 한 번은 어지러운 난세라고 주장한다. 치治는 '성인', '성왕'의 공이고, 난亂은 '폭군'의 잘못이다. 성왕과 폭군이 역사의 면모를 결정짓는다. 군주가 포악하면 백성이 떠나고, 군주가 인정을 행하면 백성이 순종한다.『맹자』「등문공 상」편에 보이는 "군자의 덕은 바람과 같고 소인의 덕은 풀과 같다. 풀 위에 바람이 스치면 풀은 자연스레 바람이 부는 대로 쓰러진다"[93]는 말은『논어』「안연」편에도 보인다.[94] 『맹자』에는 은나라 주紂를 14번이나 폭군으로 비정하고, 상대적으로 주나라 문왕文王을 35차례나 성왕으로 드높인다. 「공손추 상」편에서 문왕의 성인됨에 대한 제자 공손추의 물음에 맹자는 이렇게 대답한다.

---

91) 湯武之力也.
92) 其力時急, 而自養儉.
93) 君子之德, 風也; 小人之德, 草也. 草尚之風, 必偃.
94)『논어』「안연」편에는 '草尚'이 '草上'으로 되어 있다.

"은나라 탕으로부터 무정에 이르기까지 어질고 성스런 임금 예닐곱 분이 나오셨으니 천하가 은나라로 귀속된 지 오래되었고, 오래되면 바뀌기가 어려운 법이네. 무정은 제후들의 조회를 받으며 천하를 장악하길 손바닥 뒤집듯 했네. 주왕은 무정으로부터 그다지 멀지 않은 때라 옛집의 습속이 남아 있고, 흐르는 풍도와 좋은 정책 또한 상당히 존재하고 있었다네. 게다가 미자<sup>微子</sup>와 미중<sup>微仲</sup>, 왕자 비간<sup>比干</sup>, 기자<sup>箕子</sup>, 교격<sup>膠鬲</sup> 등 수많은 현인들이 서로 보좌하고 조정을 도왔다네. 그래서 오랜 세월이 지난 뒤에야 정권을 잃게 된 것이네. 한 자의 땅이라도 은나라의 것이 아닌 것이 없었고, 한 사람의 백성이라도 은나라의 신하가 아닌 사람이 없었네. 그런데도 문왕이 겨우 사방 백 리의 땅에서 일어났으니, 그래서 어려웠던 것이네."[95]

맹자는 주<sup>紂</sup>를 필부로 여겨 아예 王이라는 호칭도 붙여주지 않았으며, 문왕과 무왕은 주의 신하 신분이었음에도 王자를 붙여 드높은 성왕으로 받들었다. 심지어 폭군은 하나의 필부에 불과하니 죽여도 된다는 유명한 '주일부'<sup>誅一夫</sup>설을 창조하기도 했다. 거꾸로 생각하면 공자와 유가정치사상의 절대적 바탕인 종주<sup>從周</sup> 즉 '주나라를 따

---

95) 由湯至於武丁, 賢聖之君六七作. 天下歸殷久矣, 久則難變也. 武丁朝諸侯有天下, 猶運之掌也. 紂之去武丁未久也, 其故家遺俗, 流風善政, 猶有存者; 又有微子, 微仲, 王子比干, 箕子, 膠鬲皆賢人也, 相與輔相之, 故久而後失之也. 尺地莫非其有也, 一民莫非其臣也, 然而文王猶方百里起, 是以難也.

른다'는 이론의 연속으로서 문왕, 무왕의 성왕화를 위해 걸, 주의 폭군화를 심화시켰다는 얘기다. '성왕 – 폭군 구조'가 맹자에 이르러 혁명, 방벌 등 확연한 이론 기반을 갖추게 된 것으로 보인다.

'성왕 – 폭군 구조'는『순자』에 이르러 길주를 나란히 쓰며 폭군의 대명사로 지칭하는 사례가 33차례 등장할 정도로 정형화한다. 이 폭군들의 반대편에 성왕이 존재한다. 순자는 예와 법의 기원을 따지면서 예와 법은 성인군자가 만들어 낸 것이라고 했다. 그리고 근본적으로 사람이 예와 법보다 중요하다고 말한다. 역사적 경험으로 볼 때 순자는 국가의 흥망성쇠가 성왕, 폭군에 의해 조성된 것이라 생각했다. 그러므로 결정적 작용을 하는 것은 사람이지 예나 법이 아니라는 것이다. 그 사람이 바로 창업자들, 즉 성왕이었다. 순자는 나라를 다스리는 경영방침은 앞 성인들이 벌써 잘 준비해두었다고 생각했다. 그것은 역사의 창고 속에 저장되어 있으며, 쓰고 안 쓰고는 후대 사람의 손에 달려있다고 한다.『순자』「군도」君道 편에는 "명사수 예羿의 활 쏘는 법이 사라진 것이 아니라, 예羿가 세상에 자주 나타나지 않는 것이다. 우의 하나라를 다스리는 법은 여전히 존재했지만 하나라가 영원히 세상의 왕이 되지는 못했다"[96]고 말한다. 「비십이자」 편에는 구체적인 이름까지 들먹이며 성인으로서 권력을 얻지 못한 사람은 공자와 자궁子弓이고, 성인으로서 권력을 얻어 천하의 해로움을 제거한 사람은 순임금과 우임금이라는 얘기다. 그 반대편에 걸왕, 주왕이 있다. 「권학」 편에는 "공부란 원래 하나에 전력을

___

96) 羿之法非亡也, 而羿不世中; 禹之法猶存, 而夏不世王.

기울이는 것이다. 한 번 나갔다 한 번 들어왔다 하면 길거리의 보통 사람일 뿐이다. 잘한 것은 적고 잘못한 것이 많은 자는 걸과 주, 그리고 도둑 척跖과 같은 사람이다"[97]라고 하며 걸왕과 주왕을 도척에 비유한다. 이는 맹자가 주를 필부로 본 것과 같은 맥락으로 보인다. 성왕-폭군의 대비구조에 대해서는 「영욕」편에 명료하게 보여준다.

> "이것이 만약 행해지지 않는다면 탕과 무가 위에 있은들 무엇이 이롭겠는가? 걸과 주가 위에 있은들 무엇이 손해겠는가? 탕과 무가 자리에 있다면 천하가 그에 따라 다스려질 것이고, 걸과 주가 자리에 있다면 천하가 그에 따라 혼란스러워질 것이다."[98]

중국역사에 가장 보편적으로 등장하는 '탕무-걸주'의 '성왕-폭군 구조'는 이렇게 형성되었다. 탕무는 치治의 상징이요, 걸주는 난亂의 상징으로 중국정치사상사는 엮여지게 되었다. 심지어는 치란의 궁극적 원인으로 '성왕-폭군 구조'를 선악의 문제로 취급한 한대 『회남자』의 「무칭훈」繆稱訓에는 3대 성왕과 폭군이 양극단으로 정형화된 원인을 이렇게 분석한다. "3대의 선은 천년 동안 쌓여온 영예이며, 걸주의 악은 천년 동안 쌓여온 상처이다."[99]

---

97) 學也者, 固學一之也. 一出焉, 一入焉, 涂巷之人也; 其善者少, 不善者多, 桀紂盜跖也.
98) 是若不行, 則湯武在上曷益? 桀紂在上曷損? 湯武存, 則天下從而治, 桀紂存, 則天下從而亂.
99) 三代之善, 千歲之積譽也. 桀紂之惡桀, 千載之積毀也.

성왕과 폭군의 전형화는 후대의 산물이다. 춘추전국시대 제자백
가들만 하더라도 이런 논리에 상당부분 이의를 제기하고 있다. 『논
어』「자장」편에서 공자의 제자인 자공은 이런 의견을 개진한다. "은
나라 주紂가 착하지 못했다는데 그렇게까지 심각한 것 같지는 않다.
그래서 군자는 자기 행위에 오점을 남기는 것을 싫어하는 데 천하의
죄악이 모두 자기에게 귀결될 것이기 때문이다."[100] 순자는 탕무 –
걸주의 '성왕–폭군 구조'를 특별히 강조했음에도 「비상」편에는 다
음과 같은 비유를 들어 폭군 걸과 주의 등장을 애매하게 표현하고
있다.

"옛날에 걸, 주는 몸집이 거대하고 아름다워 천하의 호걸이었
다. 근력이 월등히 뛰어나 백 사람을 대적할 정도였다. 그럼에
도 몸은 죽임을 당하고 나라는 망하여 천하의 죽일 놈이 되었다.
후세 사람들이 나쁜 사람을 얘기할 때면 반드시 이들을 들먹인
다."[101]

그러니까 걸, 주는 탁월한 용모와 힘을 가진 사람이었는데 죽임
을 당하고 나라가 망했기 때문에 천하의 나쁜 인간으로 '만들어졌
다'는 이야기이다. 현실 정치에서 실패의 크기에 비해 후세의 평가

---

100) 紂之不善, 不如是之甚也. 是以君子惡居下流, 天下之惡皆歸焉.
101) 古者桀紂長巨姣美, 天下之杰也. 筋力越勁, 百人之敵也, 然而身死國亡, 爲
天下大僇, 後世言惡, 則必稽焉.

가 훨씬 가혹했다는 얘기다. 『사기』「은본기」에도 "제왕 주는 그 바탕이 변별력이 뛰어나고 민첩했으며, 듣고 보는 데도 매우 예민했으며, 재주와 힘은 다른 사람들보다 훨씬 뛰어나서 손으로 맹수와 상대할 정도였다"[102]라고 칭찬하는 표현이 있는 것으로 보아 폭군으로 알려진 주왕이 처음부터 못난 사람은 아니었음을 알리고 있다. 주왕 즉 제신帝辛은 즉위 후 농상農桑을 중시하고 생산력 발전에 힘을 기울여 국력이 강성해졌다. 군사를 일으켜 동이東夷를 물리치고 중원의 강역을 확장하여 은 왕조의 세력이 강수江水, 회수淮水 일대까지 늘어나게 되었다. 오늘날의 산동, 안휘, 강소, 절강, 복건성의 연해는 주왕 때 개척된 곳으로 본다. 이런 주왕이 왜 폭군의 대명사가 되었는가? 새로운 권력자의 권력정당화 모델의 희생양은 아니었을까?

'성왕-폭군 구조'의 전형이 만들어진 데에는 춘추전국시대 말기와 진나라 통일 직전 유가들의 역할이 컸다. 특히 학문적으로 가장 왕성한 작품활동과 연구활동을 한 사람들이 유가였으며 그들은 제자백가 학설을 종합했다. 특히 진나라 통일전후 순자의 역할은 압도적이었다. 제자백가 모두를 깊이 연구하고 어려서부터 널리 공부한 순자는 노년까지 장수하면서 오경과 제가에 관한 많은 학문을 집대성하고 숱한 제자들을 키워냈다. 제자들과 제자의 제자들 또는 순자를 표방하는 계승자들에 의해 성왕-폭군 구조는 고정된 틀이 되어 제국시대까지 그대로 이어졌다.

도덕으로 무장한 '요순우탕문무' 성왕 관념은 폭군의 방벌을 정

---

102) 帝紂資辨捷疾, 聞見甚敏, 材力過人, 手格猛獸.

당화하거나 폭군의 등장을 경계하는 의미에서 나중에 형성된 것이라기보다 성인과 도덕 관념의 완벽성을 기하기 위한 목적으로 공자와 그의 후계자들에 의해 만들어진 것으로 생각된다. 성왕 - 폭군 구조는 폭군이 먼저가 아니라 성왕이 먼저였다는 얘기다. 후대 중국의 전제군주들은 모두 이 추상적인 성왕의 그늘을 벗어나지 못하고 살았다.

### 군주전제주의의 전개

이론적이고 추상적인 군왕은 『시경』에 벌써 출현하고 있다. 이 문제에 대해서는 춘추시대에 더욱 많이 논의되었다. 사상가들은 군왕의 품격과 덕성을 토론하면서 성왕을 창조했고, 폭군을 대비시켰다. 이는 현실 군주를 비판하는 이론적 무기가 되기도 했다. 한편 현실 군주는 날로 권력을 강화시키고 집중시켜 군주전제제도를 완성해가고 있었다.

군주를 하늘에 비유하는 사고는 매우 오래되었다. 『좌전』 「양공14년」의 "하늘은 백성을 낳고 군주를 세워 그들을 관리감독하게 함으로써 성정을 잃지 않도록 하시었다"[103]는 말은 춘추시대 가장 유행하던 군주론이었다. 이에 대해 백양보伯陽甫는 천명도 중요하지만 인간사가 더 중요하다는 의견을 개진한다. 『국어』 「정어」편에 보면 그는 "하늘과 땅에 큰 공을 이룬 사람과 그 자제들이 현달하지 않

---

103) 天生民而立之君, 使司牧之, 勿使失性.

은 적은 일찍이 없었다"[104]고 말하면서 인류역사에 중대한 공헌을 한 사람이나 그 자손만이 군주가 될 자격이 있다고 주장한다. 『국어』 「주어 하」 편에서 주 태자 진晉은 한 걸음 더 나아가 "하늘이 받드는 자손이라도 논밭에 엎어져 있으면 그로 인해 백성을 어지럽힐 수 있으며, 농사짓는 사람이라도 사직社稷에 나가 있으면 백성을 편안히 해줄 수 있다. 무슨 다름이 있으리오"[105]라고 한다. 농사짓는 사람이라도 사직의 주인이 될 수 있다는 것으로 사실상 군주가 되는 조건에 대한 인식의 대전환이라 할 수 있다. 춘추전국시대 제자백가의 주장들은 군주의 신비성을 벗겨가는 작업이라고 할 수 있다.

고대 군주론의 또 하나의 특징은 추상적인 가치 아래에 군주를 자리매김하려고 했다는 점이다. 『국어』 「진어 1」 편에는 진晉나라 비정조鄭이 "제가 듣기에 군주를 섬기는 사람은 의義에 따르지 미혹함에 아부하지 않습니다. ……백성들에게 군주가 있다는 것은 그로써 의를 다스린다治義는 말입니다"[106]고 한다. 의義의 가치를 군권보다 위에 두고 있는 것이다. 맹자가 선왕先王을 따르자고 주장하며 현실의 패도를 부정한 것도 선왕이라는 무기로 현실정치를 비판하고 싶었던 것이다. 군주의 지위를 성왕이란 추상적 가치의 아래에 두고자 함이었다. 『순자』의 「신도」 편과 「자도」 편에 "도를 따르지 君을 따르지 않는다"는 종도불종군從道不從君을 예시한 것도 같은 맥락으로

---

104) 夫成天下之大功者, 其子孫未嘗不章.

105) 天所崇之子孫, 或在畎畝, 由欲亂民也; 畎畝之人, 或在社稷, 由欲靖民也. 無有異焉.

106) 吾聞事君者, 從其義, 不阿其惑. ……民之有君, 以治義也.

볼 수 있다. 당나라 한유가 도통道統을 얘기하고 송명 성리학자들이 천리天理를 꺼낸 것도 모두 무한히 확장되는 군주권력을 제한해보고 자 한 의도와 관련이 있다.

그렇지만 정치체제가 군주전제를 벗어나지 못한다면 이러한 추상적 가치기준은 현실권력에 의해 단속되거나 변용되기 마련이다. 천, 의, 선왕, 도, 천리 등이 아무리 중요한 가치척도가 되었다 하더라도 군왕 스스로 자신을 성왕이자 천리라고 규정해버리면 전제는 더욱더 강화될 수밖에 없다. 그 점에서 중국군주론은 군주전제주의를 벗어나지 못했다고 할 수 있다.

그래서 결국은 강력한 군주전제를 표방한 법가사상에 입각해 중국은 통일되었으며, 한대 이후 겉으론 도덕을 중시하는 척 포장하지만 실제로는 군주가 만든 법으로 통치하는 외유내법外儒內法이 중국의 정치전통이 되었다. 군주의 권력은 지고무상하며, 군주가 모든 것을 독점해야 한다는 것이다. 國이 둘일 수 없음과 君이 하나여야 한다는 논리가 맞아떨어졌다. 『좌전』「애공 6년」에는 "군주의 기물은 다른 것과 달라 두 개가 있어선 안 된다. 기물이 둘이라면 부족하지 않을지 모르지만 군주가 기물을 두 개 가지고 있다면 어려움이 그만큼 많다는 것이다"[107]고 한다. 군주의 권력이 나뉘는 것을 철저히 금해야 한다는 말이다.

이른바 본말本末론은 군주전제주의를 더욱 강화시킨 논의였다. 『좌전』「환공 2년」을 보자.

---

107) 君異于器, 不可以二. 器二不匱, 君二多難.

"내가 듣기에 國家를 세움에 근본을 크게 하고 말절을 작게 하면 굳건해질 수 있다. 따라서 천자가 땅을 나누어 國을 건설하고, 제후가 땅을 나누어 경대부의 家를 일으키고, ……그래서 백성들은 그 윗사람에게 복종하며 아랫사람은 분수에 넘치는 일을 넘보지 않는 것이다."[108]

군왕이 '본'이고 한 등급 아래는 '말'이다. 본은 응당 말보다 크고 말은 본에게 복종해야 한다. 군주가 카운터엘리트 즉, 사회를 전복시킬 신흥 세력의 출현을 막고 군권의 절대적 우위를 견지해야 정치적 영향력을 극대화할 수 있다. "근본을 크게 하고 말절을 작게 하면 굳건해질 수 있다"는 말이나 "기물器과 명칭名만은 다른 사람에게 빌려주어선 안 된다"[109]는 말은 본말의 전도를 막기 위해 지켜야 할 원칙이었다.

춘추전국시대 군주전제를 강화하기 위한 논의는 아주 구체적이었다. 신하의 절대복종을 강조함으로써 군주의 절대우세를 확인하고자 했으며, 군왕의 명령을 신비화하기도 했다. 『국어』「진어 9」편에는 "신하는 인질로 위탁된 사람이니 두 마음이 있을 수 없다"[110]고 하여 신하가 전심전력 군주만을 위해서 일해야 함을 강조했다. 그

---

108) 吾聞國家之立也, 本大而末小, 是以能固. 故天子建國, 諸侯立家, 卿置側室, 大夫有貳宗, 士有隷子弟,庶人,工,商 各有分親, 皆有等衰. 是以民服事其上而下無覬覦.
109) 本大爲末小, 是以能固. ……是以爲君, 愼器與名不可以假人.
110) 季質爲臣, 無有二心.

리고 이 마음을 천성으로 여기기까지 한다.『좌전』「장공 14년」에는 "신하에게 두 마음이 없는 것은 하늘의 제도이다"[111]고 한다. 군주의 권위를 절대화하고 권력을 확장하려는 사례는 선진 문헌에 부지기 수로 많다.

군신관계를 부자관계와 연결시키는 시도도 군주전제주의에서 빠질 수 없는 것이었다. 종법宗法은 일종의 가부장적 전제주의다. 군주 전제를 주장하는 사람들은 이 논의를 빌어 신하의 군주에 대한 복종을 강조한다.『국어』「진어 1」편에서 진나라 대부 난공자欒共子는 '군사부일체'의 전형을 보여준다.

> "듣기에 '백성은 셋에서 낳았으니 셋을 하나같이 섬긴다'고 한다. 부모가 낳고, 스승이 가르치며, 군주가 먹인다. 부모가 아니었으면 생명이 없고, 먹지 못하면 성장할 수 없고, 가르치지 않으면 사람임을 모르니 하나로 섬겨야 하리라."[112]

신민은 군왕에게 무조건 복종해야 한다는 관념은 전통적 도덕 관념들을 모두 끌어다가 군주에게 유리하게 해석하고 규정하도록 만들었다. 농경시대 상장례를 중시하는 풍토에서 비롯된 효孝 관념도 군주에게 바쳐야 할 덕목이 되고, 마음을 다스려 인간관계를 훌륭하

---

111) 臣無二心, 天之制也.
112) 成聞之: '民生于三, 事之如一.' 父生之, 師敎之, 君食之, 非父不生, 非食不長, 非敎不知生之族也, 故壹事之.

게 만들어야 하는 주요한 덕목으로서 충忠도 군주에게 바쳐야 할 덕목이 되고, 윗사람에 대한 공경으로 집안과 동네의 질서를 잡아가는 핵심이었던 경敬 또한 군주에게 바쳐야 할 덕목이 되었다. 그러한 것들이 신하의 도 즉 신도臣道라는 이름으로 포장되었다. 『국어』「진어 4」에는 "경으로써 군주를 섬기고, 효로써 부모를 섬기라"[113]고 강조한다.

춘추시대 군주전제를 강화하기 위해 마련된 수많은 논의들은 전국시대 제자백가들에 의해 더욱 정교한 이론을 갖추게 되었다. 군주의 명령에 생명을 바치는 것이 얼마나 정당한 일인가를 설파하는 논의는 법가, 유가, 도가, 묵가를 가릴 것 없이 비슷하다. 사상의 내용들은 더욱 내밀하게 군주의 통치술로 빨려들어갔다. 주군을 위해 생명을 던지는 행위는 앞에 언급한 월나라 대부 범려의 말에 잘 드러나 있다. "신이 듣기에 신하된 사람은 군주가 걱정하면 신하는 있는 힘을 다하고, 군주가 욕을 당하면 신하는 죽음으로 맞선다고 합니다."

잘못되면 신하가 책임을 지고, 잘되면 군주가 영예를 얻는 이 모순된 구조는 청나라를 끝으로 군주전제가 소멸될 때까지 – 아니 어쩌면 오늘날의 정치에서도 – 독재자의 내밀한 쾌락과 결부되면서 유지되었다. 그리고 세월이 갈수록 더 정교한 이론체계로 무장했다.

---

113) 事君以敬, 事父以孝.

제6장

# 신민

이 장에서는 권력의 장치부로 군왕을 보좌하며 백성들에 대한 통치를 수행하는 臣과 통치의 대상으로서 피지배계층인 民 개념을 살펴본다. 넓게 보면 臣民 전체가 군왕의 통치 대상이긴 하지만, 신과 민은 각기 다른 생성과 변천의 과정을 거친 관념이다. 신민 관념과 관련하여 民本, 民貴君輕사상을 함께 검토한다.

# 1. 신臣 · 민民 관념의 형성

### 臣의 어원

중국은 장구한 통치의 역사를 지니고 있으며 하, 은, 주 삼대로부터 국왕을 정점으로 중앙집권적 국가형태를 유지해왔다. 그래서 국왕을 보좌하는 여러 가지 관료가 있었고 관직의 이름이 있었다. 이들을 통칭하여 신臣이라 부르는데, 臣은 『시경』 「소아 · 북산」에 "땅위의 모든 존재는 王의 臣이 아닌 것이 없다"에 보이듯 王 이하 평민, 노비, 천민을 모두 포함한 계급구조의 통칭이기도 하다. 광의로 볼 때 王을 제외한 모든 사람이 臣인 것이다.

반면 협의의 臣은 주군을 지근거리에서 섬기고 명령을 수행하는 보좌진을 뜻한다. 臣자의 고대문자 변천과정은 〈그림14〉와 같다.

| 甲2851 | 前4·27·41 | 臣辰父癸鼎 | 설문해자 |
|--------|-----------|-----------|----------|
| 갑골문 | 후기 갑골문 | 금문 | 소전 |

**그림 14  臣자의 변천**

『고문자고림』에서는 臣의 다양한 고대문자를 보여주고 있다.[1] 갑골문에도 𠂤鐵1·1, ⏉524 등 여러 가지 형태가 있다. 그 의미로『예기』「예운」편에는 '공公실에서 벼슬한 사람'을 臣이라 한다.『고문자고림』에는 눈 목目자의 다른 형태로 땅을 향해 똑바로 서 있는 눈의 변형이라고 말하기도 한다.[2] 사람이 고개를 숙일 때 눈은 땅을 향해 서 있는 모양을 하게 되는데 이로써 고개 숙여 굴종을 뜻하는 글자라고 한다. 빈천한 남녀를 낮춰 부르는 호칭이기도 했으며, 군주를 섬기는 모든 사람을 뜻하기도 했다. 곽말약郭沫若은 병사를 지칭하는 말이라고 하고, 섭옥삼葉玉森은 두 발을 완전히 몰아넣고 땅에 넙죽 엎드린 노예라고 보았다. 포로 또는 포로 중 지위가 높은 사람을 뜻한다는 주장도 있다. 대체로 복종하고 있는 노예상태를 지칭하는 용어라고 본다.

『설문해자』에도 이 뜻이 반영되어 있다. "臣은 끌려감이다. 그래서 군주를 섬긴다는 의미이다. 굴종하여 복종하고 있는 형상이다. 臣과 관련 있는 글자는 모두 臣을 부수로 삼는다."[3] 갑골문 복사에 이런 말이 있다. "점을 쳐 묻습니다. 小臣이 중인에게 영을 내려 기장을 심도록 할까요?"[4] 후대에 쓰는 '소신'이란 말의 최초의 원형인 이말은 위로 군왕의 명을 받아서 중인衆人에게 영令을 내리는 존재를 뜻한다. 관료체계를 갖춘 국가운영이 있었다는 것이다.

—

1) 『고문자고림』 제3책, 521~523쪽.
2) 『고문자고림』 제3책, 523~533쪽 참조.
3) 臣, 牽也. 事君也. 象屈服之形. 凡臣之屬皆從臣.
4) 貞 惟와 같은 허사임, 小臣令衆黍?(『殷虛書契前編』 4·30·2).

『사기』「은본기」에는 수많은 은나라 신하들 얘기가 실려 있다. 최근 밝혀진 갑골문 복사는 이들이 실존인물이었음이 거의 밝혀졌다. 예를 들면 "병인丙寅날에 점을 쳐 묻습니다. 승제升祭와 세제歲祭에 이윤伊尹에게 소 두 마리를 바치나이다"[5] 등 아주 많다. 주로 은나라 초기 저명한 신하들에게 제사를 올린다는 내용인데, 그건 이 복사를 만든 시기에 여러 '신하'들에게 과거 현명했던 신하들을 기억하라는 충고로서 모범적 사례를 보여준 것이었을 수 있다. 특히 「은본기」에 따르면 "이윤은 태정太丁의 아들 태갑太甲을 세워"[6] 왕으로 삼았으나 변변치 못하자 "그를 동궁桐宮으로 쫓아낼" 정도로 막강한 권력을 장악했던 사람이다. 은나라 초기 군권이 강대하지 못했다는 반증이기도 하지만 여하튼 위로 왕이 있고 이를 섬기는 많은 臣들이 존재했다는 의미이다. 복사에는 그들의 이름을 쓰고 있다.

臣의 또 다른 어원은 서주시대에서 찾을 수 있다. 서주 귀족들은 농업이나 수공업에 종사하는 노예들을 거느리고 있었다. 당시 단신單身의 노예는 '인격'人鬲, '격'鬲 또는 '신'訊, '축'丑 등으로 불리었고 결혼하여 성가成家한 노예는 '신'臣이라 불렀는데 '가'家로 그 숫자를 계산했다.[7] 이 또한 위를 섬기는 사람이라는 점에서 같은 관념으로 생각된다.

---

5) 丙寅, 貞, 又升歲于伊尹二牢(『殷虛書契後編』上·22·1).

6) 伊尹乃立太丁之子太甲.

7) 유택화 주편, 장현근 옮김, 『중국정치사상사』 선진편 상, 앞의 책, 65쪽 참조. 보통 상급 귀족이 한 급 아래 귀족에게 노예를 상으로 내렸는데 수공업 생산에 종사하는 노예는 '백공'百工이라 불렀다고 한다.

### 民의 어원[8]

〈그림15〉에서 보듯 후기 갑골문에 처음으로 '민'民자의 어원으로 보이는 글자가 등장한다. 은나라 중기 이전의 원형은 알 수가 없다. 그보다 조금 늦은 것으로 알려진 금문金文에 民자가 보이는데, 청동기에 새겨진 다음 글자들을 보자.

| 乙455 | 盂鼎 | 㝬簋 | 설문해자 |
|-------|------|------|----------|
| 후기 갑골문 | 초기 금문 | 후기 금문 | 소전 |

그림 15 民자의 변천

民자의 고문자 해석에 대해서는 크게 두 가지 견해가 엇갈린다. 『고문자고림』에 따르면 하나는 임의광林義光 등의 견해로, 금문의 𣁋 등 고문자 형상이 풀의 싹이라고 보아 무성하게 많다는 뜻에서 인민을 가리키게 된 것이라고 한다. 그 음이 바뀌어 백성 맹萌이 되고 다시 바뀌어 백성 맹氓이 되었다고 한다. 다른 하나의 견해는 상승조商承祚 등의 주장으로, 고문자 民은 모두 예리한 도구로 왼쪽 눈을 찔러 멀게 하여 도망을 못 가게 하고 노예로 삼은 것을 지사한 문자라고 주장한다.[9] 나중 民이 노예의 본의를 상실한 후 亡자를 붙여 氓자를

---

8) 民 관련어의 어원 및 관념의 변천에 대해서는 장현근, 「민民의 어원과 의미에 대한 고찰」(한국정치사상학회, 『정치사상연구』15집 1호, 2009. 5), 131~157쪽을 주로 인용했으며 일부 내용을 가감, 수정했다.
9) 『고문자고림』제9책, 906~908쪽 참조.

새로 만들었다.『상형자전』에는 갑골문 아래 †는 손으로 잡는 모양이라고 설명한다. 금문의 ⌒자는 갑골문 윗부분 눈에서 동공이 빠진 모양이다.

이를 두고 그동안 여러 가지 학설이 대립되어 왔다. 첫째, 이를 사람의 나체로 보는 입장이다. 두 젖꼭지를 드러낸 어미 母자와 유사한 글자로 보고, 발에 기계를 찬 형상으로 이해한다. 청나라 때 육차운陸次云의『동계섬지』峒溪纖志10를 보면, 중국 서부의 묘苗족들이 한족들을 포획하면 노예로 삼았는데, 그들에게 나무 신발을 신기고 나무 족쇄를 채워 일생동안 달아나지 못하게 했다는 것이다. 民자의 금문 자형이 옷도 입지 않고 발에 기계를 찼다는 육차운의 이 비유를 꼭 닮아서 노예로 해석한다. 그러다 나중에 보통 인민을 부르는 용어로 발전했다는 것이다.

둘째, 꼬챙이로 눈을 찌르는 형상으로 본다. 이 입장은 가장 널리 받아들여지고 있는데 특히 사광휘謝光輝는 '民'자 부분에는 고대 노예주가 노예들의 모반을 없애려고 무거운 발목 차꼬를 달거나, 새끼 줄로 목을 묶거나, 한쪽 발을 자르거나, 꼬챙이로 눈을 찌르기도 했다고 한다.[11] 역시 노예의 상형으로 보는 입장이다. 이 民자가 나중에 노예를 포함하는 평민을 지칭하는 말로 발전했다는 것이다.

셋째, 노예로 보는 해석에 이의를 제기하고 주나라 경전을 중심

---

10) 청나라 강희康熙 22년에 판각한 『육운사잡저』陸云士雜著에 있으며, 『사고전서』에 수록되었다.
11) 謝光輝 主編, 『常用漢字圖解』, 앞의 책 참조.

으로 해석하여 이주백성을 뜻하는 맹萌 또는 맹氓자의 가차假借로 보려는 경향이다. 이는 『설문해자』가 대표적이다. "民은 萌의 무리이다. 고문의 상형에 따른 것이다."[12] 民을 일종의 지사문자로 보는 견해로, 지사한 고문의 상형은 위에서 말한 번식과 양육의 모母를 말한다. 『광아』廣雅에는 "民은 氓이다"라고 하면서, 토착인들을 民이라 하고, 외부에서 온 사람을 氓이라 구분한다. 요요桃堯는 民이 맹萌, 맹氓의 가차자임에 대하여 이렇게 설명한다.[13] 1) 노예와 노예주의 관계가 가장 보편적이었던 은나라 때의 기록인 갑골문에 民자가 없고, 2) 그림의 형태로 볼 때 눈 目자와 아무 관련이 없고, 3) 노예는 생산을 담당해야 하는데 장애인으로 만들어 무슨 도움이 되겠냐는 것이고, 4) 글자의 뜻을 볼 때 초기 문헌에 民자의 용례는 혹은 널리 인민을 가리키고, 혹은 오로지 일국의 국민을 가리키고, 혹은 분절적인 개인을 가리킬 뿐 노예로 쓰인 용례는 없다는 것이다.[14]

넷째, 곽말약은 『십비판서』十批判書에서 꼬챙이로 눈을 찌른 노예란 주장과 문헌기록을 합하고, 또 맹인이란 설을 더하여 은나라 때 '民'이리 불린 사람들이 따로 존재했다고 말한다. 위 그림에 표시된 대로 주나라 초기 「대우정」大盂鼎이나 춘추시대 「진공동정」秦公銅鼎 등

---

12) 民, 衆萌也. 從古文之象.
13) 姚堯, 「民字本義試探」, 『學術論壇』, 2001년 제3기(총 제146기), 98~99쪽.
14) 이는 『고문자고림』 제9책, 907쪽에 다카다 다다치카高田忠周의 견해로 소개되어 있다. 그는 고문자 民을 여자로 본다. 여자이기에 어미 母자의 추론이 가능하다고 한다.

에 보이는 民자는 옆으로 째진 눈에 꼬챙이로 찔러 한쪽 눈이 멀게 된 노예로 본다. 곽말약에 따르면 民은 원래 생산노예로 주나라 초기 인격人鬲이라고도 불렸다고 한다.[15] 그러다 나중에 신분변동을 겪으며 민이 피통치자 전체를 부르는 말이 되었다는 것이다.

이상을 종합하면 붙잡혀 눈이 찔린 채 이주해 와서 노동에 종사하는 노예들로 출발한 民이 가족을 이루어 풀싹처럼 많은 존재가 되었고, 이들이 농업에 종사하면서 신분변동을 하게 되었고 결국은 피통치자를 지칭하는 말로 의미가 확장되었던 것이다. 民은 노예와 평민을 포괄하게 된 것이다. 나중에는 심지어 국왕 한 사람을 제외하고 정치사회의 모든 구성원을 지칭하게 되었다. 오늘날은 아예 최고 통치자까지를 포함하는 '국민' 개념으로 발전했다.

금문을 해석하면 民은 소경, 맹인, 어두움 등 나쁜 뜻과 어울리고 있다. 또는 묘민苗民, 여민黎民 등 중원 민족에 대항한 타민족을 지칭할 때도 쓰고 있다. 묘민이란 고대로부터 한족들과 중원을 다투었던 민족으로 『서경』「여형」呂刑 편에 "묘민은 영험한 수단을 쓰지 않고 형벌로 다스렸다"[16]는 등 초기 문헌부터 나쁜 평가를 받았던 민족이다. 따라서 나쁜 의미를 지닌 초기의 民자와 어느 정도 관련이 있어 보인다.

━

15) 郭沫若, 『郭沫若全集』 歷史編 제2권(北京: 人民出版社, 1982), 41쪽 등. 곽말약은 「작책시령궤」作册矢令簋의 "作册矢令尊宜(进肴)于王姜, 姜赏令貝十朋, 臣十家, 鬲百人"을 예로 들며 '臣'도 노예신분인데, 처자식을 거느린 노예를 말하고, '鬲'은 홀몸의 보통 노예를 지칭했다고 말한다.

16) 苗民弗用靈, 制以刑.

## 2. 신臣 · 민民 관념의 변천

### 공자 이전의 臣 · 民 관념

주나라는 청동기를 만드는 등 사업을 벌일 때 많은 노예들을 노동에 동원했다. 수공업에 종사하는 이들 외에 농업노동을 하는 광범한 대중을 '민'民이라 불렀다. 노예보다 신분과 지위가 높았다. 당시 '서민'庶民 혹은 '서인'庶人이라고도 불렀다. 농경의 특성상 집단을 이루고 살았을 것이다. 귀족들의 지배를 받았으나 매매대상도 아니었으며 귀족들이 자의적으로 살해할 수 있는 대상도 아니었다. 대부분 가정을 이루고 살았으며 일부는 농기구와 가축 등 재산을 가지고 독자적인 농경을 하기도 했다. 그러나 그들의 몸은 엄격한 속박을 받아 마음대로 이사를 할 수는 없었는데, 귀족들의 통제와 더불어 농토에 매여 살 수밖에 없는 특성 때문이기도 했다.

농경을 하는 이 사람들은 모자를 쓰지 않고 검은 머리를 드러내고 노동에 종사했기 때문인지 여민黎民이라고 불렀다. 피통치자 대부분이 黎民이었으며 맨머리를 하고 다니는 사람들로 모자를 쓴 관직에 있는 사람, 귀족, 통치계급과 대비하여 말할 때 쓰는 개념이었다. 이렇게 차림새로 피통치자를 뜻하는 글자로는 검은 머리라는 뜻의 여

수黎首 또는 검수黔首17가 있고, 거친 베옷을 입었다는 의미에서 포의 布衣로도 불리게 되었다. 진시황 28년서기전 219년 태산泰山의 바위에는 黔자와 같은 뜻을 지녀서 黎民이라 쓰고 진시황 32년 갈석碣石산의 석각에도 피통치자를 칭하는 '黎民'이라 썼다.

그런데 黔首가 그랬듯이 黎民 또한 진시황 때 처음 사용된 것이 아니라 훨씬 이전부터 사용된 개념으로 보인다. 중국인은 자신들 최초의 조상으로 황제黃帝를 받드는데, 황제족, 염제炎帝족, 이夷족이 백 개의 씨족百姓 연맹을 대표하여 주변의 여黎족, 묘苗족과 중원을 다투어 마침내 승리했다고 믿는다. 黎民이 '백성'百姓과 같은 뜻이 아니라 오히려 대립된 개념으로 출발했음을 의미한다. 치우蚩尤를 탁록涿鹿으로 몰아붙여 공격을 한 군사대연맹 집단이 각자의 성을 갖고 있었고, 이를 '百姓'이라 부른 반면, 포로가 된 구여인九黎人들을 '黎民'이라 부른 것은 귀천의 구별의식이 작용하고 있었다고 하겠다. 귀족을 뜻하는 '百姓'과 천민 노예 '黎民'이란 대비이다.

성姓을 갖는다는 것은 가문 즉 일정한 토지기반을 가진 귀족을 의미한다. 그런데 오늘날은 백성 民이라 부르며 백성과 民을 같은 관념으로 취급한다. 끝없는 신분변동의 결과일 것이다. 초기 '백성' 즉

---

17) 전국시대와 진나라 때 피통치자를 뜻하는 말로 黔首는 보편적으로 사용되었다.『여씨춘추』의 「집일」執一 편 및 「진란」振亂 편 등과『전국책』「위책」魏策,『한비자』「충효」忠孝 편, 이사李斯의 「간축객서」諫逐客書,『예기』禮記의 「제의」祭義 편 등에 民, 庶民 등 용어와 같이 사용되고 있다. 특히『사기』「진시황본기」秦始皇本紀에는 진시황 26년서기전 221년 民을 '검수'黔首로 바꾸어 부르라는 명을 하달했다고 한다.

'성'을 가진 수많은 사람들이란 개념은 농사를 짓거나 수공업 또는 상업에 종사하는 사람들을 포괄하는 의미가 아니었다. 경전에는 '백성'이란 말이 여러 차례 등장한다.『서경』「반경 하」편에는 "이제 나는 가슴과 배, 콩팥과 창자까지 다 펼쳐서 그대 百姓들에게 짐의 뜻을 모두 알리는 바이니라"[18]라고 하고,『시경』「소아 · 천보」天保 편에는 "온 무리 여黎와 百姓들이 / 두루두루 당신의 공덕을 치하하네"[19]라고 한다.『서경』「요전」을 보자.

"9족이 화목해지면 百姓을 공평하고 빛나게 만들 수 있다. 百姓이 밝고 분명하면 만방을 협력하고 화해하게 만들 수 있다. 黎民의 태도는 이에 바뀌게 될 것이고 서로 화목하게 지내게 된다."[20]

여기서의 '백성'은 '여민'과 다르다. 최고 통치자 아래에서 함께 정치에 종사하는 사람이 백성이고 그 통치를 받거나 교화되는 대상이 여민이다. 고문학의 시조 공안국孔安國은 여기서의 '백성'에 '백관'百官이라 주석을 달았다. 백성이 백관인 것은 '姓'과 관련이 깊다. 부계혈통과 관련하여 여성계통의 姓은 춘추전국시대까지도 남성계통의 씨氏와 구분되어 사용되었다. 남성 중심의 사회가 되면서 관직

---

18) 今予其敷心腹腎腸, 歷告爾百姓於朕志.
19) 群黎百姓, 遍爲爾德.
20) 九族既睦, 平章百姓. 百姓昭明, 協和萬邦. 黎民於變時雍.

과 영역을 표시하는 氏가 확립되지만, 전국시대 후반부터 혼용되기 시작했고 진한시대에 이르러 혼합되면서 姓 또는 氏 하나로 성씨를 대변하게 되었다.[21] 더 이상 나누어 가져 氏를 만들 땅이나 관직이 없게 된 때문이기도 할 것이며, 가문 중심의 세력 강화가 이루어진 전국시대를 거치며 같은 '성씨'를 힘으로 간주했기 때문일 것이다.

姓이 있는 여자는 귀족이자 통치계층이었다. 귀족이 아니면 姓이 없었다. 앞에 예로 든 황제족, 염제족, 이족이 百姓의 연합체 대표로 탁록에서 구여족의 치우와 전투를 벌였다고 했을 때 '백성'은 귀족들의 연합체를 뜻한다. 그러다 남성중심의 세습제도를 시작하면서 성씨는 더욱 중요한 귀족의 표상이 되었을 것이다. 왕은 광대한 토지와 노예를 점유하고 왕의 밑으로 제자諸子, 제부諸婦, 태사太師, 소사少師, 후侯, 백伯, 남男 등의 귀족을 두고 함께 통치했다. 또한 제사와 점복占卜을 관장하는 무사巫史와 정인貞人, 이민족의 추장으로 이민족의 통치를 담당하는 대리인인 방백邦伯과 후侯 등이 있었다. 이 관직의 이름을 그대로 성씨로 삼는 경우가 많았으며, 그래서 이들을 통틀어 '백성'百姓이라 부르기도 했다[22].

초기의 '百姓'은 '民'이 아니라 '신'臣이었던 셈이다. 『논어』「태

---

21) 송나라 정초鄭樵의 『통지』通志「씨족략」氏族略에 의하면 "삼대 이전에 성과 씨는 둘로 나뉘어 있었으며, 남자는 씨를 부르고, 부인은 성을 불렀다. ……삼대 이후 성과 씨가 하나로 합해졌다"고 한다. 고염무의 『일지록』日知錄「씨족」氏族에는 성과 씨를 부르던 것이 사마천의 『사기』부터 섞여서 하나가 되었다고 말한다.

22) 이상 유택화 주편, 장현근 옮김, 『중국정치사상사』선진편 상, 앞의 책, 35쪽 참조.

백」편에는 무왕의 말을 인용하여 "나에게 뛰어난 臣이 열 사람 있다"[23]고 말한다. 모두 무왕을 도와 나라를 일으킨 사람들로 형제뿐만 아니라 다른 성씨 집단의 협력자까지 다양하다. 백성을 臣으로 본 것이다. 그런데 『주례』 「추관·소사구」<sup>小司寇</sup> 편에는 다음과 같은 의미 있는 관념이 등장한다.

> "외조<sup>外朝</sup>의 정무를 장악하고 만민을 불러 모아 묻는다. 첫째는 나라가 위태로운가를 묻고, 둘째는 수도를 옮길 것인가를 묻고, 셋째는 군주를 세울 것인가를 묻는다. 그 자리는 왕은 남향을 하며, 삼공, 각 주 장관, 百姓은 북쪽을 향하고, 모든 신하<sup>臣</sup>는 서쪽을 향하고, 모든 관리<sup>吏</sup>는 동쪽을 향한다."[24]

그림이나 영화에서 왕 아래 도열한 사람들의 위치를 상기해보자. 왕을 대면하고 북쪽을 향해 선 사람들 가운데 百姓이 있다. 이들은 삼공이나 지방장관보다는 아래지만 臣보다는 위이다. 지방과 수도를 막론하고 씨족의 영향력을 행사하는 姓의 대표들이었을 것이다. 통치자에게 직속되는 존재인 臣과 그보다 하급의 행정업무 처리를 담당하는 이<sup>吏</sup>와는 다른 독립된 정치행위를 할 수 있는 사람들로 추정된다.

---

23) 我有亂臣十人.
24) 掌外朝之政, 以致萬民而詢焉. 一曰詢國危, 二曰詢國遷, 三曰詢立君. 其位, 王南鄉, 三公及州長百姓北面, 群臣西面, 群吏東面.

춘추시대에 이르러 인구가 증가하고 복잡한 국제관계와 다양한 잉여는 신분변동을 몰고 왔으며 '백성'을 크게 늘렸을 것이다. 이 과정을 거치면서 '백성'은 초기처럼 특정한 사람 또는 가문집단을 지칭하지 않고 보통명사처럼 쓰이게 되었다. '백성'이 백관의 족성族姓이긴 하지만 그냥 정치에 참여하는 모든 사람들을 지칭하는 말로 쓰였다는 말이다. 『국어』 「초어 하」 편을 보면 그런 경향이 더 늘어난 추세를 읽을 수 있다.

소왕昭王이 물었다. "이른바 百姓, 천품千品, 만관萬官, 억추億醜, 조민兆民이 우리 경내를 통과해 왔다는데 무엇을 가리키는 말이오?"

관야보觀射父가 대답했다. "民 가운데 자기 이름을 올려 관직에 오른 사람이 수없이 많다는 말입니다. 왕과 공의 자제 가운데 자질이 훌륭해 관직의 임무를 수행할 수 있는 사람이면 그 이름 위에 관직을 올려주는 것이고, 그의 직무상 공적에 근거하여 성姓을 하사함으로써 자기 관직을 잘 감수케 함이니 이것을 백성이라 부른 것입니다."[25]

그렇게 성씨를 받은 백관이 수없이 많아 천품, 만관, 억추에 이른

---

25) 王曰: "所謂百姓, 千品, 萬官, 億醜, 兆民經入畡數者, 何也?" 對曰: "民之徹官百. 王公之子弟之質能言能聽徹其官者, 而物賜之姓, 以監其官, 是爲百姓.

다는 것이다. 그래서 억조의 민으로부터 세금을 받아 그들을 부양해야 한다. 그것이 군왕의 일이다. 여기서 우리는 백성이 천, 만, 억으로 늘어나 마침내 조민兆民의 民으로 의미 확장을 해 갔음을 알 수 있다. 백성은 이제 특별한 성씨를 지닌 귀족집단이 아니라 그냥 관직을 가진 사람, 그리고 정치에 참여하는 일반 민중들의 의미를 지니게 되었다.

일반 民은 아니면서 군왕과 民 사이에 존재하는 사람들의 통칭이 臣이었다. 『국어』 「제어」 편에는 臣을 보는 당시의 관념이 잘 나타나 있다. 관중의 말을 인용하여 "君이 君답지 않고, 臣이 臣답지 않은 것이 난의 근본이다"[26]라고 한다. 군과 신은 상대적 개념이며 이 경우 군주 이외의 모든 사람은 臣이 된다. '왕의 臣이 아닌 존재가 없다'는 臣 관념이 춘추시대에도 여전히 유용했던 것이다.

군주에게 유덕한 행위를 강조하는 군도君道처럼 신하들에게 최고의 복종을 요구하는 신도臣道가 강조되었다. 『좌전』과 『국어』에는 간언을 잘하는 신하 즉 간신諫臣 얘기가 많다. 예컨대 『국어』 「진어 6」 편에는 "흥성한 나라의 왕은 諫臣에게 상을 주며, 없어질 나라의 왕은 그에게 벌을 준다"[27]고 한다.

'臣' 관념은 갈수록 추상화되어 군주에게 충성을 다 바쳐야 하는 모든 존재일 뿐만 아니라 부모와 같은 군주에게 절대적 복종을 해야 하는 존재로 각인되어져갔다. 『묵자』 「겸애 상」 편에는 "신하와 자

---

26) 爲君不君, 爲臣不臣, 亂之本也.
27) 興王賞諫臣, 逸王罰之.

식이 임금과 어버이에게 효도하지 않음이 이른바 난亂이다"[28]고 한다. 친족과 가문의 관계를 정치 혹은 국가적 관계와 일치시킴으로써 군왕에 대한 육체적, 정신적 복종을 유도한 것이다.

臣 관념의 확립과 변천에 중요한 역할을 한 사람은 제나라의 안영晏嬰이다. 공자를 포함하여 거의 모든 제자백가들로부터 명신으로 칭송받는 그의 군신 관념은 이러했다.『좌전』「양공 22년」에는 안영 즉 안평중晏平仲의 말을 싣고 있다.

> "君人은 믿음에 입각하고, 臣人은 공경에 입각하여, 충실한 믿음과 돈독한 공경으로 위아래가 하나 되는 것이 천의 도이다."[29]

군주의 신임을 받으면 신하는 충성을 바쳐야 한다는 고금을 관통하는 군신관계는 이렇게 하늘의 도로 격상되었다.『국어』「진어 5」편에도 "가장 위대한 것은 天과 地이고 그 다음이 君과 臣이다"[30]고 말하여 군신관계를 천지와 비교하고 있다.

군주전제주의의 등장은 신하에 대한 높은 충성의 요구와 맞물려 있다. 심지어 생명까지 내놓아야 신하가 된 도리라고 주장한다.

---

28) 臣子之不孝君父, 所謂亂也.
29) 君人執信, 臣人執共, 忠信篤敬, 上下同之, 天之道也.
30) 大者天地, 其次君臣.

## 제자백가의 臣·民 관념

民은 정치적 의미를 지닌 존재로 모든 사람을 지칭하는 人과는 여
전히 구별되어 쓰이기도 했다. 공자는 『논어』 「학이」 편에서 이렇게
말을 한다.

"천승千乘의 國을 이끌려면 정사政事를 공경히 하여 믿음을 주
고, 국용國用을 절약하여 人을 아끼고, 民을 부릴 때는 시기를 맞
추어야 한다."[31]

이 해석은 두 가지로 생각할 수 있다. 하나는 人을 관직에 있는 사
람, 즉 『좌전』에 등장하는 '국중國中의 사士' 이상으로 보는 경우이다.
주희가 人과 民을 구분하는 방식이 이와 같다. 그럴 경우 人은 춘추
전국시대 정치에 참여한 사람들을 부르던 국인國人 개념과 유사해지
는 것이다. 또 한 가지는 人을 제후국 안의 모든 사람을 포괄하는 단
어로 생각하는 경우이다. 그럼 人은 民을 포괄하는 넓은 개념이고,
民은 國을 위해 부림을 당하는 정치적 의미를 지닌 모든 존재로 정
의할 수 있다. 그러면 오늘날 한국인이란 말과 시민이란 말의 차이
쯤이 생기게 된다. 하지만 예컨대 『맹자』 「진심 하」 편에서 "民이 귀
중하고, 사직은 그 다음이며, 군주는 가볍다"[32]고 했을 때처럼 정치
적으로 의미가 있는 民은, 사람 취급을 받지 못했던 사회 구성원인

---

31) 道天乘之國, 敬事而信, 節用而愛人, 使民以時.
32) 民爲貴, 社稷次之, 君爲輕.

노예계급과는 다른 것이었다. 결국 노예를 제외한 民은 정치와 관련된 언술에서 가장 보편적으로 쓰이는 용어로 자리를 잡게 되었다.

공자 이후 제자백가의 책에서 百姓은 하층 노예계급을 제외하고 거의 모든 피통치자 전체를 아우르는 보통명사로 쓰인다. 모두 民으로 바꾸어도 통용이 될 정도로 백성이 피통치자를 뜻하는 民과 같은 의미로 사용되고 있다. 굳이 따지자면 아직도 百姓이 民보다 조금 덜 포괄적인 개념인 정도다. 民은 신분적 제한을 거의 두지 않고 보통 사람들 전체를 뜻하는 말로 사용되고 있기 때문이다.

百姓과 民 관념의 미묘한 차이는 『맹자』에서 확인된다. 「양혜왕 하」 편에 "이는 다른 이유가 아닙니다. 民들과 함께 즐기기 때문입니다. 이제 왕께서 百姓들과 함께 즐긴다면 바로 왕도를 행하는 것입니다"[33]라고 할 때 民과 百姓은 동일한 관념이다. 하지만 「양혜왕 상」 편의 눈물을 흘리는 소를 차마 볼 수가 없어 양으로 바꾸라고 명령한 제 선왕에 대한 이야기의 경우는 다르다. "양으로 바꾸라 했으니 百姓들이 나를 인색하다고 말할 만하지요"[34]라는 제 선왕의 말 속에서 등장하는 百姓은 왕의 명령을 두고 왕을 평가하는 말을 할 수 있는 신분이므로 제한적일 수밖에 없다. 전국시대 제자백가의 책들을 보면 이렇게 정치 또는 정책에 대한 평가를 말할 때는 아직도 民보다 百姓을 언급하는 곳이 대부분이다. 하지만 시대가 내려갈수록 百姓은 피통치자 전체를 지칭하는 말로 보편화되었다.

——

33) 此無他, 與民同樂也. 今王與百姓同樂, 則王矣.
34) 而易之以羊也, 宜乎百姓之謂我愛也.

이렇게 된 것은 시대적 분위기와 관련이 있다. 전국시대는 하극상이 빈발하고 신분의 대변동이 이루어진 시기였다. 어제의 귀족이 오늘의 귀족이지 않았으며, 어제의 여민黎民이 오늘의 노예 신분이지 않았다. 공적을 쌓아 姓을 갖고 백성이 된 여민도 있었다. 자유민, 농노, 노예 등을 포괄하는 '여민'은 그들과 반대되는 귀족의 통칭인 '백성'과 더 이상 대립하는 개념이 아니었다. 백성은 여민이 되었고, '여민백성'이란 말이 보통명사가 되어갔다. 전국시대에 이르러 백성이 평민이 된 것은 노예를 제외하고 평민의 거의 모두 성을 가졌다는 의미일 수도 있다.

맹자가 살았던 전국시대 중기까지는 '국인'國人의 정치적 역할이 상당히 컸던 듯하다. 맹자는 「양혜왕 하」에서 측근이나 대신들보다 '국인들의 말'을 정책 판단의 준거로 삼으라고 주장한다. 이 시기 民은 國人보다 범위가 넓은 피통치자 전체를 가리키는 용어로 쓰이고 있었다.[35] 또한 民은 人과도 거의 같은 의미로 쓰였다.

전국시대에 이르면 왕토王土사상은 더욱 보편화되고 독립된 각 국가의 군주들은 국가의 모든 존재를 자기 소유로 생각했다. 모든 民은 臣이었다. 정치적 의미에서 모든 나라의 신민은 제 군주를 받듦을 하늘의 도로 여겨야 했다. 신하를 군주의 전적인 소유물로 여기는 관념은 춘추시대부터 있었다. 『국어』「진어 9」편에는 "臣은 인

---

35) 민, 백성, 국인, 여민 등 民 관련 관념의 상세한 변천과 주장의 근거 등에 대해서는 장현근, 「민民의 어원과 의미에 대한 고찰」, 앞의 글을 참조할 것.

질로 위탁된 사람이니 두 마음이 있을 수 없다"[36]라고 한다. 이는 한 번 신하이면 두 군주를 섬길 수 없다는 후대의 주장과 일치한다. 또한 『좌전』 「장공 14년」에는 "臣에게 두 마음이 없는 것은 하늘의 제도이다"[37]라고 하여 군주를 신비화한다. 결국 신하의 절대적 복종에 바탕을 둔 군주전제주의 이론의 강력한 등장을 예고한 주장들이다.

군신관계에 대한 유가의 관념은 공자의 다음 말에 잘 드러나 있다.[38] 『논어』 「팔일」 편에서 공자는 "君은 예로써 臣을 부리고, 臣은 충으로 君을 섬긴다"[39]라고 말한다. 절대적 충성은 아니고 군주가 예로 대접하면 신하는 충으로 보답한다는 의미이므로 군주가 예가 없으면 신하는 충성을 바치지 않아도 된다는 해석이 가능하다. 안영 등이 주장했던 생명까지 담보하며 절대적으로 군주에게 충성을 다해야 한다는 춘추시대의 군신 관념에 변화가 일어나고 있었다는 증거이다. 공자는 수많은 도덕의 원칙들을 제기하여 군권에 대해 상대적으로 중요한 가치들을 등장시켰던 것이다.

이런 관념은 맹자와 순자에게도 이어지고 있다. 따라서 초기 유가

---

36) 季質爲臣, 無有二心.
37) 臣無二心, 天之制也.
38) 선진 유가들의 '民'에 대한 관념에 대해서는 박병석, 「중국 고대 유가의 '민' 관념: 정치의 주체인가 대상인가?」(『한국 동양정치사상사 연구』 제13권 제2호, 2014)의 연구가 참고할 만하다. 『中國哲學書電子化計劃』의 관련 자료를 중심으로 고문자로부터 유가 경전에 이르기까지 방대한 자료를 비판적 시각으로 방대하게 서술했다. 그의 주지는 民이 정치의 주체가 아니라 통치의 대상일 뿐이었다는 것이다.
39) 君使臣以禮, 臣事君以忠.

의 군신관계론을 상대적 군신관계라고 부른다. 하지만 공자는『논어』「향당」편에 보이듯 군주 앞에선 숨도 제대로 못 쉬는 것처럼 조심하라고 충고한다. 유가의 상대적 군신관계는 사실상 군주전제주의의 옹호이며 군권의 신성불가침을 강화하는 것이었다고 할 수 있다. 하지만 맹자는 공자의 입장을 십분 존중하면서도 군주권력에 과감히 이의를 제기하는 '용기'를 보인다. 시대를 앞서 사상가이기도 했지만 '힘의 정치'가 아닌 '도덕의 정치'에 대한 그의 확고한 신념이 군권에 대한 도덕의 우위를 주장한 결과라고 생각된다.『맹자』「이루 하」편의 다음 말은 유명하다.

"君이 臣을 수족처럼 여기면 臣은 君을 뱃속의 심장처럼 여길 것이다. 君이 臣을 개나 말처럼 여기면 臣은 君을 보통의 國人처럼 여길 것이다. 君이 臣을 초개처럼 여기면 臣은 君을 원수처럼 여길 것이다."[40]

신하들을 초개처럼 여기는 군주에 반대하며 군주를 원수로 삼을 수도 있다는 말은 도덕정치를 강조하기 위해 군주를 협박하는 맹자의 전형적 방법 가운데 하나이다. 말이 그렇다는 얘기다.「공손추 상」편에서 맹자는 왕에게 신하로부터 배우라고 충고하기까지 한다.

비교적 독특하고 진보적이었던 맹자에 비해 대부분의 유가사상

---

40) 君之視臣如手足, 則臣視君如腹心 ; 君之視臣如犬馬, 則臣視君如國人 ; 君之視臣如土芥, 則臣視君如寇仇.

가들은 역시 존군尊君론을 견지했다. 순자는 이를 대표하며 순자의 유학은 한나라 당나라에도 깊은 영향을 미쳤다. 『순자』 「신도」 편에는 "도에 따를 뿐 君을 따르지 않는다"며 군권에 대한 무조건적인 복종을 거부하지만, '존군'이라는 기본 명제를 바탕으로 상대적 군신관계를 이야기한다. 『순자』가 「신도」 편을 둔 것은 전문적으로 신하의 종류와 품격 및 도리를 언급하기 위함이었다. 「왕제」 편에서 "군주는 군주답고, 신하는 신하답고, 어버이는 어버이답고, 자식은 자식답고, 형은 형답고, 아우는 아우다운 존비장유의 이치는 하나이다"[41]라고 한다. 「신도」 편은 신하를 다음과 같이 분류한다.

"군주에게 잘못이 있어 그릇된 일을 도모하여 장차 국가가 위태롭고 사직이 무너질 위기에 처한다. 이때, 대신과 부모형제 가운데 능히 군주에게 진언하여 쓰이면 되고 안 쓰이면 떠나는 사람을 간諫이라 부른다. 능히 군주에게 진언하여 쓰이면 되고 안 쓰이면 죽어버리는 사람을 쟁爭이라 부른다. 능히 지혜를 모아 협력하고 만조백관을 거느려 서로 군주에게 강권하고 잘못을 고치도록 하고, 군주가 비록 불안해하나 듣지 않을 수 없게 만들어, 마침내 국가의 큰 우환을 해결하고 국가의 큰 재앙을 없애, 결과적으로 군주는 존경받고 나라는 평안해지도록 만드는 사람을 보輔라 부른다. 능히 군주의 명령에 항거하고 군주의 무게를 절취해 군주에 반하는 일을 해서라도, 나라의 위기를 다스리고 군주

---

41) 君君臣臣, 父父子子, 兄兄弟弟, 一也.

의 욕됨을 없애주어 그 공적이 족히 나라에 큰 이익을 되도록 하는 사람을 불拂이라 부른다. 그러므로 간, 쟁, 보, 불하는 사람은 사직의 신하며, 나라와 군주의 보배이다. 훌륭한 군주는 이들을 두터이 존중하지만 어리석은 군주는 그들을 자신의 적으로 생각한다."42

간언을 잘하는 것은 정말 어려운 일이다. 순자의 신도론은 이상론에 가깝다. 간, 쟁, 보, 불을 잘하는 신하를 갖기는 더욱 어렵다. 순자는 정치가 군신의 일이 아니라 민을 중시해야 하는 일이라는 선명한 자신의 '도'를 가지고 있었기 때문에 이런 주장이 가능했다. 『순자』「대략」편에는 "하늘이 民을 낳음은 君을 위해서가 아니다. 하늘이 君을 세움은 民을 위해서이다"43라고 선언한다. 「왕제」편에서는 "君은 배이고 庶人은 물이다. 물은 배를 실을 수도 있고 배를 뒤집을 수도 있다"44는 군주민수君舟民水의 유명한 비유를 했다.

유가의 상대적 군신론은 법가에 이르면 전혀 반대의 방법으로 존군의 길을 걷는다. 유가가 군주와 신하의 상대적 관계에 천착했다

---

42) 君有過謀過事, 將危國家隕社稷之懼也; 大臣父兄, 有能進言於君, 用則可, 不用則去, 謂之諫; 有能進言於君, 用則可, 不用則死, 謂之爭; 有能比知同力, 率群臣百吏而相與强君撟君, 君雖不安, 不能不聽, 遂以解國之大患, 除國之大害, 成於尊君安國, 謂之輔; 有能抗君之命, 竊君之重, 反君之事, 以安國之危, 除君之辱, 功伐足以成國之大利, 謂之拂. 故諫爭輔拂之人, 社稷之臣也, 國君之寶也, 明君之所尊厚也, 而闇主惑君以爲己賊也.

43) 天之生民, 非爲君也; 天之立君, 以爲民也.

44) 君者, 舟也, 庶人者, 水也; 水則載舟, 水則覆舟.

면, 법가는 군주와 신하의 절대적 관계를 강조하고 신하를 군주와 묶지 않고 民과 묶는다. 춘추시대 군신관계에 대한 관념이 법가식 발전을 가져온 것이며 이것이 마침내 정치적 승리를 불렀다. 전국시대는 갈수록 법가식 개혁이 정치의 전면을 장식했으며 마침내 진시황의 통일과 제국의 성립은 군신관계를 더 이상 상대적이게 놓아두지 않았다.

『상군서』『관자』등 법가 저작에도 '臣道' 관념이 출현하지만 유가와는 다른 것이었다. 예컨대『상군서』「개색」편에 "왕도가 하나의 실마리라면 臣道도 하나의 실마리이다. 도로 삼는 바는 다를지라도 규제하는 목표는 하나다"[45]라고 말한다. 부국강병이라는 하나의 목표를 향해서 가지만 군주와 신하가 지향하는 길은 다르다는 얘기다.『관자』「명법해」편에는 "뭇 臣을 통제하고, 죽이고 살리는 일을 마음대로 하는 것은 군주의 직분이다"[46]라고 한다. 신하에 대한 군주의 독단을 요구한다.『한비자』「외저설 우상」편에는 "선왕이 자신의 臣民을 잘 부리는 방법은 작록이 아니라 형벌이었다"[47]며 신하에 대한 혹독하고 교묘하고 정교한 통제와 활용을 주장했다.

### 제국시대의 '신민' 관념

제국시대인 한나라 때 문헌에는 법가의 신민臣民 관념이 한 걸음

---

45) 夫王道一端, 而臣道一端; 所道則異, 而所繩則一也.
46) 制群臣, 擅生殺, 主之分也.
47) 且先王之所以使其臣民者, 非爵祿則刑罰也.

더 나아가 황제의 완전한 종복으로서 臣民 관념이 대대적으로 유행했다.『사기』「진시황본기」에는 낭야의 석각에 새긴 진시황의 선포가 실려 있다. "사람의 발자국이 닿는 곳에 臣 아닌 사람이 없다."[48]『시경』에 보인 왕토사상이 현실권력으로 살아난 것이다. 모든 존재는 황제 앞의 臣民이 된다.「진시황본기」에는 이런 말도 있다. "황제께서 자리에 임하시어 제도를 만드시고 법을 밝히시니 臣下는 그것을 꾸미고 가꿀 따름이다."[49] 진시황은 신하가 군주의 일에 왈가왈부하는 것은 아들이 아버지 일을 의론하는 것처럼 '심히 말이 안 된다'고 생각했다. 이런 '존군억신'尊君抑臣[50]은 춘추시대 이래 주장되어왔고 법가이론에서 활발하게 관념화한 것인데 진시황은 이를 현실에 적용한 것이다. 이는 수천 년간, 어쩌면 오늘날까지도 동양의 정치계에서 사라지지 않는 관념으로 남아 있다.

한나라 초기 육가는 유가 중 존군의 전통을 이어받았다.『신어』「술사」術士 편에서 "위가 밝으면 아래가 맑고 군주가 성스러우면 臣이 충성을 한다"[51]는 상대적 군신의 관점을 일부 유지하고 있었다. 간언의 중요성과 간신들의 출현배경 등을 설명하는 데도 힘을 기울였다.

존군의 전통은 가의에 이르면 춘추시대 군신 관념으로 회귀된 듯하다. 가의의『신서』「계급」階級 편에는 "그러므로 이를 풍속이 되도

---

48) 人迹所至, 無不臣者.
49) 皇帝臨位, 作制明法, 臣下修飾.
50) 이 말은『사기』「예서」禮書에 진시황을 비판하면서 나온 말이다.
51) 上明而下淸, 君聖而臣忠.

록 정하면 人臣은 군주의 치욕에 제 몸을 죽이고, 나라의 치욕에 집안을 잊으며, 공적인 문제에 사私를 잊는다"[52]라고 말한다. 「예」편에서 "군주는 군주답고 신하는 신하다움이 예의 올바름이다. 권위 있는 덕이 군주에게 있도록 함이 예의 분별이다"[53]라는 말은 순자의 논의를 그대로 이은 것이다. 일정 부분 군신 간의 관계를 상대적으로 바라보면서 군신은 주종관계가 아니라 복잡하고 다양한 관계라고 말한다. 『신서』「관인」편은 이렇게 말한다.

"왕이 관료들을 대함에는 여섯 등급이 있다. 첫째 스승, 둘째 벗, 셋째 大臣, 넷째 좌우, 다섯째 측근侍御, 여섯째 하인廝役이라 말한다."[54]

군왕이 아랫사람을 스승이나 벗으로 대하면 크게 성공하고, 신하를 하인으로 대우하면 그 나라는 망한다고 한다. 가의의 이 말 속에는 民에 대한 순자의 생각이 잘 반영되어 있다. 庶民이 괴로워하는 사람은 배척해야 한다고 주장하며 관리의 선발에 民이 참여해야 한다고까지 주장한다. 「대정 하」大政下 편에서 가의는 이렇게 말한다. "그러므로 民이 관리의 이정표다. 民의 처지에서 관리를 살펴본 다

---

52) 故化定成俗, 則爲人臣者, 主丑(恥)忘身, 國丑忘家, 公丑忘私.
53) 主主臣臣, 禮之正也; 威德在君, 禮之分也.
54) 王者官人有六等. 一曰師, 二曰友, 三曰大臣, 四曰左右, 五曰侍御, 六曰廝役.

음에 그에 따라야 한다."[55]

황제 중심의 중앙집권적 전제군주를 위한 신민의 복종을 이론적으로 정교하게 조작해낸 사람은 동중서다. 그는 천지를 비유로 들며 『춘추번로』「양존음비」陽尊陰卑 편에서 "臣의 뜻은 땅에 비유된다. 따라서 人臣은 땅이 하늘을 섬기듯 해야 한다"[56]고 말한다. 땅이 하늘을 섬기듯 '신하된 사람은 군주에게 그런 감정을 보여주고' 절대 복종해야 한다는 것이다. 동중서는 『춘추번로』「위인자천」에서 신하를 포함하여 "마음이 좋아하는 바면 몸이 반드시 안정되듯, 군주가 좋아하면 인민들이 반드시 그에 따른다"[57]고 말한다. 천지음양과 인간의 심성까지 동원하여 군주와 臣民의 차별과 존비를 드러내고 이론화시킨 사람이 동중서이다. 군주보다 높은 곳에 '천도'가 있음을 긍정하여 군권을 상대적으로 제약하고 싶은 마음이 있었다는 점에서 선진 유학과 맥이 닿아 있으나, 그것은 군주의 절대적 권위를 해치지 않는 범위에서일 뿐이었다. 동중서에 이르면 신민 관념은 더 이상 상대적이지 못하게 되었다. 「기의」 편에 "군주는 양이요 신하는 음이다. 아버지는 양이요 아들은 음이다. 남편은 양이요 아내는 음이다"[58]라고 주장한 것은 그가 창조한 삼강三綱론으로 절대적 관계를 뜻한다. 그 출발은 군위신강君爲臣綱 즉 세상의 모든 이치의 중심이자 벼리로서의 존군론이었다.

———

55) 故夫民者, 吏之程也. 察吏於民, 然後隨之.
56) 臣之義, 比於地. 故爲人臣者, 視地之事天也.
57) 心之所好, 體必安之; 君之所好, 民必從者.
58) 君爲陽, 臣爲陰; 父爲陽, 子爲陰; 夫爲陽, 妻爲陰.

왕부의 『잠부론』 「독단」 편에는 "한나라 천자의 바른 호칭은 '황제'이다. 스스로 부를 때는 '짐'이라 하고, 臣民들이 부를 때는 '폐하'라고 한다. 황제가 말하면 '제조'制詔라 하고, 사관들이 일을 기록할 땐 '上'이라고 한다"[59]고 말한다. 오직 황제만이 사용하고 쓰는 용어가 생기고 나머지는 모두 臣民의 일이라고 할 정도로 황제는 저촉해서는 안 되는 신성한 존재로 다시 격상되었고, 그에 비해 신민은 한없이 그에 충성을 바쳐야 하는 대상이 되었다. 후한 때는 『충경』忠經을 발간하여 충효가 모든 신민의 의무가 되도록 가르쳤다. 물론 한대의 논의에는 군권의 지상성도 강조되었지만 도의가 군주보다 높다는 전통적 가치는 여전히 인식론적 전제가 되고 있었다.

후대의 신민 관념은 어떻게 하면 군주로 하여금 현명한 사람을 신하로 임용하게 만들 것이냐, 어떻게 간신을 구별해 퇴출시킬 것이냐 등에 집중되었다. 특히 동한 후기부터 삼강오상三綱五常이 국헌화國憲化하면서 군왕의 문제는 직접 거론하거나 비판의 대상으로 등장하지 않고, 신민들의 군왕에 대한 충성이 곧 국가와 정치의 성공이라는 논리만이 팽대하게 전개되었다. 이는 오늘날의 정치지도자들에게도 간혹 보이는 현상이다.

---

59) 漢天子正號曰 '皇帝', 自稱曰 '朕', 臣民稱之曰 '陛下', 其言曰 '制詔', 史官記事曰 '上'.

## 3. 민본 관념과 맹자의 정치사상

### 민본 관념[60]

백성이 정치의 근본이란 의미의 '民本' 개념은 중국문헌에 등장하지 않는다. 『상군서』 「화책」편의 "민본법야"民本法也라는 구절처럼 '民이 근본으로 삼는 것'의 의미로서 '민본'이란 말이 있을 따름이다. 그럼에도 중국정치사상의 중요한 특징 가운데 하나가 '민본'임을 부정하는 시각은 거의 없다. 이는 중국정치사상, 심지어 존군론의 극치를 달린 군주전제주의 사상인 법가사상까지도 '민'을 국가의 근본으로 생각했기 때문일 것이다.

전통적으로 중국사상 가운데 민을 보는 시각은 크게 몇 가지로 정리해볼 수 있다. 첫째, 民은 天의 상대이며 國의 근본이라는 입장이다. 民은 자체의 생명을 유지하고 편안한 상태로 생존을 이어갈 수 있도록 해주면 농사지으며 제 먹을거리를 해결하고 살아가는 존재다. 따라서 자연 그 자체의 존재이기도 하고, 하늘과 땅과 관련된 존재이기도 하다. 『좌전』 「성공 13년」에는 "民은 하늘과 땅의 가운데

---

60) 민 관념 변천에 대한 일부 내용은 장현근, 「민民의 어원과 의미에 대한 고찰」, 앞의 글을 주로 참조했다.

존재로 부여받아 탄생했는데, 이른바 운명이라 한다"[61]라고 말한다. 『국어』「초어 상」편에는 "땅에는 높고 낮음이 있으며, 하늘에는 어둡고 밝음이 있으며, 民에는 군주와 신하가 있으며, 나라에는 도성과 시골이 있는 것이 옛날부터의 제도이다"[62]라고 한다. 여기서 民은 군신상하 모두를 가리킨 말이며, 하늘과 땅의 상대로 民을 상정하고 있다. 『한서』의 「율력지 상」律曆志上과 「오행지 중」五行志中에도 같은 말이 보이는데 천·지·인 삼각구조로 우주를 보는 동양학 담론의 중요한 관념은 이렇게 만들어졌다. 물론 천인관계의 서열로만 볼 때 天이 상위자고 주재자인데 비해 民은 하위자이고 종속자이긴 하지만, 천의 상대로써 民의 중요성은 이렇게 강조되었다. 그래서 民은 나라의 근본이기도 하다. 『서경』「하서·오자지가」편의 다음 기사를 보자.

"황조 할아버지의 훈계는 이렇다. 民은 가까이 생각해야 하며, 뒷전에 밀어두면 안 된다. 民이야말로 나라의 근본이니, 근본이 튼튼해야 나라가 편안하다. 내 천하를 둘러보니 우부우부 하나하나가 모두 나보다 훌륭하게 보였느니라. 한 명의 人이 세 번 실수할 수도 있는 법, 원망이 어찌 분명해질 때를 기다리겠는가! 아직 보이지 않을 때 도모해야 하니라. 내 억조의 民을 대함에 썩은 고삐로 여섯 마리 말을 모는 듯 두려워하나니, 人의 위에 위치한 사

61) 民受天地之中以生, 所謂命也.
62) 地有高下, 天有晦明, 民有君臣, 國有都鄙, 古之制也.

람이 어찌 공경하지 않겠는가?"[63]

民은 하늘이니 정치와 정책수행은 모두 民을 중심으로 이루어져
야 한다는 생각도 일찍부터 존재했다. 『서경』「고요모」편의 "하늘
은 귀 밝고 눈 밝음은 내 民의 귀 밝고 눈 밝음으로부터 오며, 하늘이
모든 것에 밝고 두려운 것은 내 民이 모든 것에 밝고 두려워함에서
오느니라"[64]는 유명한 구절은 동양사상에서 民의 중요성을 강조할
때 언제나 등장하는 구절이다. 民이 천심이란 말이다. 하늘이 잘 듣
고 잘 본다고 하는데 이것은 우리 백성들이 잘 듣고 잘 보는 것에서
온 것이다. 하늘이 군주에게 어떤 정치할 권리를 줬는데 그 권리는
民에서 왔다는 것이다.[65]

民이 가장 중요하게 여기는 것은 물질적 수요이다. 그래서 식食 즉
밥으로 民을 설명하고 있는 것이다. 『문자』文子「상인」上仁 편은 "밥이
란 民의 근본이다"[66]라 하고, 『삼국지 · 오지』吳志「소가전」邵賈傳에도
"民은 國의 근본이며, 밥은 民의 근본이다"[67]고 말한다. 民을 國의
근본으로 삼는다는 말은 어떤 의미에서 군주나 사직보다 民의 존재

---

63) 皇祖有訓, 民可近, 不可下, 民惟邦本, 本固邦寧. 予視天下愚夫愚婦一能勝
    予, 一人三失, 怨豈在明, 不見是圖. 予臨兆民, 懍乎若朽索之馭六馬, 爲人
    上者, 奈何不敬?
64) 天聰明, 自我民聰明, 天明畏自我民明威.
65) 천과 민의 상관관계에서 민을 더욱 중시한 견해로는 왕부지王夫之가 대
    표적이다. 특히 『상서인의』尙書引義 권 4 『선산전서』船山全書 제2책 참조.
66) 食者, 民之本也.
67) 夫民者, 國之本; 食者, 民之本也.

가 훨씬 중요하다는 것을 의미한다. 이는 맹자의 '민귀군경'民貴君輕 사상을 반영한 것으로 볼 수 있다. 여기에 이르면 民은 더 이상 노예나 하층 천민의 무리가 아니며, 국가와 정치의 가장 중요한 존재 가운데 하나가 된다. 그 후 동양의 정치사상사에서 대부분의 사람들은 정치적 권리의 부여 여부나 실제로 소중하게 여겼느냐의 여부와 상관없이 民을 國의 근본으로 언급하여왔다.

둘째, 민을 군주와 떨어질 수 없는 상호의존적 존재로 보는 견해이다. 피통치자 전체를 부르는 民 관련 개념들을 모두 民으로 통칭할 때 民은 통치자인 군주, 관료 등과 상대를 이루게 된다.『서경』「자재」梓材 편에는 "황천이 그렇게 중국의 民을 부탁한 것이다"[68]라고 하는데 군주에게 명하여 부탁한 것이며, 중국의 민이란 천하의 대중 즉 왕의 신민을 얘기한다.『좌전』「소공 13년」에는 정치권력을 획득하는데 어려운 다섯 가지 경우를 언급하면서 "총애하는 사람만 있고 어진 인재가 없는 것이 하나요, 사람은 있으나 그들을 이끌 주도자가 없는 것이 둘이요, 주도자는 있으나 계책이 없는 것이 셋이요, 계책은 있으나 따르는 民이 없는 것이 넷째요, 民은 있으나 통치자의 덕이 없는 것이 다섯째이다"[69]라고 한다.

통치자와 民은 존비의 차별이 있으나 그들의 관계는 절대로 노예주와 노예가 아니다. 오로지 노예주를 위하여 존재하는 노예와 달리

---

68) 皇天既付中國民.
69) 有寵無人, 一也; 有人無主, 二也; 有主無謀, 三也; 有謀而無民, 四也; 有民而無德, 五也.『사기』「초세가」에도 같은 구절이 인용되어 있다.

民은 통치자의 보호대상이다. 피통치자 계층인 民이 있어야 통치계층이 존재할 수 있는 상대성 때문이다. 그래서 어려움을 잘 보살펴야 한다.『시경』「대아 · 황의」는 "위대하도다! 상제上帝는/ 위엄 갖춰 세상에 임하시고/ 세상을 널리 둘러보시고/ 民의 고통을 살피시네"70라고 말한다. 통치자는 民이 수재, 한재, 기황 등 자연재해를 당할 때 보호해야 하고 그들의 고통을 줄여줄 방법을 고민해야 했다.

民은 통치자를 위하여 노역에 종사하기도 하고, 세금을 내기도 하고, 군인이 되어 전투에 나서기도 한다. 통치자는 이들 民이 부담해야 할 노역과 질고를 헤아리고 보살펴야 한다. 군주의 상대로써 民, 즉 통치자와 피통치자는 어느 일방도 없어서는 안 될 상생의 관계다. 한 걸음 더 나아가『예기』「치의」緇衣 편에서는 공자의 말을 빌려 이를 더 구체적으로 표현하고 있다.

"民은 군주를 마음으로 삼고, 군주는 民을 몸으로 삼는다. 마음이 건장하면 몸이 상쾌하고, 마음이 숙연하면 얼굴이 경건하다. 마음이 좋아하게 됨은 몸이 필경 편하기 때문이며, 군주가 좋아하게 됨은 民이 필경 바라기 때문이다. 마음은 몸으로 인해 온전하기도 하고 몸으로 인해 다치기도 한다. 군주는 民으로 인해 존재하기도 하고 군주로 인해 망하기도 한다."71

---

70) 皇矣上帝, 臨下有赫. 監觀四方, 求民之莫.
71) 民以君爲心, 君以民爲體; 心莊則體舒, 心肅則容敬. 心好之, 身必安之; 君好之, 民必欲之. 心以體全, 亦以體傷; 君以民存, 亦以民亡.

유기체라는 관점에서 민과 군주를 몸과 마음의 관계로 비유하며 두 존재의 불가분리성과 상호의존성을 말하고 있다. 비록 통치자와 피통치자의 관계이긴 하지만 이 정도이면 민과 군주의 관계는 명령과 복종의 상하관계가 아니라 상호의존적인 공생관계가 된 것이다.

셋째, 民을 도덕의 표준으로 여기는 입장이다. 민은 우주만물 가운데 그 자체의 특수한 지위를 가지며, 만물의 영이므로 그들의 행동자체가 정치의 기준이 되어야 한다는 주장이다. 民은 도덕적 표준이므로 시비와 선악을 분변할 수 있다는 것이다. 『시경』「대아·증민」烝民 편에 이런 구절이 있다.

"하늘이 이 民을 낳으심에/ 어떤 물질이 있으면 그에 따른 법칙을 두었으니/ 民이 지켜야 할 떳떳한 이치는/ 좋으니 그것은 아름다운 덕이로다."[72]

『논어』에서 공자는 이 구절을 인용하면서 '이 시를 지은 사람은 도를 아는 사람이다'고 했다. 어떤 사물에 대해서든 반드시 법칙이 있는 것이니 民이란 國을 움직이는 근본으로서 덕의 표준을 세우는 존재라는 얘기다. 民의 행보가 정치적 덕목의 핵심이 된다는 의미로 民을 가치판단의 궁극적 준거로 상정하고 있는 것이다. 물론 民을 스스로 지덕知德을 소유하여 정치적으로 주체적 행위를 하는 존재로 보지는 않았다. 공자는 『논어』「태백」편에서 "民은 정책집행에

---

72) 天生烝民, 有物有則. 民之秉彝, 好是懿德.

따르도록 만들 수는 있어도, 그 구체적인 내용을 알게 만들 수는 없다"[73]고 말한 적이 있다.

『서경』「대우모」편에 "'호생지덕'好生之德이 민심에 스며들어 관리들을 거스르지 않아도 되게 된 것이다"[74]라는 구절이 있다. 여기서 유래하여 호생지덕은 인애하고 자비로워서 차마 생명을 죽이지 못하는 미덕을 의미하는 말로 사용된다. 또 생명이 있는 것을 아끼고 사랑하는 것에서부터 훌륭한 정치가 시작된다는 의미가 담겨 있으며, 특히 사형에 처할 죄인을 특사하여 살려주는 제왕의 덕을 의미하기도 한다. '호생지덕'의 의미는 통치자에게 民을 교화시키고 덕으로 복종시켜야 한다는 뜻이다. 여기서 民은 노예가 아닐 뿐더러 노예와 평민의 총칭일 수도 없다. 民은 도덕정치의 표준이다.

중국정치사상 속의 民은 자유롭고 직업을 가진 존재를 말했다. 지식을 중시하는 유가사상이 통치이데올로기로 등장하기 전이나, 상업을 억제하고 농업을 강조하는 법가사상이 지배하던 시대에도 사·농·공·상 4민 사이에 우열이 존재한 것 같지는 않다. 4민설을 제기한[75] 『관자』「소광」편에선 "사·농·공·상 4민은 국가의 초석이 되는 民이다"[76]라고 한다. 전통시대 民들은 모두 직업을 통한 자기 재산을 가진 존재들이었으며, 자유롭게 이사할 권리와 타국으로 떠

---

73) 民可使由之, 不可使知之.
74) 好生之德, 洽於民心, 玆用不犯于有司.
75) 4민설을 관자가 처음 주장했다는 주장도 있다. 예를 들면 고염무顧炎武 는 『일지록』日知錄에서 "士農工商謂之四民, 其說始於管子"라고 말한다.
76) 士農工商四民者, 國之石民也.

날 권리도 갖고 있었다. 民은 스스로 주체가 되어 혼인을 안배할 수도 있었다. 民은 분명 국가구성의 가장 중요한 요소로서 노예적 속박상태가 아니라 상당한 자유를 누리는 국가의 근본이었다.

### 맹자의 민귀군경民貴君輕[77]

맹자는 민을 정치의 주체로 생각하지는 않았지만 국가를 구성하는 가장 중요한 요소 가운데 하나로 생각했다.『맹자』「진심 하」편에선 다음과 같이 말한다.

> "제후의 보배는 세 가지이니 토지, 인민, 정부이다. 옥구슬 따위의 재물을 보배로 여기는 제후는 그 재앙이 결국 제 몸에 미칠 것이다."[78]

제후가 다스리는 곳이 國인데, 현대 정치학에서 국가를 구성하는 기본 요소로 영토, 주권, 국민, 정부를 얘기하는 것과 유사하다.

맹자는「만장 상」편에서『서경』「태서」편의 "하늘은 우리 백성의 눈을 통해 보고, 하늘은 우리 백성의 귀를 통해 듣는다"[79]라는 말을 인용하며, 민심의 향배가 하늘의 뜻을 결정짓는다는 시각을 견지한다. 민심은 천심이므로 인민은 곧 천민이 된다. 맹자는『맹자』「만장

---

77) 이 소절은 장현근,『맹자: 바른 정치가 인간을 바로 세운다』, 앞의 책, 208~241쪽을 주로 참조했다.
78) 諸侯之寶三: 土地, 人民, 政事. 寶珠玉者, 殃必及身.
79) 天視自我民視, 天聽自我民聽.

상」편에서 "나는 天民 가운데 먼저 깨친 선각자이다"[80]라고 말한다. '천민'이기에 모든 백성은 평등하다. 맹자가 그리는 왕도사회는 모든 사람이 인의예지를 실천해 선한 본성을 충분히 발현시키며 살아가는 이상사회다. 맹자는 '인·민'을 국가구성의 중요한 요소로 중시하다 결국은 이상사회를 만들어갈 주체적 가능성을 지닌 '天民'으로 승화시키고 있는 것이다.

天民은 현실정치를 바꿀 정치적 주체는 되지 못한다. 하지만 어진 정치가 펼쳐진다는 전제 하에 궁극적으로 왕도사회 건설의 주체일 수 있다. 그러므로 현실정치의 지배자인 군주보다 훨씬 중요한 존재이다. 『맹자』「진심 하」편에는 중국 정치사를 움직여온 대단한 말이 실려 있다.

"백성들이 가장 소중하고 사직은 그 다음이며 군주는 그리 중요하지 않다. 그래서 일반 백성들의 신뢰를 얻어서 천자가 되고, 천자의 신뢰를 얻으면 제후가 되고, 제후의 신뢰를 얻으면 대부가 된다. 제후가 사직을 위태롭게 만들면 다른 사람으로 바꾸고, 희생에 쓸 가축을 다 마련하고 곡물도 깨끗이 갖추어 제때에 제사를 지내는데도 가뭄이나 홍수가 연이으면 종묘사직을 바꾼다."[81]

---

80) 天之生此民也, 使先知覺後知, 使先覺覺後覺也. 予, 天民之先覺者也; 予將以斯道覺斯民也.

81) 民爲貴, 社稷次之, 君爲輕. 是故得乎丘民而爲天子, 得乎天子爲諸侯, 得乎諸侯爲大夫. 諸侯危社稷, 則變置. 犧牲旣成, 粢盛旣絜, 祭祀以時, 然而旱

맹자는 군주와 民을 직접 대비하며 백성이 훨씬 중요하다고 말한다. 맹자의 목표는 천하의 제왕 즉 천자가 이 세상에 완벽한 도덕정치를 구현하는 것이다. 어진 정치를 실행해 천하를 통일하고, 모든 사람들이 선한 본성대로 도덕을 구현하며 살아가는 왕도의 세상을 여는 것이다. 그러려면 그 전제인 천하 백성들이 그에게 귀의해 와야 한다. 그래서 천자에게 필요한 것은 민심이다. 백성들의 신뢰다.

民을 제후와 같은 위치로 올려놓고 고민을 했다는 점에서 맹자의 정치사상은 시대를 앞선 것이었다. 하지만 그것이 오늘날의 정치적 평등과 같다고 생각해서는 안 된다. 맹자가 생각한 '民이 소중하고 군주가 가볍다'는 논지는 民과 군주가 인간의 본질상 평등한 존재라는 주장이 아니다. 인의를 행할 수 있는 존재라는 점에서 평등하다는 의미이다. 따라서 민귀군경론에서 民은 맹자 왕도정치론의 숭고함을 표현한 것이며, 도덕권력이 실재하는 정치권력보다 더 중요하다는 강조이다.

『맹자』에는 민생을 위한 많은 조치를 이야기하고 있다. 특히 일정한 직업을 주어 민심을 항상 일정하게 유지시킬 수 있도록 생계형 경제정책을 실시해야 한다는 주장이 많다. 「양혜왕 상」 편에는 "현명한 군주는 백성들에게 생업을 마련해주어 반드시 위로 부모를 충분히 봉양할 수 있도록 하고, 아래로 처자식을 충분히 먹여 살릴 수 있도록 해준다"[82]라고 하고 「진심 상」 편에선 "천하를 잘 다스리는

乾水溢, 則變置社稷.
82) 明君制民之産, 必使仰足以事父母, 俯足以畜妻子, 樂歲終身飽, 凶年免於

성인이라면 콩이나 조 같은 곡식이 물이나 불처럼 풍족하도록 만든
다"83라고 한다.

'민귀군경' 이념을 정책에 반영하려면 기본적으로 백성의 생활
을 보호한다는 원칙이 있어야 한다. 그러므로 전쟁이나 과도한 세
금, 군주의 사적 이익의 추구, 힘에 의한 정치 등은 배제되어야 한다.
맹자가 주장하는 왕도정치는 백성들의 생활을 뒤흔드는 그런 정책
의 반대쪽에 있다. 백성들의 생활안정이 보민保民이다. 「양혜왕 상」
편에서 맹자는 "백성들의 생활을 안정시켜 왕도를 실천하면 아무도
막을 사람이 없습니다"84라고 말한다. 백성들의 생활을 안정시킬 줄
모르는 군주는 가벼운 존재가 아니라 아예 죄인이다. 「이루 상」편에
서 맹자는 "땅을 다투어 전투를 벌여 들판에 가득 찰 정도로 사람을
죽이고, 성을 빼앗으려고 전쟁을 벌여 성에 가득 찰 정도로 사람을
죽인다. 이는 이른바 토지에 이끌려서 인육을 먹는 행위로 그 죄가
죽어서도 용서되지 못할 것이다"85라고 말한다.

맹자의 민본은 民이 주인이 되는 정치가 아니다. 정치의 주체는
군주이고 도덕을 갖춘 군자이다. 民에게 정치를 결정할 어떤 권리도
주지 않고 있으며, 따라서 民은 군주의 정책수행에 소극적으로 반응
하는 어린 백성에 불과하다. 하지만 민심으로 반응하는 민의民義의

———

死亡.
83) 聖人治天下, 使有菽粟如水火.
84) 保民而王, 莫之能御也.
85) 爭地以戰, 殺人盈野; 爭城以戰, 殺人盈城. 此所謂率土地而食人肉, 罪不容
於死.

향배는 정권의 변화를 가져올 수도 있으며, 군주의 정책수행을 불가능하게 만들 수도 있다. 따라서 군주는 항상 민생을 중심에 놓고 생각해야 하며, 민심과 민의를 중요한 정치적 판단의 근거로 삼아야 한다. 통치자 입장에서 이런 권고는 큰 스트레스가 되기도 하겠지만, 그렇게 어려운 일도 아니라고 맹자는 말한다. 군주가 즐기고 싶은 것 다 즐기고, 하고 싶은 일 다 해도 민심을 얻을 수 있다는 것이다. 요체는 즐기되 백성과 더불어 하면 된다. 여민동락與民同樂하라는 충고는 『맹자』에 아주 많이 보인다. 대표적인 몇 가지 예를 들면 다음과 같다. 「양혜왕 하」 편에서 맹자는 "지금 왕께서 백성과 즐거움을 함께 나누는 것이 바로 왕도의 실천이다"[86]라고 말한다. 백성들과 함께 즐기면 즐거움이 배가하니 현명한 정치가라면 혼자 즐기지 않는다는 얘기다. 음악도 혼자 듣는 것보다 여럿이 듣는 것이 낫고, 여럿보다 수많은 백성과 더불어 듣는 것이 훨씬 좋다는 얘기다. 그럼 백성들이 군주를 더욱 사랑하고 더욱 존경하게 되어 왕도정치를 이룰 바탕을 만들어갈 수 있다는 주장이다.

결국 맹자가 생각하는 민본은 군주가 백성들과 더불어 이익과 즐거움을 나누고, 백성들에게 생활에 불편이 없을 정도의 물질적 기반을 마련해주는 것이라고 하겠다.

---

86) 今王與百姓同樂, 則王矣.

제7장

# 도덕

이 장에서는 중국정치사상의 이론 기초로서 본체론 및 수양론과 관련된 관념들의 생성과 변천 과정을 道자를 중심으로 분석한다. 道德 관념이 어떻게 정치 이념의 핵심이 되었는지 그 과정을 유가와 도가의 정치사상을 중심으로 다룬다. 동시에 도덕 관념이 갖는 정치사상적 한계에 대해서도 언급한다.

# 1. 도道 · 덕德 관념의 형성

### 道의 어원

도道자든 덕德자든 초기글자는 모두 갈림길을 뜻하는 행行자의 부류에 속한다.『한전』에는 道자의 갑골문 어원이 없지만, 은주시대 금문의 기록에 따르면 아래 〈그림16〉과 같고『고문자고림』에는 여러 가지 자형과 상세한 설명이 덧붙어 있다.[1] 道는 회의문자로 이끈다는 의미의 도導자와 어원이 같으며, 고대에는 서로 통용했다.

| 散盤 | 曾伯簠 | 설문해자 |
|------|--------|----------|
| 초기 금문 | 후기 금문 | 소전 |

그림 16 道자의 변천

道는 현대 한자어로 책받침 착辵자에 머리 수首자가 결합된 글자다. 금문의 초기 형태는 🎴이며, 네 방향으로 통하는 큰 길을 뜻하는 彳亍行의 가운데에 관찰, 사고, 선택, 방향 등을 나타내는 ▒首자와 걸어

---

1)『고문자고림』제2책, 455~461쪽 참조.

가는 모양을 나타낸 ↘止자가 상하로 붙어 있는 모양이다. 『상형자전』에서는 교차로 입구에서 길을 잃은 사람을 도와 길을 안내하는 의미라고 한다. 방향을 모르는 사람에게 길을 이끌어주는 향도의 의미인 셈이다. 금문의 후기 형태는 ⿰인데, 止자 대신 손으로 잡는다는 의미의 ⺕자가 들어 있다. 손으로 이끌거나 방향을 지시한다는 의미일 것이다. ⼝曰자가 사이에 낀 것은 손으로 잡아끌면서 말로 정확한 방향을 설명한다는 의미일 것이다.[2]

소전의 ⿰자는 앞으로 나아간다는 ⾡辵자에 ⿰首를 더한 것으로 금문의 의미와 일치한다. 辵은 주走자와 같이 '간다'는 뜻이고, 首는 방향을 뜻한다. 道는 도로라는 뜻으로 쓰인 것이다. 초기 금문에서 향도의 의미는 후기 금문에서 없어지고 대신 소전에서 寸자를 아래에 붙여 導자를 형성한 것이다. 결국은 초기와 같은 의미를 지니게 되었다. 道와 導는 통용된 글자였다.

『설문해자』에서는 "道는 사람들이 다니는 길이다. 자형은 辵과 ⿰를 따른 회의문자이다. 일직선으로 다다르는 큰 길을 道라고 부른다"[3]라고 말하고 있다. 도는 사람이 가는 길을 말하며, 직선으로 도달하는 큰 길이란 구체적인 '대로'라는 뜻 외에도 추상적으로 삶에서 정정당당하게 추구해야할 가장 명료한 '방법과 수단'을 뜻하는 것이라 할 수 있다.

---

2) 『고문자고림』 제2책, 456~461쪽 참조.
3) 所行道也, 從辵從⿰, 一達謂之道.

### 德의 어원

『고문자고림』에서는 德의 여러 가지 갑골문 형태를 보여준다.[4] 〈그림17〉은 그 가운데 모양이 다른 갑골문 몇 글자를 표시한 것이다. 德은 道자와 같은 행行부를 쓰는 회의문자로 고대에는 德자와 得자가 통용되었다.

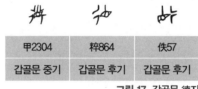

| 甲2304 | 粹864 | 佚57 |
|--------|-------|------|
| 갑골문 중기 | 갑골문 후기 | 갑골문 후기 |

그림 17 갑골문 德자

『은허문자갑편』2304 글자에 대해 나진옥羅振玉은 이 시기 德자는 모두 득실 문제를 다루는 데 빌려 썼다고 한다.『상형자전』의 초기 갑골문 卅은 사방으로 통한 큰 길을 뜻하는 卅行자와 애매하지 않고 똑바로 펼쳐졌다는 의미의 屾直자가 결합된 글자였다. 본래의 의미는 도로 방향을 명확히 파악하고, 헷갈리거나 길을 잃어버리지 않음을 뜻하는 것이라고 한다. 똑바로 곧게 나아가는 탄탄대로라는 의미다. 후기 갑골문의 卅자는 卅을 彳으로 간략화한 것이다. 다음 〈그림 18〉은 금문과 소전의 德자이다.

---

4)『고문자고림』제2책, 470쪽.

| 辛鼎 | 師㝆鼎 | 설문해자 |
| 초기 금문 | 후기 금문 | 소전 |

**그림 18** 德자의 변천

초기 금문의 德자는 후기 갑골문의 자형을 계승하고 있으며, 후기 금문의 德자는 심장을 뜻하는 心자가 더해졌다. 사람의 행위나 마음 씀으로 비정되어 관념화한 것이다.『상형자전』에 따르면 후기 금문의 德자는 마음이 너그럽다는 함의를 지니고 있다. 소전의 德자는 기본적으로 후기 금문의 德자를 계승하고 있기 때문에 같은 의미로 사용되었을 것이다. 그 오른쪽 글자를 변용하여 德은 悳으로도 쓴다. 현대에 통용되는 德자는 直과 心 사이에 횡으로 一자가 하나 더 붙었는데, 특별한 이유를 찾기는 어렵다.

임의광은 德의 오른쪽 直을 直이 아니라 좇을 순循자의 고대 글자로 본다. 그리하여 마음이 좇아가는 바가 悳이라는 것이다.[5]『설문해자』에는 悳자에 대하여 "밖으로 다른 사람으로부터 얻고, 안으로 자기 자신으로부터 얻는다. 자형은 直과 心을 따른다. 惪이 고대 문자이다"[6]라고 말한다. 그 외 德은 하늘이 내려준 상을 가리킨 글자라는 설도 있고, 서중서는 갑골문과 초기 금문에 心자가 없었다는 데 착안하여 원래 오르다, 베풀다 등의 뜻을 지닌 치循자라고 주장한다.

---

5)『고문자고림』제2책, 472쪽.

6) 外得於人, 內得於己也. 從直從心. 惪, 古文.

値자의 원래 뜻은 순행하고 시찰한다는 의미라고 한다. 心을 덧붙인 해석은 후대에 생겨났다고 한다.[7]

德은 느릿느릿 걸어서 시찰하는 것을 뜻하는 글자였는데, 거기에 마음 心을 덧붙임으로써 높은 뜻을 지향하는 고도의 인격적 행위 혹은 마음을 의미하게 되지 않았을까 추측된다. 하지만 德자에 포함되어 있는 눈에 주의하여 시라카와는 조금 특별한 주장을 하기도 한다. 즉 "德은 눈에 있는 주술능력을 사용해 다른 사람을 지배한다는 뜻이다"[8]라고 한다. 그는 道자도 길의 재앙을 떨쳐내는 의식이라고 하여 모든 것을 주술과 연결시키고 있다. 인간의 복잡한 관계망에서 정치가 출발하고 정치는 지배와 복종을 속성으로 한다는 점에서 눈에 힘을 주어 복종을 유도하는 정치적 작용은 갑골문의 시대에도 있었을 것이다.

『설문해자』에는 "德은 높은 데로 오름을 말한다. 자형은 彳를 변으로 하면서 㥁를 소리로 삼는다"[9]라고 한다. 『상형자전』德자조에는 이런 주장도 실려 있다. "도가사상에서 '道'는 자연율을 대표하며 도가道家 세계관의 핵심이다. '德'은 자연율에 순응하는 법칙을 대표하며 도가 방법론의 핵심이다." 道가 먼저고 德은 도에 순응하는 실천방법이라는 얘기로 道와 德의 관계를 이해하는 데 도움이 된다.

---

7) 『고문자고림』 제2책, 474쪽.
8) 시라카와 시즈카, 윤철규 옮김. 『한자의 기원』, 앞의 책, 273쪽 참조.
9) 德, 升也. 從彳, 㥁聲.

## 2. 도道·덕德 관념의 변천

### 공자 이전의 道·德 관념

초기 문헌인 『시경』『서경』『주역』에 등장하는 도道자는 상당부분이 도로, 길 등과 관련이 있다. 그러나 일부 용례는 인간세상의 높은 도리를 표현하는 추상적인 관념을 대변하고 있다. 따라서 초기 문헌의 확립시기에 道 관념이 도로나 길에서 인간 세상과 관련된 관념으로 승화된 것으로 추정된다.

『시경』에는 도로나 길이라는 원래의 의미를 지닌 곳이 많다. 「국풍·남산」南山 편에는 "남산은 높고 높은데/ 숫여우 어슬렁거린다/ 노나라 가는 道 평탄하구나/ 제나라 공주가 그 길로 시집을 갔더라"[10]라고 道를 따라가는 길을 뜻하는 유由자로 보고 있다. 「국풍·웅치」雄雉에는 "저 해와 달을 보니/ 아득하구나 내 그리움/ 道가 멀다고 하는데/ 어떻게 오실 수 있으려나"[11]라고 한다. 마찬가지로 그냥 '길'을 말한다. 『시경』에 32차례 등장하는 道자는 대부분 길, 도로라는 원의에 가깝다. 예외로는 「국풍·장유자」牆有茨 편에 "방안에

---

10) 南山崔崔, 雄狐綏綏. 魯道有蕩, 齊子由歸.
11) 瞻彼日月, 悠悠我思. 道之云遠, 曷云能來.

서 나눈 말을 道할 수가 없구나/ 道할 수도 있겠으나/ 말하자니 추하구나"12라고 할 때 道는 분명 '말하다'는 의미이다. 「대아 · 생민」生民 편에는 "후직이 농사를 지으니/ 도움이 되는 道가 있도다/ 무성한 풀을 없애고/ 종자를 가득 심으며"13라고 한다. 여기서 道는 '길'이라고 해석할 수 있으나 '방법'이 어울린다. 道를 '말하다', '방법' 등으로 쓰는 용례는 후대에 크게 발전했다.

한편 『서경』에는 36차례 道자가 등장한다. 道를 '길'이란 뜻으로 사용한 경우는 「우공」 편에 '구하기도'九河既道 등 지리명 정도다. 이외의 道자는 거의 대부분 천도天道 등 고매한 관념적 이치를 함장하고 있다. 『서경』의 관련 문장들은 『시경』보다 늦게 성립된 것으로 보인다. 『서경』 「대우모」에서는 道를 추상적 의미로 사용하여 "인심人心이란 지극히 위태로운 것이고, 도심道心은 지극히 미약한 것이니, 오로지 정밀하게 한 가지에 집중하여, 그 중中을 잡아야 하느니라"14 하는 중용의 이치를 설명하고 있다. 여기서 道는 보편적 욕망의 대변자인 '사람'의 반대편에 있는 존재를 말한다. 즉 인간의 욕망에 상대적인 그 무엇이라는 고도의 정치철학적 함의를 지니고 있다. 『서경』의 道자는 대부분 이러한 인간관과 우주관을 다루는 철학적 관념으로 나타나고 있다. 「태서 하」 편의 "하늘은 밝은 道를 지니고 있으니, 그 모든 부류가 뚜렷이 드러난다"15처럼 하늘이 지닌 크나큰

---

12) 中冓之言, 不可道也. 所可道也, 言之醜也.
13) 誕后稷之穡, 有相之道, 茀厥豐草, 種之黃茂.
14) 人心惟危, 道心惟微, 惟精惟一, 允執厥中.
15) 天有顯道, 厥類惟彰.

덕성으로 표현되기도 한다. 심지어 「홍범」 편에는 '왕도'王道라는 표현도 등장하여 춘추전국시기 관념의 원형들을 모두 보여주고 있다.

『주역』의 경우 道자의 관념화가 문장의 출현연대를 추정할 수 있는 중요한 기준이 되기도 한다. 예컨대 「리괘」履卦 구이九二의 효사에는 "밟는履 道가 탄탄하니 숨어 있는 사람의 점괘가 길하다"[16]라 하여 '밟아가는 길'이란 뜻으로 사용했다. 경문에 자주 등장하지는 않지만 여기서 道는 '길'이라는 의미로 쓰인 경우다. 「수괘」隨卦의 구사九四 효사에는 "따름隨에 획득이 있으나 점괘는 흉하다. 신뢰를 갖고 道를 살피면 밝아질 것이니 무엇이 허물이리오"[17]의 道는 '길'로도 해석이 가능하고 '도리'로도 가능하다. 『주역』에서 대부분의 道자는 전傳부분에 보이는데 거의 천도, 천지지도, 도리 등 고도로 관념화된 의미를 담고 있다. 심지어 신도神道라는 표현도 심심치 않게 보인다.

『주례』의 道자는 실제의 '길'이나 '도로'를 뜻하기도 하고 추상적인 관념으로서 道를 말하기도 한다. 「지관사도」 편에는 "큰 빈객을 접대하고 성 밖의 道를 닦고 접대용 양곡을 모아둔다"[18]거나 「하관사마」夏官司馬편에 "사험司險은 9주의 지도를 관장하고 산림과 천택의 험난함을 두루 알아서 그 사이의 도로道路를 개통시킨다"[19]고 할 때는 명확히 '도로'를 뜻한다. 하지만 「춘관종백」 편에 "道가 있는 사람, 德이 있는 사람들로 하여금 교육을 담당하게 한다. 죽으면 악조

---

16) 履道坦坦, 幽人貞吉.
17) 隨有獲, 貞凶. 有孚在道, 以明, 何咎.
18) 大賓客, 令野修道委積.
19) 司險: 掌九州之圖, 以周知其山林, 川澤之阻, 而達其道路.

樂祖로 받들어 학교에서 그들을 제사지낸다"20고 할 때 道는 무언가에 능통한 사람을 뜻한다. 「천관총재」편, 「지관사도」편 등에는 학문과 기술을 뜻하는 도예道藝란 표현이 다수 등장하는데, 道가 학문이란 관념으로 승화되어 사용되고 있다.

『춘추』의 경문 부분에는 위서 문제가 있는 「애공」편을 제외하곤 「선공 17년」의 "기미년, 공이 진후, 조백, 주자 등과 함께 단도斷道에서 동맹을 맺었다"21거나 「양공 5년」의 "중손멸과 위손 임보가 선도善道에서 오나라와 회합했다"22 등 두 차례 등장하는데 모두 '길'의 의미로 쓰였다. 하지만 춘추시대 말기에 형성된 해설서인 전傳에는 「희공 28년」 "봄, 진후가 조나라를 정벌하려고 하면서 위나라에 道를 빌리고자 했으나 위나라 사람들이 허락하지 않았다"23 등 '길'의 의미도 있지만 대부분의 道자는 「소공 18년」 "자산은 '천도天道는 멀고 인도人道는 가까운데 직접 미치지 못하는 곳을 어떻게 알 수 있겠는가'라고 말했다"24처럼 추상적 관념인 '천도', '인도' 등 의미로 쓰이고 있다.

춘추시대에 이르러 道 관념의 변이가 이루어진 것으로 추정된다. 그 결정적 고리는 공자였을 것이다. 『논어』 「양화」편에도 길의 의미로 쓰인 '도청도설'道聽塗說 등의 예가 있어 초기 문헌들과 짝을 하고

---

20) 凡有道者, 有德者, 使教焉; 死則以爲樂祖, 祭於瞽宗.
21) 己未, 公會晉侯, 衛侯, 曹伯, 邾子, 同盟于斷道.
22) 仲孫蔑, 衛孫林父, 會吳于善道.
23) 春, 晉侯將伐曹, 假道于衛, 衛人弗許.
24) 子產曰, 天道遠, 人道邇, 非所及也, 何以知之.

있다. 하지만 주지하다시피 『논어』에 등장하는 대부분의 道는 인간 사회의 높은 가치를 뜻하는 추상적 관념이다.

덕德은 은나라 말부터 중요한 정치적 관념으로 등장했으며 주나라 초기 주공에 의해 대대적으로 선전되었다. 금문 「모공정」毛公鼎에는 "문왕, 무왕을 크게 드러내도록 했다. 하늘은 그들의 德을 많이 키우도록 하여 우리 주나라를 기르셔 천명을 받도록 하셨다"[25]라고 한다. 『시경』과 『서경』은 경덕敬德사상의 보고이다. 德자는 『시경』에 70여 차례, 『서경』에는 200차례 이상 등장할 정도이다. 예컨대 『시경』 「국풍·웅치」 편에는 "많고 많은 군자들이여 / 德을 행할 줄 모르나니! / 원망하지 않고 욕심내지 않는다면 / 어찌 되지 않는 일이 있으랴!"[26]라고 한다. 여기서 군자는 군주의 자제들로 정치하는 계급이다. 유덕有德한 정치를 행하라는 주문이다.

『서경』 「주서·홍범」 편에서는 정치가 무엇을 해야 하는지에 대한 유명한 아홉 가지 범주九疇를 정하고 있는데, 그 여섯 번째에 "삼덕三德을 적절히 행할 것"을 주문하고 있다. 『서경』 「반경 상」 편에도 德의 다양한 의미를 잘 표현하고 있다. "내 스스로 이 德을 잃지 않는다"[27]고 말하는데 천명에 순종하고 조상을 잘 숭배하는 것을 德으로 표현한 예이다. 옛 사람을 믿어야 하며 "나 또한 그런 사람을 동원해서 쓰는 德스럽지 않은 행위를 하지 않겠다"[28]고 말한다. 유덕

---

25) 丕顯文武, 皇天弘厭厥德, 配我有周, 膺受天命.
26) 百爾君子, 不知德行. 不忮不求, 何用不臧.
27) 非予自荒玆德.
28) 予亦不敢動用非德.

한 정치는 옛 사람을 배척하지 않아야 한다는 뜻이다. 이런 구절도
있다.

"그대들이 사사로운 마음을 버리면 참된 德을 백성들에게 베
풀 수 있을 것이오. 그리하여 친척들과 벗들에게까지 그 영향이
미칠 것이니 그대들은 감히 큰 소리를 칠 수 있을 것이오. 쌓은 德
이 있었노라고."[29]

이 구절은 사적인 견해를 버리고 군주의 말을 잘 따르는 것을 德
이라고 한다. 「반경 상」 편에는 재물을 긁어 "삶에 충실하여 열심
히 공을 세우고 백성들에게 德을 많이 베풀어 영원히 한 마음을 가
질 수 있도록 하라"[30]고 주문한다. 재물과 부에 신경 쓰지 않고 열심
히 일하는 것을 德이라고 한다. 『서경』「미자」 편에는 은나라 주왕이
'술독에 빠져 주정을 부린 것'을 "德을 어지럽히고 망친" 것이라고
말한다. 德을 정치적 성패와 관련된 중요한 관념으로 생각한 것은
아주 오래되었으며 특히 하극상의 정벌을 통해 은나라를 대체한 주
나라가 천명의 수수를 '덕'으로 포장함으로써 德은 고대 정치사상
의 핵심 관념이 되었다. 『서경』「강고」 편을 보자.

"너의 현달하신 아버지 문왕께서는 德을 밝히시고 벌을 신중

---

29) 汝克黜乃心, 施實德於民, 至於婚友, 丕乃敢大言, 汝有積德.
30) 無總於貨寶, 生生自庸, 式敷民德, 永肩一心.

히 하셨다. 감히 홀아비, 홀어미도 업신여기지 않으셨다. 애쓰시고, 공경하시고, 위엄 있게 백성들에게 밝히셨다. 그리하여 우리 하夏에 구획을 처음 만드셨다."31

'덕을 밝히고 벌을 신중히 한다'는 명덕신벌明德愼罰 관념은 주나라의 기본 정치 이념이 되었다. 유택화 선생은 주공이 말한 '德'의 내용을 10가지로 종합했다. "1) 경천敬天, 2) 경조敬祖하고 조상의 업을 계승함, 3) 왕명을 존중함, 4) 마음을 비우고 선대 현인들 – 상나라 때 선왕·선현들의 성공경험을 포함하여 – 의 유훈을 받아들임, 5) 어린 백성을 동정함, 6) 신중한 행정으로 심혈을 기울여 백성을 다스림, 7) 나태하지 않음, 8) 교화敎化를 행하여 사랑의 방법으로 길들여지지 않은 사람들을 이끌고 교육시키며 부지런하지 못한 사람들이 근면하게 되도록 격려하는 것, 9) '신민新民을 만듦', 즉 은나라 유민을 새로 개조하여 정도를 가게 만듦, 10) 형벌을 신중히 함이 그것이다."32

서주 초기부터 중시되던 '德' 관념은 정치의 또 따른 축인 '형벌' 刑罰과 대비되면서 내내 중국정치사상의 주축이 되었다. '덕교'德敎, '선덕후형'先德後刑 등 파생적 정치 이념도 만들어졌고 병兵 즉 군사의 상대어로 사용되기도 할 정도였다. 『국어』 「주어 상」 편에 "선왕은

31) 惟乃丕顯考文王, 克明德愼罰, 不敢侮鰥寡. 庸庸, 祇祇, 威威, 顯民. 用肇造我區夏.
32) 유택화 주편, 장현근 옮김, 『중국정치사상사』 선진편 상, 앞의 책, 79~80쪽 참조

德을 밝히지 兵으로 시위하지 않는다"33)라고 한다. 德으로 백성들을 순후하게 만드는 것이 군사를 운용하여 위협하는 것보다 훌륭한 정치임을 강조한 말이다. 德의 정치는 "백성들의 숨은 고통을 구휼하는데 힘쓰고 해를 없애는"34) 것이다.

또한 덕치德治로 민심을 이끌어야 하며 '德'이 아니면 백성들이 떠난다고 생각했다. 『좌전』 「문공 5년」에는 육六나라가 망한 이유를 "德이 바로 서지 않았으며 백성들이 돕지 않아 애석하게 무너졌다"35)라고 평가한다. 『국어』 「주어 하」편에는 "말로써 백성들에게 德을 베풀면 백성들은 감동하여 德에 따르게 되니 민심이 돌아오는 것이다"36)라고 한다. 이 말들은 모두 德은 정치적 언어를 통해 드러난다는 의미다. 행동으로도 드러난다. 『좌전』 「은공 11년」에는 "관용하며 행동하는 것이야말로 德의 준칙이요 예의 벼리이다"37)라고 한다.

德과 형刑의 관계는 춘추시대 정치의 중요한 쟁점이었다. 『좌전』 「성공 17년」에는 "德과 刑이 서지 않으면 거짓과 간악함이 함께 온다"38)라고 한다. 「소공 20년」에는 대체로 德을 베풀고 형벌을 남용하지 말 것을 주장했다. 하지만 자산子産 같은 정치가는 "오직 유덕

---

33) 先王耀德不觀兵.
34) 勤恤民隱而除其害也.
35) 德之不建, 民之無援, 哀哉.
36) 以言德於民, 民歆而德之, 則歸心焉.
37) 恕而行之, 德之則也, 禮之經也.
38) 刑德不立, 奸軌並至.

한 사람만이 너그러움으로 백성을 복종시킬 수 있다"[39]면서 관용의 정치로 백성들을 복종시키는 것은 상당한 정치적 능력이 필요하므로 그럴 수 없다면 차라리 엄한 형벌로 다스리라고 말한다. 『좌전』 「소공 20년」에는 거기에 더하여 관용의 덕치와 형벌의 사나움을 겸용하는 조화의 정치를 주장하는 공자의 주장을 싣고 있다.

"정치가 너그러우면 백성이 태만해진다. 태만해지면 사나움猛으로 이를 교정해준다. 사나우면 백성이 잔혹해진다. 잔혹해지면 관용을 베푼다. 너그러움으로 사나움을 구제하고, 사나움으로 너그러움을 구제하니 정치란 이로써 조화를 이루게 된다."[40]

### 제자백가의 道·德 관념

'道'가 무엇을 가리키는지에 대해 제자백가는 다양한 분석을 내놓았다. 이것들을 개괄하여 말하면 "우주본원, 규율, 이론원칙, 도덕준칙 등을 가리킨다."[41] 道와 정치의 관계에 대해서도 제자백가들 사이에 많은 견해 차이가 있지만 그 차이 속에 한 가지 공통된 추세는 道를 그 어떤 것보다 높은 곳에 위치시킨다는 점이다. 道에 대하여 『도덕경』 25장에는 "천지보다 먼저 생겨난 것"이라 하고, 『관자』

---

39) 唯有德者能以寬服民.
40) 政寬則民慢, 慢則糾之以猛, 猛則民殘, 殘則施之以寬, 寬李濟猛, 猛以濟寬, 政是以和.
41) 유택화 주편, 장현근 옮김, 『중국정치사상사』 선진편 상, 앞의 책, 531쪽 참조.

「내업」內業 편에는 "뿌리도 없고 줄기도 없으며 잎도 없고 꽃도 없으나 만물이 그로써 생겨나고, 만물이 그로써 성장하니 이름하여 道라 한다"[42]라고 말한다.

道와 德을 가장 전문적으로 논한 사상가 그룹은 도가였다. 세월이 흐르면서 '도', '덕' 관념이 추상화된 것과 관련이 있겠지만 도가는 유가와 전혀 다른 각도에서 道와 德을 생각했다. 세부적인 차이는 있지만 대체로 도가의 '道'는 자연율을 대표하며 세계관의 핵심을 구성하고, '德'은 자연율에 순응하는 법칙을 뜻하며 방법론의 핵심을 구성한다.

도가는 道의 의미를 확장하고 전파하는 중심이었다. 모든 것이 道에 근원을 두며 일체가 道를 본받으니 군주, 정치, 성왕 모두 道를 근본으로 삼아야 한다고 주장한다. 도가에게 道가 군주보다 높다는 것은 보편적 원칙이다. 道는 모든 것이 그에 합치할 수밖에 없는, 모든 생명과 인간관계의 근원이다. 『도덕경』 1장에서 노자가 한 말대로 '道는 정의하기 어려운 개념'이다. 그럼에도 『도덕경』에는 74차례나 道자를 언급하며 설명을 시도한다. 크게 나누어보면 첫째 형이상의 추상적 존재로서의 道, 둘째 만사의 규율로서의 道, 셋째 인위적인 수양의 수단으로서의 道, 넷째 '말하다'라는 의미의 道로 사용하고 있다. 『도덕경』 21장의 "道라는 물건은 미묘하여 알 수가 없고, 형체가 없는 모양을 하고 있다"[43]라는 말처럼 '道'는 참으로 모호한

---

42) 凡道無根無莖, 無葉無榮, 萬物以生, 萬物以成, 命之曰道.
43) 道之爲物, 惟恍惟惚.

개념이다.

노자는 道를 무위無爲라고 한다. 이는 노자정치사상의 핵심이다. 『도덕경』 37장의 유명한 구절을 보자.

"道는 언제나 무위하지만 안 되는 일이 없다. 제후나 왕들이 그 道를 지킬 수만 있다면 만물은 저절로 변화할 것이다."[44]

'무위'는 도체道體 즉 道의 본체이다. 아무 일도 하지 않는다는 말이 아니라 인위적 행위에 대응하는 말이다. 도체는 道의 작용 즉 도용道用이 일어나게 만드는 근원이다. 체體가 드러낸 작용이 무불위無不爲 즉 '안 되는 일이 없는 상태'이다. 삼라만상 존재하는 모든 것에, 날아다니든 걷든 헤엄치든 모든 움직임 속에, 생명이 있는 것이든 없는 것이든 상관없이 道는 항상 그 가운데 있다. 그래서 노자의 道은 우주의 중심이고 사물의 중심이고 행위의 중심이다. 우리가 상상하는 모든 존재, 모든 움직임, 모든 상상 속에 내재하는 근원적 '길'이 바로 道이다.

노자가 '道를 따르라' 함은 근원으로 되돌아가라는 말이다. 『도덕경』 40장은 "되돌아가는 것이 道의 움직임이다. 약해지는 것이 道의 작용이다. 천하 만물은 유有에서 생겨나고, 유는 무無에서 생겨난다"[45]라고 말한다. 노자의 德은 근원의 그 무엇이 사람들 사이에서

---

44) 道常無爲而無不爲. 侯王若能守之, 萬物將自化.
45) 反者道之動; 弱者道之用. 天下萬物生於有, 有生於無.

실천되는 것을 말한다. 그래서 德은 곧 득得이다. 노자의 德은 자연의 도가 마음에 쌓여서 '얻어지는 것'이다. 자연으로의 회귀라는 실천행위 즉 수양론을 말한다.

장자는 노자처럼 道와 德을 명확히 구분하지 않는다. 道德을 붙여쓰기도 한다. 『장자』 「마제」 편에는 "道德을 훼멸하고 인의가 생겼으니 성인의 잘못이다"[46]고 한다. 존재론으로서의 道와 실천론 혹은 수양론으로서의 德을 한 과정으로 취급한다. 장자에게 道와 德은 하나이면서 둘이고 둘이면서 하나인 셈이다. 예를 들면 『장자』 「천지」 편에 "태초에는 무無만 있어 존재도 없고 이름도 없었다. 거기서 처음의 하나一가 일어났는데, 하나가 있을 뿐 아직 형체를 갖추지는 못했다. 만물은 그 하나가 있음으로써 생겨나므로 그것을 가리켜 덕德이라 부른다"[47]라고 한다. 德으로 표현되는 이 의미는 마치 노자의 道에 대한 설명과 흡사하다. 또한 이어서 '성性은 德으로 되돌아가는 것'이라 하는데 이는 '되돌아가는 것이 道의 움직임이다'라는 노자의 언어와 비슷하다.

『장자』에는 道자가 德자보다 자주 출현하지만 둘을 거의 구분하지 않고 쓴다. 「제물론」에 따르면 道는 유일한 존재를 뜻하기도 하고, 초월적인 무엇을 말하기도 하며, 무한한 생명의 근원이기도 하다. 장자는 자연으로 돌아가 형체와 생명을 온전하게 보전하는 삶을 추구했는데, 거기에 이르는 수양론이 德론이다. 『장자』 「천지」 편에

46) 毀道德以爲仁義, 聖人之過也.
47) 太初有無, 無有無名; 一之所起, 有一而未形. 物得以生, 謂之德.

는 "道와 德에 내맡기고 자유롭게 떠돌 수 있다면 ……물物을 물답게 만들되 자신은 외물에 대해 하나의 물로 취급당하지 않으니 어찌 세상에 쓰여 힘들어질 수 있겠는가!"[48]라고 한다.

장자는 일종의 무정치를 주장한다. 치인도 거부하고 치세라는 관념도 부정하며 권력을 비판한다. 충효와 인의도 비판한다. 『장자』「지북유」 편에는 "道는 지혜로 다다를 수 없으며, 德은 의식으로 도달할 수 없다. 인仁은 일부러 하는 것이며, 의義는 눈으로 판가름하는 것이며, 예禮는 서로 거짓을 꾸미는 것이다"[49]라고 말한다. 「천운」 편에는 효제孝悌와 충신忠信 따위에 "힘쓰기 시작함으로써 德을 혹사시킨다"[50]라고 말한다. 인의나 충효는 자연과 대립하는 인위적인 것이라는 이유 때문이다. 그래서 장자는 '아집我執을 깨뜨려라', '지혜나 지식 따위를 버려라', '욕망에서 자유로워라'. '삶과 죽음을 모두 도외시하라'고 주문한다.

유가의 道와 德에 대한 관념은 장자의 비판처럼 도가와는 사뭇 다르다. 유가에서는 道를 이론원칙, 도덕준칙으로 취급한다. 한마디로 도덕이상을 뜻한다. 그리고 그 도덕이상은 현실 정치권력보다 높은 위치에 있다. 『논어』「선진」 편에서 공자는 "道로써 군주를 섬기고, 그럴 수 없으면 그만 두라"[51]는 정치원칙을 제기했는데, 맹자는 이를 계승하여 『맹자』「등문공 하」 편에서 이렇게 말한다.

---

48) 若夫乘道德而浮遊……物物而不物於物, 則胡可得而累邪!
49) 道不可致, 德不可至. 仁可爲也, 義可虧也, 禮相僞也.
50) 此皆自勉以役其德者也.
51) 以道事君, 不可則止.

"道가 아니면 한 소쿠리 밥이라도 다른 사람에게서 받아서는
안 되며, 道에 입각한 것이면 순임금이 요임금의 천하를 받는다
해도 크다고 할 수 없다."[52]

맹자는 德을 높이 외치며 권세나 지위에 맞서라고도 한다. 『맹자』
「공손추 하」 편에는 "천하에 존중받는 것이 세 가지 있다. 벼슬작위
가 하나요, 나이가 하나요, 德이 하나다"[53]고 한다.

『순자』에서는 문제를 더욱 명쾌하게 표현한다. 「수신」 편에서는
조금도 꺼리지 않고 단도직입적으로 "도의道義가 중시되면 왕공은
가벼워진다"[54]라고 말한다. 「신도」 편과 「자도」子道 편에선 종도불종
군從道不從君 즉 '도를 따를 뿐 군주를 따르지 않는다'고 선언한다. 道
의 체현을 통해 범인의 인식을 초월한 성인이 '인륜의 극치'로서 이
땅에 德의 정치를 펼친다는 것이다. 정치적 판단과 인간의 삶에 더
중요한 영향은 '도덕'에서 비롯되는 것이지 현실의 '권력'에서 비롯
되는 것이 아니라고 본다. 『순자』에는 「강국」 편의 '도덕의 권위' 등
道德을 붙여 사용한 용례가 12차례나 된다. '도덕'에 관해 깊은 고
민을 했다는 반증이며 도덕을 개념어로 정착시킨 것이다.

그래서 유가에게 치도治道는 정책이나 제도의 성취가 아니라 어떤
정치를 어떻게 시행하느냐는 내성외왕內聖外王을 표방한다. 유가의

---

52) 非其道, 則一簞食不可受於人 ; 如其道, 則舜受堯之天下, 不以爲泰.
53) 天下有達尊三. 爵一, 齒一, 德一.
54) 道義重則輕王公.

道는 치도이자 인도人道이다. 유학자들은 학문을 수양하고 성취하면 정치에 나아간다. 자신의 성취와 사회적 구제를 인생의 양대 목표로 삼고 살아간다. 『논어』「태백」편에서 공자는 "나라에 도가 있으면 나아가 벼슬하고, 나라에 도가 없으면 공부를 감추고 은거한다"[55]라고 한다. 『맹자』「진심 상」편에는 공부했으나 "형편이 풀리지 않으면 홀로 제 몸의 선함을 지키고, 형편이 풀리면 두루 천하를 선하게 만든다"[56]고 한다. 『순자』「유효」편에서는 "통달하면 천하를 통일하고, 궁하면 홀로 고귀한 명성을 이룬다"[57]고 한다. 유가의 道는 수양론에 가까우며 이는 도가에서 말하는 德의 의미와 유사하다고 할 수 있다.

법가는 열렬하게 군주독재를 주장했지만 이론상으론 그들도 법이 왕보다 높고, 道가 왕보다 높다고 생각했다. 『관자』「군신 상」편은 "명군은 道와 법法을 중시하고 나라는 가벼이 여긴다. 따라서 한 나라의 군주라 함은 道가 그를 군주로 만든 것이고, 천하의 왕이라 함은 道가 그를 왕으로 만든 것이다"[58]라고 한다.

德에 대해서는 『관자』가 가장 다양한 논의를 담고 있다. 『관자』에는 德자가 수백 차례 등장한다. 위 유가의 주장과 유사한 곳도 있고 법가적인 곳도 있으며 도가적인 곳도 있고 독창적인 곳도 있다. 『관자』에서는 하늘의 道 또는 德을 이야기하며 매번 그것의 정치적 효

---

55) 邦有道, 則仕; 邦無道, 則可卷而懷之.
56) 窮則獨善其身, 達則兼善天下.
57) 通則一天下, 窮則獨立貴名.
58) 明君重道法而輕其國也. 故君一國者, 其道君之也; 王天下者, 其道王之也.

용성과 연결하므로 군주가 주요하게 갖추어야 할 사항으로 보는 것이다. 『관자』「판법」版法 편에는 "하늘을 본받고 德에 합치하며, 땅을 본받아 사사로이 친함이 없으며, 해와 달에 참여하고 사시를 보좌한다"[59]라고 말한다. 「형세해」 편은 "현명한 군주는 천도天道를 본받는다"[60]라고 말한다. 『관자』에서는 때에 맞는 정책의 시행, 교화를 잘하고 문무를 겸비하게 만드는 일, 제사를 잘 지내는 일까지 모두 德으로 풀이한다. 「오행」 편에는 德과 그 반대어인 형벌의 적절한 조화를 언급하기도 한다.

『묵자』「상현 중」 편은 "성인의 德은 천지의 모든 것을 덮는다"[61]라고 한다. 이처럼 법가를 제외한 거의 모든 제자백가는 德의 위대성을 언급하고 있다. 하늘을 본받고 德에 합치하는 것이 훌륭한 정치라고 주장한다. 德은 초기부터 사상가들에게 가장 보편적인 의미를 지니는 명제였다. 제자백가는 매우 주체적으로 자연규율을 인간의 행위규범과 준칙으로 전환시켜 갔으며, 동시에 자연의 성질로부터 '도덕'의 근거를 찾아내고자 했다. 그 압축적인 표현이 추연의 '오덕종시설'五德終始說이다. 『사기』「맹자순경열전」에 기록된 추연에 관한 기록을 보면 추연은 역사를 변화발전의 필연으로 보았으며 그 규율은 "五德은 바뀐다. 다스림에는 각자 마땅한 바대로 하겠으나 결국 이 오덕에 부응하게 된다"[62]는 것이었다. 그는 토, 목, 금, 화, 수

---

59) 法天合德, 象地無親, 參於日月, 佐於四時.
60) 明主法象天道.
61) 聖人之德, 蓋總乎天地者也.
62) 五德轉移, 治各有宜, 而符應若玆.

5덕의 상생상극으로 정치변화를 설명했다.[63]

## 제국시대의 '도덕' 관념

진시황은 추연의 '오덕종시설'을 숭상했다. 『사기』「봉선서」에는 다음과 같은 말이 있다.

"주나라는 화덕火德을 얻어 적조赤鳥의 신물을 가졌다. 지금 진 나라가 주를 개변시켰으니 수덕水德의 때가 온 것이다. 옛날 진 문 공秦文公이 사냥을 나가 흑룡을 잡았는데 이것은 水德의 상서로운 조짐이다."[64]

진시황은 황하의 이름도 덕수德水로 바꾸었다. 진시황은 水德과 법가의 중벌사상을 뒤섞어 제도를 바꾸었다. 이 점에서 진시황의 德 은 도가나 유가의 德 관념과는 차이가 있지만 근원적이고 추상적인 정치의 원칙을 설명하고 있다는 점에서는 비슷한 점도 있다.

『사기』「진시황본기」에 체도행덕體道行德 즉 '道를 체득하여 德을 실천하다'는 등 道를 언급하는 사례가 있는 것으로 보면 진나라 때 에도 도덕은 중요한 담론거리였던 모양이다. 하지만 천인, 성왕 및 정치적 성취와 관련된 道에 대한 관념이 다시 활기를 되찾은 것은

---

63) 추자의 학설이 10만 자에 이른다고는 하지만 모두들 유실되고 후대의 『문선』文選 등에 단편적으로 그의 주장이 전할 뿐이다.

64) 周得火德, 有赤鳥之符. 今秦變周, 水德之時. 昔秦文公出獵, 獲黑龍, 此其 水德之瑞.

한나라 때였다. 육가는『신어』의 첫 편을 '도의 기초'란 의미의「도기」道基로 명명했다. 그리고 책의 첫 문장을 천지와 성인의 "공덕이 두루 섞여서 도술道術이 생겨났다"[65]고 말한다. 육가는 역사의 진전을 긍정했으며 형벌을 부정하지 않았지만 유가 도덕의 회복을 주장했다.『신어』「도기」편에선 후대의 성인이 만든 '오경'五經과 '육예' 六藝가 확립되어 "혼란을 바로잡으니 천인의 합책合策으로 원도原道가 모두 갖춰지게 되었다"[66]라고 한다.「술사」편에서는 역사의 경험과 공적을 잘 받아들임으로써 "德은 일월과 짝할 수 있고 행동은 신령과 합치할 수 있어" 위대한 정치적 성취를 이룰 수 있다고 한다.[67]

육가는「사무」思務 편에서 "성인의 道가 꼭 같을 필요는 없다"[68]고 말하면서 법가의 변고變古설을 긍정하지만, 그러면서도 예나 지금이나 일관된 '道'가 관통하고 있다는 순자의 '도관'道貫을 계승하고자 했다.「술사」편에서 '성현은 道와 합치하며', "道를 버린 자가 일신을 망치는 것은 만세에 바뀌지 않는 법이며, 예나 지금이나 벼리가 되는 원리원칙은 같다"[69]라고 한다.

한편 육가는 도가의 '도덕' 관념을 흡수하여 전문적으로「무위」無爲 편을 저술하여 "道는 무위보다 큰 것이 없다"[70]라고 말하기도 했

---

65) 功德參合, 而道術生焉.
66) 以匡衰亂, 天人合策, 原道悉備.
67) 德可以配日月, 行可以合神靈, 登高及遠, 達幽洞冥.
68) 聖人不必同道.
69) 去道者身亡, 萬世不易法, 古今同紀綱.
70) 道莫大於無爲.

다.「술사」편에서는 "道가 주창되면 德이 화합하고, 인이 서면 의가 흥한다"[71]면서 흥망의 결정은 군주의 인의에 달려 있다고 주장하기도 한다. 이는 존군尊君을 긍정하면서도 道가 군주보다 우위에 있다는 순자의 입장을 견지한 것이다. 한 제국에 접어들면서 제자백가의 관념이 습합되어 가는 모습을 육가에게서 확인할 수 있는 것이다. 육가는「본행」편에서 "다스림에는 도덕道德을 최고로 삼고 행동에는 인의를 근본으로 삼는다"[72]면서 道와 德을 붙여서 사용하기도 한다.

'道'와 '德' 관념의 정치사상적 의미부여는 동중서에 이르러 정점을 이룬다. 육가, 가의로 이어져 '도'를 강조하던 한대 초기 풍토에다 동중서는 '천'天자를 더했다. 그는 천의 권위를 이용해 당시 무한히 확장되어가던 군주의 권력에 모종의 제약을 가하려 했다.『춘추번로』「음양의」편에는 "천과 동일하게 하면 크게 다스려지고, 천과 다르게 하면 크게 어지러워진다. 따라서 군주 되는 사람의 道는 제 몸을 천과 동일하게 하여 그것을 이용함보다 현명한 방법은 없다"[73]라고 말한다. 군도君道는 천도天道에 종속된다는 것이다.

동중서는 선진 유가들처럼 道를 만고불변의 원칙으로 삼는다.『한서』「동중서전」에서 그는 "道란 그것으로 말미암아 치세에 이르

---

71) 道唱而德和, 仁立而義興.
72) 治以道德爲上, 行以仁義爲本.
73) 與天同者大治, 與天異者大亂. 故爲人主之道, 莫明於在身之與天同者而用之.

게 되는 길이다. 인의예악 모두가 거기에 갖추어져 있다"[74]라고 말한다. 이어서 "道의 큰 근원은 천에서 나온다. 천이 불변하듯 道 또한 변하지 않는다"[75]면서 道를 지키는 것이 곧 천명이라고 생각했다. 그래서 『춘추번로』의 「요순불천이 탕무부전살」堯舜不擅移 湯武不專殺 편에서는 "유도有道가 무도無道를 치는 것은 천리다"[76]라고 말할 정도였다.

유가의 입장에서 덕치를 강조하던 동중서는 덕치의 실현 또한 하늘의 뜻이라고 주장한다. 『춘추번로』「요순불천이 탕무부전살」편에서 그는 "德으로써 족히 백성을 평안하고 즐겁게 하는 자는 천이 아들로 삼으며, 악으로써 백성을 상하고 해치는 자는 천이 그 지위를 빼앗는다"[77]라고 말한다. 『한서』「동중서전」에도 道와 德의 관계에 대한 동중서의 말을 싣고 있다.

"天道의 위대함은 음양에 갖추어져 있다. 양은 德이고 음은 형刑이다. 형은 죽이는 것을 주로 하나 德은 살리는 것을 주로 한다."[78]

동중서가 德을 형벌에 반대되는 관념으로 본 것은 선진 유가사상

---

74) 道者, 所由適于治之路也, 仁義禮樂皆其具也.
75) 道之大原出于天, 天不變, 道亦不變.
76) 有道伐無道, 此天理也.
77) 故其德足以安樂民者, 天子之; 其惡足以賊害民者, 天奪之.
78) 天道之大者在陰陽. 陽爲德, 陰爲刑; 刑主殺而德主生.

을 계승한 것이다. 그러나 맹자의 성선설에는 반대했으며, 형벌을 배척하지도 않았다. 『춘추번로』 「양존음비」 편에서 동중서는 "하늘의 셈은 양을 숭상하면 음을 숭상하지 않고, 德에 힘쓰면 형벌에 힘쓰지 않는다. 형벌만으로는 세상을 성취할 수가 없다. 이는 음만으로는 한 해를 성취할 수 없음과 같다"[79]고 한다. 「기의」 편에서는 '德을 100으로 하면 형벌은 1로 해야 한다'는 비율까지 얘기한다. 德으로 최대한 가르치고 그래도 안 되면 형벌로 다스리라는 것이 동중서 덕치의 본질이다. 그는 국가가 국가인 까닭은 德 때문이므로 군주가 권력과 함께 '德'이라는 관념도 확실히 장악하고 있어야 한다고 주장한다.

동중서 德 관념 가운데 비교적 특수한 것은 德을 군주의 전유물로 취급한 점이다. 「보위권」 편에서 그는 "德은 누구나 함께 하는 것이 아니며, 위엄은 누구나 나누어 가지는 것이 아니다. 누구나 德을 함께 한다면 은혜로움을 잃게 되고, 누구나 위엄을 나누어 가지면 권력을 잃게 된다"[80]라고 말한다. 德을 군주가 백성과 가까지 지내는 '수단'으로 언급한 것이다.

한 무제는 동중서 이론의 추종자였다. 한 무제는 덕과 형벌을 겸용하되 덕주형보德主刑輔 즉 '덕을 위주로 하고 형벌은 보완작용을 하도록 한다'는 정책을 내세웠다. 하지만 실제로는 형벌을 더욱 중시했으며 법망은 매우 엄밀하고 혹독했다. '왕도'王道의 포장이 필요할

---

79) 天數右陽而不右陰, 務德而不務刑. 刑之不可任以成世也, 猶陰不可任以成歲也.
80) 國之所以爲國者德也, 君之所以爲君者威也. 故德不可共, 威不可分. 德共則失恩, 威分則失權.

때만 德을 내세우고 현실에선 폭력통치를 하는 것이야말로 대부분의 제국 군주가 내세운 덕치의 실상이다.

제국시대 德 관념은 제왕의 통치술을 벗어나 민간으로 더욱 확장되었다. 『염철론』鹽鐵論은 다양한 정치 관념에 대한 일대 토론을 담고 있는데, 여기서 德은 주로 교화의 의미로 쓰이고 있다. 특히 학교교육을 통해 모든 백성들에게 심어져야 할 교육방침으로 강조된다. 『염철론』「준도」遵道 편에는 "위로 황제黃帝로부터 아래로 3왕에 이르기까지 덕교德敎를 밝히고 상서庠序 교육기관을 근엄하게 하고 인의를 숭상하고 교화를 세우지 않는 사람이 없었다. 이는 만세에 바뀔 수 없는 道이기 때문이다"[81]라고 말한다. 현량문학賢良文學들은 '德으로 이끌고 예禮로 가지런히 한다'는 『논어』「위정」 편의 가르침에 충실하기를 주장한다. 德을 통한 교화의 정치를 하면 "아직 형태를 갖추기 전 다스려지고, 아직 싹이 트이기 전에 분별하게"[82]『염철론』「대론」되어 사회혼란을 막고 정치안정을 이룰 수 있다고 주장한다.

선진시대에도 道德을 붙여 쓴 사례가 더러 있었지만, 제국시대 이후로는 '道德'을 한 개념처럼 언급한 용례가 부쩍 늘어난다. '道'와 '德'을 구분 없이 사용할 정도로 사람들의 마음속에 같은 관념으로 스며들어간 것이다. 『한서』「광형전」匡衡傳에는 서한 후기 저명한 학자인 광형匡衡의 얘기를 싣고 있다. "道德이 경사에 넓혀지고 아름다

---

81) 上自黃帝, 下及三王, 莫不明德敎, 謹庠序, 崇仁義, 立敎化. 此百世不易之道也.

82) 治未形, 睹未萌.

운 학문이 강역 밖에 떨쳐진 연후에 큰 교화가 이루어질 수 있고 예양禮讓이 일어날 수 있다."[83] '도덕'이 제국시대 황제들 '교화'정치의 핵심 관념으로 동일시되었던 것이다. 같은 편에서 광형이 "道德적인 행동은 안으로부터 밖으로 이어지고 가까운 사람에서 시작하여 백성들이 무엇을 본받을 것인가를 잘 알게 된다"[84]라고 주장한 데서 알 수 있듯이 후대의 통치계급은 道德과 통치자의 정치행위가 인과관계에 있음을 강조했다. 그 목적은 『역위』「건착도」의 "위에 있는 자는 전제專制를 하고, 아래에 있는 자는 순종을 한다. 인간 세상에 이런 바른 형태가 갖추어지면 道德이 서고 존비가 정해진다"[85]는 말처럼 상하위계질서의 '도덕'적 정당성을 찾으려는 것이었다. 세상은 道德의 교육장이 되고 군주는 그 최고의 스승이 된다.

'도덕'이 단일한 관념으로 자주 쓰이면서 과거의 정치원칙 가운데 가장 높은 데 위치했던 '도'가 담당했던 추상성은 이제 '도덕'이 담당하게 되었다. 예컨대 왕충은 『논형』「변숭」辨崇 편에서 "道德, 인의는 하늘의 道이다"[86]고 한다. 순열은 『신감』「정체」편에서 '道德으로 백성을 다스려야 한다'면서 이렇게 말한다.

"군주가 지능知能으로 백성을 다스리는 것은 수영을 하는 것과

---

83) 道德弘於京師, 淑問揚乎疆外, 然後大化可成, 禮讓可興也.
84) 道德之行, 由內及外, 自近者始, 然後民知所法, 遷善日進而不自知.
85) 上者專制, 下者順從. 正形於人, 則道德立而尊卑定矣.
86) 道德仁義, 天之道也.

같다. 道德으로 백성들을 다스리는 것은 배를 타는 것과 같다."[87]

수영하는 것은 힘들고 위험한 일이지만 배를 타면 편안하고 안전
하게 물을 건널 수 있다. 순열은 같은 편에서 "최고의 道라도 스스로
실천하지 않으면 道라고 할 수 없다"[88]면서 '道' 한 글자로 나타내
기도 한다. 그러나 그는 큰 강을 건너는 것과 같은 군주의 통치사상
을 얘기하면서 '도덕'을 붙여 언급하고 이를 세세한 통치술과 연결
시키고 있다. 道보다 道德을 더 구체적인 치민의 방법으로 관념화한
것이다.

『태평경』은 도가의 서적인데 '道德의 정치'를 매우 강조한다. 제
왕의 정치에 도움이 되는 것으로 '원기치'元氣治, '자연치'自然治, '도
치'道治, '덕치'德治, '인치'仁治, '의치'義治, '예치'禮治, '문치'文治, '법치'
法治, '무치'武治를 언급한다. '원기치'와 '자연치'는 도교적 특징을 나
타내는 것이지만 그 아래 '道'와 '德'으로 시작되는 모든 정치는 유
가적이다.『태평경』은 '道德의 정치'를 최고의 치국방안으로 제시한
다. 하늘은 '도'이고 땅은 '덕'이라는 천지와 도덕의 대응을 말한 것
도『태평경』이다. 道德의 정치는 천지에 순응하는 정치이므로 도덕
을 버리면 징벌을 받는다고도 한다. 이 책에선 심지어 "도덕이 있으

---

87) 以知能治民者, 泅也; 以道德治民者, 舟也.
88) 故至道之要, 不於身非道也.

면 크게 부유하고, 도덕이 없으면 크게 빈곤하다"[89]고 도덕을 사회 경제 문제의 핵심으로 파악하기도 한다. 『태평경』은 '도덕만능주의' 의 결정판이다.

도교가 득세한 시대에는 '도덕'이 당대 정치 이념의 핵심이 되기도 했다. 예컨대 당나라 도사 오균吳筠은 그의 『현강론』玄綱論 「명본말」明本末 편에서 "道德을 버리고 오로지 예지禮智에만 맡기는 것은 군주 남면의 술이 아니다"[90]고 주장한다. 이어서 "군주는 道를 심장으로 삼고, 德을 본체로 삼고, 인의를 나들이 예복으로 삼고, 예지를 면류 관으로 삼으면 팔짱을 끼고 있어도 천하가 교화될 것이다"[91]라고 한 다. 도덕을 인의보다 훨씬 중요한 가치로 여겼다는 점에서 오균의 '도덕정치'론은 『태평경』의 추상성을 넘어서 군주전제를 정당화하 는 도교정치사상의 압권이다. 『현강론』 「화시속」化時俗 편에는 군주 를 道德의 화신으로 보고 "道德은 천지의 조상이며, 천지는 만물의 어버이며, 제왕은 천지인 3재才의 주인이다. 그러므로 道德, 천지, 제 왕은 하나다"[92]라고 말한다.

하지만 같은 당나라시대 사람인 공영달은 유가를 중심에 놓고 생 각하면서 도가의 '도덕'이 아닌 유가의 '예'禮를 道로 돌려놓았다.

---

89) 以有道德爲大富, 無道德爲大貧困.
90) 舍道德而專任禮智者, 非南面之術.
91) 人主以道爲心, 以德爲體, 以仁義爲車服, 以禮智爲冠冕, 則垂拱而天下 化矣.
92) 道德者, 天地之祖; 天地者, 萬物之父; 帝王者, 三才之主. 然則, 道德天地 帝王一也.

『오경정의』「단궁상소」에서 공영달은 "道는 예와 같다"고 한다. "예는 道德의 구체화다"라고도 말한다.「곡례상소」에서는 "道德이 만사의 근본이며, 인의는 뭇 행동 가운데 가장 위대한 것이다"[93]라고 한다. 인의를 도덕의 하위에 두었던 도교적 관념은 다시 바뀌어 공영달에게서는 도덕과 인의는 동등한 관념이 된다.「기서」[記序]에서 그는 '道는 예의 본질이고, 예는 道의 구체화이니 예가 없으면 道 또한 행해질 수 없다'고 생각했다. 공영달은「곡례상소」에서 道와 德을 따로 떼서 언급하기도 한다.

"道는 만물에 관통하는 이름이고, 德은 다스림을 얻는다는 말이다. ……道는 만물을 관통함이요 德은 만물을 다스림이다. 만물을 다스림은 만물을 관통하는 곳에서 비롯하므로 德은 道를 따라 생겨나는 것이다. 그래서 道가 德의 위에 있다."[94]

공영달은「정녀소」[靜女疏]에서 "道와 德은 하나이며 다른 점은 글자뿐이다"[95]라고 말하기도 한다.

한유는 여기서 한 걸음 나아가 도교의 도덕이 인의를 포함하지 않는 것이어서 사적인 견해에 불과하다고 비판한다.『한창려문집』「원도」편에는 "인과 의를 합하여 말하는 천하의 공언[公言]이다. 노자가

---

93) 道德爲萬事之本, 仁義爲群行之大.
94) 道者通物之名, 德者得理之稱. ……道是通物, 德是理物, 理物由於開通, 是德從道生. 故道在德上.
95) 道德一也, 異其文耳.

말하는 道德이란 인과 의를 버리고 말하는 것으로 한 사람의 사언私
言이다"96)라고 말한다. 이후 성리학의 '도덕' 관념은 공영달, 유종원,
한유 등을 거쳐 이룩된 도학道學의 전통에서 확립된 것이라 할 수 있
다. 후대 주원장 등이 제왕정치의 핵심으로 내세운 '도덕교화'에서
'도덕'은 당송 유학에서 확립된 道德 관념의 실천이었다.

---

96) 合仁與義言之也, 天下之公言也; 老子之所謂道德云者, 去仁與義言之也,
一人之私言也.

# 3. 무위無爲와 도덕의 정치사상

## 도덕수양과 무위無爲의 정치사상

앞에서 살펴보았듯이 후대에 성립된 도교의 '도덕' 관념은 유가의 도덕 관념을 상당부분 받아들이고 있다. 초기 도가의 논의 가운데 군주의 통치술에 가까운 사상으로는 특히 『도덕경』을 꼽을 수 있다. 하지만 노자의 주장은 절대적이고 추상적인 '道'의 지배하에 성립된 것이다. 약간의 차이는 있지만 초기든 후기든 도가정치사상에 깃든 '도덕' 관념에 일관된 흐름이 존재하는데, 그것은 '道'의 절대적 지배를 받아들이고 자연의 규율에 따르는 정치를 강조한다는 점이다. 예컨대 당나라 도사 오균은 열 가지 정치스타일을 얘기하며 '도덕'의 정치를 강조했지만 그보다 상위의 것으로 '원기치'와 '자연치'가 있다고 한다.

법자연法自然 즉 '자연을 본받자'고 주창한 책이 『노자』 즉 『도덕경』이다. 『장자』 등은 道와 德을 애써 구분하지는 않았지만, 자연을 '도덕'으로 받아들이는 데는 동의한다. 대부분 도가 서적이 '자연을 본받자'는 주장에 동조하며 '자연'을 '천'天으로 표현하는 경우가 많다. 예컨대 『경법』經法「사도」四度 편에는 성인은 여천동도與天同道 즉 '天과 道를 함께 한다'고 말한다. 천지 즉 하늘과 땅으로 표현하기도

한다.『여씨춘추』「정욕」<sup>情欲</sup> 편은 "제 몸을 다스려 천하와 같이하려
는 자는 반드시 하늘과 땅을 본받는다"[97]라고 말한다.

　도가의 道는 자연을 뜻하지만 그것이 지향하는 바는 인간사회의
실천덕목들을 포함한다. 도가 수양론이라 부를 수 있는 이러한 구체
적인 '德'은『도덕경』과『장자』등에 무수히 등장하며 도가정치사상
의 핵심을 구성한다. 끝없는 자기수양을 통해 내성에 이르고 통치자
가 되어 위대한 정치를 실현해내는 사람을 장자는 '내성외왕'<sup>內聖外王</sup>
즉 '성왕'이라 불렀다.

　도가에서 성왕 또는 성인의 치도<sup>治道</sup>는 '무위'<sup>無爲</sup>이다.『도덕경』
37장의 "道는 언제나 無爲하지만 안 되는 일이 없다"는 '무위이무
불위'<sup>無爲而無不爲</sup>는 노자정치사상의 요약이다. '無爲'는 아무 것도 하
지 않는다는 소극적 원리가 아니다. '無爲'하려는 적극적인 실천의
노력을 통해 '道의 정치'에 이를 수 있다는 말이다.『도덕경』2장에
는 "성인은 無爲의 정치에 마음을 두고, 불언<sup>不言</sup>의 가르침을 행한
다"[98]라고 하고, 57장에는 "내가 無爲하면 백성들이 저절로 변화된
다"[99]라고 한다.

　『도덕경』이 만들어진 시기는 사회변동이 극심하고 부국강병을 위
한 공격적인 정치가 행해지던 춘추전국시대, 말하자면 '대유위'<sup>大有</sup>
<sup>爲</sup>의 시대였다. 구질서, 구전통, 구습속이 날로 파괴되고 신분질서는

---

97) 治身與天下者, 必法天地也.
98) 聖人處無爲之事, 行不言之敎.
99) 故聖人云: 我無爲, 而民自化.

무너졌으며 등급 구분을 바탕으로 하던 '예악'은 날로 쇠퇴했다. 전통의 회복을 강조하고 적극적으로 주나라 초기 예법을 복구해야 한다는 유가의 주장에 대하여 노자는 '무위'라는 특별한 주장을 제기한 것이다. 개혁이란 명분하에 각양각색의 주장들이 난무하고 제자백가의 대부분은 사회변혁에 대응하는 새로운 가치관을 내세워 군주를 움직이고자 했다. 이에 대하여 도가는 '자연으로 돌아가라'는 태초로의 복귀를 주장하는 한편 그 방법을 '성인의 무위정치'에서 찾고자 한 것이다.

도가의 '무위'는 어떤 각도에서 보면 적극적인 정치철학이다. 인위적인 작위를 그만둔다는 소극적 대응이 아니라 억지 정책을 과감히 배척하여 정치의 근원으로 돌아가고자 하는 적극적인 통치술로 보아야 한다. 정치는 '관계의 예술'이다. 인간사회의 복잡다단한 현상을 보고 노자는 그 '관계'의 변증법적 종합을 고민했다. 노자는 모든 사람들이 다 숙지하고 있는 사회현상들 속에 내재하는 대립통일 관계를 간파하고 '도'와 '덕'으로 그것을 종합하려고 했다. 도가들은 道와 德을 통해 사물들 사이의 인과관계를 고찰했으며, 그 '관계' 속에 내재하는 필연성을 보려고 한 것이다. '하늘을 본받자', '자연으로 돌아가자', '道를 따르라'는 말은 모두 같은 뜻이다. 거기에 도달하려는 적극적인 노력이 도가사상들이 제기하는 '무위'이다.

'억지행위를 하지 않는다'는 초기적 의미의 무위無爲 관념은 『시경』「국풍·토원」兔爰 편에 "우리 태어난 처음에는/ 아직 無爲했는

데 / 우리 태어난 뒤에는/ 수만 가지 근심걱정을 만났구나"[100]라고
하여 원초적으로 '억지행위가 없는 상태'의 無爲를 후천적인 근심
걱정에 대비되는 관념으로 쓰고 있다. 『초사』에도 등장하며 『좌전』
「소공 13년」에도 "나는 無爲를 옳게 여긴다"[101]하는 비슷한 주장이
실려 있다. 공자와 노자 이전까지 '무위'는 정치사상 측면에서 가치
중립적인 용어로 쓰인 듯하다.

노자가 먼저인지 공자가 먼저인지 정확히 알 방법은 아직 없다.
하지만 '무위' 관념에 관한 한 『도덕경』의 성취가 훨씬 풍부하다. 그
렇다고 공자가 無爲를 언급하지 않은 것은 아니다. 『논어』 「위령공」
편에서 공자는 이렇게 말한다.

"無爲하여 치세를 이룬 사람은 순임금뿐인가? 그는 무엇을 했
는가. 그저 공손하게 남면南面하며 조용히 앉아있었을 뿐이다."[102]

'남면'은 북쪽을 바라보는 신하들을 마주하도록 남쪽을 향해 왕
위에 앉아 있는 통치자를 뜻한다. 순임금은 풍성한 덕성으로 백성들
의 존경을 받은 성왕이다. 순임금이 치세를 이루었다는 말은 정치질
서가 잘 잡혔다는 말이다. '도' 즉 자연으로 돌아가 일체의 인위적
행위를 하지 말라는 노자의 '무위'와 다르다. 공자가 말하는 無爲는

---

100) 我生之初, 尙無爲. 我生之後, 逢此百罹.
101) 吾已無爲爲善矣.
102) 無爲而治者, 其舜也與? 夫何爲哉, 恭己正南面而已矣.

'도덕의 정치가 실현되면'이란 전제가 깔려 있다. 유가의 덕치는 유위有爲정치이다. 순임금이 德으로 백성들을 감화시켰기 때문에 '무위'하여도 치세를 이룰 수 있었다는 말이다. 노자가 '유위'를 벗어나 근원으로 돌아가라는 의미에서 無爲정치를 주장한 것이라면, 공자는 '유위'의 덕치가 성공하면 결과로서 통치자가 無爲하여도 정치 질서를 만들어갈 수 있다는 말이다.

공자와 노자의 시대는 군주전제주의 풍토가 막 형성되기 시작한 춘추시대 후반이다. 이들에게 '무위'는 통치자의 행위와 관련된 중요한 관념으로 취급되었다. 無爲 관념의 변천이 이루어진 것이다. 그 후로 많은 사상가들이 정치적 의미를 지닌 '무위'를 언급하기 시작했다. 예들 들면 병가 서적인 『육도』「무도·문계」文啓 편에는 "그러므로 하늘은 無爲하여 일을 성공시키고, 백성은 제공해주지 않아도 저절로 부유해진다. 이것이 성인의 德이다"[103]고 한다. 『순자』「해폐」 편에서는 "인자仁者가 道를 행함은 無爲하는 것이고, 성인이 道를 행함은 억지행위가 없는 것이다"[104]라면서 공자의 '무위' 관념에다 道를 결합시켜 성왕정치의 정당성을 발현하고 있다. 『윤문자』尹文子「대도 상」大道上 편에는 '無爲하여 자치自治함'을 말하고, 『등석자』「무후」 편에는 德을 언급하며 "하루에 그 형태가 만들어지면 만세에 그것이 전해지는데 無爲가 그렇게 하는 것이다"[105]라고 말하

---

103) 是以天無爲而成事, 民無與而自富. 此聖人之德也.
104) 故仁者之行道也, 無爲也; 聖人之行道也, 無彊也.
105) 一日形之, 萬世傳之, 無爲爲之也.

고 있다.

노자 無爲사상을 적극적으로 받아들여 전제군주의 통치술로 원용한 사람은 한비자이다. 『한비자』에는 '명군무위'明君無爲「주도」, '상하무위'上下無爲「양권」, '허정무위'虛靜無爲「양권」「외저설 우상」 등 새로운 개념을 등장시키며 수십 차례나 '무위'를 언급한다. 많은 경우가 정치적 권모술수와 관련된다. 예컨대 「주도」편에서는 "현명한 군주가 위에서 無爲하고 있으면 뭇 신하들이 아래에서 두려움에 벌벌 떤다"[106]라고 말한다. '무위'를 가장한 군주를 명군으로 칭하는 것이다. 無爲 관념은 한비자에 이르러 정치적 술수의 하나로서 새로운 의미를 지니게 되었다.

도가 정치사상은 道와 無爲로 시작하고 끝난다. 궁극적 존재가 道이고 최고의 실천원리가 無爲이다. 그들이 해결하려는 방법은 자연으로서의 道로 돌아가는 것이다. 이를 통해 인간의 행복을 담보할 수 있다는 것이다. 도가의 道는 만물을 동일한 의미를 지닌 평등한 존재로 인식한다. 이것이 제물齊物이다. 이 점에서 시대의 인식을 한 걸음 뛰어넘는 인식론을 제시했다고 할 수 있다. 그들은 직관을 중시했다. 이 점에서 반지성주의와 반문화적 잣대를 들이댈 수도 있겠으나[107] '법치'와 같은 고도의 작위가 작동하는 공권력의 사회에서 無爲는 대항적인 문화풍토가 될 수 있으며 지성의 다른 형태의 발현

---

106) 明君無爲於上, 群臣竦懼乎下.
107) 여영시의 입장이다. 여영시余英時, 「반지론과 중국정치전통」(장현근 엮음, 『중국정치사상입문』, 지영사, 1997) 참조.

이라고 볼 수도 있다. 진나라 폭정에 반기를 들며 등장한 한나라는 유가를 내세우고 출발했으나 초기에는 '무위'를 숭상한 황로黃老학파가 정치를 좌지우지했는데, 이는 도가의 무위정치사상이 근본적으로 지향하는 점과 무관하지 않다.

문화는 어떤 의미에서는 자연의 대응어다. 인문주의를 표방하는 유가의 '무위'는 인위의 결과이다. 그 인위의 극치에 성왕이 존재한다. 성왕은 높은 德의 소유자로서 위대한 정치가이다. 『주역』「문언전」에는 "대인은 천지와 그 德을 합치고, 일월과 그 밝음을 합치하며, 사시와 그 질서를 합치한다"[108]라고 말한다. 성왕은 도덕의 모범이며 제도의 완성자이다. 천하를 다스리는 사람이라면 반드시 성왕의 도덕과 제도를 학습해야 한다. 거꾸로 말하면 성인으로 불리는 금상今上 즉 지금의 제왕은 위대한 道德의 소유자로서 삼라만상 모든 가치 관념의 모범이어야 한다고 생각한다. 이것이 한나라 이래 중국 전통정치사상을 특징짓는 유가의 외피이다.

유가 이념을 한나라 통치이데올로기로 만드는 데 큰 힘을 발휘했던 육가는 도가의 '도덕' 관념을 흡수하여 전문적으로 「무위」無爲 편을 저술하여 "道는 무위보다 큰 것이 없다"[109]고 말했다. 「술사」 편에서 "道가 주창되면 德이 화합하고, 인이 서면 의가 흥한다"[110]면서 흥망의 결정은 군주의 인의에 달려 있다고 주장해 존군尊君을 긍정

---

108) 夫大人者, 與天地合其德, 與日月合其明, 與四時合其序.
109) 道莫大於無爲.
110) 道唱而德和, 仁立而義興.

하면서도 道가 군주보다 우위에 있다는 순자의 입장을 견지하기도 했다. 전국시대 이래 군주전제정치가 발전했는데 한나라에 이르면 '군주에 대한 존중'이란 점에서 유가와 도가가 절묘하게 같은 생각을 하게 된 것이다. 그리고 내면으로는 법가적으로 정치를 운영하면서도 외면으로는 유가라는 가면을 쓴 한나라 제국을 만들어내는 데 성공했다. 후대 제국의 황제들은 이렇게 '질서에의 복종과 국왕에의 종속'으로 하나가 된 道德과 성왕 '무위'의 논리를 치도治道의 근간으로 삼았다.

### 유가 덕치德治의 정치 이념화와 그 한계

덕으로 사람들을 감화시켜 사회질서를 수립해야 한다는 주장은 은나라 중후반부터 시작하여 주나라 성립 초기에는 주공周公에 의해 매우 적극적으로 강조되었다. 이런 경향은 전쟁의 시대로 접어든 춘추시대에도 여전했다. 『국어』「주어 상」편에는 "선왕은 덕을 밝혔지 군대만 쳐다보지 않았다"[111]고 한다. 물론 이는 역설적으로 덕의 정치적 작용이 군대의 정치적 작용보다 영향력이 떨어졌다는 반증이기도 하다. 전국시대에는 더욱 심해져서 왕도王道, 패도覇道 등 '도'로 사람들을 설득하기는 더욱 어려워졌다. 강국지술强國之術만이 유행하고, 돈과 권력 때문에 자식이 아버지를 죽이고 신하가 주군을 시해하는 일이 잦았다. 서민들의 고통은 늘어가고 정치에 대한 염증은 군왕에 대한 원망으로 나타났다.

---

111) 先王耀德不觀兵.

'도덕' 없는 시대에 특히 유가사상가들은 도덕의 정치를 강조했다. 그래서 전국시대에 들어서면서부터 도道와 덕德을 붙여 쓰며 최고의 정치적 덕목 중 하나로 언급하기 시작한 것이다. '도덕'을 언급한 책은 여럿이지만 특히 가장 적극적으로 이런 경향을 대표하는 학자는 순자였다. 『순자』「왕제」편에서 그는 이렇게 말한다.

"도덕을 온전하게 하여 정치의 숭고한 경지에 다다르고 문리文理 즉 예의를 완전하게 하여 천하를 통일하고 저 말단미물의 작은 일까지 모두 파악하여 천하 모든 존재로 하여금 그에 순종하고 명령에 복종하도록 만드는 것이 천왕天王 즉 최고지도자의 일이다."[112]

최고지도자는 도덕의 완성을 통해 정치의 궁극적 목적에 도달할 수 있다는 순자의 개념정의는 공자의 '위정이덕'爲政以德 즉 '덕에 입각한 정치'의 계승이자 완결이다. 공자는 『논어』「위정」편에서 행정이나 정책 수단, 혹은 형벌에 의한 강제를 중심 가치로 삼아 사회질서를 잡아가는 것은 낮은 수준의 정치라고 평가절하를 한 적이 있다. 그는 덕과 예를 중심 가치로 삼는 정치질서야말로 모든 인류가 궁극적으로 추구해야 할 이상이라고 설파했다. 공자의 제자들과 그 제자들을 거치면서 심화되던 이 개념은 순자에 이르러 '도덕의 정

---

112) 全道德, 致隆高, 綦文理, 一天下, 振毫末, 使天下莫不順比從服, 天王之事也.

치' 즉 덕치德治 이념으로 이론과 실천의 완결된 구조를 갖게 되었다. 『순자』는 덕치의 제도화, 덕치 관념 하의 정책적 구상, 덕치 이념의 확장 등을 가득 담고 있는 책이다. 순자는 이런 주장으로 천하통일을 앞둔 진나라를 설득하려고 방문한 적이 있다. 순자는 '덕치'를 통일 후 사회질서 유지의 기본 이념으로 생각했던 것이다.

하지만 진시황의 선택은 반대였다. '덕과 예'의 질서 즉 덕치를 버리고 '형벌과 정책적 강제'에 의한 정치 즉 법치─실제로는 형벌의 정치인 형치刑治─를 선택한 것이다. 법가이론은 공자의 덕치가 추구하는 common 즉 일반적인 공共의 영역을 사적인 것으로 간주하고 금지할 대상으로 생각했다. 또한 정치의 모든 것은 public 즉 국가적인 공公의 영역 안에 들어와야 하는 것으로 착각했다.[113]

성공적인 정치제도를 만들었고, 중국의 통일이라는 큰 성과를 거두긴 했지만 입법권이 군주 개인의 독단으로 이루어지는 군주전제주의 국가인 진나라의 법치는 결국 실패했다. "그들의 public은 法이었다. 문제는 바로 그 법 때문에 생겼다. 그 법을 누가 만드느냐 하는 데에서 문제가 생긴 것이다. '인구의 증가→거대 사회의 출현→公적 질서의 필요성→군주와 관료의 출현→법의 지배'라는 법가의 논리에 따르면, 거꾸로 군주를 포함한 모든 사람이 法의 지배 아래 살아가야만 큰 사회에 대한 통제와 질서유지가 가능하다. 그런데

---

113) 이에 대해서는 장현근, 「공public · 공common 개념과 중국 진한정부의 재발견: 예·법의 분화와 결합」(한국정치사상학회, 『정치사상연구』16집 1호, 2010. 5), 31~55쪽 참조.

'public=君權'으로 보아 입법권을 군주 개인의 독단에 맡김으로써 모순이 노정되고, 결국 실패에 이르게 되었다."[114]

법 만능은 군주 만능이 되면서 진나라가 급속히 멸망하고 한나라가 그 자리를 대체했다. 한나라는 속으로는 여전히 황제지상주의를 채택하고 진나라의 법체계를 그대로 받아들였지만 적어도 겉으로는 유가의 덕치를 표방했다. 한나라 초 육가는 창업주 유방을 다음과 같이 설득했다. 『사기』「육가열전」의 기사이다.

"말 위에서 천하를 얻었다고 하여 어찌 말 위에서 천하를 다스릴 수 있겠습니까? 탕왕, 무왕은 거역하여 쟁취했으되 순응하여 그것을 지켰습니다. 문과 무의 병용이야말로 장구한 통치술입니다. 옛날 오나라 왕 부차와 진晉의 지백智伯은 극단적으로 무에 치중하여 망했습니다. 진秦나라는 형법에만 맡겨두고 바꾸지 못했으므로 창졸간에 멸망했습니다. 만약 진이 천하를 병합하고 인의를 행하고 선왕과 성인을 본받았다면 폐하께서 어떻게 천하를 얻을 수 있었겠습니까?"[115]

육가는 진나라 멸망의 원인을 형법으로만 다스리고 인의와 덕치를 병행하지 못한 데서 찾았다. 한나라 초기 사상가들은 대부분 순

—

114) 같은 글, 44~45쪽.
115) 居馬上得之, 寧可以馬上治之乎? 且湯武逆取而以順守之, 文武並用, 長久之術也. 昔者吳王夫差智伯極武而亡; 秦任刑法不變, 卒滅趙氏. 鄉使秦已幷天下, 行仁義, 法先聖, 陛下安得而有之?

자 계통의 학문을 계승한 사람들이다. 그들은 도덕의 정치를 통일천하의 핵심 이념이자 권력을 오래 유지할 수 있는 비법으로 간주했다. 육가는 그의 『신어』「지덕」至德 편에서 도덕정치를 통해 민심을 획득하는 것이 좋은 정치라고 주장한다. 하지만 이런 주장들이 한나라 황제들에게 그대로 채택된 것 같지는 않다. 한나라 초기 정치 이념은 도가계열의 황로黃老사상이 지배했으며, 유가식 덕치가 통치이념의 중추가 된 것은 한나라 무제 때였다. 무제는 법가, 도가, 음양가사상 등이 함께 뒤섞인 동중서의 주장을 받아들여 '독존유술, 파출백가'獨尊儒術 罷黜百家 즉 유가사상 하나만 존치하고 나머지 사상을 퇴출시키는 강제적 사상통일정책을 실시했다. '강제'라는 점에서 이 또한 진시황의 법치정책처럼 문제가 있으며, 초기 유가사상가들이 추구한 이상 정치의 모델인 덕치와는 다소 거리가 있다.

초기 유가사상가들이 말한 덕치는 한 무제의 '정책'과는 사뭇 다른 것이었다. 『논어』「위정」 편에서 공자가 "덕德으로 이끌고 예禮로 질서를 잡으면 부끄러움을 알뿐만 아니라 도덕적인 격식을 갖추게 된다"라고 말한 덕치는, 형벌 또는 다른 통치기제들을 동원한 현실적 의미의 정치를 협의의 정치로 인식하고 유덕한 덕성을 통해 도덕질서가 구현된 사회를 인류가 다다라야 할 넓은 의미의 정치로 생각해서 말한 것이다. 공자, 맹자, 순자에게 있어서 덕치는 자발적 복종에 기초한 질서로서 강제적 정책과는 다른 개념이었다.

덕치는 유덕한 지도자가 인仁의 심성과 예禮의 제도에 바탕을 두고 먼저 제 몸을 바르게 다스리고, 사회의 도덕적 질서를 구현하며, 공동체 전체를 도덕적으로 만드는 일련의 과정을 말한다. 이른바 수신제가치국평천하修身齊家治國平天下의 원리가 초기 유가 덕치의 실상이다. "공자의 덕치 이념은 삶과 정치를 아우른 큰 범주였다. 공자정치철학의 정수인 인仁이 내재적 인간관계의 총체라는 점에서 德과 인에 대한 통찰과 자각이라는 마음의 활동 자체를 공자는 정치로 본것이다. 그에게 정치는 사람의 삶 속에 녹아있는 것, 인간관계에 살아 움직이는 도덕 그 자체, 공동체의 덕성과 관련된 모든 인간됨의 표상이었다."116 한대의 덕치에 관한 주장은 초기 유가의 정신을 충분히 반영하지 못했다.

덕치 이념이 유가의 전유물은 아니었다. 『도덕경』과 『장자』에도 '덕'을 주요 개념으로 언급하고 있으며, 『묵자』의 '겸애'兼愛 또한 인의仁義를 중심에 둔 논의라는 점에서 덕치 이념과 관련이 있다. 맹자와 순자의 주장에도 등장하듯이 덕치는 통치자의 후천적 노력에 의하여 달성된다. 덕치는 기꺼이 만족해하며, 안으로 자신에게 적절하고, 밖으로 타인에게 적당하며, 널리 아름다움으로 충만하여서, 그 안에 들지 않으면 만족할 수 없는 생명의 성취를 가리키는 말이다.117 덕치의 원래 의미는 제도나 정책이 아니라 인간 내면의 성품을 바탕으로 한 인간중심주의의 소산이다. 이 점에서 동중서와 한무제의 '파출백가'는 오히려 선진시대의 덕치에 반하는 정책이었다고 할 수 있다.

---

116) 이에 대한 상세한 논의는 장현근, 「동양의 덕치와 법치」(한국정치학회, 『정치학이해의 길잡이 1: 정치사상』, 법문사, 2008), 87쪽. 공자, 맹자, 순자의 덕치 관념에 대해서는 같은 책 84~93쪽을 참조.
117) 장현근 엮음, 『중국정치사상입문』, 앞의 책, 33쪽.

한 무제 이래 정책으로 승화되고 후대 황제들이 높이 받들었던 '덕치' 이념은 통치의 편의를 위한 도구일 경우가 많았다. "한 무제 는 유학의 존군, 예제禮制, 충효사상이 군주의 권위를 수호하는데 도 움이 되며 유가의 덕치, 교화는 사람들의 사상을 속박하는 중요한 수단일 수 있음을 간파했다. 특히 순자 이래 왕도의 추구라는 외형 에 각종 의제儀制와 전장典章으로 잘 꾸며진 정치적 기제는 public만 을 추구함으로써 생기는 무정함을 보완해줄 수 있다는 사실을 깨친 듯하다."[118] 한 무제의 독존유술 정책은 유가사상의 형식적 기능만 을 중시한 것이었다. 무제는 "유학을 좋아했으나 그 이름만을 좋아 했을 뿐 그 실체를 알지 못했고, 그 외화를 숭모했을 뿐 실질은 폐기 했다"[119]는 사마광司馬光의 말은 바로 이 뜻이다.

한대 이래 주장되었던 덕치는 덕치 관념이 발생하던 초기에 존재 했던 이상성을 상당히 잃어버린 한계가 많은 이념이었다. 이는 통치 자가 내면의 수양을 통해 발로한 덕치의 실천을 추구한 것이 아니 라, 실상은 법치를 추구하면서 겉으로만 덕치 또는 예의를 내세우는 외예내법外禮內法의 통치행위와 정책에 치중했기 때문이다. 후대 중 국의 황제들은 거의 대부분 이 노선을 채택했다. 이렇게 황제의 독 단이 개입되고 권위주의적 가능성을 내포하고 있다는 점 때문에 중 국 전통사상 속에서 덕치가 법치의 정확한 반대편에 있었다고 보기

---

118) 장현근, 「공public·공common 개념과 중국 진한정부의 재발견: 예·법의 분화와 결합」, 앞의 글, 51쪽.
119) 雖好儒, 好其名而不知其實, 慕其華而廢其質(『司馬文正公傳家集』 권12).

는 어렵다.

현대 사회에서 유가의 덕치 이념을 비판적으로 계승하거나 전향적으로 재검토하기 위해서는 적어도 이 한계를 극복하는 데서 출발해야 한다. 최고 통치자가 권위주의적 의식에서 벗어나 있어야 하며 높은 심성 수양이 전제되어야 한다. 제왕의 절대권위를 내세우는 순간, 덕치의 원래 의의는 사라지고 한 무제처럼 실제로는 독재하면서 겉으로만 유덕한 정치를 내세우는 거짓 덕치가 된다. '외유내법'이라는 권위주의적 발상에서 벗어났다면 덕치에 대한 초기 유가의 다음과 같은 구체적인 아이디어들을 생각해볼 만하다.

통치자는 백성을 사랑하고 백성은 통치자를 존경한다. 모든 정책에 인정이 반영되며 세금은 적게 내는 것을 원칙으로 한다. 윗사람은 솔선수범하는 교화의 정치가 행해진다. 형벌은 가능하면 가볍게 한다. 고아와 가난한 사람들이 구제되고 늙은이는 편안하고 어린이들은 보호받는다.

## 제8장

# 인의

이 장은 치국의 원리원칙 가운데 이상적 통치원리와 관련된 관념들의 생성과 변천의 과정을 분석한다. 특히 仁義는 중국정치사상사 특유의 관념이며, 중국정치사 전체를 관통하는 유가사상의 핵심이다. 공자에 의해 재탄생된 仁과 義 관념의 근원 및 변천 과정을 살펴본다.

# 1. 인仁 · 의義 관념의 형성

### 仁의 어원

인仁은 공자정치사상의 핵심 덕목이며, 유가사상이 표방하는 뭇 덕목의 전체를 아우르는 총칭이기도 하다. 갑골문부터 仁자는 몇 차례의 변천을 거쳤지만, 1974년 하북성河北省에서 발굴한 중산왕정中山王鼎에 보이는 아래 〈그림19〉의 금문이나 후대의 설문해자, 해서에 이르기까지 형태는 크게 바뀌지 않았다.

| 前2.19.1 | 中山王響鼎 | 설문해자 |
|---------|----------|---------|
| 갑골문 | 금문 | 소전 |

그림 19 仁자의 변천

『고문자고림』의 여러 주장을 보면 섭옥삼 등은 仁의 고문자를 尸자로 보고, 이는 은나라 때의 방국인 이夷를 뜻하는 글자라고 하기도 한다. 두 사람을 뜻한다고도 하고, 참을 인忍자와 같다고 보기도 한다. 인덕仁德 등의 추상적 의미를 지닌 용례는 빨라야 서주 초기에 등

장했다고 보고 있다.[1]

『상형자전』에 의하면 갑골문 仁은 군주와 인민을 포괄하는 尸人자와 양자가 동등하다는 등호표시로서 二가 결합한 회의문자라고 한다. 그래서 사람마다 서로 동등하며, 군주와 인민을 동일시하는 평등박애의 뜻이라고 설명한다.[2] 하지만 이런 설명은 후대 유가사상가들의 '仁' 개념을 추상화시켜 무리하게 고대에 적용시킨 것이다. 불완전한 글자인 尸자를 어떻게 읽을 것인가에 대해서는 논란이 많다. 고대 역사를 기록한 『서경』의 「우서」 「하서」 「상서」와 해당 시대를 노래한 『시경』의 삼송三頌, 『주역』의 괘효사에도 仁자가 없다. 따라서 '어질다'라는 추상적인 관념은 은대 복사에 등장하지 않았다고 볼 수 있으며, 갑골문 문자는 '어질다'는 뜻과 관련이 없을 것이다.

『설문해자』에선 "仁은 친애함이다. 자형은 人을 따르고 二를 따르는 회의문자이다. 忎은 고문 이체자로 仁이 천 사람의 마음을 따른다는 의미이다"[3]라고 말한다. 이 해석 때문에 후기 주문籀文 즉 대전大篆의 忎자의 윗부분을 尸千자로 본다. 무수히 많다는 뜻이며 뭇 생명을 일컫는다. 여기에 사람의 어짊을 대표하는 心자가 덧붙어 마음으로 중생을 안는 박애와 관용의 관념을 대표하는 글자가 되었다고 설명한다. 이 역시 후대인들이 유가사상을 받아들이면서 현대로 과거를 추상한 과도한 비약으로 느껴진다. 仁자의 최초의 의미에 대

---

1) 『고문자고림』 제7책, 266~269쪽 참조.
2) 『상형자전』 http://vividict.com/WordInfo.aspx?id=1556
3) 仁, 親也. 從人, 從二. 忎, 古文仁從千心.

해서는 더 진전된 연구가 필요하다.

### 義의 어원

우리말로 똑같이 '뜻 의'라고 읽는 의의<sup>意義</sup>에서 意는 개인적인 생각이나 사유로서 개체성과 주관성을 드러내는 글자라면, 義는 하늘에 뜻에 따른 권선징악적 의미를 지니는 글자다. 義는 나중에 의미가 확장되어 세상의 도덕이나 진리 등 보편성과 객관성을 강조하는 글자가 되었다. 그러나 초기에는 그런 추상적 의미가 거의 없었다. 아래 〈그림20〉은 義자의 변천을 살펴본 것이다.

| 甲3445 | 掇2·45 | 義伯簋 | 설문해자 |
|--------|--------|--------|----------|
| 초기 갑골문 | 후기 갑골문 | 금문 | 소전 |

**그림 20  義자의 변천**

초기 갑골문은 톱처럼 생긴 날이 많은 무기를 손으로 잡고 있는 형상이다. 『고문자고림』의 각 고문학자들의 주장을 살펴보면 義의 고문자에 대해 아직 통일된 의견이 없다. 위의 羊자가 상서로울 상<sup>祥</sup>자에서 시<sup>示</sup>부가 생략되었다는 주장도 있고, 아름다울 미<sup>美</sup>자의 밑부분이 생략되었다는 주장도 있으나 마서륜은 이를 『설문해자』의 해석을 과도하게 따른 것으로 보았다. 그리고 마서륜 자신은 동물이름이 그 우는 소리를 보고 정한 경우가 많다면서 양의 울음소리로부터 我자와 羊자를 따와서 義가 된 것으로 본다고 한다.[4] 하나의 의견일 뿐이다.

서중서의 『갑골문자전』에서는 위의 두 번째 글자를 5기 갑골문으로 본다. 『고문자고림』에 따르면 초기에도 유사한 갑골문 글자가 있었다. 義자의 출현이 아주 일렀다는 얘기다. 『상형자전』에 따르면 갑골문 義는 제사나 점복을 통해 길조를 나타내주는 상서롭다는 의미의 ￥羊과 전투를 대표하는 예리한 날을 가진 도끼 ￥我자가 결합한 회의문자다.[5] 갑골문은 점복의 기록이다. 전투를 치르기 전에 점을 치고 좋은 점괘가 나오면 신의 보우를 받으면서 이른바 '義'로운 전투를 치를 수 있는 것이다. 이 점에서 義자는 신령의 도와주는 정의로운 전투라는 뜻으로 쓰였을 수 있다.

하지만 고문자의 초기 정립 시기에 '정의'와 같은 추상적 의미가 깃들었다고 보기는 어렵다. 仁과 마찬가지로 후대인들이 정치가의 도덕적 덕목을 강조하면서 관념을 풍성하게 한 결과라고 보는 것이 타당할 것이다. 『설문해자』는 義를 이렇게 얘기한다. "義는 위용을 갖춘 아군의 출전의식이다. 자형은 我와 羊에서 채용했다. 의羛는 『묵자』에서 채택하고 있는 글자로 弗자를 변방으로 삼았다. 위군魏郡에 의양향羛陽鄕이란 지방이 있다. 그 羛자는 기錡자처럼 읽는다. 이 지역은 현재 업鄴현에 속하는데 본래 황黃현의 북방 20리에 있던 지

4) 『고문자고림』 제9책, 995~996쪽 참조.
5) 『상형자전』 http://vividict.com/WordInfo.aspx?id=3712

역이다."[6] 이에 대해 단옥재는 묵자 운운하는 뒷부분은 후대인들이 가미한 것이라고 의심한다. '정의'와 관련된 전쟁으로 가장 유명한 사상가는 역시 묵자이고, 이 때문에 義의 초기 의미와 무관하게 춘추시대 말 전국시대 초기의 사상가인 묵자를 끌어다 붙인 것으로 보인다.

후대 중국사상사의 맥락에서 보면 仁은 내면적 수양과 관련이 있으며, 義는 외면의 실천과 관련이 있는 관념이다. 단옥재의 『설문해자주』에서 처럼 義는 羊의 의미를 따른 것으로 선善과 미美의 뜻으로 보는 것도 가능할 것이다. 추상적 의미가 더해진 후대에 이르러 仁과 義는 서로 통하는 개념이었다고 할 수 있다.

---

6) 義, 己之威儀也. 從我羊. 羛, 『墨翟書』義從弗. 魏郡有羛陽鄕, 讀若錡. 今屬鄴, 本内黃北二十里.

## 2. 인仁 · 의義 관념의 변천

### 공자 이전의 仁 · 義 관념

공자 이전의 문헌으로 추정되는 것 가운데 '인仁과 의義'를 붙여
쓴 용례는 없다. 지금도 모든 유학자들과 동양사상 연구자들은 입을
열면 '인의'를 꺼내는데 仁과 義를 분리된 덕목으로 인식하지 같은
뜻을 지닌 한 단어로 생각하지 않는다. 인의仁義는 하나가 하나를 수
식하는 관계가 아니라는 얘기다. 유가정치사상에서 인과 의는 떨어
질 수 없는 존재여서 붙여 읽으면서도 각기 다른 덕목을 대표한다고
하겠다.

인과 의를 붙여 읽지 않으면서 각각 최고의 정치적 필수 덕목으로
승화시킨 사람은 공자다. 그리고 붙여 읽으면서 하나의 단어처럼 군
주에게 이를 요구한 사람은 맹자와 순자다.

공자 이전에도 仁과 義는 추상적 덕목으로 존재했는데 義에 비해
仁은 아주 미미했다.『주역』의 괘효사에는 仁자가 한 차례도 나오
지 않으며, 공자 이후 성립되었을 '전'에 10차례 나온다.『시경』에는
'미차인'美且仁 즉 '아름답고도 어질다'는 용례로 두 차례 나올 뿐이
다. 미美와 동격의 추상적 덕목이다.『서경』에 5차례 등장하는 仁은
사람의 '어짊'을 뜻한다. 유가는『서경』을 통해 그들의 정치사상 관

념을 만들고 추종했으므로 유가의 仁 관념 또한『서경』의 연장선상에서 파악해야 한다.

義 또한『주역』괘효사에 등장하지 않는 것으로 보아 아주 초기부터 강조되던 덕목은 아닌 듯하다. 하지만『주역』의 '전'에 40여 차례나 출현하는데 '전' 부분은 분명 공자와 관련이 있어 보인다. 義를 '의로움'으로 본 것은 일관된다.『시경』에 세 차례 나오지만 "의로운 부류에 따르라" 또는 "불의만을 좇다"「대아·탕」처럼 오늘날 관념과 크게 다르지 않다. 특히『서경』은 20여 차례 義를 언급하는데 거의 대부분이 중요한 정치적 덕목을 추상적으로 표현하기 위함이다.『주례』「지관사도」편의 다음 구절은 주나라 초 정치적 덕목들의 총합인데, 仁과 義 역시 여기에 포함되어 있다.

"고을에서 삼물三物 즉 세 가지 중요한 보물로 만민을 가르치고 빈객들은 그것을 크게 일으켜야 한다. 하나는 6덕六德이라 하며 지知, 인仁, 성聖, 의義, 충忠, 화和이다. 둘째는 6행六行이라 하며 효孝, 우友, 목睦, 인姻, 임任, 휼恤이다. 셋째는 6예六藝라 하며 예禮, 악樂, 사射, 어御, 서書, 수數이다."7

사도司徒 벼슬은 교육을 담당하는 최고위 관직이다. 우리에게 매우 익숙한 이 덕목들은 사실 지금부터 3천 년 전 주나라 제도교육에

---

7) 以鄕三物敎萬民而賓興之: 一曰六德, 知仁聖義忠和; 二曰六行, 孝友睦姻任恤; 三曰六藝, 禮樂射御書數.

서 비롯된 것이다. 공자는 이를 추종했고 의미를 더욱 확장시켰으며 정부교육 외에 개인 및 사설교육에서도 중요한 인생과 역사의 최고 덕목으로 승화시키는 데 성공했다.

仁義 관념의 사회화가 공자의 창조는 아니다.[8] 공자와 같은 시대의 『좌전』과 『국어』에도 仁과 義는 가장 중요한 정치적 덕목으로 적지 않게 언급되고 있기 때문이다. 『논어』 「안연」 편에는 '극기복례위인'克己復禮爲仁이라 하고 『좌전』 「소공 12년」에 '극기복례, 인야克己復禮, 仁也'라고 한다. 仁은 당시 유행하던 개념이었는데 공자는 이를 한 걸음 더 나아가 추상화시키고 창조적 관념으로 승화시켰다.

『좌전』과 『국어』는 仁을 여러 다른 덕목들 가운데 하나로 생각하고 대부와 제후 간의 이야기나 정무 및 민사와 관계된 '공덕'公德으로 본다. 하지만 공자는 仁을 항상 홀로 이야기하며 여러 덕목들을 통섭하는 총괄적인 명칭으로 사용할 뿐만 아니라 선대의 숭고한 이상을 담고 있다. 사적으로 문하의 제자들과 나누는 이야기 속에서 자신을 지키는 '사덕'私德으로도 기능한다. 『논어』 「옹야」 편의 '인자요산'仁者樂山처럼 자아를 실증하는 아름다운 정조를 뜻하기도 한다.

---

8) 일본학자 다케우치 데루오竹內照夫는 『논어』와 『좌전』, 『국어』 두 책의 仁을 비교한다. 『좌전』과 『국어』가 공자 이전 또는 공자와 동시에 쓰인 책으로 간주하며 춘추시대에 '인설'仁說이 있었다고 주장한다. 仁은 시대의 소산이지 孔子의 창작이 아니라는 것이다(다케우치 데루오, 이남희 옮김, 『동양철학의 이해-사서오경을 중심으로』, 까치, 1991 참조). 이에 비해 굴만리屈萬里는 『좌전』의 仁자의 뜻이 논어와 흡사함에 착안하여 『좌전』의 작자가 공자의 영향을 받은 것이라고 주장한다(굴만리, 장세후 옮김, 『한학 연구의 길잡이』, 이회문화사 1998 참조).

이것이 수신, 제가, 치국, 평천하의 모든 덕목으로 승화되면서 범애汎愛衆하는 박애의 큰 공덕이 된다. 仁은 공자에 와서야 사상사에서 특수한 지위를 갖추고 새로운 의의를 갖게 되었다. 중덕衆德을 총괄하는 인간이 추구해야 할 새로운 지향으로 제시된 셈이다.

仁 관념이 공자에 의해 확장된 것은 사실이지만 『논어』에서 공자도 제자들의 질문에 각기 다르게 얘기하고 있듯이, 仁이 정확히 무엇을 뜻하는지는 여러 가지 견해가 존재한다. 유택화 선생은 『좌전』과 『국어』의 내용을 전거로 들면서 이 시기 仁의 정의를 9가지로 정리한다.[9] 요약하면 다음과 같다.

1) 예를 준수하는 것이 仁이다. 『좌전』 「소공 12년」에 공자가 인용한 다음 말이 실려 있다. "옛날 「지」志에도 '극기복례克己復禮가 仁이다'라는 말이 있다."[10] 예를 仁의 객관적 표상으로 삼는 것은 당시 비교적 유행하던 관점이었다.

2) 군주의 명령을 쫓고 공실을 이롭게 하는 것이 仁이다. 『국어』 「진어 7」 편에서 위강魏絳의 사람됨을 칭찬하면서 "그의 仁은 공실을 이롭게 할 수 있으면서 그것을 잊지 않았다"[11]고 한다. 당시 군주와 공公은 기본적으로 동일했다. 이런 식의 인 관념은 신하의 군주에 대한 충성과 절대복종을 드러낸다.

3) 나라를 이롭게 하고, 대중을 이롭게 하고, 백성을 보호하는 것

---

9) 상세한 내용은 유택화 주편, 장현근 옮김, 『중국정치사상사』 선진편 상, 앞의 책, 185~190쪽 참조.
10) 古也有志: '克己復禮, 仁也'.
11) 其仁可以利公室而不忘.

이 仁이다.『국어』「주어 중」周語中 편에는 "義로 인해 이익이 생긴다. 일정 양식을 통해 신을 섬긴다. 仁으로 백성을 보호한다. ……不仁하면 백성이 모여들지 않는다"[12]라고 한다.

4) 나라를 양보할 수 있는 것이 仁이다.『좌전』「희공 8년」에 목이目夷의 仁을 칭송하면서 "나라도 양보할 수 있으니 어떤 仁이 이보다 크겠습니까?"[13]라고 한다. 현자에 대한 숭상을 육친간의 계승보다 중시했다.

5) 무도한 사람을 죽이고 도가 있는 사람을 세우는 것이 仁이다.『국어』「진어 3」편에 공자 중이重耳의 仁을 칭송하면서 "큰 나라와 전쟁하여 승리함은 무武라 합니다. 무도한 사람을 죽이고 유도한 사람을 세우는 것을 仁이라 한다"[14]고 말한다.

6) 사람을 사랑하는 것이 仁이다.『국어』「주어 하」편에 보면 주의 단양공單襄公은 "타인을 사랑하니 仁할 수 있고, 제도에 이로우니 義로울 수 있다"[15]고 말한다. 이는 통치자가 민중의 마음을 쟁취해야 한다는 사실을 도덕관념으로 표현한 말이다.

7) 덕, 정正, 직直 삼자를 구비하는 것이 仁이다.『좌전』「양공 7년」에서 한헌자韓獻子는 "백성을 긍휼히 여기면 덕이고, 정직하면 정이며, 왜곡된 것을 바로잡으면 직이다. 삼자가 어우러져 仁이 된다"[16]

---

12) 夫義, 所以生利也; 祥, 所以事神也; 仁, 所以保民也. …不仁則民不至.
13) 能以國讓, 仁孰大焉?
14) 戰勝大國, 武也. 殺無道而立有道, 仁也.
15) 愛人能仁, 利制能義.
16) 恤民爲德, 正直爲正, 正曲爲直, 參和爲仁.

라고 말한다. 한헌자가 이야기하는 인이란 개인의 품행과 정책이 일체가 되어야 한다는 의미이다.

8) 뜻을 지켜 변하지 않는 것이 仁이다.『국어』「진어 2」편에서 "몸을 희생하여 뜻을 이루는 것이 仁이다"[17]라고 말한다. 살신성인을 뜻한다. 이 말을 한 사람의 취지는 '뜻'은 빼앗을 수 없으며, 죽은 뒤에야 없어지며, 신앙과 지기志氣는 생명보다 고귀하다는 것을 설명하는 데 있었다.

9) 공리功利가 仁이다.『국어』「노어 상」편에는 "仁이란 공功을 말한다. …공이 없음에도 제사지내는 것은 仁이 아니다"[18]라고 한다. 대단히 현실적인 견해이다.

仁에 대해서는 이 외에도 여러 가지 견해가 있으나 여기서 일일이 열거하지는 않겠다. 仁에 대한 이해가 각기 다른 것은 사람들의 입장과 관점이 다름을 설명해준다. 동일한 개념에 대해서 다양한 함의를 부여할 수 있는 것이다. 그 가운데는 진보적인 것도, 보수적인 것도 있어서 구체적인 분석을 필요로 한다. 당시로 볼 때 仁을 가지고 공리, 타인에 대한 사랑, 무도한 군주에 대한 비판 등을 설명했다는 사실 자체가 복합적인 의미를 지니며 시대의 중요한 화두였음을 알 수 있다. 잘 알려져 있듯이 한마디로 인학仁學을 했다고 할 수 있는 공자는『논어』에서 仁에 대해 다양한 정의와 설명을 시도한다. 이는 공자의 독창인 시도라기보다 당시 시대의 산물이었다.

---

17) 殺身以成志, 仁也.
18) 夫仁者講功 … 無功而祀之, 非仁也.

## 제자백가의 '인의' 관념

춘추시대 후반부터 전국시대까지는 행위와 실천을 뜻하는 義가 특별히 강조되던 시절이었다. 따라서 義에 대한 아주 다양한 관념들이 유행했다. 제자백가 가운데 義에 관한 한 묵자의 주장이 가장 다채롭다. 묵자사상의 핵심은 겸애兼愛라기보다 귀의貴義라 할 수 있다. 그는 '정치는 곧 義이다'라고 말한다. 『묵자』에는 '義'자가 294차례나 나온다. 그는 입을 열 때마다 義를 내세웠으며 모든 행위와 교육을 義로 일관했다. 『묵자』 「노문魯問」 편에는 '한 사람이 홀로 義를 아는 것보다는 천하 사람이 義를 알도록 가르쳐야 한다'고 주장한다. 義는 묵자가 한평생 가슴에 품은 염원이었으며 궁극적인 가치였다.

『묵자』 「귀의」 편은 천하가 義를 알아야 하는 당위성을 설명하고 시급한 실천을 강조하는 것이 주된 내용이다. 묵자는 실천을 강조하고 스스로 행동으로 보여주기도 했다. 월나라 왕이 오나라 땅에 묵자를 봉하려고 하자 묵자는 월왕에게 의도義道를 행하라고 권한다. 월왕이 들어주지 않자 묵자는 그 자리서 봉지를 사양하고 일어섰다. 묵자는 강제로라도 義를 행하라고 주장한다. 불문곡직하고 사思, 언言, 동動 모든 만사를 義의 기준에 맞추라고 한다.

義는 천하의 큰 그릇이니 천하 사람들이 강제로라도 義에 귀의하도록 해야 한다는 것이 묵자 상현尙賢, 상동尙同, 천지天志, 비공非攻사상을 관통하는 일관된 맥락이다. 먼저 비공非攻을 예로 들어보자. 묵자 '비공'의 주된 이유는 두 가지이다. 첫째는 침략을 不義로 규정한다. 한 사람을 죽이면 不義라고 이를 처벌하는 것이 모든 나라의 법이다. 그런데 침략전쟁은 무수한 사람을 살육하는 것임에도 오히려 칭송하니 잘못이 분명하다. 『묵자』「비공 상」편의 표현처럼 침략 전쟁은 당연히 不義이다.

묵자는 국제도덕과 사회도덕이 불일치하는 데 대하여 고민했다. '하늘의 뜻' 즉 천지天志는 만민을 아끼고 이롭게 하는 것이 근본인데 전쟁은 하늘의 백성을 죽이는 행위요 하늘의 읍邑을 공벌하는 것이니 이는 천의天意에 크게 위배되는 것이라고 주장한다. 따라서 모든 사람이 마땅히 공동으로 대응해야 한다고 말한다. 묵자는 구체적으로 작은 나라에 협조하고 성곽을 수리하는가 하면 묵도墨徒라는 조직을 이끌고 침략자들에게 직접 대항하는 실천적 행위를 했다. 전쟁은 이롭지 못한 것이니 공격을 하는 사람이든 공격을 받는 사람이든 모두 불이익을 받는다. 불이익은 곧 不義의 결과라는 논리를 묵자는 내세운다.

묵자정치사상은 정치의 원리원칙인 치법治法보다 정치하는 사람이 누구냐는 치인治人에 더 관심이 많다. 그가 유가사상가에게서 교육을 받았다는 증거이기도 하다. 그는 현인을 받들고 능력 있는 사람을 임용해야 한다는 상현사능尙賢使能의 필요성을 역설했다. 다만 유가와 다른 점은 이익을 매개로 삼았다는 점이다. 현자가 관리자였을 때 더 많은 이익의 공유가 가능해진다고 주장한다. 다시 말해 어떤 정치가 좋은 정치고 어떤 문제에는 어떻게 대처하는 것이 현명한지 아는 사람이 치자治者의 위치에 있을 때 사회정의는 더 충분히 담보되고 이익은 배가된다는 논리다. 누가 현자인가? 공의公義를 드높이고 사원私怨을 피할 수 있는 사람이다.

묵자는 의정義政을 주로 하고 역정力政에 반대했다. 맹자가 왕도를 주로 하고 패도에 반대한 것과 같은 논리였다. 힘의 정치에 반대하므로 상하의 도리에 충실하고 義를 취사의 표준으로 삼는다. 맹자는 義에 합당하기만 하면 신분이동도 가능하다고 보았다. 그래서 묵자는 사회가치를 義로 일원화시키는 작업을 했다. 이른바 상동尙同론이 그것이다.

『묵자』에 따르면 초기 사회는 정치조직이 없었기에 가치표준을 확립할 수 없었다. 각기 일의一義 즉 자신만의 한 가지 義를 지녀 화합을 이룰 수가 없었다. 그러나 사회는 발전하여 백성들이 서로 약속을 하여 천자, 삼공三公, 국군國君, 향장鄕長, 이장里長을 두고 가치표준을 하나로 정하게 되었다. 그리하여 모든 인민은 천하의 義를 하나로 통일시킬 수 있게 되었다는 것이다.

묵자의 '상동'은 윗사람의 정의에 아랫사람이 따름으로써 위아래가 일관되는 하나의 義가 성립된다는 주장이다. 즉 이장은 이민里民으로 하여금 자기보다 윗사람인 향장에게 동의同義하도록 하고, 향장은 향민으로 하여금 자기보다 윗사람인 국군에게 동의하도록 하는 방식이다. 그렇게 궁극적으로 천자의 義로 천하인민이 선악의 가치표준을 삼을 수 있도록 되어야 한다는 말이다. 역으로 천자는 백성의 선악을 다 알아 상으로 권하고 벌로 위협해야 한다고 말한다. 이는 모든 義를 천자에게서 나오는 것으로 일원화시키는 작업으로 최고정치지도자의 뜻에 모든 백성이 따라야 한다는 전체주의적 결과를 부를 수도 있다.

유가에서는 보통 義 관념을 곡직曲直을 통찰하는 것, 마음의 마땅함에 따르는 것 등으로 생각한다. 『예기』 「표기表記」 편에 실린 공자의 말을 보자. 仁과 義의 관계를 설명하는 의미 있는 분석이다.

"仁이 기물이라면 아주 무거운 것일 테고, 길이라면 아주 먼 곳일 것이다. 무거워서 들 수 있는 사람이 아무도 없을 것이며, 멀어서 다다를 수 있는 사람이 아무도 없을 것이다. 현실적인 기준으로 비교했을 때 들고 걷는 숫자가 큰 사람을 仁하다고 한다. 그렇다면 仁을 실천하려고 노력한다는 것은 너무 어려운 일이 아니겠는가? 그래서 군자가 이상적인 義를 가지고 사람을 헤아리려고 한다면 그런 사람 노릇 하기는 매우 어려울 것이다. 현실적인 사람을 기준으로 다른 사람을 바라본다면 현자가 누구인지 쉽게 알 수 있을 것이다."[19]

인은 다분히 이상적이지만 의는 현실에서 정치가가 마땅히 추종할 정신이라고 본 것이다. 맹자는 한 걸음 더 나아가 몸을 움직이는 모든 일에 대한 판단을 義에 합치하느냐의 여부로 결정했다. '측은지심은 仁의 실마리이고, 수오지심은 義의 실마리이며, 사양지심은 禮의 실마리이고, 시비지심은 智의 실마리이다'는 맹자의 유명한 사단四端설은 '인의'가 핵심이다. 여기서 義는 사람의 마음에 고유한 것을 뜻하며, 연장자인 형을 따르는 마땅한 도를 義라고 한다. 맹자

19) 仁之爲器重, 其爲道遠, 擧者莫能勝也, 行者莫能致也, 取數多者仁也; 夫勉於仁者不亦難乎? 是故君子以義度人, 則難爲人; 以人望人, 則賢者可知已矣.

의 義는 내부의 어진 마음에서 외부의 의로운 행동으로 드러나기 때문에 유인의행由仁義行이다. 맹자에게 仁은 실천을 위한 최고의 원리 원칙이며, 義는 실천을 유발하는 내발적인 도덕의 본원이다. 다시 말해 맹자정치사상의 기초인 불인인지심不忍人之心 즉 '차마 참지 못하는 마음'이 바로 義다.

맹자가 義를 강조한 목적은 호연지기를 기르고 천지간에 우뚝 선 완전한 인격자 즉 위대한 정치가를 배양시키는 데 있다. 생사를 도외시할 정도로 존엄한 정신을 지키는 사람이 의로운 사람이다. 맹자의 시대는 군주의 전제가 강조되었으며 군주에 대한 절대복종을 義로 생각하는가 하면 군주에 대한 충절을 義와 등치하는 경향도 나타났다. 맹자는 이러한 시대적 흐름에 항거하는 큰 용기를 발휘했다. 그것이 맹자가 강조하는 사생취의舍生取義의 정신이라 할 수 있다. 맹자는 부국강병의 시대분위기를 거스르며 삼대의 아름다운 도덕을 역설하고 받아들여지지 않아도 끝까지 뜻을 굽히지 않았다.

순자는 義를 예禮의 본질로 보고 성인이 예를 만들 때 그 근거가 된 것이 義였다고 주장한다. 禮의 객관적 제작원칙이 義라는 것이다.『순자』「강국」편에는 "천하의 요체는 義를 근본으로 한다"[20]라고 말하며,「군자」편에서는 "義로 만사를 재단한다"고 말한다. 순자에게서 예와 의는 표리를 이루는 똑같은 작용을 한다. 인간의 집단 생활을 평화롭게 만드는 정치적 작용을 한다. 순자에게 더 큰 개념은 예였으므로 순자의 인의는 곧 예였다고 할 수 있다. 순자는 인의

20) 天下之要, 義爲本.

를 쌓고 예를 실천하면 누구나 성인이 될 수 있다고 말한다.『순자』
「성악」편에는 인의의 길을 걷기만 하면 순임금처럼 될 수 있다고
주장한다.

　　"훌륭한 우임금이 된 까닭은 그가 仁義와 정법正法을 행했기 때
　　문이다. 그렇다면 인의정법은 그 자체로 인식될 수도 행해질 수
　　도 있는 이치를 갖추고 있다. 그런데 길거리의 사람들이 모두 인
　　의정법을 인식할 수 있는 바탕이 있고, 모두 인의정법을 행할 수
　　있는 기본을 갖추고 있으면 그들이 우임금처럼 될 수 있음은 명
　　백하다."21

　　한편 법가는 묵가와 유가의 주장에 강하게 이의를 제기한다.『상
군서』「근령」편을 보면 "힘은 강함을 낳고, 강함은 위엄을 낳으며,
위엄은 덕을 낳는다. 따라서 덕은 힘에서 생긴다"22고 주장한다. 오
직 힘이 있어야 "능히 천하에 인의를 말할 수 있게 된다"23는 반유교
적 인의 관념을 개진한다.『한비자』는 진晋나라 멸망의 실례를 들면
서 「외저설 좌상」편에서 "인의를 사모하여 허약하고 혼란에 빠진
나라가 3진晋이요, 그러한 것을 그리워하지 않아 질서가 잘 잡히고

———

21) 凡禹之所以爲禹者, 以其爲仁義法正也. 然則仁義法正有可知可能之理, 然
　　而涂之人也, 皆有可以知仁義法正之質, 皆有可以能仁義法正之具; 然則其
　　可以爲禹明矣.
22) 力生强, 强生威, 威生德, 德生于力.
23) 能逃仁義于天下.

강해진 나라가 진秦이다"[24]라고 말한다. 인의를 숭상하면 나라가 위태로워지고, 또 위태로운 나라는 인의를 숭상한다는 것이다. 한비자가 생각하기에 인간의 본성은 이익을 좋아하는데 인의는 그런 본성과 배치되며, 인의는 객관적인 표준이 없이 그저 동정심에 의지하는 것이어서 망국에 이르는 길이었다. 『한비자』「간겁시신」편에는 다음과 같은 리얼한 정치주장을 싣고 있다.

"빈곤한 사람들에게 시혜를 베풂을 세상에서는 인의라 일컬으며, 백성을 가련히 여겨 차마 사형을 내리지 못함을 세상에서는 자혜라 말한다. 빈곤한 자들에게 시혜를 베풀면 공로가 없는 사람이 상을 받게 되고, 차마 사형을 내리지 못하면 포악한 난리를 일으키는 자들이 그치지 않는다. ……나는 그래서 인의와 자혜를 써서는 안 된다고 천명하는 것이다."[25]

도가는 仁義의 발명이 인심을 불안하게 만들었다는 역설을 주장한다. 『장자』는 인의 때문에 사람들이 도에서 멀어졌다고 말한다. 「재유」편에는 이렇게 얘기한다.

"옛날 황제가 처음 인의로써 사람의 마음을 묶어버렸다. 그리

---

24) 夫慕仁義而弱亂者, 三晉也; 不慕而治强者, 秦也.
25) 夫施與貧困者, 此世之所謂仁義; 哀憐百姓不忍誅罰者, 此世之所謂惠愛也. 夫有施與貧困, 則無功者得賞; 不忍誅罰, 則暴亂者不止. ……吾以是明仁義愛惠之不足用.

하여 요순은 넓적다리에 솜털이 없어지고 정강이에 털이 모두 닳을 정도로 애를 써서 천하의 존재들을 양육하고자 했으며, 오장이 온통 근심으로 가득한 채 인의를 행하고자 했으며, 혈과 기를 괴롭히면서 법도를 만들고자 했다. 그럼에도 천하의 문제를 다 이겨낼 수 없었다."[26]

『장자』는 큰 도가 무너진 뒤 인의가 생겼다는 관념을 발전시켰다. 도와 덕은 자연적 본성이지만 인의는 사람이 의지를 갖고 하는 행위라고 생각했다. 그래서 '인의'는 본성에 속하지 않고 억지행위를 하는 사람들이 만들어낸 결과라고 생각한 것이다. 이렇게 사람들을 '근심에 빠뜨리고 혈기를 괴롭히는' 근본인 인의는 천하의 문제를 결코 해결할 수 없다는 주장이다.

### 제국시대의 '인의' 관념

앞서 언급했듯이 도가사상에서는 자신들의 '무위'無爲 주장에 반대된다면서 유가의 인의를 유위有爲적인 행위의 대표로 취급하여 반대했다. 법가도 인의에 반대했는데 『사기』 「이사열전」에 따르면 이사李斯는 수차례에 걸쳐 '인의'를 비판했다. 그런데 한나라 초의 육가는 오히려 인의와 무위의 결합을 시도한다. 그는 진시황이 인의를

---

26) 昔者黃帝始以仁義撄人之心, 堯舜於是乎股無胈, 脛無毛以養天下之形, 愁其五藏以爲仁義, 矜其血氣以規法度. 然猶有不勝也.

행했더라면 결코 망하지 않았을 것이라고 단언한다. 『신어』「도기」편에서 "仁은 도의 벼리이고, 義는 성인의 학문이다"[27]라고 정의하고 「본의」편에서 "다스림에는 도덕을 최고로 삼고 행동에는 仁義를 근본으로 삼는다"[28]는 주장을 피력한다. 제국의 시대에 들어서면서 인의 관념에 대한 체계적 정리를 시도한 최초의 사상가는 육가였다.

육가는 법의 통치에 반대하고 도덕의 교화를 중시했다. 순자의 학문을 계승한 것이다. 육가는 힘의 정치나 이익의 추구를 반대한 것이 아니라 그것들이 과한 것을 지적하며 인의의 필요성을 역설했다. 민심의 획득을 정치의 근본으로 여겼기 때문에 인의를 강조한 것이며 같은 이유에서 무위를 중시했다. 과도한 유위 즉 "일이 번잡할수록 천하는 어지러워지고, 법이 성할수록 천하는 치열해지며, 군대를 많이 둘수록 적이 많아진다"[29]『신어』「무위」고 생각했다. 육가는 '무위'를 내세워 통치자로 하여금 인의로써 백성을 대하도록 요구한다. 통치자가 백성들을 덜 괴롭히고 휴식을 주도록 하기 위함이었다. 육가의 인의 관념은 일종의 동정심이다. 육가의 무위는 도가와 유사하지만 백성들에 대한 동정심을 통해 민심을 얻고, 이를 통해 안정된 정치를 구사해야 한다고 주장한 점에서 유가적 사회 관념을 벗어나지 않는다. 육가의 무위는 다른 형태의 유위이다. 그래서 「무위」편에 "그러므로 무위라는 것은 곧 유위다"[30]라고 말한다.

---

27) 仁者道之紀, 義者聖之學.
28) 治以道德爲上, 行以仁義爲本.
29) 事逾煩天下逾亂, 法逾滋而天下逾熾, 兵馬益設而敵人逾多.
30) 故無爲者乃有爲也.

가의 또한 그의 『신서』에서 진나라 실패의 원인을 인의의 부재에서 찾았다. 하지만 육가처럼 무위를 얘기하지는 않고 그 자리에 예법을 얘기한다. 즉 제도를 통해 인의의 정치를 보장해야 한다는 것이다. 그 또한 순자의 주장을 이어받고 있는데, 『신서』 「예」 편에는 이렇게 말한다.

"仁義도덕은 예가 아니면 이루어지지 않으며, 가르침과 풍속의 교정은 예가 아니면 갖춰지지 않으며, 분쟁과 소송은 예가 아니면 결판나지 않으며, 군신·상하·부자·형제는 예가 아니면 위치가 정해지지 않는다."[31]

예법이 기득권을 옹호하고 기존의 가치를 유지하는 것이라는 점에서 볼 때 예를 통해 사회질서를 수립하려는 시도는 군주전제권력에 대한 옹호일 수 있다. 하지만 가의가 추구한 인의의 질서는 박애와 양민을 통치자의 의무로 여긴다는 점에서 전제군주를 절대화하려는 시도가 아니다. 『신서』 「수정어 상」 편에서 "仁이 행해지니 義가 서고, 덕이 넓어지니 변화가 풍부하다"[32]고 말한다. 그는 「제부정」制不定 편에서 "인의와 두터운 은덕은 군주의 칼날이며, 권세와 법제는 군주의 도끼다"[33]라고 말한다. 군주의 권력은 인의로 가는 길

---

31) 道德仁義, 非禮不成; 敎訓正俗, 非禮不備; 分爭辨訟, 非禮不決; 君臣上下 父子兄弟, 非禮不定.
32) 仁行而義立, 德博而化富.
33) 仁義恩厚, 此人主之芒刃也; 權勢法制, 此人主之斤斧也.

이지 인의가 군권에 종속된다는 의미가 아니라는 것이다.

동중서는 인의 관념에 새로운 생명을 불어넣었다. 오륜의 핵심을 인의로 파악한 그는 인간관계의 총체를 인과 의로 분석해 설명한다. 『춘추번로』「인의법」仁義法 편에서 그는 이렇게 말한다.

> "『춘추』에서 다루고 있는 바는 타인과 나의 관계이다. 타인과 나의 관계를 다루는 소이는 仁과 義이다. 仁으로써 다른 사람을 편안케 하고, 義로써 나를 바르게 한다. 따라서 仁이란 다른 사람을 위해서 하는 말이요, 義란 나를 위해서 하는 말이다."[34]

인의는 인간관계에서 자신을 조절하여 타인을 대하는 기본 덕목이라는 것이다. 같은 편에서 동중서는 "仁 규범은 타인을 사랑함에 있지 나를 사랑함에 있지 않다. 義 규범은 나를 바르게 하는 데 있지 타인을 바르게 하는데 있지 않다"[35]고 말한다. 동중서의 인의 관념은 등급질서를 정당화하고 삼강오륜의 규정을 내면화시키려는 의도에서 나온 것이다.

동한의 각종 위서에서 인의 관념은 기본적으로 동중서식 관념을 바탕에 깔고 있으면서도 더 풍부한 용례와 의미를 갖고 있다. 동중서식 삼강오륜의 등급 외에도 천, 지, 인을 등급화하고 인간세계의

---

34) 春秋之所治, 人與我也. 所以治人與我者, 仁與義也. 以人仁으로 읽음安人, 以義正我, 故仁之爲言人也, 義之爲言我也.
35) 仁之法在愛人不在愛我, 義之法在正我不在正人.

관념에도 등급이 있다고 논증한다. 『역위』「건착도」편에는 "하늘에는 음양이 있고, 땅에는 강유剛柔가 있고, 인간에겐 仁義가 있다. 이 셋을 본받아 여섯 지위가 생겨났다. ……하늘이 움직여 베풂을 仁이라 하고, 땅이 고요하여 생긴 이치를 義라 한다. 仁이 이루어져 위에 위치하고, 義가 이루어져 아래에 위치한다. 위에 있는 자는 전제하고, 아래에 있는 자는 순종한다"[36]라고 한다. 역시 존비와 순종이라는 군주전제를 합리화시키려는 이유로 인의 관념을 포장하고 있다.

후대 학자들 가운데는 인의에 관한 전통적인 관념 위에 다양한 의미를 덧붙이는 사람도 있었다. 예를 들면 조위曹魏시대의 환범桓範과 원준袁准은 인의와 법法의 상관성을 강조했다. 『군서치요』권50에 실린 『원자정서』袁子正書「예정」禮政편에는 다음과 같은 주장이 실려있다.

"형법만 있고 仁義가 없이 오래되면 백성들이 원망하며, 백성들이 원망하면 떨쳐 일어난다. 인의만 있고 형법이 없으면 백성들이 태만하며, 백성들이 태만하면 간사함이 일어난다. 그래서 仁으로 근본을 삼고, 법으로 완성한다고 말하는 것이다. 둘 다 통하여 편중됨이 없도록 하는 것이 최고의 통치이다."[37]

---

36) 天有陰陽, 地有剛柔, 人有仁義. ……天動而施曰仁, 地靜而理曰義, 仁成而上, 義成而下, 上者專制, 下者順從.

37) 有刑法而無仁義, 久則民怨, 民怨則怒也; 有仁義而無刑法, 則民慢, 民慢則奸起也. 故曰, 本之以仁, 成之以法, 使兩通而無偏重, 則治之至也.

이러한 인식은 전통 유가의 견해와 약간 차이가 있지만, 후대의 유생들은 대체로 이렇게 생각했다.

도가 계열의 사상가들은 여전히 인의를 배척한 사람도 있고 일부는 수용하기도 했다. 죽림칠현의 한 사람인 혜강嵇康은 유가의 경전들을 재앙이라고 하고, 인의를 썩은 냄새가 나는 물건으로 여겼다.[38] 같은 도가이면서도 『장자주』로 유명한 곽상은 「병무」 편의 주에 "인의가 인간의 성정이 아니라고 걱정하여 두려워하는 것은 정말 쓸데없는 걱정이라 할 수 있다"[39]라고 말한다. 그는 인의를 사람의 본성에 내재하는 것으로 보았다. 위진남북조의 혼란기를 거치면서 공부의 시작은 유학서적으로 했지만 시대적 분위기 때문에 유가사상에 대한 반발이 있었기 때문일 것이다.

당나라 태종과 정관貞觀시대 명신들은 인정仁政에 깊은 관심을 갖고 토론을 개진했다. 당연히 인의는 가장 중요한 주제였다. 『정관정요』에는 「인의」 편이 있다. 거기에는 "숲이 깊으면 새가 깃들고, 물이 넓으면 물고기가 유영하며, 인의가 쌓이면 만물이 저절로 귀의해온다"[40]라는 말이 있다. 왕도정치와 애민사상을 '인의'라는 관념으로 수렴한 것이다. 육가와 가의가 진시황이 인의의 정치를 행하지 못해 일찍 망했다고 여긴 것처럼, 정관시대의 명신들은 수나라가 일찍 망한 것을 인정을 펼쳐 민심을 얻는 일을 하지 않았기 때문이라

---

38) 예컨대 『혜강집』에는 "以六經爲蕪穢, 以仁義爲臭腐"라 한다.
39) 恐仁義非人情而憂之者, 眞可謂多憂也.
40) 林深則鳥棲, 水廣則魚游, 仁義積則物自歸之.

고 말한다. 똑같이 인의의 부재를 국가흥망과 연결시킨 것이다.

　인의가 천성이라는 논의는 불교나 도교뿐만 아니라 송명이학자들에게도 그대로 이어졌다. 두광정은 도교와 유가는 취지가 같다고 말한다. 노자는 인의를 끊으라고 말한 적이 있는데, 두광정은 노자를 해석하면서 『도덕경』은 "인의와 성지聖智를 끊으라는 말이 아니며 얄팍하게 속이는 총명을 억제하는 데 뜻이 있다"[41]라고 말한다. 그는 인과 의가 천지의 덕과 합치한다고 강조하기도 했다. 두광정은 도교와 유학의 차이는 방법과 절차뿐이라고 주장했으며 '인의예지신'을 도의 구현이라고 생각했다.

　공자의 후예인 공영달은 그의 『주역정의』 첫머리에 치국의 도 6가지를 언급하는데 그 가운데 네 번째가 인의의 실천이다. 공영달은 仁을 도의 내포로 보았다. 『예기』 「곡례상소」 편에서 공영달은 "도덕이 만사의 근본이며, 仁義는 뭇 행동 가운데 가장 위대한 것이다"[42]라고 말한다. 왕통, 유종원, 한유 등 당나라 유생들은 대부분 인의를 천지의 근본, 도의 근본, 교화의 근본, 정치의 근본으로 여겼다. 예컨대 유종원은 『유하동집』 「천작론」天爵論에서 "사람에게 있어서 도덕은 하늘에 있어서 음양과 같다. 인의충신仁義忠信은 춘하추동과 같다"[43]고 말한다. 유종원, 한유 등이 유학을 부흥시킨 후 송명이학으로 이어지는 과정에서 '인의' 관념은 사상가마다 미세한 차이는

───

41) 非謂絶仁義聖智, 在乎抑澆詐聰明.
42) 道德爲萬事之本, 仁義爲群行之大.
43) 道德之於人, 猶陰陽之於天也. 仁義忠信猶春夏秋冬也.

있으나 대체로 선배 도학자들의 계통을 이어받았다고 볼 수 있다.

『명태종실록』을 보면 인의예악으로 천하를 교화시켜야한다는 성조 영락제의 주장이 실려 있다. 권92에서 영락제는 "도덕과 인의는 교화의 근원이다. 천하를 잘 다스리는 사람은 도덕을 외곽으로 삼고 인의를 주 무기로 삼는다"[44]라고 말한다. 명말청초의 황종희는 『맹자사설』권1에서 다시 왕도와 패도를 논하면서 "이른바 '仁義로부터 실천하는' 것이 왕도이고, 그저 모방할 생각만 하고 사건마다 왕자의 사업이라고 하면서 이른바 '인의를 행한다고' 말만 하는 것이 패도이다"[45]라고 한다. 인의 관념은 후대로 갈수록 다양한 분화를 이루면서도 초기의 관념을 보존하고 있었다.

---

44) 道德仁義, 教化之源. 善治天下者, 以道德爲郛郭, 以仁義爲干櫓.

45) 所謂 '由仁義行', 王道也; 只從迹上模倣, 雖件件是王者之事, 所謂 '行仁義' 者, 覇也.

## 3. 인의와 공맹孔孟의 정치사상

### 공자의 인정仁政[46]

공자사상을 연구할 때는 공자가 인간적 덕목의 총체로서 제기한 인학仁學을 출발점으로 삼는 것이 효과적이다. 예禮를 비롯한 공자의 거의 모든 탐구는 인仁을 근본으로 삼는다. 공자는 무질서한 당시의 정치적, 사회적 상황을 극복하고 주공에 의해 구축되었던 주나라 초기사회의 상태로 돌아가고자 했다. 도덕에 기초한 질서 있는 사회를 이루는 것이 공자 주장의 요지였으므로 인위적 질서의 결정인 예를 중시하지 않을 수 없었으며, 예에 대해 깊이 천착하고 깊이 고민한 결과 그 행위의 궁극적 원칙으로서 仁을 제기했다. 즉 예가 문화형성의 기반이 되는 인위의 실천규범이라면 仁은 그 원리원칙이 되는 것이다. 이 仁은 공자정치사상 전반에 관통하는 중심축이다. 공자에게 仁은 '모든 덕을 총괄하고 인격을 완성시켜주는 핵심 관념'이었다.

앞 절에서 살펴보았듯이 중국에서 '仁' 관념은 아주 오래되었다.

---

46) 이 소절은 장현근, 「儒家思想의 養·敎·治論: 경제·교육·정치의 상관성」, 앞의 글, 47~62쪽의 일부를 수정하여 인용했다.

하지만 仁이 인간행위의 궁극적 원칙으로서 문화 형성적 의미를 지니고 다양한 방향에서 학문적으로 다뤄진 것은 공자에 와서다. 공자도 약간의 인습은 피할 수 없었으며 일정부분은 시대의 영향을 받았다. 그러나『좌전』『국어』의 仁 관념은 다른 덕목들과 나란히 언급하며 주로 사대부와 제후 간의 정무나 민사에 관한 공적인 덕목으로 표현되고 있을 뿐이지만 공자의 仁은 모든 덕목의 총괄체로서 홀로 언급된다.

공자의 仁은 매우 다양한 의미를 지닌 것이었다.『논어』「안연」편에서는 제자들이 仁의 뜻을 묻는데 대하여 공자 스스로 여러 가지 대답을 하고 있다. 안연顔淵이 仁을 물으니 "자기를 이겨내고 예에 복귀하는 것이 인이다"[47]라고 말하고, 번지樊遲가 仁에 대해 물을 때는 "사람을 사랑하는 것이다"[48]라고 대답했고, 중궁仲弓이 仁을 물을 때는 "자기가 하고 싶지 않은 바를 남에게 베풀지 않는 것이라"[49]라고 했다. 이와 같이 항상 독립된 개념으로 사용될 수 있는 仁은 모든 다른 덕목을 아우르는 총괄적인 명칭으로서 뿐만 아니라 인간행위를 이끌어주는 숭고한 이상을 담고 있기도 하다. 사람을 사랑하고 자기가 싫은 일은 남에게 시키지 않는 소극적 행위에 대한 강조뿐만 아니라 주체적 정서를 가지고 객관적 행동으로 실천되도록 적극적인 요구를 하기도 한다.『논어』「옹야」편을 보자.

---

47) 顔淵問仁. 子曰: 克己復禮爲仁.
48) 樊遲問仁, 曰愛人.
49) 仲弓問仁. 子曰: ……己所不欲, 勿施於人.

"'백성에게 널리 은혜를 베풀어 중생을 제도할 수 있다면 어떻습니까? 仁이라고 말할 수 있겠습니까?'라고 자공이 물었다. 이에 孔子는 다음과 같이 대답했다. '어찌 仁이다 뿐이겠느냐? 반드시 성聖일 것이다. 요순도 그것을 늘 걱정하시었다. 仁者는 자기가 서려고 하면 남을 세워주고 자기가 다다르려고 하면 남을 거기에 이르게 해준다. 다른 사람의 입장을 자기입장처럼 생각할 수 있다면 이것이 바로 仁하는 방안이라고 말할 수 있을 것이다.'"[50]

'자기가 서려고 하는 곳에 남을 세운다'는 기립입인己立立人은 타인의 명예를 존중하는 행위이며, '자기가 다다르려고 하면 남을 거기에 이르게 해준다'는 기달달인己達達人은 타인의 자유를 헤아려주는 행위다. 오늘날 의미로 보면 둘 다 지극히 민주적인 원칙이다. 공자에게 이는 단순한 개인적 차원의 행위원칙을 설명하기 위한 것이 아니었다. 공자는 이를 통해 '널리 베풀어 백성을 구한다'는 박시제중博施濟衆의 경지에 이르고자 한 것이었다. 공자는 구제주로서 자기의식이 강한 사람이었으며 '기립입인', '기달달인', '박시제중'을 아우르는 인仁의 구현을 통해 모든 사람이 구원을 받는 이상적 정치세계에 다다르고자 했다. 공자가 기대하는 정치는 단순한 권력관계의 세

---

50) 子貢曰: 如有博施於民, 而能濟衆, 何如? 可謂仁乎? 子曰: 何事於仁, 必也聖乎, 堯舜其猶病諸. 夫仁者己欲立而立人, 己欲達而達人. 能近取譬, 可謂仁之方也已.

계가 아니었다.

공자에게 仁은 개인의 도덕이며 사회의 윤리이자 정치의 원칙이다. 개인이 사회와 혼일되어 물아物我가 일체가 되는 도가 仁이고, 동시에 사회정치적 통합에서 개인의 자율성을 찾아낼 수 있는 분권의 도가 仁이다. 소공권蕭公權은 이와 같은 이중성의 혼유를 서양문화와 비견하여 서양의 집합주의와 개인주의가 융합되어 있는 소아小我와 대아大我가 고상하게 결합한 측면을 엿볼 수 있다고 주장한다.[51]

우리는 위의 문장에서 또 하나의 특징적인 문화적 단서를 파악할 수 있는데 그것은 仁의 실천경로가 개인에서 사회로 넓혀지고 있다는 것이다. 仁은 기립입인의 이상을 담고 있는 '사덕'私德으로 자기행위를 관장하는데持己 이것이 바로 수신의 원칙이다. 그리고 이 수신은 세상을 구하는濟世 근본이 되는 것이다. 사회문화 전체는 사덕인 仁의 실천광장으로 어진행동仁行과 어진마음仁心은 '추확'推擴[52]의 길을 걸어 가까운 곳에서부터 먼 곳으로, 가정에서 사회로 실천을 해나가게 된다. 이것이 유교문화를 특징짓는 가장 대표적인 행위유형

---

51) 蕭公權, 『中國政治思想史』(上中國文化大學出版部, 民國74年 7月), 59쪽 참조.

52) 推恩, 推廣, 擴充이라고도 불리는데 이 말은 미루어 넓혀간다는 뜻으로 공자와 맹자의 사상발전경로를 잘 드러내 주는 말이다. 공자는 『논어』「학이」편에서 부모에 대한 사랑에서 하나하나 넓혀나가면 그 도가 마침내 "범애중"汎愛衆하는 경지에 이를 수 있다고 했다. 맹자는 『맹자』「양혜왕 하」편에서 인간이면 누구에게나 있는 '불인인지심'不忍人之心 즉 차마 참지 못하는 마음을 넓혀나가 "老吾老以及人之老, 幼吾幼以及人之幼" 즉 남의 집 노인을 우리 집 노인 섬기듯 하고 남의 아이를 우리 아이 돌보듯 한다는 박애의 경지를 이야기 한다.

이다. 추확하여 개인에서 집안으로, 집안에서 국가로, 국가에서 국계를 넘어 천하로 이어지어 '범애중'汎愛衆의 박애의 대공덕에 이르는 것이 모든 유학자들의 이상이었던 것이다. 『논어』 「학이」 편에서는 다음과 같이 말한다.

"유자有子가 말했다. 사람됨이 효성스럽고孝 우애가 있으면서弟 윗사람을 넘보기 좋아하는 경우는 드물다. 윗사람 넘보기를 좋아하지 않으면서 패역의 난리를 일으킨 사람은 아직 없다. 군자는 근본에 힘쓴다. 근본이 서야 도가 자연스레 생긴다. 효제孝弟야말로 仁의 근본이다."53

이처럼 공자의 仁은 그의 사상 가운데 가장 고귀한 지위를 갖추고 인간의 모든 실천적 행위준칙을 총괄하는 새로운 인생의 이상목표로 제시된 것이다. 사람은 성심성의껏 이를 위해 애써서 개인적으로 도덕적이고, 사회적으로 윤리적이며, 정치적으로 仁義를 갖춘 사람이 되어야 한다는 주장이다.

동양의 독서인들은 이런 추상적이고 인위적인 요구들을 실천하기 위해 수천 년을 仁義에 매달려왔다. 그런데 앞서 밝혔듯이 仁은 그 자체가 매번 독립적 의의를 가지고 있고 또 공자자신의 설명도 매양 달랐기 때문에 仁의 원칙 아래 구체적으로 어떠한 덕목을 실천

─

53) 有子曰: 其爲人也孝弟, 而好犯上者, 鮮矣. 不好犯上, 而好作亂者, 未之有也. 君子務本, 本立而道生, 孝弟也者, 其爲仁之本與.

해야 할 것인가에 대해서는 사람마다 각각 다르고 시공환경의 차이에 따라 달라질 수밖에 없다. 이 때문에 공자의 제자들은 仁의 실체를 파악하고 실천하려고 그렇게 많은 질문을 던지고 해답을 구하고자 했던 것이다.

　仁을 실천하는 수단으로 무엇보다 중요한 것은 학문이었다. 학문이야말로 인격을 완성시키고 仁義를 실천할 수 있는 최상의 방책이었다. 공자가 '일이관지'一以貫之한 그 '一'의 목표가 仁이라면 수단은 바로 학문이다. 그래서 공자의 정치사상을 한마디로 정의하라고 하면 바로 '인학'仁學이라고 할 수 있는 것이다. 仁은 공부에서 출발한다. 『논어』「자장」편은 이렇게 말한다.

　　"넓게 공부하고 꼼꼼히 익혀 기억한다. 모르는 것은 철저히 묻고 명백히 안 뒤에는 보다 가까이 체인體認한다. 그럼 仁은 자연스레 그 안에 있게 된다."[54]

　학문적인 노력으로 仁에 가까이 갈 수 있다고 했을 때 仁은 넓은 의미의 큰 덕목이다. 한편 仁은 다른 덕목들과 나란히 비교되는 작은 의미로 언급되기도 한다. 예컨대 '지인용知仁勇을 갖춘다'고 했을 때 仁은 지혜와 용기와 같은 차원의 덕목으로 넓은 의미의 총체적 仁의 한 가지 실천수단이 된다. 『논어』「자한」편에서는 "지자知者는 판단에 미혹됨이 없으며 인자仁者는 정서에 걱정거리가 없으며, 용

----

54) 子夏曰: 博學而篤志, 切問而近思, 仁在其中矣.

자勇者는 행동에 두려움이 없다"[55]고 한다. 여기서 '仁'은 사사로움에 좌우되지 않은 도덕정조[56]를 일컫는다.

공자 仁 관념을 가장 잘 담고 있는 행위덕목은 '충서'忠恕라고 할 수 있다.『논어』「이인」편에 나오는 유명한 다음 구절을 보자.

> "'삼參아! 나의 도는 하나로 관통하고 있느니라'라고 공자께서 말씀하시자 증자는 '그렇지요'라고 빠르게 응답했다. 공자가 나가시자 문인들이 '무슨 말씀이시지요?'라고 물었다. 이에 증자는 '선생님의 도는 충忠과 서恕일 따름이지요'라고 대답했다."[57]

공자 인정仁政론의 지향은 육예六藝를 두루 통달한 전인全人, 통인通人으로서의 정치가를 키우기 위한 것이었다. 위대한 정치가는 '충과 서'를 실천하는 사람이다. 주희朱熹의『논어집주』주석에 따르면 "내부적으로 자기를 다하는 것을 忠이라 일컫고 외부적으로 자기를 미루어 남에게 미치는 것을 恕라"[58] 한다. 충과 서는 동전의 양면이다. 둘 다 仁을 향한 행위준칙이며 대유위大有爲[59]의 실천덕목이다. 주자

---

55) 知者不惑, 仁者不憂, 勇者不懼.
56) 仁이 道德情操를 가리킴은『논어』「옹야」편에 "知者樂水, 仁者樂山; 知者動, 仁者靜; 知者樂, 仁者壽"라하여 자아생명을 실증하는 부분에서도 알 수 있다.
57) 子曰: 參乎! 吾道一以貫之. 曾子曰: 唯. 子出, 門人問曰: 何謂也? 曾子曰: 夫子之道, 忠恕而已矣.
58) 盡己之謂忠, 推己之謂恕.
59) 佛敎에서의 有爲의 의미는 인위적으로 인연을 맺는 현상을 이야기할

의 해석은 공자 仁 관념을 가장 잘 대변하고 있다고 말할 수 있다.

사람은 자기이익을 추구하는 존재이고 보편적으로 관계가 맺어지는 상황에서 자기존재를 중심으로 행동한다. 사회 문제란 이러한 이기적 행위들의 충돌결과로 볼 수 있다. 그런데 위에서 살펴보았듯 공자는 사회관계 속에서 누구나 인자仁者가 되어 적극적으로 자신보다 남을 먼저 실현시키라고 말한다. 공익을 위해 행동하며, 타인의 뜻이나 행위를 해치는 행위를 하지 말라고 한다. 그런 사람이 仁者다. 공자에게 仁은 자기를 지탱해주고持己, 일에 대처하고處事, 사물에 응하는應物 모든 행위에 적용되므로 전 인생은 仁을 행하는 과정이 된다. 仁이야말로 쉼 없이 약동하는 생명과정의 최고 덕목인 것이다.

仁은 공자가 추구한 유위적 사회질서의 총칙이고 忠과 恕는 그 주요 내용이다. 도덕적인 사회를 만들기 위해서는 욕망에 따르지 말고 인위적인 행위를 해야 한다. 그 인위적인 행위를 구체적으로 규정하는 것이 바로 예禮이다. 공자의 인은 예와 결합하면서 동양인의 의식구조와 사회전반을 수천 년간 주도했다. 특히 한 무제 이래 공자 신

---

때 쓰인다. 그러나 일반적으로 사용하는 '有爲'에 대한 사전적 의미는 세상에서 뭔가 한가락 하는 것, 또는 큰일을 할 인물이라고 말할 때의 큰일을 하는 행위를 말한다. 여기서는 물론 이러한 의미를 포함하겠지만 인위를 보탬이 없는, 즉 억지로 작위적 행위를 함이 없는 상태인 '無爲'의 반대 개념으로 쓰고자 한다. 도가적 의미로 無爲는 아무 일도 하지 않는다는 의미보다는 억지를 부리지 않고 자연 그대로의 삶을 산다는 뜻인데, 어쨌든 無爲도 인간행위를 전제한다는 점에서 人爲일 수 있으므로 인위라는 개념보다는 有爲라는 개념을 새로 쓴 것이다.

격화와 유가사상의 국가이데올로기화가 진행되면서 중국사회에 펼쳐진 유형, 무형의 문화형태 대부분은 이 범주를 크게 벗어난 적이 거의 없었다. 행위의 원칙으로서 仁은 오늘날 우리의 정치적 담론에서나, 성품을 말할 때나, 경륜을 논할 때나, 하물며 민주를 운운할 때까지 여전히 중요한 작용을 한다.

### 맹자의 거인유의居仁由義60

맹자는 공자의 인의 관념을 충실히 계승하면서 자신의 독특한 관점을 추가했다. 『맹자』에는 160차례나 仁자가 등장한다. 『맹자』에 나오는 仁 관념은 크게 다음 세 가지로 종합해 볼 수 있다. 첫째 원리로서 인의이다. 이익과 경쟁의 반대 개념으로 세상의 중심 가치로서의 인의이다. 둘째 덕목으로서 仁과 義이다. 사람의 마음에서 우러나오는 친애가 仁이고 공경이 義이다. 셋째 실천으로서 인정이다. 힘의 정치에 반대되는 인자仁者의 어진 정치가 인정仁政이다.

맹자는 仁과 人을 불가분리의 관계에 있는 것으로 파악했다. 『맹자』 「진심 하」 편에는 "仁이라는 것은 사람됨人이다. 이를 합하여 말한 것이 道이다"61고 말한다. 사람이 되라는 의미, 즉 도덕적으로 사람 된 도리를 다하는 것을 仁이라 부르고 있다. 실천적 유위有爲를 하라는 것이다. 맹자의 義는 내부의 어진 마음에서 외부의 의로운 행

---

60) 이 절은 장현근, 『맹자: 바른 정치가 사람을 바로 세운다』, 앞의 책, 64~72쪽을 주로 참고했다. 보다 상세한 내용은 50~82쪽 부분 전체를 참조할 것.

61) 仁也者, 人也. 合而言之, 道也.

동으로 드러나기 때문에 유인의행<sup>由仁義行</sup>이다. 맹자에게 仁은 실천을 위한 최고의 원리원칙이며, 義는 실천을 유발하는 내발적인 도덕의 본원이다. 그래서 거인유의<sup>居仁由義</sup>이다.

인의는 仁과 義를 합친 말인데, 仁이 더 포괄적인 개념으로 義를 포함한다. 억지로 나누자면 仁은 부모에 대한 것이고, 義는 군주에 대한 것이다. 『맹자』「양혜왕 상」편에 '어질면서<sup>仁</sup> 자기 부모를 버리는 사람은 없으며, 의로우면서<sup>義</sup> 자기 군주를 나중에 생각하는 사람은 없다'는 말이 그 예이다. 「진심 하」편에서는 이렇게 말한다.

"부모와 자식 사이의 '인', 군주와 신하 사이의 '의', 손님과 주인 사이의 '예', 현자에게 있어서의 '지', 성인에게 있어서의 천도가 실현되느냐 아니냐는 운명이다."[62]

이렇게 보면 앞에서 군주를 인정하지 않은 양주는 의롭지 못하고, 부모를 인정하지 않는 묵자는 어질지 못하다. 그러므로 仁은 가족관계의 기본 덕목이고, 義는 사회관계의 기본 덕목이다. 맹자는 이것이 필연적 본성이므로 운명이라고 내버려두어서는 안 된다고 말한다.

맹자의 仁과 義가 반드시 부모와 군신을 특정한 것은 아니다. 仁의 실질이자 정수를 부모자식간의 관계에서 알아볼 수 있다는 뜻이

---

62) 仁之於父子也, 義之於君臣也, 禮之於賓主也, 智之於賢者也, 聖人之於天道也, 命也.

며, 義는 군신간의 관계를 뜻하지만 그 실질과 정수는 오히려 나이 든 형과 어린 동생과의 관계에서 알아볼 수 있다는 뜻이다.[63] 그렇다면 '필연적 관계가 있는 본성'이자 '그만둘 수 없는' 자연스런 仁과 義는 어디서 오는 것인가? 그 내용은 무엇인가?『맹자』의 어디를 보아도 인의의 구체적 유래에 대하여 분명한 언급을 하지 않는다.「고자 상」편에서 고자가 "식욕과 성욕은 본성이다. 仁은 안에서 발현되는 것이지 밖에서 이루어지는 것이 아니며, 義는 밖에서 이루어지는 것이지 안에서 발현되는 것이 아니다"고 하자 맹자는 그의 인내의외仁內義外가 잘못되었다고 반박하지만 인의의 근본을 말하지는 않는다. 맹자는 인의의 항상성, 즉 마음의 본래 성정으로부터 항구적으로 발현되는 것을 인의로 보아야 한다고 주장한다.「이루 상」편에서 맹자는 "仁은 사람에게 편안한 집이며, 義는 사람에게 올바른 길이다"[64]고 말한다.「진심 상」편에서는 '거인유의'居仁由義로 표현한다.

"선비는 인의를 실천할 따름이다. 죄 없는 사람을 하나라도 죽이는 것은 仁이 아니다. 자기 소유가 아닌데도 그것을 취한다면 義가 아니다. 어디에 머물러야 할까? 仁이 그곳이다. 어떤 길을 가야 할까? 義가 그것이다. 仁에 머물고 義에 따르면 대인으로서 할 일을 갖추었다고 하겠다."[65]

---

63) 인과 의의 상관관계와 지향에 대해서는 陳大齊,『孟子待解錄』(臺北: 臺灣商務印書館, 1991), 25~68쪽에 매우 상세하다.

64) 仁, 人之安宅也; 義, 人之正路也.

65) 仁義而已矣. 殺一無罪, 非仁也; 非其有而取之, 非義也. 居惡在? 仁是也;

'거인유의'에서 仁이 머무는 편안한 집은 마음이다. 맹자는 仁, 즉 마음으로부터 비롯되는 의로운 길을 가도록 하는 것이 학문의 길이라고 한다. 「고자 상」편을 보자.

"仁은 사람의 마음이고, 義는 사람의 길이다. 그 길을 버리고 따르지 않으며, 그 마음을 놓치고는 찾을 줄을 모르니 슬프도다! 사람들이 닭이나 개를 놓치고는 열심히 찾으면서도 마음을 놓치고는 찾을 줄을 모른다. 학문의 길은 다른 것이 아니라 그 놓친 마음을 찾는 것일 따름이다."[66]

仁이 사람의 마음이고 義가 사람의 길이라면 확실히 거인유의는 내부성정의 발로가 자연스레 외부에서 이루어지는 일과 연결된다는 생각을 갖게 한다. 구체적인 덕목에서도 마찬가지다. 仁 덕목의 정수는 부자간의 친애함이고, 義 덕목의 정수는 윗사람에 대한 공경이다. 친애는 마음에서 우러나오며 부모는 자애롭고 자식은 효도하는 행위로 연결되는 것이다. 공경 또한 마음에서 생겨나서 연장자나 지위가 높은 사람에 대한 공경의 행위로 표현된다. 그래서 「진심 상」편에서는 "부모를 친애함이 仁이고, 윗사람을 공경하는 것이 義다"[67]라고 말한다.

---

路惡在? 義是也. 居仁由義, 大人之事備矣.
66) 仁, 人心也; 義, 人路也. 舍其路而弗由, 放其心而不知求, 哀哉! 人有雞犬放, 則知求之; 有放心, 而不知求. 學問之道無他, 求其放心而已矣.
67) 親親, 仁也; 敬長, 義也.

'친친'親親이란 말은 부모와 자식 간 쌍방의 사랑이든 일방적인 섬김이든 仁의 정수이자 모범을 부자간에서 찾아볼 수 있다는 말이지, 仁이 부자유친만을 의미한다는 것은 아니다. 모든 종류의 친애를 뜻하는 말이다. 義도 마찬가지이다. 군신유의나 형우제공, 즉 형은 우애롭고 아우는 공경하는 것만을 뜻하는 것이 아니라 모든 종류의 공경을 뜻한다. 결과적으로 인의의 덕목은 사람의 마음에서 자연스럽게 우러나오는 친애와 공경이 핵심이라고 하겠다.

맹자의 인의는 보다 근원적 개념으로서 仁 한 글자로 통섭이 가능하다. 『맹자』에 무수히 등장하는 불인不仁 즉 어질지 못하다는 비판은 대부분 중심 가치를 전쟁과 이익에 두고 있는 사람을 겨냥한 말이다. 인의의 기본가치를 사회의 중심원리로 환원시켜 仁이 세상의 중심가치가 되면 천하를 얻고 죽음으로부터도 구원받는다. 『맹자』「이루 상」편에서는 "천자가 仁하지 못하면 사해를 보존하지 못하고, 제후가 仁하지 못하면 사직을 보존하지 못하고, 경대부가 仁하지 못하면 종묘를 보존하지 못하고, 사서인士庶人이 仁하지 못하면 사지를 보존하지 못한다"[68]라고 말한다.

맹자는 인간의 마음에 내재하고 가족관계에서 자연스럽게 발로되는 仁과 그에 따른 義를 사회로 확충시켜 나가는 것이 올바른 정치의 길이라고 생각했다. 맹자는 정치를 인의의 사회적 구현으로 정의한 것이다. 맹자는 정치하는 사람이 모범적으로 가족에 대한 사랑

---

68) 天子不仁, 不保四海; 諸侯不仁, 不保社稷; 卿大夫不仁, 不保宗廟; 士庶人不仁, 不保四體.

을 백성들에게까지 미치도록 확산시켜가고, 마침내 모든 백성들이 다 인의를 실천할 수 있을 때 천하는 통일되고 왕도의 이상정치는 구현된다고 믿었다.

맹자의 어진 정치, 즉 인정仁政은 그가 인간만이 갖고 있는 특질이라고 믿는 '마음'에서 근거를 찾는다. 부모의 자식에 대한 사랑의 마음은 통치자의 피통치자에 대한 어진 마음으로 치환된다. 맹자는 이것을 '차마 참지 못하는 마음' 즉 불인인지심不忍人之心이라 불렀다. 인의의 정치적 실천은 바로 이 불인인지심의 확충이다. 「진심 하」편을 보자.

> "사람은 누구나 차마 참지 못하는 것이 있는데 그것을 확충하여 참아내도록 하는 것이 仁이다. 사람은 누구에게나 차마 행하지 못하는 일이 있는데 그것을 확충하여 행하도록 하는 것이 義다. 다른 사람을 해치고 싶지 않은 마음을 끝까지 확충할 수만 있으면 이루 다 응용할 수 없을 만큼 仁이 넘칠 것이다. 구멍을 파거나 담을 넘고 싶지 않은 마음을 끝까지 확충할 수만 있으면 이루 다 응용할 수 없을 만큼 義가 넘칠 것이다."[69]

군주의 '참지 못하는 마음'이야말로 어진 정치의 출발이다. 그 '은혜를 넓혀나가는' 것이 인술仁術의 실천이다. 『맹자』「이루 상」편

---

69) 人皆有所不忍, 達之於其所忍, 仁也; 人皆有所不爲, 達之於其所爲, 義也. 人能充無欲害人之心, 而仁不可勝用也; 人能充無穿踰之心, 而義不可勝用也.

에 따르면 "군주가 仁하면 仁하지 않은 사람이 없고, 군주가 義로우면 義롭지 않은 사람이 없고, 군주가 올바르면 올바르지 않은 사람이 없을 것"[70]이기 때문이다.

맹자보다 더 구체적인 행위를 요구하고 나선 사람은 순자였다. 그는 특히 공자의 애愛의 의미를 仁의 실천덕목으로 취급했다. 『순자』「대략」 편에는 "仁은 愛에서 발하므로 서로 친밀한 것"[71]이라고 설명한다. 애써 사랑을 실천하도록 요구한 것이다. 당나라의 한유韓愈는 『한창려집』「원도」 편에서 공자의 범애중汎愛衆 즉 '두루 사람을 사랑하라'는 취지를 이어받아 "널리 사랑하는 것 즉 박애가 仁이다"라고 설파했다. 송나라 주희는 『논어집주』「학이」 편에서 "仁이란 사랑의 이치이고 마음의 德이라"[72]하여 주체적 인간의 덕목으로 仁을 상정했다.

그 외에도 전통적으로 동양의 지식인이라면 仁을 실천하고 해석하기 위해 노력하지 않은 사람이 없을 정도이다. 이들의 논의 중 모든 덕목의 총칭으로서의 공자 仁의 의미를 가장 적절하게 해석하고 있는 사람은 道라는 말로 '인격의 완정完整한 표상'을 나타낸 맹자인 듯하다. 하지만 仁을 말한 유학자들의 공통된 주장은 무엇보다도 인위적 행위를 통한 도덕의 실천을 강조했다는 점이다. 그 인위적 행위의 결정체는 예禮였다.

---

70) 君仁莫不仁, 君義莫不義, 君正莫不正.
71) 仁, 愛也, 故親.
72) 仁者, 愛之理, 心之德也.

제 9 장

# 예법

중국의 정치사는 겉으로는 예를 표방하지만 속으로는 법을 준용해온 外禮內法의 전통을 유지했다. 개인과 집안의 내적 규율에서 사회전체를 아우르는 총체적 규범으로서 禮가 갖는 정치적 의미와 단순한 형벌 이상의 국가운영 방침으로서 法이 갖는 정치적 의미의 상관관계를 분석한다. 禮사상의 핵심으로서 순자사상을, 法사상의 핵심으로 법가사상을 다룬다.

• 이 장에서 다루는 禮法은 '예에 관한 법식'을 뜻하는 '예법'이 아니다. 정치사상으로서 예치와 법치의 밀접한 상관관계를 전제한 대비된 개념으로서의 '예와 법'을 말한다.

# 1. 예禮 · 법法 관념의 형성

## 禮의 어원

예禮의 본래 글자는 豊이었다. 나중에 禮자가 모든 의미를 대체하게 되면서 豊자는 풍성하다는 의미를 제외하고 예의, 의식과 관련된 의미를 모두 잃었다. 갑골문과 금문을 보면 豊이 원형임을 확인할 수 있다. 후대에 신령의 강림, 또는 제사를 뜻하는 示자가 붙게 되었다. 전국시대 후기의 석각인 「저초문」詛楚文에는 오늘날의 글자와 비슷하게 禮로 쓰여 있다. 禮자의 변천은 다음 〈그림21〉과 같다.

| 後2·8·2 | 乙8697 | 豊尊 | 설문해자 |
|---|---|---|---|
| 갑골문 | 갑골문 | 금문 | 소전 |

**그림 21 禮자의 변천**

갑골문 豊은 豆자 형태의 그릇인 위에 옥 꾸러미를 가득 담은 형태이다. 최고의 예물을 갖추어 신령에게 제사를 올린다는 의미이다. 『고문자고림』에는 아주 다양한 갑골문의 豊자를 보여준다. 모두 제례와 관련된 용례를 가진 글자들이다.[1] 그런데 금문에는 豊자 용례가 많이 보이지 않고 豐자의 용례가 다양하다. 豊과 豐이 뒤섞였다는 얘기다. 특히 분향의 모습을 나타낸 글자로 신령의 강림이나 하늘을 올려다보고 신에게 경배하는 모습의 示가 가미된「저초문」의 禮자는 장중한 제례를 표현한 회의문자이다.

『설문해자』에서는 '禮'자를 다음과 같이 해석한다. "禮란 이행함이다. 신을 섬기고 복을 구하는 바이다. 소리는 示에 따르거나 豊에 따르는데 豊 또한 읽는 소리다."[2] 豊자에 대해선 "豊이란 예를 행하는 기물이다. 제단을 나타내는 두豆자로부터의 상형인데 豊이 들어가는 글자는 모두 풍豐을 따른다. 해석은 禮와 같다"[3]라고 한다.

豊과 豐은 모양의 유사성 때문에 많은 논란을 낳았다.『고문자고림』에는 禮와 같은 글자로서 豊자의 기원과 의미 및 豐[4]자에 관한 다양한 주장이 실려 있다.[5] 두 글자가 같은가 다른가가 중점 논의사항이다. 일부 학자들을 제외하고는 대체로 제례용 기물인 豊과 식물의 풍성함을 뜻하는 豐은 다른 기원을 가진 문자라고 생각하고 있다.『설문해자』에서도 豐자에 대해선 "제기 위에 보물을 풍성하게 가득 채우는 것이다. 자형은 두豆자로부터의 상형이다. 일설에는『예기』

---

1)『고문자고림』제5책, 106쪽 참조.
2) 禮, 履也. 所以事神致福也. 從示從豊, 豊亦聲.
3) 豊, 行禮之器也. 從豆, 象形. 凡豊之屬皆從豊. 讀與禮同.
4)『고문자고림』해당 항목에서 혹자는 북과 같은 악기를 양쪽에서 두드리는 소리 또는 모양을 형상화한 글자라고도 한다.
5)『고문자고림』제5책, 豊에 대해서는 106~113쪽, 豐에 대해서는 114~122쪽 참조.

「향음주」에서 언급한 풍후豐侯라고 한다. 豊과 관련 있는 글자는 모두 豊을 변방으로 사용한다"[6]고 한다. 이 책에서는 『고문자고림』의 禮에 관한 왕국유, 곽말약, 마서륜 등의 주장에 따라 禮자의 초기 의미를 豊에서 찾았다.[7]

禮의 최초의 모습은 종교적 제사의식이었다. 중국의 상고사회에서 '禮'란 일종의 종교제사에 보이는 숭배의식이었다. 고대인들에게 이와 같은 종교활동은 생활을 꾸려가는 주요한 힘이기도 했다. '禮'는 차츰 사람과 사람사이의 생활규범이 되었다. 이것이 마침내 중국전통문화의 사상구조 안에서 핵심 관념으로 변했다.

왕국유는 『관당집림』觀堂集林 「석례」釋禮 편에서 은나라 복사 가운데 豊자는 豐, 豐 등의 모양을 갖고 있는데 "모양이 그릇에 옥이 두 개 있는 형태인데, 옛날 사람들은 옥으로 예를 행했다"[8]라고 말한다. 이는 『설문해자』의 豊을 옥으로 보는 견해와 일치한다. 제사가 일상이었던 은나라 사람들은 구하기 어려운 귀한 옥을 풍성하게 그릇에 담아서 신에게 제사를 올렸는데 이것을 豐으로 표현한 것이며 이것이 豊자였다. 당시 신에게 바치는 단 술을 예醴라 불렀는데 이 또한 예禮와 같은 의미로 생각된다. 禮의 어원에 관한 왕국유의 견해는 일리가 있다.

---

6) 豊, 豆之豊滿者也. 從豆, 象形. 一曰「鄕飮酒」有豊侯者. 凡豊之屬皆從豊.
7) 『고문자고림』 제1책, 87~89쪽 참조.
8) 象二玉在器之形, 古者行禮以玉.

### 法의 어원

법法자는 고대 자료 어디에도 보이지 않는다. 法의 원 글자는 치灋자로 본다. 「마왕퇴백서」馬王堆帛書에 이체자로서 氹 형태로 바뀌었다가 『설문해자』 이후 예서와 해서의 시대에 와서야 法자로 쓰이기 시작했다. 灋자 또한 갑골문에는 보이지 않으며, 초기 금문은 아래 〈그림22〉와 같다. 『서경』 『묵자』 『논형』 등 고문헌에 등장하는 얘기들을 종합해보면 하나라 때 법관 고요皐陶가 신령스런 동물인 외뿔 해치獬多 또는 獬廌를 가운데 두고 두 소송 당사자 앞에 풀어놓으면 죄가 있는 사람을 들이받았다고 하는데 임의광 등은 근거 없는 주장이라고 한다.[9] 이 고사는 法이란 글자의 어원과 깊은 관련을 맺고 있다. 금문이나 대전, 소전의 글자체도 너무 복잡하고 다양하여 해석이 분분하다.

| 盂鼎 | 克鼎 | 詛楚文 | 籀文 | 설문해자 |
|------|------|--------|------|----------|
| 초기 금문 | 후기 금문 | 석각 전서 | 대전 | 소전 |

그림 22 法자의 변천

法자의 초기 금문을 보면 주거지를 떠난다는 의미의 去에 부드럽고 유동적인 水를 아래에 두고, 오른쪽에는 영험한 동물 廌을 더하고 있다. 『고문자고림』을 보면 마서륜은 法의 발음과 의미는 범

---

9) 『고문자고림』 제8책, 510~511쪽.

范에서 비롯되었다고 하며, 灋자를 폐廢로 읽어 法의 발음을 유추하는 데 이의를 제기하기도 한다.[10] 다양한 주장이 상존한다.

『설문해자』에서는 이렇게 말한다. "치灋자는 형벌이란 뜻이다. 공평하기가 물과 같으므로 水를 따르며, 廌는 그로써 정직하지 못한 자를 들이받아 그를 제거하는 것이므로 去를 따른다. 法의 오늘날 글자형태는 廌자가 생략된 것이다."[11]

여러 해석들을 종합하여 法자의 원형인 灋자를 다음과 같이 분석할 수도 있다. 水는 평평함 즉 '공평함'을 뜻하고, 외뿔양 체廌자는 하늘을 대신해 인간사를 시험함 즉 '판결'을 뜻하고, 去는 사람大이 집을 떠난다입벌릴 감니, 혹은 사람이 쭈그려 앉아 배설을 한다 즉 '제거'의 뜻일 수 있다. 종합하면 法자의 한자 원래적 의미는 '시비를 공평하게 판결하여 죄 있는 자를 제거한다'는 뜻이다.

전국시대 후기 석각문의 전서篆書는 초기 금문 가운데 水와 廌을 특별히 강조한 것이고, 대전의 金자는 금문과 연결이 되지 않는다. 주문籒文은 보통 획수가 복잡한 경우가 많은데 소전보다 간단한 글자로 法을 표현한 것은 이유가 있을 것이다. 마서륜은 '법'과 같은 의미의 정定자일 수도 있다고 한다.[12] 여하튼 人 밑에 一을 더하고 아래에 正을 쓴 글자는 모범이란 의미로 읽힌다. 참고로 正의 갑골문 甲193은 행군하여 정벌한다는 뜻이다. 소전의 글자는 기본적으로

---

10) 『고문자고림』 제8책, 512쪽.
11) 灋, 刑也. 平之如水, 從水; 廌, 所以觸不直者, 去之, 從去. 法, 今文省.
12) 『고문자고림』 제8책, 512쪽.

후기 금문의 자형을 본뜬 것으로 보인다. 소전의 이체자로 등장한 佱은 과감히 신령스런 동물을 없애버림으로써 간략하게 만들었다. 이것이 오늘날 사용하는 法자의 원형이다.

이렇게 볼 때 '法'자의 원시적 의미는 형벌을 뜻한다고 할 수 있다. 흔히 형벌을 뜻하는 형刑은 法과 연관된 의미다. 『서경』의 「여형」 呂刑 편을 보면 중국의 묘족苗族들이 5가지 가혹한 형벌을 만들어놓고 이를 法이라 불렀다는 기록이 있다. 『주역』「둔」屯 괘의 상전象傳에는 "사람들에게 형벌을 사용하는 것은 이로써 法을 바로하기 위함이다"라고 말한다. 이렇게 형벌이란 의미로 볼 때, 法은 이미 구성된 규칙위반 행위에 대하여 사후적 제재를 가한다는 결과적 측면을 담고 있다.

그런데 法과 동일한 의미를 지녔던 刑이란 글자가 형벌 외에도 모범, 법칙, 제도라는 의미를 지니고 있듯이, 法 또한 규칙 위반에 대한 제재뿐만 아니라 그 규칙을 사회전체가 본받아야 할 모범으로 삼는 또 다른 파생적 의미를 지니게 되었다. 法이라는 개념은 형벌을 통해 법을 어긴 행위를 제재하는 한편, 그 法의 정당성을 확보하는 노력을 동시에 하게 되었다는 의미다. 刑은 형荊과 통하는 글자고 荊의 본래 글자는 형型이다. 型은 그릇을 주조하는 흙으로 만든 거푸집을 말하는데, 나무로 만들면 모模이고 대나무로 만들면 범范 또는 範이다.

이상에서 알 수 있듯이 중국에서 처음 法이란 글자와 거기서 파생된 개념이 형성되면서 法은 형벌과 모범이라는 두 가지 의미를 지니게 되었다. 오늘날 다양한 이름의 法들이 존재하고 있으나, 이를 크게 두 가지로 나눈다면 형벌적 의미의 法과 제도적 의미의 法 두 가지로 정리할 수 있다. 고대 중국에서 '法'의 의미가 오늘날에도 그대로 적용되고 있는 것이다.[13]

---

13) 참고로 음악 영역에서 음정 간 질서에 대한 규칙으로서 律자의 의미가 법과 유사하여 한대 이래 혼용하여 쓰이기 시작했으며, 이것이 오늘날 法律이라 불리게 된 출발이다. 이상 法자의 변천에 대해서는 장현근, 「선진 정치사상에서 '法'의 의미」(한국정치학회, 『한국정치학회보』 제27집 제2호 하, 1994), 75~96쪽에 상세하다.

## 2. 예禮 · 법法 관념의 변천

### 공자 이전의 禮 · 法 관념

예禮 관념은 은나라 때부터 존재했다. 『서경』 「군석」 편에서 소공召公은 "은나라 예는 배천配天의 제사를 올렸고 이에 여러 해를 넘기게 되었다"[14]고 말한다. 『논어』 「위정」 편에서 공자는 다음과 같이 말한 적이 있다.

> "은나라는 하나라 禮를 따르니, 그 줄어든 바와 늘어난 바를 알 수 있다. 주나라는 은나라 禮를 따르니 그 줄어든 바와 늘어난 바를 알 수 있다."[15]

국가운영의 법적, 제도적 의미를 지닌 禮 혹은 예법禮法이 최초의 국가인 하나라 때부터 존재하고 있었다는 얘기다. 초기 국가의 정책과 행사는 조상숭배와 제례로 특정할 수 있는데, 은나라의 수많은 복사에 등장하는 제사는 모두 '禮'라고 부를 수 있다. 禮와 관련된

---

14) 殷禮陟配天, 多歷年所.
15) 殷因於夏禮, 所損益可知也; 周因於殷禮, 所損益可知也.

기물 즉 예기禮器는 당시 정치적 상징이었다. 예기는 늘 지니고 다니며 지닌 이의 신분등급을 표시하는 성물이었다. 분봉하여 땅을 받을 때도 천자로부터 직접 예기를 받았다.『국어』「주어」에는 이런 내용이 많이 등장한다.

공자시대에도 하나라와 은나라의 禮는 문헌이 부족하여 증명하기 어려웠다니 오늘날은 더더욱 알 길이 없다. 주나라의 禮는 다르다.『주례』는 주나라 예법을 총정리한 책인데, 국가운영의 기본 방침과 제도 및 직무편성에 대한 상세한 정보를 제공해준다. 여기서 '禮'는 넓은 의미에서 제도와 정책을 대변하는 말이었다. 공자 이전의 '禮' 관념이 치국의 방침이자 요체인 것은『좌전』과『국어』를 통해 다량의 예를 확인할 수 있다. 문헌 속에 가장 많이 등장하는 '禮'는 상호 보완작용을 하면서 정치를 운용하는 예법형정禮法刑政 네 관념 가운데 하나로서 좁은 의미의 예이다. "禮는 전통과 습속으로부터 형성된 행위규범이며, 법法은 사람이 확정한 강제성을 갖춘 규정이다. 형은 강제수단을 가리키고, 정은 정치권력을 지칭한다."16

"禮란 국가를 경영하고, 사직을 획정하며, 백성들을 질서 있게 만들고, 후사를 이롭게 하는 것이다."17『좌전』「은공 11년」

"禮란 국가의 기율이다."18『국어』「진어 4」

---

16) 유택화 주편, 장현근 옮김,『중국정치사상사』선진편 상, 앞의 책, 164~180쪽에 상세하다.
17) 禮, 經國家, 定社稷, 序民人, 利後嗣者也.
18) 禮, 國之紀也.

"禮란 왕의 큰 벼리이다."[19]『좌전』「소공 15년」

"禮란 상하의 기율이며, 천지의 경위經緯이니 백성들은 이로써 생존한다."[20]『좌전』「소공 25년」

『좌전』에선 禮를 신으로부터 혹은 조상으로부터 부여받은 것으로 본다. 「소공 26년」에는 "선왕이 천지로부터 품부를 받아 그 백성을 보위하게 되었다. 그래서 선왕은 예를 최상으로 여긴다"[21]라고 말한다. 禮를 현실적 사회관계의 산물로 보는 견해도 있다. 「환공 2년」에는 "禮는 의로부터 나온다. 정치는 禮로 말미암아 이루어진다"[22]라고 말한다. 「문공 7년」에는 禮의 구체적인 내용으로 '육부'六府와 '삼사'三事를 얘기한다. "물, 불, 쇠, 나무, 흙, 계곡을 일컬어 육부라 하고 정덕正德, 이용利用, 후생厚生을 일컬어 삼사라 한다."[23] 사회적 재화의 원천과 그 재화를 어떻게 사용할 것이냐에 대한 원칙을 가리키며 의롭게 그것들을 통합시키는 것을 덕례德禮라고 일컫는다. 禮는 사회생활과 사회관계의 총체라는 얘기다. 禮 관념의 핵심은 군신, 상하, 부자, 형제, 내외, 대소의 등급질서를 확립하는 데 있었던 것이다.

공자 이전 禮 관념 가운데는 禮를 인륜을 정의하는 여러 가지 정신으로 표현하는 경우도 있었다. 『좌전』「문공 2년」에는 "효가 禮의

---

19) 禮, 王之大經也.
20) 禮, 上下之紀, 天地之經緯也, 民之所以生也.
21) 先王所稟于天地, 以爲其民也, 是以先王上之.
22) 義以出禮, 禮以體政.
23) 水火金木土谷, 謂之六府. 正德利用厚生, 謂之三事.

시작이라"고 하며, 『국어』 「주어 상」에는 "禮가 있기에 충, 신, 인, 의를 관찰할 수 있다"[24]라고 하고, 『좌전』 「양공 13년」에는 "군자는 능력을 숭상하며 아랫사람에게 겸양한다. 소인은 힘써 농사를 지어 윗사람을 섬긴다. 이로써 위아래는 禮를 갖추게 된다"[25]라고 말한다. 「은공 11년」에는 관용을 뜻하는 서恕를 禮로 부르기도 한다. 춘추시대에 '禮'는 일종의 만병통치약이었다.

한편 춘추시대 '法' 관념은 '禮'와 대척점에 있지 않았으며 보수와 진보를 가르는 관념도 아니었다. 『서경』 「강고」 편 등 기록으로 볼 때 은나라에는 성문법이 있었으며 禮와 法은 상호보완 작용을 한 듯하다. 『좌전』 「소공 7년」에는 '문왕의 법'을 언급한다. '~의 法'이란 용례는 아주 많다. 「문공 6년」에는 '이수夷搜의 法'에는 각종 규정과 법률을 만들어 "경제대책을 마련하고, 구악을 일소하고, 귀천을 구분하여 본래의 禮를 잃지 않도록 하는"[26] 조치를 취했다고 한다. 「소공 29」년에는 '피려被廬의 法'에 대해 공자가 '禮'에 합당하다고 말한 대목이 있다. 「선공 16년」에는 주나라 왕의 '禮'에 대한 강연을 기초로 "진나라의 법을 수정했다"는 기록이 있다. 이렇게 볼 때 춘추시대 禮와 法은 상호 병존하는 관념이었다고 할 수 있다. 法과 禮를 한 가지 관념으로 추정할 수 있는 예는 『좌전』에 부지기수로 많다.

法과 禮는 대척관계에 있지 않았다. 어떤 나라는 법에만 의존하고

---

24) 禮所以觀忠信仁義也.
25) 君子尙能而讓其下, 小人農力而事其上, 是以上下有禮.
26) 董逋逃, 由質要, 治舊洿, 本秩禮.

어떤 정부는 禮에만 의존하는 경우는 없었다. 하지만 두 관념이 완전히 같을 수는 없다. 글자가 다르듯이 함장하고 있는 내용에도 차이가 있었다. 禮는 주로 전통적으로 내려오는 규칙이나 규정을 얘기하는 데 사용되었으며, 法은 주로 실제 상황을 염두에 둔 현실 정치적 수요를 반영한 규정이었다. 춘추시대는 전통이 중시되고 강조되는 시대였던 만큼 현실정치에서도 전통적 규정이 영향력을 발휘하고 있었으며, 이 때문에 禮와 法이 병존할 수 있었던 것으로 추정된다. 그럼에도 정치는 변수가 많은 것이어서 법 규정과 전통 관습이 맞지 않는 경우가 언제든 발생할 수 있다. 『좌전』 「소공 4년」에 자산子産의 법이 전통에 맞지 않는다며 다음과 같이 비판하는 내용이 있다.

> "아마 나라가 먼저 망할지도 모르지요. 군자가 法을 만듦에 야박하다면 그 폐단은 탐욕에 있을 것입니다. 法을 만들어 위를 탐한다면 그 폐단을 어찌하시렵니까?"[27]

法은 시대의 반영이지만 禮는 전통의 계승이기 때문에 충돌이 생기지 않을 수 없다. 禮를 지키는 것은 바꾸기 어려운 사람들의 타성과 관련이 있고, 法을 지키는 것은 현실의 변화를 수용하는 행위이다.

法은 '형벌'과 '제도'라는 어원을 함께 갖고 있으며 禮와 병존하

---

27) 國氏其先亡乎! 君子作法於涼, 其敝猶貪; 作法於貪, 敝將若之何?

는 중요한 정치 관념으로 존재했는데, 전국시대 법가에 이르면 法은 자주 형刑과 더 가깝게 결합한다. 刑은 法보다 먼저 생겨난 개념으로 '금지'라는 협애한 의미를 나타내는 관념이다. 『설문해자』에는 "형이란 경剄 즉 목을 베는 것이다"라고 말한다. 물리적 폭력을 수반한 정치수단인 刑은 정신적 교화수단인 덕德이 미치지 않는 곳에 존재한다. 『논어』 「위정」 편에서 공자는 '政으로 이끌고 刑으로 다스리는' 법치는 좋은 정치가 아니고, '德으로 이끌고 禮로 다스리는' 덕치를 좋은 정치라고 말한다. 德과 禮가 法과 刑의 대척점에 있는 것은 아니다. 하나가 존재하면 하나가 사라져야 하는 것이 아니라 둘 다 각자의 역할이 있고 상호보완적 작용을 한다. 『좌전』 「희공 15년」에는 이렇게 말한다.

"德은 더할 나위 없이 두텁게, 刑은 더할 나위 없이 위엄 있게 해야 한다. 복종하는 사람은 덕의 품에 안기기를 바라는 사람이고, 두 마음을 가진 사람은 형벌을 두려워하게 된다."[28]

공자는 刑을 반대하지 않았으며 관직에 있을 때는 刑을 집행하기도 했다. 刑과 禮는 모순이 아니며 대립적이지도 않다. 禮와 法 또는 刑이 갖는 시대적 의미를 둘러싸고 신랄하게 논쟁한 전국시대 법가의 출현으로 法은 禮에서 훨씬 멀리 떨어진 관념으로 바뀌게 되었다.

---

28) 德莫厚焉, 刑莫威焉; 服者懷德, 貳者畏刑.

### 제자백가의 禮·法 관념

禮는 유가사상의 대표적 명제이다. 공자는『논어』「계씨」편에서 "예악과 정벌은 천자에게서 나온다"[29]면서 '예'를 국가권력 가운데 가장 중요하고 핵심인 제도로 생각했다. 동시에 모든 사람은 예를 객관적 준칙으로 삼아서 행동해야 한다고 주장한다.『논어』「안연」편에 등장하는 공자의 유명한 말은 禮로 만사를 제약해야 한다는 주문이다. "예가 아니면 보지 말고, 예가 아니면 듣지 말고, 예가 아니면 말하지 말고, 예가 아니면 움직이지 마라."[30] 공자는 예에 관한 한 완고할 정도로 전통을 고수했다. 제자들이 따지는 것조차 허락하지 않았다. 서복관 선생은『논어』에서 말하는 禮의 뜻을 다음 세 가지로 종합했다. 1) 기왕에 있는 예속禮俗에 따르는 것, 2) 본래 종교성을 갖는 의례절차를 일상생활 가운데로 확대시키는 것, 3) 禮의 근본정신에 비추어 禮의 의의와 정신을 갱신하는 것 등이다.[31]

공자의 후예들은 '禮' 관념을 내면화시키며 그들 정치사상의 핵심 관념으로 승화시켰다. 맹자의 경우 인, 의, 예, 지를 성선설과 연결시키는 사단설을 제기했다. 그 가운데 '예'의 단서는 사양지심辭讓之心에서 찾았다. 맹자는 공자처럼 禮를 사상의 중핵 관념으로 삼지 않았으며, 의義보다 낮은 데 위치시켰다. 공자는 인仁을 강조하면서도 禮를 仁의 실천을 위한 행위규범으로 삼았는데, 맹자는 예를

---

29) 禮樂征伐自天子出.
30) 非禮勿視, 非禮勿聽, 非禮勿言, 非禮勿動.
31) 徐復觀,「荀子政治思想的解析」(『中國思想史論集續篇』, 時報文化出版事業有限公司, 民國71年), 443~465쪽 참조.

인의에 종속된 개념으로 파악했다. 『맹자』 「이루 상」편에서 맹자는 "禮의 실질은 행위의 절제와 형식 이 두 가지다"[32]라고 말한다.

禮를 사상의 중핵으로 삼아 유가 및 제자백가 이론을 종합 집대성한 사람은 순자였다. 순자사상은 한 마디로 예치禮治론이다. 순자는 法도 소홀히 다루지 않았다. 중국의 정치전통이 유가와 법가의 적절한 결합이라고 볼 때 그 시도를 처음 한 사람이 순자다. 순자는 삼라만상의 존재 이유와 우주의 운행질서 모두를 '예' 관념에 포함시켰다. 禮는 義를 본질로 하는데, 순자는 禮와 義가 똑같은 작용을 한다고 생각했다. 『순자』의 모든 義자는 禮자로 대체가 가능하다. 이러한 禮자는 『순자』에 무려 342차례나 출현하는데 禮의 의의를 극대화하고 있을 뿐만 아니라 구체적이고 실현가능한 사회, 정치, 경제, 법률 등 각종 제도적 형태를 띠고 있다.

순자는 禮와 法 모두 성인이 만든 것이라고 한다. 순자가 보기에 사람의 본성은 악하므로 그대로 방치하면 사회는 모순 덩어리가 된다. 이런 모순을 해결하기 위해 성인이 만들어낸 것이 禮와 法이다. 『순자』 「왕제」편은 "선왕이 혼란을 싫어하여 禮義를 만들어 구분지었다"[33]라고 말한다. 禮는 각종 재화와 사회관계의 정당한 구분을 통해 물질생활과 정신생활 모두를 만족시켜주는 도구이다. 「예론」편은 이렇게 말한다.

---

32) 禮之實, 節文斯二者是也.
33) 先王惡其亂也, 故制禮義以分之.

"합리적으로 분배하면 사람들이 바라는 것을 모두 만족시킬 수 있고, 사람들이 추구하는 것을 모두 공급해줄 수 있다. 공급할 수만 있다면 물자가 부족해 욕망이 충족되지 않는 일이 있을 수 없고, 만족시킬 수만 있다면 욕망이 무궁하다고 하여 물질이 결핍되는 일이 있을 수 없다. 이 두 가지는 서로 보완하며 성장한다. 이것이 禮가 만들어진 이유다."

순자는 비근한 일상의 번잡한 일들 하나하나에 대하여 구체적인 예 규정을 얘기한다. 「예론」 편에서는 "禮는 위로 하늘을 섬기고, 아래로 땅을 섬기며, 선조를 존중하고 임금과 스승을 드높인다. 이것이 바로 禮의 세 가지 근본이다"[34]라고 말하기도 한다. 순자에게 예는 치국안민의 근본이자 사회질서의 뿌리였다.

순자는 유가사상가를 자임했음에도 禮와 더불어 法에 대해서도 매우 긍정적인 태도를 취한다. 순자의 法 관념은 매우 포괄적이다. 「대략」 편에 '삼왕의 法'처럼 오랜 정치전통과 역사경험을 法으로 부르기도 하며, 「왕패」 편의 '패자의 法'처럼 정책이나 제도를 가리키기도 한다. 법령을 뜻하기도 하는데 「의병」 편에서 "法을 세우고 명령을 내림에 순조롭지 않음이 없다"[35]라고 한다.

다만 순자는 法을 禮의 하위 관념으로 생각했다는 점에서 법가가 생각한 法과 차이가 있다. 「수신」 편에서 순자는 "禮가 잘못되었다

---

34) 故禮, 上事天, 下事地, 尊先祖而隆君師, 是禮之三本也.
35) 立法施令莫不順比.

면 법은 있더라도 없는 것과 같다"36라고 말한다. 법보다 아래에 일종의 판례에 해당하는 '류'類 개념을 두기도 한다.『순자』「왕제」편에는 "法이 있는 것은 법으로 하고, 법이 없는 것은 類로 처리하면 정무처리를 다할 수 있다"37라고 한다. 그 외에도 순자는 구체적 법 규정을 뜻하는 법수法數, 법철학적 의미를 지닌 법의法義 등 法 관련 개념에 대한 다양한 정의를 시도한다. 순자는 법사상에 대해 상당한 이론적 무장을 한 듯하다. 순자는 연좌제에 반대했으며, 禮와 法의 병행 사용을 주장했다.「부국」편에서는 "사士 이상은 반드시 예악禮樂으로 조절하고, 민중 백성들은 반드시 법수法數로 통제한다"38라고 말한다. 궁극적으로 法에 대한 순자의 관념은 그것을 운용하는 사람을 중시한 것이지, 法 그 자체를 중시한 것이 아니었다.

도가사상은 禮와 法 모두를 부정한다.『도덕경』38장에서는 이렇게 말한다.

"도를 잃은 뒤 덕이 있고, 덕을 잃은 뒤 仁이 있고, 인을 잃은 뒤 義가 있고, 의를 잃은 뒤 禮가 있다. 禮란 충忠과 신信이 땅에 떨어져 생긴 것으로 난의 출발점이 된다."39

———

36) 故非禮, 是無法也.
37) 有法者以法行, 無法者以類擧, 聽之盡也.
38) 由士以上則必以禮樂節之, 衆庶百姓則必以法數制之.
39) 故失道而後德. 失德而後仁. 失仁而後義. 失義而後禮. 夫禮者, 忠信之薄, 而亂之首.

도가는 자연과의 일체화를 주장하며 法에 대해서도 반대한다. 『도덕경』 57장에는 "천하에 금기가 많으면 백성은 더 가난해진다. ……법령이 더 갖추어지면 도적이 많이 있다는 것이다"[40]고 한다. 『장자』「지북유」<sup>知北遊</sup> 편에는 "禮란 위선<sup>僞</sup>이라"고 말한다. 예악이 있고부터 백성들 사이에 귀천의 구분이 생겼다고 비판한다.

도가 계열의 사상 가운데 '자연을 따르라'는 명분을 고집하면서 도 法의 정치적 작용을 긍정한 파가 있었다. 황로학파의 저작은 법이 도에 근원을 둔다고 생각했다. 『경법』「도법」<sup>道法</sup> 편은 "도가 法을 낳는다"면서 "法이란 득실을 끌어다 먹줄로 삼아 왜곡됨을 밝혀주는 것이다"[41]라고 한다. 『경법』의 저자는 민심을 강조하면서 공정한 법을 주장한 것이다. 「도법」 편은 또 "백성들로 하여금 항상 법도를 지키게 하려면 사사로움을 버리고 공정해야 한다"[42]라고 말한다. 법을 만드는 사람은 자신부터 법을 잘 지켜야 한다고 말하기도 한다.

묵자는 유가의 제자이다. 『묵자』에는 禮자가 간혹 등장하며, 상례<sup>喪禮</sup>, 제례<sup>祭禮</sup>, 예악<sup>禮樂</sup> 등 유가적 관념과 비슷하게 사용하는 용례가 대부분이다. 다만 묵자는 사치와 낭비를 싫어했으며, 이익에 반대되는 일체의 禮를 비난했다. 『묵자』「비유 하」<sup>非儒下</sup> 편에서 묵자는 유생들이 "번잡하게 禮樂을 꾸밈으로써 사람들을 어지럽게 만들고, 오랜 복상기간을 두어 애도를 가장함으로써 부모를 기만한다"[43]고 비판

----

40) 天下多忌諱而民彌貧. ……法令滋章, 盜賊多有.
41) 法者, 引得失以繩, 而明曲者也.
42) 使民之恒度, 去私而立公.
43) 且夫繁飾禮樂以淫人, 久喪僞哀以謾親.

하고 있다.

예의 정치적 기능에 대해서 소극적이었던 데 비하여 묵자는 법에 대해서는 매우 적극적이었다. 『묵자』 「상현 중」편은 이렇게 말한다.

"현자가 나라를 다스리면 아침에 조회에 들고 저녁에 퇴근을 한다. 열심히 옥사를 심의하고 정무를 처리한다. 그래서 국가의 질서가 잡히고 刑法은 바르게 된다."[44]

묵자는 범죄와 반동에 대한 철저한 처벌을 주장한다. 묵자는 의義를 소중히 여겨 천하의 의가 하나로 통합되어야 한다고 주장하는데 '의'를 위반한 악에 대해서는 철저히 벌을 내리라고 한다. 묵자는 원리원칙, 본보기 등의 의미로 法자를 사용하기도 하고 형벌의 의미로도 사용하여 당대의 용법을 따르고 있다.

제자백가 가운데 법 그 자체를 사상의 핵심으로 삼은 학파는 법가였다. 우선 법가들은 법은 반드시 형벌이 따라야 하는 것이며, 형벌은 반드시 법에 의존해야 한다는 법필유형法必有刑, 형필의법刑必依法 관념을 공유한다. 법은 형의 표준이 되고 형은 법의 실천적 측면이라는 얘기다. 법은 형을 포함하고 형은 반드시 그에 앞선 법의 존재를 필요로 한다는 것이다.

다음으로 법가들의 법은 국가의 모든 제도를 포함한다고 생각했다. 『윤문자』 「대도 상」大道上 편은 이를 네 가지로 정리하고 있다. 첫

──

44) 賢者之治國者也, 蚤朝晏退, 聽獄治政, 是以國家治而刑法正.

째는 불변不變의 法으로 군신상하를 가리킨다. 변하지 않는다는 의미에서 이 法 관념은 정치제도를 뜻한다. 둘째는 제속齊俗의 法으로 유능한 사람과 비천한 사람, 같고 다름을 가리킨다. 능력이 있느냐의 여부를 가지고 심사 평가를 한다는 의미에서 이 法 관념은 인사제도를 뜻한다. 셋째는 치중治衆의 法으로 상벌을 가리킨다. 잘하면 상을 주고 죄를 지으면 반드시 벌한다는 의미에서 이 法 관념은 상벌제도를 가리킨다. 넷째는 평준平準의 法으로 도량형을 가리킨다. 국가적 표준율을 통일한다는 점에서 이 法 관념은 경제제도를 가리킨다.

### 제국시대의 禮·法 관념

잘 알려져 있다시피 진시황은 법가사상을 원용하여 전국을 통일했다. 철저한 법치를 통해 권력을 유지, 확장했으며 여러 사상학파의 장점을 흡수하여 국가의 항구적인 안정을 꾀했다. 분서갱유焚書坑儒라는 희대의 문화적 폭력이 있기 전까지는 禮에 대해서도 관대한 입장이었다. 결과적으로 그는 法의 공적 기능을 과도하게 신뢰한 덕분에 禮가 갖는 사회적 통합력을 소홀히 생각함으로써 단명한 정권으로 끝나고 말았다.[45]

한 제국은 진의 法을 극복한 위에 성립되었다. 따라서 유학 즉 禮

---

45) 法이 갖는 public의 기능에만 천착하고 禮가 갖고 있는 common의 기능을 소홀히 함으로써 진시황의 정치는 실패할 수밖에 없었다는 논의에 대해서는 장현근, 「공public · 공common 개념과 중국 진한정부의 재발견: 예·법의 분화와 결합」, 앞의 글 참조.

의 부흥은 예견된 것이었다. 반고는 그의 『한서』 「고제기」에서 '육가陸賈의 『신어』, 소하蕭何의 율령, 한신韓信의 군법, 장창張蒼의 장정章程, 숙손통叔孫通의 예의禮儀'를 한나라 천하를 결정지은 5대 지주로 열거한 적이 있다. 다시 말해 한나라는 禮와 法의 통합과 병행을 통해 제국을 건설하고 경영했던 것이다.

육가는 禮가 刑보다 늦게 생겨났다고 생각했다. 『신어』 「도기」 편에는 이 과정을 중기 성인, 후기 성인으로 나누어 설명하고 있다. 法과 禮는 모순 속에서 생겨나고 시대에 따라 다르게 발전한다고 본 것이다. 육가는 禮를 강조한 순자사상을 계승한 사람이다. 그러면서도 도가적 무위를 주장하는가 하면, 법가의 法을 취하기도 했다. 禮와 法에 대한 관념은 대체로 순자의 관념을 취했고, 가의賈誼 등 한나라 초 사상가들은 이와 비슷한 생각을 했다.

禮와 法의 정신은 선진사상에 충분히 드러났으며, 제국시대에도 이 관념들이 그대로 받아들여졌다. 다만 그 구체적인 형식이 시대에 따라 달라졌을 뿐이다. 한나라 때 숙손통은 황제 앞에서의 禮의 형식 즉 조정의례를 '창조'해낸 사람이다. 『사기』 「숙손통열전」에 따르면 그는 공자의 고향인 노魯나라 지역으로 가서 제자들과 고례古禮를 연구해 조정의 예법을 만들고자 했는데, 노나라의 보수적 유생들은 숙손통이 만들려는 의례가 고례에 맞지 않는다며 초청을 거절했다고 한다. 초기 유가사상가들에게 있었던 상대적 군신관계에 의한 것이 아니기 때문이었다. 절대적 군신관계에 기초해서 황제 앞에 무조건 복종하는 의례를 확립하는 것이 숙손통의 목적이었던 것이다.[46] 주희는 『주자어류』 권135에서 숙손통이 이렇게 존비서열을 매긴 결과 "뭇 신하들이 놀라 두려워하여 감히 禮를 벗어난 행위를 하는 사람이 없어지는 효과를 보았다. 이는 삼대의 연회 및 제사의 식儀式, 또는 군신 간의 기상과 비교할 때 너무도 다르다. 이건 진나라 사람들의 존군비신尊君卑臣의 수단일 뿐이었다"라고 비판한다.

숙손통 이래 禮 관념은 정신에 대한 탐구보다 의식儀式으로 발전해갔다. 여영시余英時의 표현에 따르면 숙손통은 유학을 법가화시킨 한나라 첫 '유종'儒宗이었으며, 그 '형식'으로서 禮를 몸으로 익혀 제후의 반열까지 오른 공손홍公孫弘은 후대 출세지향 어용학문의 모범이었다. 공손홍은 구구절절 유가의 '예악교화'를 꾸미면서 내적으로는 황제의 독재를 찬양하는 후대 지식인 관료들의 모범 사례였다. 그로 인해 유학의 법가화는 더욱 촉진되었다.

한나라 때 『춘추』 경전의 내용을 추정하여 옥사를 결정하는 이른바 경의단옥經義斷獄이야말로 禮와 法을 통합하여 정치적으로 활용한 대표적 사례이다. 죄를 지은 사람은 法에 의해 신체적으로 단죄되었을 뿐만 아니라 경전의 뜻에 의해 정신적으로 단죄되었다. 동중서의 '춘추단옥'春秋斷獄[47]은 일종의 법전이 되었는데, 왕충은 『논형』 「정재」程材 편에서 "논한다는 것이 고작 법가를 존숭하는 것일 뿐, 『춘

---

46) 이에 대해서는 여영시, 「반지론과 중국 정치전통」, 앞의 글에 상세히 나와 있다. 이하 논의들은 여영시의 글을 주로 참조했다.

47) 동중서는 『춘추번로』 「오형상생」五刑相生 편에서 "爲魯司寇, 斷獄屯屯, 與衆共之, 不敢自專"이라고 말한다. 이는 춘추단옥春秋斷獄 혹은 춘추결옥春秋決獄이라 불리는 한나라 때 사법 분위기를 선도한 주장이다.

추』 자체를 높이는 것이 아니라 은폐하는 행위다"[48]라고 동중서의 책을 비판한다.

겉으론 禮를 표방하면서 내면으론 法으로 질서를 잡아가는 정치 관념은 한나라 때 완성이 되어 청나라 말까지 중국을 지배했다. 동중서는 그 이론을 확립하는 데 크게 기여했다. 모든 학파의 주장을 퇴출시키고 오직 유가학술만을 존중한다는 '독존유술, 파출백가' 정책은 법가로 사상통일을 기도한 이사의 '축객령'逐客令과 대동소이하다. 다만 이사가 채찍의 방법을 동원했다면 동중서는 회유의 방법을 동원했다는 차이가 있을 뿐이다. 동중서는 유가의 경전만으로 관료가 되어야 한다고 주장하면서, 일단 관료가 되면 '군존신비'의 법가노선을 따를 수밖에 없다고 함으로써 禮와 法을 일체화시켰다. 동중서의 그 결과가 이른바 '삼강'이다. 『춘추번로』 「기의」편을 보자.

"하늘은 군주君이니 은혜를 반복하며, 땅은 신하臣이니 무엇이든 싣는다. 양陽은 부夫이니 생성하고, 음陰은 부婦이니 그를 돕는다. 봄은 부모父이니 생성시키고, 여름은 자식子이니 그것을 키운다. 왕도의 세 벼리三綱는 하늘에서 구해진다."[49]

이렇게 만들어진 군위신강, 부위부강, 부위자강은 이후 중국사회

48) 論者徒尊法家, 不高春秋, 是闇蔽也.
49) 天爲君而覆露之, 地爲臣而持載之; 陽爲夫而生之, 陰爲婦而助之; 春爲父而生之, 夏爲子而養之; 秋爲死而棺之, 冬爲痛而喪之. 王道之三綱, 可求於天.

의 모든 관계를 지배하는 핵심 이념이 되었다. 초기 유가사상가들에게서는 발견할 수 없었던, 禮와 法이 일체화된 '삼강오륜'三綱五倫이 새로운 예법 관념으로 자리를 잡은 것이다. 사실 이 '삼강'설은 『한비자』「충효」편에 '신하가 군주를 섬기고, 자식이 부모를 섬기며, 아내가 남편을 섬긴다'는 구절에 처음 등장한다. 한비는 군존신비의 관념을 정당화하기 위한 논리를 전개했었고, 이는 유가인 동중서에게도 그대로 투영되었다. '삼강'론에서는 초기 유학자들의 상대적 군신관계를 찾아볼 수 없으며 오직 절대적 군신관계가 있을 뿐이다. 대부분의 군주들은 사실 법가를 선호했고 유학자들은 어쩔 수 없이 거기에 복종하는 정치적 운명을 감내하여야 했다. 『주자어류』권 134에는 '진시황의 변법 이후 후세 군주들이 法을 바꾸지 않는 이유'는 "진나라의 法이란 오로지 존군비신에 관한 것이다. 그래서 후세에 변화를 긍정하지 못했다"[50]라고 말한다.

겉으로 드러나는 禮 형식의 속 내용을 法이 채우는 이런 관념의 전환은 후대에도 그대로 지속되었으며, 法은 사상으로서 발전과 변화를 멈추고 유학에 포함된 하나의 작은 개념으로 전락하게 되었다. 제국시대의 禮 또한 내용과 사상의 변화는 거의 없고 형식과 절차를 둘러싸고 복잡한 논쟁과 발전을 겪게 된다. 『춘추위』「설제사」에 보면 禮를 "외부의 용모를 설정하는 것으로 천지의 몸체를 밝힌 것이

---

50) 黃仁卿問: "自秦始皇變法之後, 後世人君皆不能易之, 何也?" 曰: "秦之法, 盡是尊君卑臣之事, 所以後世不肯變. 且如三皇稱皇, 五帝稱帝, 三王稱王, 秦則兼皇帝之號. 只此一事, 後世如何肯變!"

다"51고 말한다. 위서는 군주전제를 정당화하며 모든 사람들이 지켜야 할 예의형식을 禮法으로 표현한다. 『춘추위』「원명포」는 "모두가 위로 왕의 정치교화와 예법을 받들어 한 나라를 통합관리하고, 수신을 잘하고 깨끗한 행동을 하여야 한다"52라고 말한다. 위서는 유가의 중심사상인 예악의 신화화를 꾀했다. 『역위』「건착도」는 '인의예지신' 오상五常을 방위와 연결시켜 '남방을 禮'라 하고, 『효경위』「구명결」은 이를 사물의 속성과 관련시켜 "나무의 본성이 인이고, 쇠의 본성이 의이고, 불의 본성이 禮이고, 물의 본성이 지이고, 흙의 본성이 신이다"53라고 한다.

『백호통의』「예악」편에는 "禮는 실천을 일컫는 것이다"54고 말한다. 제국시대 禮 관념은 정신보다 외재적 규정을 강조한 내용이 더 많다. 왕충이 『논형』「비한」편에서 "국가가 존재하는 까닭은 예의 때문이다. 백성들에게 예의가 없으면 그 나라는 기울어지고 군주는 위태로워진다"55고 할 때의 예의 또한 치란의 근본으로서 외재적 실천을 말한 것으로 볼 수 있다. 중장통은 『창언』에서 禮와 法은 실천이 용이하도록 간략하고 명확해야 한다고 말한다. 완적은 '예악이 바르면 천하가 태평하다'고 생각했는데, 「악론」樂論에서 "형벌과 교

---

51) 所以設容, 明天地之體也.
52) 皆上奉王者之政敎禮法, 統理一國, 修身潔行矣.
53) 性者, 生之質, 若木性則仁, 金性則義, 火性則禮, 水性則智, 土性則信也.
54) 禮之爲言履也.
55) 國之所存者, 禮義也. 民無禮義, 傾國危主.

화는 일체이다. 禮와 樂은 외부와 내부이다. 형벌이 해이하면 교화
가 홀로 행해지지 못하고, 禮가 무너지면 樂이 설 곳이 없다"[56]라고
말한다. 음악이 사람의 내부를 변화시키는 것이라면 禮는 외부의 행
위를 다스려 천하를 하나로 만든다고 생각했다.

『수서』「고제기」에는 수나라 왕이 "刑法과 禮義를 나란히 운용했
다"라고 말한다. 당나라 때 禮 정신을 특별히 강조한 사상가는 공영
달이었다. 그의 『오경정의』「단궁상소」에는 "도道는 禮와 같다"라
고 하고, 「곡례상소」에는 "禮는 도와 덕의 구체화이다"라고 말한다.
'도'는 禮의 근거이고 본질이라는 주장은 禮의 형식만 따지던 시대
분위기에 대한 일신이었다. 그는 초기 유가들의 정신을 오경에 대한
주소 속에 충분히 담아내었다.

당나라 말부터 유학이 부흥하고 송대에 이르러 도학, 이학이 정립
되면서 초기 유가의 禮와 法에 관한 관념은 다시 논의의 중심으로
자리를 잡았다. 왕통은 『중설』「사군」 편에서 "왕도가 성행하면 예
악은 그에 따라 흥한다"[57]라고 하고, 한유는 「복구장」復仇狀에서 "禮
와 法 두 가지 모두 왕교王敎의 대강이다"[58]라고 말한다. 하지만 일순
지성과 학문의 논쟁으로 승화하던 禮法 관념은 그것이 다시 관학이
되면서 제왕의 통치도구로 형식화하게 되었다. 주원장은 禮法을 강
화함으로서 군신의 기강이 정돈된다고 생각했다. 『명통감』明通鑒 권3

---

56) 刑敎一體; 禮樂, 外內也. 刑弛則敎不獨行, 禮廢則樂無所立. ……禮治其
   外, 樂化其內, 禮樂正而天下平.
57) 王道盛則禮樂從而興焉.
58) 禮法二者, 王敎之大端.

에서 그는 "禮法이 서면 사람의 뜻이 정해지고 상하가 안정된다. 건국 초에는 이를 선결업무로 삼아야 한다"[59]고 지적했다. 예법규정이 군주의 권위를 드높이는 데 쓰이게 된 것이다.

___

59) 紀綱不立, 主荒臣專, 威福下移. ……建國之初, 當先定紀綱, ……禮法立, 則人志定, 上下安. 建國之初, 此爲先務.

# 3. 순자의 예치禮治와 법가의 정치사상

### 순자정치사상과 예의통류禮義統類[60]

예禮는 수천 년 동안 동아시아 사회 내부의 질서를 바로잡음으로써 정치안정을 가져온 중요한 관념이다. 은나라 때부터 적잖은 정치적 작용을 했던 '예'를 사상의 중추로 삼아 우주 삼라만상의 모든 영역으로 의미를 확장하여 중국 예학의 기틀을 마련한 사람은 순자였다. 순자는 공자 때부터 강조되어온 禮에 새로운 생명을 부여했는데, 그의 사상은 한마디로 예치禮治사상이라 할 수 있다.

『관자』는 '예, 의, 염, 치'를 국가운영의 네 가지 동아줄 즉 사유四維라고 했다. 「목민」편에서 "무엇을 사유라고 하는가? 첫째가 예요, 둘째가 의요, 셋째가 염이요, 넷째가 치다. 예가 있으니 규칙을 타넘지 않고, 의가 있으니 망령되게 움직이지 않고, 염이 있으니 악을 숨

---

60) 이 소절은 장현근, 「염치의 몰락과 자본의 제국: 현대 한국정치의 허상」(예문동양사상연구원, 『오늘의 동양사상』 제22호, 2011. 12), 69~81쪽; 장현근, 「荀子政治思想에서 예의 기능」(한국정치학회, 『한국정치학회보』 제26집 제3호, 1993. 4), 23~45쪽; 순황荀況, 장현근 옮김, 『순자』(책세상, 2002), 부록의 일부분을 종합하여 수정·보완했다.

기지 않고, 치가 있으니 왜곡된 일을 좇지 않는다"[61]라고 말한다.

기강과 법을 지킨다는 의미에서 예는 기존 질서를 옹호하는 보수적 가치다. 순자는 신분질서를 옹호하고 등급의 차별을 강조했으며 예와 법의 적절한 조화와 병행을 주장했다. 한 무제 때 유교로 국가 이데올로기가 통일된 것은 순자사상의 강한 영향을 받은 동중서와 관련이 있다. '독존유술'의 기본 정책은 내적으로 법률에 입각한 통치를 행하면서도 겉으로는 '제왕의 덕'으로 포장된 예치를 행했다. 외유내법 혹은 외예내법外禮內法이라고 불리는 이러한 정치스타일이 향후 중국의 정치전통이 되었으며, 그 영향을 받은 우리나라도 오랫동안 예로 포장된 유교적 정치를 시행했다. 『순자』 「강국」 편 등에서 "사람의 운명은 하늘에 달려 있고, 국가의 운명은 禮에 달려 있다"[62]는 순자의 주장이 한나라 정치에 그대로 실현된 것이다.

순자는 예를 국가와 사회를 움직이는 최고의 원리로 설명하고 구체적인 행위규범까지 세세하게 언급한 바 있다. 군주와 신하 및 백성들 간의 상대적 상호관계에도 구체적인 예를 적용시켰다. 순자는 禮와 악樂을 따로 떼어 전문적으로 논했다. 그는 정치의식이 특별히 강하여 정치교화라는 측면에 다분히 치우친 점이 있지만 예악의 기본이론에 대하여 지극히 치밀한 논의를 했다.

『순자』에는 습관적으로 '禮義'라고 쓰는데 禮와 義를 이어 쓸 때

---

61) 國有四維, 一維絶則傾, 二維絶則危, 三維絶則覆, 四維絶則滅. 傾可正也, 危可安也, 覆可起也, 滅不可復錯也. 何謂四維? 一曰禮, 二曰義, 三曰廉, 四曰恥. 禮不踰節, 義不自進, 廉不蔽惡, 恥不從枉.

62) 人之命在天, 國之命在禮.

예는 의를 본질로 한다. 예와 의의 관계에 대하여[63] 『순자』「강국」편에는 "천하를 다스리는 중심요체는 의를 근본으로 한다"[64]라고 말한다. 「군자」편에서는 "의로서 만사를 제어한다"라고 한다. 예와 의는 사실상 한 사건의 표리를 이룬다. 『순자』의 모든 義자는 禮자로 대체가 가능하다.

순자에게 있어 禮의 범위는 개인 처세의 도에서 자연법적 원칙까지 지극히 다양한데 대체로 다음 세 가지로 나누어 볼 수 있다. 첫째, 『순자』「수신」편에 따르면 개인의 입신처세로 말하면 禮란 일반인들이 의거하고 지켜야 할 몸을 단정하게 하는 정신正身의 도구이다. 「예론」편에서는 "예를 본받고 예를 중시해야만 도리를 아는 선비라 할 수 있다"[65]라고 한다. 禮는 인도의 극치이다.

둘째, 禮는 치국의 도로서 정치, 경제, 법률, 군사상의 규범이다. 『순자』「권학」편에는 "예는 법도를 창제하는 대원칙이고 사리를 유추하는 준거이다"[66]라고 말한다. 「의병」편에는 '예를 드높이고 의를 귀하게 여기는 나라는 치세를 이루고 예를 무시하고 의를 천시하는 나라는 어지럽게 된다'는 취지의 발언을 하고 있다. 특히 「부국」편과 「왕패」편에서는 직업의 분화나 사회기능의 조절, 백성들의 생계와 국가체제의 수립에 관한 제반 정치경제적 형식의 준거로서 예

63) 예와 의의 관계에 대해서는 張鉉根, 「荀子政治思想之硏究」(中國文化大學三民主義硏究所博士論文, 1991. 12), 164~165쪽을 참조할 것.
64) 天下之要, 義爲本.
65) 法禮, 足禮, 謂之有方之士.
66) 禮者, 法之大分, 類之綱紀也.

의 중요성을 강조하고 있다.

셋째, 순자는 자연의 운행법칙까지를 禮의 범위에 포함시킨다. 예
는 자연현상을 처리하고 대응할 때 인간이 취해야 할 방법이다. 『순
자』「예론」편을 보자.

"천지가 절도 있게 융합하고 일월이 누리를 밝혀주며 사시가
조화로운 순서를 갖추니…… 아랫사람은 화순하고 윗사람은 명
찰하다. 이에 만물은 잘 다스려지고 변화 중에도 어지럽지 않으
니 이 이치를 벗어나면 망하게 된다. 예를 어찌 드높이지 않을 것
인가!"[67]

순자는 자연현상이 인간에게 위해를 가하지 않고 생산 사업이 충
분히 발달할 수 있는 것은 사람이 예의를 실천할 수 있기 때문이라
고 생각했다.

이상과 같이 예의 범위는 지극히 광범하지만 그 중 순자가 특히
강조한 것은 사회정치적인 제도와 상관하는 '예'였다. 순자는 이를
'예헌'禮憲 즉 예법제도라 부르기도 했다. '예헌'만 제대로 갖추면 치
국할 수 있다는 것이다.

禮가 이와 같이 만병통치약이라면 순자는 그 근거를 어디서 찾았
을까. 순자는 욕망론을 그 출발점으로 삼는다. 『순자』「예론」편의

---

67) 天地以合, 日月以明, 四時以序, ……以爲下則順, 以爲上則明, 萬變不亂,
貳之則喪也. 禮豈不至矣哉!

다음글을 보자.

　"禮의 기원은 어디에 있는가? 가로되, 사람은 나면서부터 욕망을 갖는데 원하는 바를 얻지 못하면 욕구를 충족시키려고 애쓴다. 추구를 하되 질서와 한도가 없으면 싸울 수밖에 없다. 싸우면 혼란스러워지고 혼란스러우면 곤궁해진다. 옛 성왕은 그 혼란을 싫어한 까닭에 예의를 제정하여 여러 가지 질서를 나누었는데 그럼으로써 사람의 욕망을 적절한 방향으로 길러주고 바라는 바를 얻도록 해 주려는 것이다. 인간의 욕구를 충족시킬 만큼 물질을 충분하게 하고 물질이 욕구에 의해 완전히 고갈되지 않도록 하여 욕망과 물질 양자가 상호 균형을 이루어 성장하도록 한 것이 禮가 생겨난 까닭이다."[68]

　여기에서 순자는 禮의 기원 문제를 다루고 있는데 선왕이 혼란을 싫어해서 禮를 만들었다는 점과 인간의 욕망과 물질이 상호 의지하여 균형 있게 발전하도록 하기 위해 예의가 일어났다는 점 등 두 가지 방면에서 우리는 그의 의도를 탐색할 수 있다. 우선 예의가 혼란을 평정하려는 요구에서 비롯한다는 견해로 이는 국가사회의 질서가 개인의 욕구에 우선하므로 정치권력으로 사적 욕망을 통제할 수

---

68) 禮起於何也? 曰: 人生而有欲, 欲而不得, 則不能無求. 求而無度量分界, 則不能不爭; 爭則亂, 亂則窮. 先王惡其亂也, 故制禮義以分之, 以養人之欲, 給人之求. 使欲必不窮乎物, 物必不屈於欲. 兩者相持而長, 是禮之所起也.

있다는 주장이다. 『순자』「왕제」편에 따르면 인간에겐 욕망이 있기 마련인데 "물질이 이를 충족시켜주지 못하면 다투게 되고, 다투면 혼란스러워진다."[69] 선왕이 이 혼란을 싫어하여 禮를 제정하여 귀천의 등급을 매겼고 장유에 차등을 두었으며 지혜로운 자와 어리석은 자, 유능한 자와 무능한 자를 갈라놓아 각기의 본분에 충실하도록 만들었다.[70] 다툼과 혼란을 제어하고 사람들로 하여금 일정한 질서에 복종토록 하기 위한 필요에서 禮義가 생겨났다는 주장이다.

한편 자원의 유한함에 비해 욕망이 과다하기 때문에 다툼이 발생한다고 여겨서 모든 욕망을 제거해버리라고 말하는 것은 어불성설이다. 순자는 인간의 욕망을 천성적으로 그러한 것으로 보고 이는 제거할 수도 없고 제거해서도 안 된다고 생각했다. 오히려 禮義를 통해서 이러한 욕망을 적극적으로 이끌고 합리적인 방향으로 키워야 한다고 주장한다. 다시 말해 '욕망이 구하는 바를 적절한 선에서 멈출 수 있도록 키워감으로써 모든 요구에 응할 수 있고'養人之欲, 給人之求 그러함으로써 욕망과 물질을 건설적으로 양육할 수 있다는 것이다.

순자는 또 禮가 연유한 근본 출처를 셋으로 나눈다.

"禮에는 세 가지 근본이 있다. 천지는 생명의 근본이고 조상은

---

69) 物不能澹則必爭, 爭則必亂.
70) 『순자』「영욕」편에는 "先王案爲之制禮義以分之, 使有貴賤之等, 長幼之差, 知愚能不能之分, 皆使人載其事, 而各得其宜."라고 한다.

종족의 근본이며 군사君師는 사회질서의 근본이다. 천지가 없으면 어디에서 낳았겠는가? 조상이 없다면 어디에서 나오겠는가? 군사가 없다면 질서가 어디 있겠는가? 삼자가 하나라도 없으면 인간사회는 안녕할 수 없다. 그러므로 禮는 위로 하늘을 섬기고 아래로 땅을 섬기며 조상을 존중하고 군사를 드높인다. 이것이 禮의 세 가지 근본이다."[71]

이렇듯 천지, 조상, 군사는 인류생명의 기본이므로 사람은 마땅히 감격하고 존경해야 한다. 천지와 선조에 대해서는 禮를 제정하여 제사지내고 치성을 드리며 군주와 스승에 대해서는 禮를 지어 공경하고 순종해야 한다. 이 셋이야말로 禮의 최초의 근본이며 禮를 만듦에 의거해야 할 바이다. 어느 것 하나 빠뜨리지 않을 때 비로소 정치적인 안녕安이 이루어진다는 것이다.

순자는 「비상」편에서 "고금을 통해 하나인 것이 있는데 그 류類는 어긋나지 않으며 아무리 세월이 흘러도 장구한 시간 속에서 그 한 가지 원리원칙은 같다"[72]라고 말한다. 類는 순자의 용어를 조합하여 풀어보면 예의통류禮義統類이다. 순자는 역사의 보편법칙을 긍정한다. 옛날에 쓰였던 훌륭한 법제의 원리들은 오늘날에도 적용할 수 있다는 것이다. 그래서 『순자』「불구」편에서는 역으로 현 왕조에 존

---

71) 禮有三本: 天地者, 生之本也; 先祖者, 類之本也; 君師者, 治之本也. 無天地, 惡生? 無先祖, 惡出? 無君師, 惡治? 三者偏亡, 焉無安人. 故禮, 上事天, 下事地, 尊先祖, 而隆君師. 是禮之三本也.

72) 古今一也, 類不悖, 雖久同理.

재하는 후왕<sup>後王</sup>의 도를 정밀하게 살핌으로서 옛 성왕들의 도를 힘들이지 않고 의론할 수 있다고 한다.[73] 그것은 예의지통<sup>禮義之統</sup>을 미루어 앎으로서 가능하며 통류<sup>統類</sup>만 알면 천하의 인민을 다스림이 한 사람을 부리듯 간단하다는 것이다.

'예의지통'은 순자의 사상 전체를 꿰뚫는 가장 주요한 뜻이다. 그런데『순자』에서는 '예의지통'이란 말보다 '통류'라는 말을 더 많이 쓴다.『순자』「해폐」편에는 "배운다는 것은 성왕을 스승으로 삼아 그의 예의법도를 본받음으로서 그 통류를 구하려는 것이다"[74]라고 말한다. 순자정치사상의 구조 내에서 '통류'와 '예의' 및 '성왕'과의 관계는 지극히 중요한 부분으로 禮義가 발전하는 중의 공리<sup>共理</sup>를 '통류'라 한다. 역사 속에 나타난 훌륭한 예의법도 가운데 영원히 변치 않는 공통의 원리원칙, 혹은 같은 류의 사물에 공유하는 조리나 이치를 뜻하는 이 '통류' 개념은 순자의 독특한 창작이며 동시에 그의 예치사상의 논리적인 귀결이다.

'통류'는 통<sup>統</sup>과 류<sup>類</sup>를 따로 떼어 쓰기도 하는데 정치사상적 의미에서 '통'은 역대 성왕들이 천하를 경영하던 대원칙을 가리키고, '류'는 그런 대원칙 혹은 기본정신의 유추나 운용을 가리킨다.[75] 「유효」편에서 말하는 "법도나 가르침이 미치지 못하는 곳, 혹은 견문이 이르지 못하는 바"[76]를 구제하는 데 그 쓰임새가 있는 것으로 '류'는

----

73) 원문은 君子審後王之道, 而論百王之前, 若端拜而議.
74) 學者以聖王爲師, 法其法, 以求其統類.
75) 沈成添,「荀子的禮治思想」(『華岡法科學報』第1期, 1978. 4), 33쪽 참조.
76) 法敎之所不及, 聞見之所未至.

예의법도의 분야를, '통'은 성왕의 치국강령을 뜻한다.[77]

「비십이자」편을 보면 성왕이 "온갖 정책을 총괄하고 언행을 가지런히 하며 통류를 하나로 함"[78]은 예의에 의거한 까닭이며, 이 예의를 능히 '통'할 수 있는 관건은 바로 '류' 즉 예법의 공리를 미리 아는 데 있다. 『순자』에 보이는 類의 의미는 다양하지만 정치사상과 유관한 것으로는 다음 두 가지를 들 수 있다.

첫째, 統類를 붙여서 말하며 치국의 기강질서 혹은 강령의 의미로 쓰일 때이다. 『순자』「성악」편에는 "언사가 다양하면서도 類가 있으며 종일 사물의 이치를 토의하되 천변만화 속에서도 시종일관하는 統類를 지니는 것, 이것이 성인의 지知다"[79]라고 말한다.

둘째, 法자의 대칭으로서 禮에 앞서서 보다 원칙적이고 근본적인 것으로서의 類이다. 「대략」편에는 "법도가 있는 것은 그 법도대로 행하고 법도가 없는 것은 類로서 대응한다. 본本으로 말末을 알고 좌로 우를 아는 것이니 만사의 이치가 서로 다르더라도 상호간에 지켜지는 바가 있다. 상을 베풀고 벌을 가함에 이 類로서 대응하고 정치적으로 습속을 교화함에도 이러한 보편적 원리를 따른 뒤에 실행에 옮긴다"[80]라고 한다. 類는 판례이기도 하며 체계를 갖춘 보편적 원

---

77) 『순자』에 보이는 統자와 類자의 각종 의미에 관해서는 韋政通, 『荀子與古代哲學』(臺灣商務印書館, 1966중판), 16~18쪽을 참조.

78) 總方略, 齊言行, 壹統類.

79) 多言則文而類, 終日議其所以, 言之千擧萬變, 其統類一也: 是聖人之知也.

80) 有法者以法行, 無法者以類擧. 以其本知其末, 以其左知其右, 凡百事異理而相守也. 慶賞刑罰, 通類而後應; 政敎習俗, 相順而後行.

리원칙이기도 하다.

사람은 누구나 성인이 될 수 있는데 성인이란 바로 이 類를 알고 禮를 행하는 자이다. 『순자』「해폐」편에는 "성왕의 법제에 힘쓰는 사람이 사士요, 이에 유추하여 언행이 예에 일치하는 사람이 군자요, '예의통류'를 확실히 알고 실천하는 사람이 성인이다"[81]라고 한다. 순자의 정치사상은 이렇게 성인으로의 수양을 쌓으며 치세를 이루는 성성성치成聖成治 과정을 다루는 것이고 그 요지는 '예의지통'을 알고 실천하는 데 있다. 그는 비록 엄격한 상하 귀천의 분별을 설정했지만 그 목적은 세습적 계급제도의 유지에 있는 것이 아니라 예의에 근거한 나눔分의 질서를 확립함으로서 이상적인 치세를 이루는 데 있었다.

### 법가 법술세法術勢 통합의 정치사상

법을 다루는 관리는 매우 오래전부터 있었을 것이다. 제자백가사상이 크게 유행하던 춘추전국시대에는 세상의 거의 모든 말들이 쏟아져 나왔는데 법을 얘기하며 정치적 포부를 밝히는 사람들 또한 다수 등장했다. 그러나 누가 구체적으로 언제 법을 얘기하며 자신의 사상적 주제로 삼았는지를 단정하기는 어렵다. 대체로 실제 국가행정에 참여했고 부국강병이란 현실 목적에 충실했으며 현학적인 담론을 싫어하고 스승의 계보를 따지지 않으면서 스스로를 법술지사法術之士, 법사法士, 경전지사耕戰之士 등으로 부르던 사람들이었을 것으

---

81) 嚮是而務, 士也 ; 類是而幾, 君子也 ; 知之, 聖人也.

로 추정된다. 이들을 법가의 원류로 볼 수 있다. '法家'란 말은 한나라 때에 사마담司馬談이 그런 부류의 사상가들을 묶어서 처음으로 썼던 용어이다.

법가의 기원 문제에 관한 학계의 일치된 견해는 없다. 『한서』「예문지」는 법가가 이관理官, 즉 사법관에서 나왔다고 처음 주장했다. 『한비자』에 당시 집집마다 관중管仲과 상앙商鞅의 법을 갖고 있었다고 한 것으로 보아, 기원전 3세기에 벌써 법가사상은 전국적으로 유행했던 듯하다. 법가적 아이디어로 사회 문제를 해결하고 역사의 흐름을 바꾼 제나라의 관중과 정나라의 자산子産, 그리고 통일 중국의 기초를 다진 상앙은 모두 탁월한 행정가들이었다. 따라서 법가는 법률가, 행정가, 법관, 정치가, 국가경영자, 법사상가 등을 포괄하는 종합사회과학자인 셈이다.

전국시대에는 법가가 대대적으로 유행했다. 저작이 남아 있고, 주장도 선명한 사상가들로는 상앙, 신도愼到, 신불해申不害 등을 들 수 있다. 신도는 권세의 장악이 정치활동의 전제조건이라고 강조한다. 『신자』「위덕」威德 편에서 그는 "현자이면서 불초한 사람에게 굴복하는 것은 권세權가 가볍기 때문이다. 불초함에도 현자를 굴복시킬 수 있음은 지위位가 높기 때문이다. ……세위勢位만이 현자를 굴복시킬 수 있다"[82]라고 말한다. 그는 분명 성현을 숭상하라는 유가, 묵가와 주장을 달리하고 있다. 강대국 사이에 낀 작은 한韓나라의 재상으로

---

82) 故賢而屈於不肖者, 權輕也; 不肖而服於賢者, 位尊也. ……而勢位足以屈賢矣.

15년 동안 튼튼하게 나라를 지켜낸 신불해는 신하를 부리는 군주의 術술을 중시했다. 『신자』申子「대체」大體 편에서는 "명군이 신하를 부림은 수레의 바퀴살이 모이듯 군주를 중심으로 돌도록 해야 한다"[83]라고 말한다. 그의 여러 가지 술은 군주와 신하가 양극단에서 이해를 달리하고 있다는 전제에서 출발한다.

중국 역사상 가장 뛰어난 정치개혁을 성공시킨 상앙은 『상군서』「경법」更法 편에서 "세상을 다스리는 데에 한 가지 방법만 있는 것이 아니며, 나라를 편안케 하는 데에 옛 것을 본받을法古 필요는 없다"[84]고 말하며 세상의 변화에 맞추어 법제도 또한 바뀌어야 한다는 역사관을 갖고 있었다. 또 「상형」賞刑 편에서는 "백성들의 부귀에 대한 욕구는 관 뚜껑을 닫은 뒤에야 그친다"[85]라며 명리를 바라는 인간의 본성을 충분히 이용하여 경전耕戰정책을 실시하면 부국강병을 달성할 수 있다고 주장한다. 백성들을 대상으로 군국주의 교육을 실시하여 전투를 즐기게 만드는 한편 형벌로 겁주고, 상으로 풀어주고, 농경을 장려하고, 행정관리를 강화한 상앙의 법가정치는 진나라에 의한 천하통일의 가장 중요한 밑거름이 되었다.

사상적으로 법가를 완성시킨 사람은 순자의 학생인 한비였다. 그는 말더듬이였으나 글은 훌륭하여 『사기』「노장신한열전」에 따르면 진시황이 "오호라! 과인이 이 사람을 만나보고 더불어 놀 수 있으면

---

83) 是以明君使其臣並進輻湊, 莫得專君焉.

84) 治世不一道, 便國不必法古.

85) 民之欲富貴也, 共闔棺而後止.

죽어도 여한이 없겠다"고 말할 정도였다. 한비자는 현실과 역사에 대한 냉정한 분석에 의거하여 구체적인 방법들을 우화를 동원하여 풀어낸다. 『한비자』「오두」편에는 "상고에는 도덕을 겨루었으며, 중세에는 지모를 쫓았고, 당금은 기력을 다투는데"[86], 과거와 같은 도덕주의만 지향한다는 것은 토끼가 달려와 나무그루터기에 부딪혀 죽어주기를 하염없이 기다리는 수주대토守株待兎의 어리석은 무리라고 힐난한다. 또 「비내」備內 편에서 "의사가 사람들의 상처를 잘 빨아주고 사람들의 피를 입에 머금는 것"[87]이나, '수레를 만드는 사람은 사람들이 부귀해지기를 바라고 관을 만드는 사람은 사람들이 죽기를 바라는 것은 모두 이익 때문이라'는 현실적 인성론을 제기한다.

한비자는 군주의 이익이 곧 국가의 이익이라고 생각했고, 신하에 대한 통제는 군주의 이익 즉 국가의 이익이 된다고 생각했다. 그러기 위해서 군주는 절대적 세勢를 가지고 공평무사한 법法을 집행하여야 하고 효율적인 술術로 신하를 통제해야 한다는 '법法, 술術, 세勢'를 혼용한 법치를 주창했다. 이 입장에서 한비는 선배 법가들의 노선에 비판을 가했다. 상앙은 법은 알았으나 術이 없어 法 또한 다하지 못했으며, 신불해는 術은 알았으나 法에 통달하지 못해 術 또한 다하지 못했다고 말한 적이 있다. 또 신도의 勢에 관한 주장은 미진했다고 한다. 특히 신하제어술에 대하여 한비자는 노자사상을 흡수하여 독보적인 권모술수의 경지를 개척했다. 『한비자』「주도」主道

---

86) 上古競於道德, 中世逐於智謀, 當今爭於氣力.
87) 醫善吮人之傷, 含人之血.

편은 이렇게 말한다.

"도는 보지 못하는 곳에 있고, 쓸모는 알지 못하는 곳에 있다. 텅 비고 고요하게 일없이 있으면서 암암리에 흠을 발견한다. 보았어도 안 본 것처럼, 듣고도 안 들은 것처럼, 알고도 모른 것처럼 해야 한다."[88]

법가 '법술세' 이론 가운데 숭법崇法으로 표현되는 '法'에 대해 살펴보자. 법가는 '法'을 모든 가치의 기준으로 삼는다. 심지어 군사와 문화상의 척도를 가리키기도 한다. 法은 국가가 갖추어야 할 유일한 표준이며, 국민들의 행동 일체를 규율하는 근거이며, 때로는 사회변혁을 포함하는 것이기도 하다. 그래서 성문법이어야 하고, 공포해야 하며, 실행이 뒷받침되어야 하고, 반드시 공평무사해야 한다. 『상군서』와 『한비자』는 자연법 관념을 배제하고 실체법을 중시한다. 상벌을 수단으로 하는 철저한 법 집행을 강조한다.

법가의 法은 군주가 만드는 군주입법이어서 오늘날 민주사회에서 얘기하는 민주입법과는 관념상 큰 차이가 있다. 법가의 모든 학자들은 입법권이 당연히 군주 한 사람에게 속한다는 데 동의한다. 法을 다루는 사람들은 보조역일 뿐이고 군주만이 절대자주의 입법을 가진다고 한다. 다만 군주가 입법을 할 때 독단으로 행하느냐, 민

---

88) 道在不可見, 用在不可知. 虛靜無事, 以闇見疵. 見而不見, 聞而不聞, 知而不知.

의에 중점을 두느냐를 둘러싸고는 법가들 사이에도 이견이 존재했다. 『신자』「위덕」 편에 보면 신도는 '법이란 천자 한 사람의 이익을 대변하는 것이 아니므로 천하인민의 공리公理로부터 천하의 공리公利를 위하여 입법해야 한다'[89]고 주장한다. 민의를 반드시 반영하는 입법이어야 한다는 주장이다. 『윤문자』「대도 상」 편에선 '법의 효능은 명분明分에 있으므로 사회적 도덕의식을 위배해서는 안 된다'고 말하기도 한다. 『관자』「목민」 편에는 풍속을 잘 헤아려 민심에 순응하는 입법을 해야 한다고 주장한다.

반면 상앙과 한비는 민의의 소재 그 자체를 믿지 않는다. 민지民智란 과천寡賤하고 판단력은 박약하므로 인민의 의견을 물을 필요가 없다는 것이다. 민의는 대부분의 경우 지혜롭다고 생각하는 욕심 많은 술수가들이 정치적, 경제적으로 이익을 취하기 위해 조장되는 것으로 보았다. 『상군서』에서는 이를 여섯 기생충이라는 의미에서 '육슬'六蝨이라고 부른다. 「근령」靳令 편에는 '예악'禮樂을 첫 번째 기생충으로 본다. 『한비자』「현학」 편에는 "민지란 어린아이의 마음과 같아서 아무짝에도 쓸모가 없다"[90]라고 말한다. 「충효」 편에서는 "법을 최고로 여겨야지 현인을 최고로 여겨서는 안 된다"[91]라고 주장하기도 한다. 민의가 있다는 것을 부정하지는 않지만 그것을 이용하여 이미 공포된 법에 대하여 왈가왈부 의론하는 것에 대해서는 절대로

---

89) 원문은 "古者立天子而貴之者, 非以利一人也. 曰: 天下無一貴, 則理無由通, 通理以爲天下也."

90) 民智之不可用, 猶嬰兒之心也.

91) 上法而不上賢.(『韓非子』「忠孝」)

반대하는 것이 상앙과 한비의 견해였다.

진계천陳啓天의『중국법가개론』은 법가들의 法 관념을 잘 정리하고 있는데, 法의 성질과 규정을 예로 들며 법가들에게 다음과 같은 네 가지 특성이 있다고 한다.[92] 첫째, 법률의 객관성이다. 철저한 객관법치주의를 강조하며『신자』「위덕」편처럼 악법도 법이라고 말한다. 둘째, 법의 적확성이다. 저울이나 자처럼 준거가 분명해야 한다는 것이다. 법을 집행하는 사람은 어떠한 자유재량권도 가져선 안되며 법령이 미처 못 미치는 일을 판단할 경우도 그 유추할 근거를 명확히 밝혀야 한다. 셋째, 법의 보편성이다. 신분이 높은 사람이든지 낮은 사람이든지, 현명하든지 불초하든지 일률적으로 법의 지배를 받아야 한다는 것이다. 법 앞에 만인은 평등하며, 군주도 일단 공포한 법 앞에서는 예외일 수 없다. 넷째, 법의 최고성이다. 법은 군주가 만들지만 일단 공포되면 군주보다 높은 곳에 위치한다. 그 어떤 존재도 법령의 관할 하에 있게 되며, 절대로 사사로이 바꾸어선 안된다.

다음으로 상술尙術이라고 표현되는 '術'에 대해 살펴보자. 법가의 '術'은 군주가 통치를 실행함에 반드시 권위權位 즉 권력과 지위를 확보해야 행정효능을 높일 수 있다는 이유에서 출발한다. 이러한 통치방법이나 기교를 법가용어로 '術' 또는 '數'라고 표현한다. 법가를 권모술수에 능한 행정가로 부르는 이유는 여기에 있다.

'術'은 인간본성이 이익을 탐하고 손해를 싫어한다는 법가의 인

---

92) 陳啓天, 『中國法家槪論』(臺灣中華書局, 1985) 참조.

성관과 관련이 있다. 법가사상가들은 군주와 신하의 이해관계는 영원히 대립한다고 생각했다. 특히 신불해의 영향이 컸다. 군주는 부강한 나라를 꿈꾸고 백성들은 부강한 나라에서 잘 살기를 바란다. 하지만 신하들은 자신의 이익을 중시한다. 그래서 군주의 이익은 신하의 손해이며 신하의 손해는 군주의 이익이라는 것이다.

구체적으로 '術'에는 세 가지 방법이 있다. 첫째, 군주가 신하를 직접 감독하고 시험을 치르는 독책고핵<sup>督責考核</sup>이라는 術이다. 부모 형제나 측근들이 옆에서 군주의 지혜를 흐리는 것을 간<sup>姦</sup>이라 하고 '간'을 방지하는 데 주력하는 術을 말한다. 한비자에 따르면 주로 '알되 말하지 않는'<sup>知而弗言</sup> 방법으로 팔간<sup>八姦</sup>을 막아야 한다. 둘째, 신하 피차간에 감독하는 방법이다. 군주가 신하들로 하여금 서로 감시하도록 조처를 취한다. 신하들의 밥그릇만 움켜쥐고 있으면 각자 자기 밥그릇을 지키려 하는 습성 때문에 상호 감시가 가능하므로, 군주는 생살여탈과 상벌권만 장악하고 있으면 된다는 것이다. 셋째, 인민의 연좌법<sup>連坐法</sup>이다. 상앙은 이를 '간을 고발한다'는 고간<sup>告姦</sup>이라 불렀다. 비인간적이지만 십오<sup>什伍</sup>제도와 더불어 상앙의 개혁을 크게 성공시킨 정책이다.

군주가 '術'을 운용하는 기본은 '주도면밀' 즉 주밀<sup>周密</sup>이 관건이다. 뭇 신하들이 군주의 뜻에 영합하려고 각종 방법을 동원하는데 군주는 그들이 바라는 대로 따라서도 안 되고 그들을 버려서도 안 된다. 군주는 뭇 신하들이 자신의 의향을 절대로 알 수 없도록 스스로를 간수해야 한다. 군주가 비밀을 지킴으로써 비생산적인 비방을 막을 수도 있다.

법가, 특히 『한비자』에 등장하는 통치술은 다음 몇 가지로 정리할 수 있다.

첫째, 무위술無爲術이다. 도가사상에서 인위적 통치행위에 반대하며 내세운 '무위'를 군주의 '術'로 변용한 것이다. 신불해는 군주가 보고, 듣고, 말하고, 움직이는 것을 드러내지 말아야 한다고 주장한다. 군주의 의향이나 동기를 신하들이 꿰뚫어 보면 '간'姦이 생긴다는 것이다. '무위'함으로서 신하의 유위적有爲的 언言과 동動의 허실을 파악해야 한다. 『한비자』「주도」편에는 "보아도 보지 않은 것처럼, 들어도 듣지 않은 것처럼, 알아도 모르는 것처럼 하고"[93] 암중모색하라고 말한다.

둘째, 형명술形名術이다. 법가의 형명론은 묵가나 명가名家의 명실名實론처럼 이름과 실제의 근본적 상응관계를 추구하는 것이 아니라 형상과 실질의 관계를 현실정치에 어떻게 응용할 것이냐에 편중된다. 『한비자』「유도」편에는 "법수法數를 잘 따져서 형벌을 자세히 알아본다"라고 말한다. 한비자가 말하는 '형명'形名의 기본 의도는 말과 행동을 살펴 상벌의 기초로 삼는 것이다. 말을 '명'으로 보고 구체적 행위를 '형'으로 본다. 말만 크고 공이 적으면 벌을 주고, 말이 적은데 공이 큰 경우도 벌을 준다. "공이 제 사업에 합당하고 사업이 제 말에 합당한 경우 상을 주고, 공이 제 사업에 합당하지 못하고 사업이 제 말에 합당하지 못하면 벌을 준다."[94] 「주도」 또 '명'을 관직과

---

93) 見而不見, 聞而不聞, 知而不知.
94) 功當其事, 事當其言則賞; 功不當其事, 事不當其言則誅.

자위로 보고 '형'을 직무로 보는 것도 형명술이다.『한비자』「이병二柄」편의 유명한 고사가 그것이다. 한 소후韓昭侯가 취해서 잠들자 추울까봐 모자를 관리하는 전관典冠이 옷을 덮어주었는데, 소후는 옷을 관리하는 전의典衣와 전관 둘 다 처벌했다. 하나는 직무태만이고, 하나는 월권이라는 이유였다.

셋째, 청언술聽言術이다. 이는 신하들이 군주의 동태를 파악하여 말씀을 올리는 진언술進言術과 관련이 있다. 군주는 참청參聽 즉 한 사람 또는 소수의 말만을 듣지 말고 여러 사람이 하는 말을 두루 듣고 종합적으로 파악해야 한다. 그 이유는 1) 군주의 낯빛에 영합하는 신하의 행운을 막기 위함이고, 2) 막강한 권력을 가진 신하가 있으면 군주의 총기를 막는 폐단이 생기기 때문이고, 3) 신하들의 속내와 허위를 확실히 파악하기 위해서이다. 언행이 가치가 있는지의 여부를 파악해서 효율적으로 운용하는 것 즉 독용督用 또한 청언술의 일종이다. 청언술은 신하들에게 자신의 말에 대해 책임을 지도록 하는 것도 포함된다. 소위 '언책'言責으로『한비자』「남면」편에는 '말을 해도 책임을 지도록 하고, 말을 하지 않아도 책임을 지도록 하라'고 말한다. 이는 무용한 언사, 과장된 언사, 감추는 언사를 막기 위함이다. 실천이 따르지 않는 웅변가는 단죄하라고 한다.

넷째, 참오술參伍術이다. 서로를 뒤섞어 놓고 관찰하는 '術'이다. 질진고質鎭固 삼자의 병용을 주장하는데, '질'質이란 대신의 가속을 인질로 잡아두어 경거망동을 막고 똑똑함만 믿지 말고 군주에 기대어 살라는 것이다. '진'鎭이란 두터운 녹봉과 높은 작위를 주어 욕망을 충족시킴으로써 탐욕스런 자들을 다스리는 방법이다. '고'固는 측근들의 농간을 막기 위하여 위치를 서로 뒤섞어놓거나 왕래를 못하게 가두어두는 것을 말한다.

다음으로 임세任勢라고 표현되는 '勢'에 대해 살펴보자. '勢'는 국가의 최고 통치권력을 말한다. 신도가 주장한 '勢'는 정치적 지위와 그로부터 생기는 정치권력을 합친 관념이다. 지위가 있어야 권력이 생기고, 지위가 존엄해야 권력이 무거워진다는 논리다. 신도는 '불초한 사람이 현자를 부릴 수 있는 것은 권력이 무겁고 지위가 존엄하기 때문이라'고 한다. 『한비자』「난세」편에는 "비룡이 구름을 타고 등사螣蛇가 안개 속에 노닐지만 구름이 걷히고 안개가 개이면 용이고 이무기고 땅속의 지렁이와 다를 바 없는 것은 탈것을 잃었기 때문이다"[95]라고 말한다. 그 '탈것'이 勢이다.

최고 통치자의 권력은 군주이기 때문에 본래부터 갖고 있는 것이 아니라 전체 인민의 위탁을 받은 '勢' 때문에 갖게 된 것이다. '바람을 탄 화살이나 구름을 탄 이무기'에서 보이는 바람과 구름이 바로 그 '勢'이다. 『신자』「위덕」편에는 '득조어중'得助於衆 즉 "많은 사람들로부터 도움을 얻어서" 권력을 갖게 된다고 한다. '통약'通約 즉 대중으로부터의 위탁이라는 '勢'를 얻으면 권력이 성립하고 잃으면 권력이 폐지된다. 『한비자』나 『신자』에는 위탁의 성질과 구체적인 내용은 찾을 수 없다. 하지만 요임금이 필부였다면 세 사람도 다스릴 수 없었을 것이라거나, 걸왕이 천자의 위세를 업었기 때문에 천하를 어지럽힐 수 있었다는 주장 등은 군주주권 관념을 어느 정도

95) 飛龍乘雲, 螣蛇遊霧, 雲罷霧霽, 而龍蛇與蚯蚓同矣, 則失其所乘也.

품고 있었다고 하겠다.

위탁을 받았다는 말은 군주가 국가의 주체가 아니라는 말이다. 법가 사상가들은 사회의 공공생활을 위해서 군주가 세워졌다고 말한다. 『상군서』 「개색」 편에는 "금지하는 바가 생겼음에도 이를 관리하는 사람이 없으면 안 되므로 관官을 세웠다. 관직이 설치되었음에도 일관된 통제를 하지 않으면 안 되므로 군君을 세웠다"[96]라고 말한다. 백성들이 군주에게 '勢'를 위탁한 것이니 대중을 위하여 공리公理를 세우고 사적 분쟁을 막아달라는 것이 군주 설립의 이유라는 것이다. 군주를 세운 것은 군주 한 사람의 이익을 위함이 아니며 천하의 이익을 위함이라는 논리이다. 이 공리의 구체적 표현이 '法'이고, 法의 작용은 공의公義를 세워 인심을 하나로 하는 데 있다고 한다.

결국 신도가 중시한 '勢'는 법률을 시행할 때 공적인 강제력을 발동시키기 위한 것이며 이런 의미에서 '법치'와 '세치'勢治는 상호보완적 관념이다. 신도는 법의 강제력이 성립된 것은 백성들의 요구가 있기 때문이라고 보고, 권력은 백성을 위하여 사용해야 한다고 생각했기 때문에 당연히 백성들의 요청과 위탁을 위배하면 '勢'를 유지할 수 없는 것으로 인식했다.

그러나 한비자의 '勢'론은 신도와 조금 다른 것이었다. 그는 '勢'의 근원을 따지는 근본적 질문 보다는 군주 한 사람이 어떻게 '勢'를 운용하여 권력을 공고히 할 것인가라는 '勢'의 운용측면에 치중하고 있다. 한비자는 상앙의 영향을 받아 勢와 힘力의 상호결합을 중시

---

96) 禁立而莫之司, 不可, 故立官. 官設而莫之一, 不可, 故立君.

했다. 한비자는 사회가 복잡해지면 권위에 의한 강제력이 필요하다고 생각했으며, 정치를 '힘'의 역학관계로 보았다. 정치와 윤리를 구분하여 정치적 '위세'로 통치하는 것만이 혼란을 그치게 할 수 있다고 생각했다. 한비자는 勢에서 유추하여 국제관계에서도 힘의 역학을 강조했다. 그는 국제관계에서 도덕을 인정하지 않았으며 힘의 우위를 점하는데 중점을 두었다.

한비자는 또 통치는 현인에 의한 것이 아니라 '勢'에 의지해서만 가능하다는 신도의 입장을 받아들였다. 그는 '勢'에 맡길 뿐 현자에게 국정을 맡기지 않는다는 입장이었다. 물론 이렇게 '勢'에 입각해 통치하는 것은 '法'이 잘 갖추어졌을 때만이 성립한다. 法과 勢가 밀접히 결합해야 상벌의 시행이 원활하고 혼란을 극복할 수 있다고 한다. 『한비자』「난세」 편에는 "法에 입각하고 勢로 대처해야만 치세이며, 法을 어기고 勢를 벗어나면 난세이다"[97]라고 말한다.

한비자는 '勢'를 신도의 주장인 '자연의 세'와 관자의 주장인 '인위의 세' 둘로 나눈다. 인민대중의 권위 위탁에 근거를 둔 '자연의 세'에 대해서는 많이 언급하지 않는다. 대신 『한비자』「팔경」八經 편처럼 "군주는 권력의 칼자루柄를 쥐고 勢로 대처함으로써 금지하는 모든 명령이 실천된다"[98]는 인위적으로 설치된 '인설人設의 세'를 크게 발전시켰다. 권력의 칼자루는 '형벌'과 '상', 둘이다. 군주는 위세

---

97) 抱法處勢則治, 背法去勢則亂.
98) 君執柄以處勢, 故令行禁止.

를 가지고 상벌권이라는 칼자루[99]를 움켜쥐고 있음으로써 모든 신하들을 굴복시킬 수 있다는 것이다.

'두 개의 칼자루' 즉 이병二柄의 활용은 인성의 약점을 정치에 이용하려는 심리적 의거다. 상벌에 대한 주장은 사상가마다 약간의 차이가 있지만 대부분의 법가는 두 가지를 원칙으로 한다. 첫째는 후상중벌厚賞重罰 즉 '상은 두텁게 주고 벌은 무겁게 주는' 것이다.[100] 이는 상벌의 심리적 효과를 중시한 것이다. '중벌'은 공포심을 유발하고 '후상'은 공명심을 유발한다. 두 번째는 신상필벌信賞必罰 즉 '신뢰 있게 상을 주고 죄는 반드시 벌한다'는 것이다. 객관과 공평의 원칙을 중시한 것으로 법 앞에 모든 사람이 평등하다는 관념에 기초하고 있다. 상에 신뢰가 있으면 사람들의 적극적인 태도인 작위를 유발하고, '필벌'은 사람들의 소극적인 태도인 부작위를 부르게 된다는 것이다.

전국시대 사회변동의 와중에서 법가는 사회변동을 가장 민감하게 반영하고, 가장 세밀하게 관찰했다. 그들은 전쟁과 형벌을 사회 모순을 해결하는 유일한 길로 여겼다. 전쟁을 통해 천하통일에 이르면 전쟁이 없어질 것이고, 형벌을 통해 사회적 죄악이 없어지면 마

---

99) 『관자』「임법」편에서는 '여섯 개의 칼자루' 즉 육병六柄을 얘기한다. 생生, 살殺, 부富, 빈貧, 귀貴, 천賤이 그것이다.

100) 비교적 특수한 사례로는 『상군서』「거강去彊」편에 등장하는 형벌을 무겁게 하고 상을 조금 주어야 한다는 주장이다. "천하의 왕이 될 나라는 형벌이 9할이고 상이 1할이다. 강한 나라는 형벌이 7할이고 상이 3할이다. 망할 위험이 있는 나라는 형벌이 5할이고 상이 5할이다."(王者刑 九賞一, 强國刑七賞三, 削國刑五賞五).

침내 형벌도 없어진다는 것이 그들의 생각이었다. 실용적인 지식이나 법을 해석하는 관리만을 스승으로 섬기도록 하고 일체의 학문사상을 금지시키라고 주장한다. 한비자와 함께 순자의 아래에서 동문수학한 이사는 진시황의 재상을 지내면서 이를 강력한 정책으로 시행했다. 그리하여 군주전제제도와 중앙집권에 큰 공헌을 하여 중국을 제국으로 만드는데 성공했다. 그러나 인간이성에 대한 신뢰와 문화이상의 결여로 법가사상 자체는 생명력을 점차 상실하게 되었다. 인간과 윤리가 빠진 정치사상은 표면적으로 성공할 수는 있으나 내면적으로 오래갈 수는 없다.

제 10 장

# 충효

이 장은 권력의 안정성을 확보하고 통치 질서를 유지하기 위한 이념적, 현실적 교화의 수단이었던 忠과 孝 관념의 생성과 변천의 과정을 분석한다. 개인이나 가족과 관련되었던 忠孝 관념이 어떻게 정치와 관련된 관념으로 변화되어 가는지 살펴본다. 忠君 관념과 孝治사상이 제국시대에 사회를 통제하는 핵심 기제로 바뀌게 된 변천사를 다룬다.

• 이하 충효 관념 내용의 일부는 장현근, 「중국 고대의 충군<sup>忠君</sup>사상과 충효<sup>忠孝</sup>관념 의 정치화」(한국정치사상학회, 『정치사상연구』 21집 2호, 2015. 11)의 일부를 수정 하고 보완한 것이다.

# 1. 충忠 · 효孝 관념의 형성

**忠의 어원**

『고문자고림』과『상형자전』등에 따르면 현존하는 갑골문에서는 충忠자를 찾을 수 없고, 「중산왕정」中山王鼎1에 보이는 아래 〈그림23〉의 금문자형을 첫 忠자로 본다.

| 中山王鼎鼎 | 설문해자 | 睡虎地秦簡[2] |
|---|---|---|
| 금문 | 소전 | 예서 |

**그림 23 忠자의 변천**

기원전 314년 주조된 것으로 추정되는 「중산왕정」 청동기의 글

---

1) 중국 하북성河北省에 서주 초기부터 존재했던 중산국中山國에 대한 발굴이 시작되고 1977년 중산왕 정鼎, 원호圓壺, 방호方壺 등 이른바 중산왕 삼기中山王三器가 발굴되었다. 중산왕정에는 469자의 방대한 역사기록이 실려 있다.

2) 1975년 지금은 사라진 호수인 호북성 운몽택雲夢澤 유적지 수호지睡虎地에서 발굴된 진나라 죽간 문서. 전국시대 말기인 기원전 257년경부터 진나라 때인 기원전 217년 사이의 문서로 추정된다.

씨와 나중『설문해자』의 소전체 𢗘자는 거의 일치한 忠자의 모습을
보여준다. 가장 오래된 문헌인『시경』이나『주역』경문에는 忠자가
보이지 않으며『서경』, 주로『금문상서』에 7차례 나타나고 있을 뿐
이다. 그러나 춘추시대 문헌인『좌전』이나『논어』에는 상당히 진전
된 관념으로서 忠이 등장하고 있다는 점에서 어떤 형태로든 忠자가
쓰였을 것이며 대체로 위 중산왕정 금문의 글자형태였을 것이다.

　금문 忠자의 윗부분 ꭚ은 중中이다. 소리이기도 하고 형태이기도
하다. 치우치지 않은 가운데를 표시하는 깃발의 상형이다.[3] 우리말
의 중심中心에 가까운 말이다. 忠자는 그렇게 中과 心을 합친 회의문
자다. 아래 부분 금문의 ꭚ과 소전의 ꮷ은 예서에서부터 心으로 바
뀌었다.『상형자전』에 따르면 忠은 내적으로 마음이 공정하고 사사
로운 정에 치우치지 않음을 뜻하는 글자였다고 한다.『설문해자』에
는 "忠은 우러러 공경하며 뒤따르는 것이다. 자형은 心을 변방으로
삼고 있으며 中을 음가로 취했다"[4]고 한다.

　마서륜馬叙倫은 고서에서 忠자의 정의된 해석은 없다고 하면서『좌
전』「성공 9년」의 '무사'無私와『논어』「이인」里仁 편에서 공자가 '일
관'一貫하다고 한 것을 忠의 본의로 본다.[5] 우인덕尤仁德은 당란唐蘭의
말을 인용하며 고대의 忠자는 깃발을 꽂아두고 거기에 '집중'集衆시

────

3)『고문자고림』제8권, 956~957쪽에 따르면 中을 씨족 마을의 중앙에
　꽂아 둔 깃발, 혹은 전쟁터에서 중앙에 깃발을 꽂아두고 대치한 것을
　상형했다는 주장이 일반적이다.
4) 忠, 敬也. 從心, 中聲.
5)『고문자고림』제8권, 957쪽 참조.

킨 씨족사회 풍습을 반영한 글자라고 한다.[6] 이렇게 볼 때 忠자는 처음에 가운데라는 현상에다가 사람들이 모여서 어느 한 쪽에 치우치지 않는 상태를 뜻하는 관념으로 정립된 듯하다.

### 孝의 어원

忠자에 비해 효孝자는 문자 기원이 훨씬 오래되었다. 갑골문 학자들은 대체로 고考, 노老, 孝자를 같은 맥락의 글자로 보며 구별하기도 어렵다고 한다.[7] 조상에 대한 제사가 일상생활이었던 은나라의 갑골문시대에 죽은 조상과 나이든 어른을 나타내는 글자형태는 아주 많이 발견된다. 그것들은 거의 모두 孝로 읽을 수 있다. 갑골문부터 글자의 변천과정을 보면 다음 〈그림24〉와 같다.

| 金476 | 毓且丁卣 | 師麻簋 | 설문해자 |
| --- | --- | --- | --- |
| 갑골문 | 초기 금문 | 후기 금문 | 소전 |

그림 24  孝자의 변천

『금장소장갑골복사』金璋所藏甲骨卜辭 476번째 글자인 갑골문 자와 그보다 늦은 은나라 말기 청동 명문인 「육조정유」毓祖丁卣에 등장하는 금문 자는 같은 孝자이다. 주나라 때 명문인 「사마궤」師麻簋에

---

6) 같은 곳.
7) 『고문자고림』제7권, 654~661쪽 참조.

나오는 𭉠자도 같은 글자이다. 『설문해자』의 소전체는 𣥐자로 오늘날 孝자와 고대문자를 잘 연결하고 있다.

갑골문 윗부분 𭉢자는 나이가 들어 머리카락이 긴 사람을 뜻하는 𭉦老자를 간략하게 표현한 것이다. 거기에 아들 즉 후대를 뜻하는 𭉤子자를 아래에 붙여 결합한 회의문자이다. 후기 금문이 더욱 형상화가 잘 되어 있다. 『상형자전』에는 노인이 위에 있고 어린 아들이 아래에 있도록 한 것은 자손들이 노인을 부축하는 것을 표시한 것이라고 한다.[8] 그렇게 부모나 어른을 잘 봉양하고 어른에게 복종한다는 의미이다. 소전도 금문의 연속이다. 후대에 예서隸書에 이르러서 𭉤자가 子자로 대체되었다.

『설문해자』에서는 "孝는 부모와 어른을 잘 받들어 모심을 뜻한다. 老자의 아래 匕를 생략하고 子자를 붙인 회의문자이다. 어린 아들이 노인을 받듦을 표시한다"[9]라고 한다.

---

8) 『상형자전』http://www.vividict.com/WordInfo.aspx?id=1610
9) 孝, 善事父母者. 從老省, 從子. 子承老也.

## 2. 충忠 · 효孝 관념의 변천

### 공자 이전의 忠 · 孝 관념

은나라 때 조상을 존중하는 풍토가 효孝 관념의 출현 및 발전과 깊은 관련을 맺었을 것이다. 『서경』「무일」편에서는 "은나라 고종 때 오랫동안 밖에서 일하며 낮에는 백성들과 더불어 지냈다. 그가 즉위해서는 상복을 입고 3년을 말하지 않았다"[10]고 한다. 『서경』「태갑 중」편에 따르면[11] 은나라 사람들은 그만큼 봉선사효奉先思孝 즉 조상을 받들고 孝를 생각했다고 한다. 孝 관념은 죽은 조상을 받드는 데도 쓰이고 산 부모님을 섬기는 데도 쓰였다.

서주시대에 이르러 귀족들이 이를 더욱 개발시켰다. 그들은 조상에 대한 '추효'追孝, '향효'享孝 또는 孝享 등의 개념을 등장시킨다. '유효

---

10) 其在高宗, 時舊勞于外, 爰暨小人. 作其即位, 乃或亮陰, 三年不言.

11) 『서경』 즉 『상서』는 진위 논쟁이 오랫동안 끊이지 않아 인용이 쉽지 않다. 오랫동안 『금문상서』 가운데 「목서」牧誓부터 「여형」呂刑까지만 서주 사료로 보고 일부는 춘추, 일부는 전국, 또 일부는 진나라 때 매색梅賾이 위조한 것이라고 주장되어 왔다. 하지만 최근에는 전면적인 재검토가 이루어지고 있으며 논란중이다. 심지어 위서로 단정되었던 『죽서기년』竹書紀年이나 『일주서』逸周書 등도 진본이라는 주장이 설득력을 얻고 있다.

유덕'有孝有德 즉 부모를 잘 섬기는 孝를 유덕한 행위로 보고 천지간에
본받아야 할 모범으로 치장하게 되었다.『서경』「강고」에서 주공은
"가장 큰 죄악은 역시 부모에게 불효不孝하고 형제간에 우애롭지 못
한 것이다"[12]라고 말한다. 그리고 이들에게 벌을 내려야 한다고 주
장한다. 서주 초기에는 孝와 충忠이 동일한 정치적 덕목으로 등장하
기도 한다.『서경』「채중지명」蔡仲之命 편의 다음 구절을 보자.

"너는 일찍이 앞사람의 허물을 덮어주고 오직 忠하고 오직 孝
하여라. 너는 자신의 힘으로 공적을 이룸에 부지런하고 태만하지
말라. 그로써 후세에게 모범을 보이라. 너는 할아버지 문왕의 유
훈을 받들고 너의 돌아가신 아버지처럼 왕명을 어김이 없도록 하
여라."[13]

덕을 쌓아 정치에 임하라는 충고인데, 종실에 대한 孝와 忠을 섞
어서 말하고 있다. 가족을 기초로 한 씨족 단위의 조상숭배가 정치
적 관념으로 승화한 것이 종법宗法이다. 은나라 말 성립된 이 관념
은 주나라 초기 국가의 주요 이념이자 정책으로 추진되었다. 따라서
은나라와 주나라의 정치권력은 가부장적 종법제도가 확장된 형태
를 띠었으며, 왕권王權과 부권父權은 동일시되었다. 은나라를 멸망시

---

12) 元惡大憝, 矧惟不孝不友.
13) 爾尚蓋前人之愆, 惟忠惟孝; 爾乃邁跡自身, 克勤無怠, 以垂憲乃後; 率乃祖
文王之遺訓, 無若爾考之違王命.

키고 등장한 주나라 초기 봉토건후封土建侯 정책으로 천하를 분봉할 때 왕실인 희姬씨 일가가 전국을 장악했던 사례를 통해서도 확인할 수 있다. 『순자』「유효」 편에는 주나라 초기 71개 국國 가운데 53개를 희씨가 차지했다고 한다. 다시 말해 주나라 정치관계는 군신관계인 동시에 가족관계였던 것이다.[14] 당연히 대종大宗인 왕실에 대하여 '孝'를 다해야 했다. '孝'는 가족관계와 정치관계에서 다 같이 중시하는 윤리 관념이 되었다.

주나라 금문 기록에는 孝에 대한 다양한 관념을 담고 있다. 주로 조상과 부모를 받드는 내용이 가장 많으나,「신중희정」辛中姬鼎에서 보이는 "제사를 지내 종실의 원로에게 孝하다"[15]처럼 종실에 대한 것도 '孝'였다.「수계량부호」叟季良父壺에는 "孝로서 형제, 처가와 외가, 여러 조상에 제사지내다"[16]라고 한다. 형제나 친척에게도 '孝'자를 사용한 것이다. 아랫사람이 윗사람을 섬기는 것도 '孝'라고 했다.「형후궤」邢侯簋에는 "이에 상제上帝에게 바삐 달려가 주나라의 추효追孝하고 있음에 대하여 명령을 마치지 못하게 했다"[17]라고 한다. 초기의 孝 관념은 특별한 경우를 제외하고는 가족관계와 깊은 관련을 맺고 있었다. 가족은 혈연을 유지시키는 단위이다. 관념적으로 공동의

---

14) 경덕보민敬德保民 등 주공이 강조한 덕목이 공적인 윤리로 보편화하여 가족적인 효에 앞서 정치적 복종을 이끌었을 수도 있으나 이 또한 넓은 범위의 효라고 볼 수 있다.

15) 用享孝于宗老.

16) 用盲享孝于兄弟婚顜婦諸老.

17) 克奔走上帝無終令於有周追考孝.

조상에 대해 '孝'를 다하는 한편 현실의 복잡한 가족관계에서는 종실에 대한 존중과 존경을 드러내는 개념으로 강조되는 것이 孝였다.

孝 관념은 춘추시대에도 크게 강조되었다. 『국어』「진어 1」편에는 진나라 태자 신생申生의 다음 이야기를 싣고 있다.

"내 양설羊舌대부가 말하는 것을 들으니 '임금은 공경으로 섬기고 어버이는 孝로 섬긴다'고 한다. 명을 받아 바꾸지 않으면 공경하는 것이며 경건히 순종하여 편안히 해드리는 것이 孝이다."[18]

『좌전』과 『국어』에는 어버이의 낳아주신 은혜, 스승의 가르쳐준 은혜, 임금의 먹고살게 해준 은혜 등에 대한 존경과 섬김을 표현하는 예문이 아주 많다. 춘추시대에는 가부장적 전제사상을 군명君命의 절대화와 연결시키는 경우가 잦았다. 자식이 부모에게 효성을 다해야 한다는 윤리적 복종의 강요는 군주전제의 실현과 잘 맞아떨어졌다. 『좌전』「희공 5년」에 보면 진나라 헌공이 공자 중이重耳를 죽이려 함에도 중이가 "부군父君의 명령을 반대할 수 없다"[19]라고 말한 것은 유명하다. 『좌전』「문공 2년」에는 "효孝는 예禮의 시작이다"[20]라며 인륜관계를 정의하는 예의 출발을 孝에서 찾기도 한다.

'충'忠이 정치적 의미를 지닌 관념으로 등장한 것은 孝보다 늦다.

---

18) 吾聞之羊舌大夫曰: '事君以敬, 事父以孝'. 受命不遷爲敬, 敬順所安爲孝.
19) 君父之命不校.
20) 孝, 禮之始也.

『좌전』「환공 6년」에는 "도道란 민民에게 忠하고 신神에게 신信하는 것이다"[21]라는 말이 있다. 道를 설명하는 개념으로서 忠과 信은 나중에 중국사회를 규정하는 중요한 관념 중 하나가 된다. 여기서 신에게 갖는 믿음이 信이라면 백성을 진심으로 대하는 것이 忠이다. 『좌전』「양공 22년」에 "군주된 사람은 信에 입각하고 신하된 사람은 공경에 입각하여 충신忠信과 독경篤敬으로 위아래가 하나 되는 것이 하늘의 도이다"[22]라고 한다. 여기서는 내면의 진심을 다하여 信을 수립하는 개념으로서 忠이다. 忠의 초기 관념은 사람의 내부로부터 발현되는 치우치지 않는 진심을 뜻했던 것이다.

그렇다고 忠이 인간 내면의 진심을 표현하는 관념뿐이라는 얘기는 아니며 군주에 대한 진실한 마음을 뜻하는 관념으로도 쓰였다. 위에서 살펴보았듯이 군주와 신하의 관계에 있어서 중요한 것은 '공경'이었다. 『국어』「진어 4」편에 "경敬으로 군주를 섬기고, 孝로 부모를 섬긴다"[23]라고 할 때 孝와 대비되는 관념이 敬이다. 그런데 忠과 敬을 더불어 얘기하는 경우도 있다. 『좌전』「희공 5년」의 "忠과 敬을 잃으면 어떻게 군주를 섬기겠는가?"[24]가 그렇다. 여기서의 忠도 내면의 진실한 마음으로 해석할 수도 있으나 기본적으로 군주를 섬기는 덕목으로 얘기되었다는 점에서 현대적 의미의 '충성' 관념과 같다고 할 수 있다. 『좌전』「희공 23년」에는 "자식이 성장하여 벼

21) 所謂道, 忠於民而信於神也.
22) 君人執信, 臣人執共, 忠信篤敬, 上下同之, 天之道也.
23) 事君以敬, 事父以孝.
24) 失忠與敬, 何以事君?

슬길에 들어서는 것은 부모가 忠하도록 가르쳤기 때문으로 이는 옛날의 예법제도이다"[25]라는 말이 있다. 옛날부터 관직에 나가 군주에게 '충'하도록 가르쳤다는 얘기다.

'내면의 진실한 마음'을 뜻하던 忠 관념이 춘추시대부터 군주에 대한 '충성'의 의미로 강조되기 시작한 것이다. 이를 충군忠君이라 정의하기로 하자. 『좌전』 「희공 9년」과 『국어』 「진어 2」 편에는 진헌공의 부탁을 받은 신하 순식荀息의 고사를 싣고 있다. 순식은 "신은 온몸의 힘을 다 바칠 것이며 거기에 忠과 정貞을 더하겠나이다. 성공한다면 군주의 영민함이며, 실패한다면 따라 죽겠습니다"[26]라고 하면서 주군의 "집안에 이익이라고 생각되면 안 하는 일이 없는 것을 충이라 한다"[27]라고 정의한다. 순식은 끝내 죽음으로 약속을 지켰고 세인들은 그를 忠하다고 생각했다.

군주의 명령은 아버지의 명령처럼 절대적인 것이다. 따라서 군명이나 부명을 어기는 것을 관념적으로 단죄해야 했으며 이는 '불효'不孝, '불충'不忠으로 표현되었다. 『좌전』 「민공 2년」에는 "명을 위반하는 것은 不孝이고 일을 저버리는 것은 不忠이다"[28]라고 말한다. 명을 위반한 불충, 불효한 사람은 죽이지 않을 수 없다는 주장도 여러 곳에 보인다. '불충'을 나쁜 관념으로 만드는 데 성공함으로써 군주에게 무조건적인 충성을 다하도록 강요할 수 있게 되었다. 춘추시대

---

25) 子之能仕, 父敎之忠, 古之制也.
26) 臣竭其股肱之力, 加之以忠貞. 其濟, 君之靈也; 不濟, 則以死繼之.
27) 公家之利, 知無不爲, 忠也.
28) 違命不孝, 棄事不忠.

에는 신하가 군주의 명령을 수행하기 위해 죽음을 무릅써야 하고 그것이 아름다운 행위라고 예찬한 경우가 많았다.

한편, 공자의 말씀을 기록한 『논어』는 제자 증자의 주도로 편찬되었을 가능성이 높은데, 이 증자는 효자로 유명하다. 孝는 『논어』를 지배하는 핵심 관념이다. 『논어』에는 부모자식 사이의 관계윤리인 '孝'와 형제 및 어른아이 사이의 관계윤리인 '제'悌 또는 弟 관념을 나란히 언급하는 경우도 있다. 예컨대 『논어』 「학이」편에서 "孝悌야말로 인仁의 근본이 아닌가?"[29]라고 말한다. 仁은 공자사상의 총 강령이다. 공자는 孝를 단순히 부모자식 사이의 윤리로만 인식한 것이 아니라 정치적인 작용도 하는 것으로 간주했다. 『논어』 「위정」편을 보자.

계강자가 물었다. "백성들을 공경과 忠으로 권면하려면 어떻게 해야 합니까?" 공자가 답했다. "백성들을 대함에 행동거지를 단정하고 장중하게 하면 존경을 받을 것이며, 孝하고 자애토록 하면 백성들이 忠하게 될 것이며, 잘난 사람을 천거하고 못 미친 사람을 잘 가르치면 백성들이 근면하게 될 것입니다."[30]

계강자는 정치의 이치를 물은 것이고 공자는 정치적 관념으로 忠

---

29) 孝弟者, 其爲仁之本歟?
30) 季康子問: '使民敬, 忠以勸, 如之何?' 子曰: '臨之以莊則敬, 孝慈則忠, 擧善而教不能, 則勸.'

과 孝를 대답한 것이다. 여기서 忠은 군주에 대한 충성으로도 해석할 수 있고 내면의 진실한 마음으로도 해석이 가능하다. 『논어』에 忠은 18차례, 孝는 19차례 등장하는데 둘 다 중요한 관념이다. 「팔일」편의 "군주가 신하를 예禮로 부리면, 신하는 군주를 忠으로 섬긴다"31에서처럼 군주에 대한 충성의 의미로 忠이 쓰이는 경우도 몇차례 있지만, 대부분은 「학이」편에서 증자가 "다른 사람과 일을 하면서 忠하지 않은 적은 없는가?"32를 반성한다는 경우처럼 내면의 진실한 마음을 뜻하는 경우가 대부분이다. 『논어』에서 孝의 용례가 대부분 부모자식 사이의 관계를 뜻하는 것과 비슷한 이치이다.

### 제자백가의 忠 · 孝 관념

공자에 의해 정리된 '충효' 관념은 전국시대 사상가들에게 큰 영향을 미쳤다. 『논어』의 孝 관념을 삶과 정치의 모든 관계로 의미 확장을 하여 후대에 지대한 영향을 미친 책이 『효경』이다. '경'經이라는 글자가 처음부터 붙은 첫 사례인데, 『논어』보다 늦게 성립했을 것이며 아마도 증자 때부터 엮이기 시작하여 제자들을 거치며 완성된 작품이 아닐까 추정된다. 따라서 전국시대에 형성되었을 것이다. 『효경』은 '孝' 관념의 극치를 보여준다. 좀 길지만 첫 장인 「개종명의」開宗明義 장을 보자.

---

31) 君使臣以禮, 臣事君以忠.
32) 爲人謀而不忠乎?

공자가 앉아 있는데 증자가 시중을 들었다. 공자가 말했다. "선왕에게 지극한 덕과 중요한 도가 있었는데 그것으로 천하를 순화시키고 백성들은 화목하게 되었으며 위아래 사이에 원망이 없었다. 너는 그것을 알고 있느냐?" 증자가 자리를 피하며 대답했다. "제가 영민하지 못하니 어떻게 그것을 잘 알 수 있겠습니까?" 공자가 말했다. "무릇 孝는 덕의 근본이니 모든 교화가 이로부터 생겨나는 것이다. 다시 앉아라. 내 너에게 말해주마. 우리의 신체와 터럭, 피부는 모두 부모로부터 받은 것이니 감히 훼상시키지 않는 것이 孝의 시작이다. 몸을 세우고 도를 행하여 후세에 이름을 떨침으로써 부모를 영달하게 하는 것이 孝의 끝이다. 孝는 어버이를 섬기는 데서 시작되고 군주를 섬기는 것이 중간 과정이며 몸을 세우는 데서 끝난다. 『시경』 「대아」 편에는 '너의 조상을 생각하지 않는가! 그분들의 덕을 닦으라'고 말했다."[33]

『효경』의 관념은 매우 분명하다. 어버이를 잘 모시는 것이 孝의 기본적인 출발이지만, 그와 같은 태도로 군주를 섬기는 과정을 거쳐 마지막에는 '몸을 세워 도를 실천'하는, 다시 말해 '후세에 이름을 떨치는' 위대한 행위를 하라는 요구다. 흔히 유가에서 말하는 대유

---

33) 仲尼居, 曾子侍. 子曰: '先王有至德要道, 以順天下, 民用和睦, 上下無怨. 汝知之乎?' 曾子避席曰: '參不敏, 何足以知之?' 子曰: '夫孝, 德之本也, 教之所由生也. 復坐, 吾語汝. 身體髮膚, 受之父母, 不敢毀傷, 孝之始也. 立身行道, 揚名於後世, 以顯父母, 孝之終也. 夫孝, 始於事親, 中於事君, 終於立身. 「大雅」云: 無念爾祖, 聿脩厥德.'

위大有爲 즉 뭔가 세상을 위해 큰일을 하는 인물이 되라는 요구다. 정치가가 되라는 것이다. 『효경』은 천자로부터 일반 백성에 이르기까지 孝를 어떻게 실천하고 삶에 적용시킬 것인지에 대한 금과옥조를 담은 책이다. 유가는 가족관계의 윤리를 국가 및 천하의 윤리로 확장시켜 온 세상이 도덕적이 되는 이상 사회를 꿈꾸었는데, 『효경』은 그 구체적 통치이데올로기로서 孝의 작용과 역할을 선언적으로 제시해주고 있다.

『중용』에서는 "孝란 선조의 유지를 잘 계승하는 것이며, 조상의 일을 잘 기술하는 것이다"[34]라고 한다. 잘 알려져 있다시피 『대학』은 '수신제가치국평천하'의 도를 설파한다. '제가'濟家의 기본은 孝다. "군자는 집을 나서지 않아도 나라에 가르침을 행할 수 있다. 孝란 그것으로 군주를 섬기는 바이며, 제悌란 그것으로써 윗사람을 섬기는 바이다"[35]라고 한다. 孝가 수기修己와 치인治人 모두에 적용되는 사회적, 정치적 관념으로 쓰이고 있다.

맹자는 孝를 부모에 친애하는 관념이 정치적으로 승화된 것이라고 생각했다. 『맹자』 「고자 하」 편에서는 "요순의 치도는 孝와 제悌일 따름이었다"[36]라고 말한다. 맹자는 그의 인정仁政론의 근본을 '孝'에서 찾았는데, 「만장 상」 편에서 순임금이 나라일이 바빠 아버지 고수瞽瞍를 잘 섬기지 못한 것을 따지는 제자의 물음에 대하

---

34) 夫孝者, 善繼人之志, 善述人之事者也.
35) 孝者, 所以事君也; 弟者, 所以事長也.
36) 堯舜之道, 孝弟而已矣.

여 "효자의 극치는 부모를 존중하는 것보다 큰 것이 없고, 부모존중의 극치는 천하를 가지고 봉양하는 것보다 큰 것이 없다. 天子의 아버지가 되는 것은 존중의 극치이며, 천하를 가지고 봉양함은 봉양의 극치이다. 『시경』에 '영원히 효성스런 생각을 말하니, 孝야말로 만사의 준칙이로다'는 이를 두고 하는 말이다"[37]라고 한다. 「양혜왕상」편에서는 학교교육의 핵심을 '효제'의 의義를 펼치는 데 두어야 한다고 말할 정도이다.

순자 또한 孝의 정치적 기능을 매우 중시했다. 『순자』 「예론」편에서는 "살아서 부모를 잘 모시고 돌아가시면 장례를 잘 마침으로서 孝子의 일이 끝나는 것이고 성인의 도가 갖추어지는 것이다"[38]라고 말한다. 생전이든 사후든 부모를 잘 모시는 것이 孝의 기본 관념일 뿐만 아니라 그것은 성인의 이상 정치를 수행하는 기준이 되는 것이라는 얘기다. 「성상」편에서는 "백성들이 효제를 알고 덕이 있음을 존중한다"[39]라고 한다. 孝를 유덕한 정치가의 덕목으로 취급한 것이다.

묵자는 겸애兼愛를 강조하여 맹자로부터 '무부'無父 즉 부모를 부정한 금수라고 비판을 받은 바 있다.[40] 묵자가 개인의 이익만 따지는 데 반대하고 사회정의의 실현과 국가를 통한 보편적 구제에 관심

---

37) 孝子之至, 莫大乎尊親; 尊親之至, 莫大乎以天下養. 爲天子父, 尊之至也; 以天下養, 養之至也. 詩曰: 永言孝思, 孝思維則. 此之謂也.
38) 終始具, 而孝子之事畢, 聖人之道備矣.
39) 民知孝弟尊有德.
40) 『맹자』 「등문공 하」滕文公下. "墨氏兼愛, 是無父也. 無父無君, 是禽獸也."

이 있었던 것은 사실이지만 그렇다고 효를 반대한 것은 아니다. 그
또한 조상에 대한 존중과 혈연관계의 유지에 관심이 있었다. 묵자
는 유가식 효에 반대했지만 군주와 부모를 연결하여 생각하는 유가
적 논리는 긍정했다. 『묵자』「겸애 상」편에서는 "신하와 자식이 임
금과 어버이에게 효도하지 않음이 이른바 난亂이다"[41]라고 말한다.
묵자는 특히 겸애兼愛를 인류도덕의 핵심으로 보았다. 이 때문에 인
간의 기본적 윤리관계인 忠과 孝를 인간이 실천해야 할 중요한 의義
로 보았다. 「천지 중」天志中 편에는 "군신상하의 은혜와 忠, 부모형제
의 자애와 孝"[42]를 강조한다. 묵자의 기본적 사유는 교상리交相利라
는 공리주의다. 그는 忠과 孝를 경쟁적 관념으로 본 것이 아니라 군
주와 신하, 부모와 자식 사이의 상보적 관계로 보았다. 예컨대 「겸애
하」편에서는 "반드시 내가 먼저 다른 사람의 부모를 아끼고 이롭게
하는 일에 종사한 연후에 다른 사람도 나의 부모를 아끼고 이롭게
하는 것으로 보답한다"[43]라고 말한다. 하지만 『묵자』의 곳곳에서 우
리는 忠과 孝가 대등한 개념으로 취급되며 관념이 확장되고 있음을
관찰할 수 있다. 忠의 범주를 상당히 넓힌 것이다.

전국시대 정치계를 지배했던 법가사상은 매우 명료하게 국가 또
는 군주를 우선시한다. 맹자와 동시대 사람인 상앙의 『상군서』에서
는 인의, 예악과 더불어 '효제'에도 반대한다. 이들이 유가에서 강조

---

41) 臣子之不孝君父, 所謂亂也.
42) 君臣上下惠忠, 父子兄弟慈孝.
43) 即必吾先從事乎愛利人之親, 然後人報我以愛利吾親也.

하는 수신의 덕목이자, 군주권력의 집중을 무너뜨린다고 보았기 때문이다. 「거강」去彊 편에서 분명하게 "국가에서 시서詩書, 예악, 효제, 훌륭한 수양 따위를 적용해 다스리면, 적이 오면 반드시 나라가 깎일 것이고 오지 않아도 반드시 가난한 나라가 될 것이다"[44]고 선언한다. 개인적이고 종법적인 윤리는 먼 옛날의 이야기로 인의, 효제 등은 국가운영을 좀먹는 벌레라고 한다. 군주 중심의 관료제도를 통한 상앙 변법의 성공과 이를 본받은 전국 여러 나라의 정치풍토는 孝의 정치적 역할을 약화시키는 결정적 계기가 되었다. 그 자리를 '군주에 대한 忠'이 차지하게 되었다.

도가는 忠과 孝 두 관념 모두를 허구라고 부정한다. 『도덕경』 18장은 "큰 도道가 피폐하니 인의가 있는 것이다. 지혜가 출현하니 큰 거짓이 있는 것이다. 육친이 불화하니 孝와 자애가 있는 것이다. 국가가 혼란하니 충신忠臣이 있는 것이다"[45]라고 말한다. '법령이 많을수록 도적이 많아진다'는 논리와 같은 맥락이다. 그는 인위적으로 '孝'와 '忠'을 강조하는 정치적 의도를 비판한 것이다. 한 걸음 더 나아가 충효 관념을 규탄한 사람은 장자였다. 그는 인의도덕과 효제충신 따위는 자연적 본성인 도道와 덕德을 파괴한다고 생각했다. 『장자』 「천운」天運 편에는 "효제와 인의, 충신忠信과 정렴貞廉 따위는 모두 거기에 힘쓰기 시작함으로써 덕을 혹사시키는 것이다"[46]라고 말한

---

44) 國用詩書禮樂孝弟善修治者, 敵至必削國, 不至必貧國.
45) 大道廢, 有仁義. 智慧出, 有大僞. 六親不和, 有孝慈. 國家昏亂, 有忠臣.
46) 夫孝悌仁義, 忠信貞廉, 此皆自勉以役其德者也.

다. 장자는 忠과 孝 등 관념은 한쪽에 치우친 것으로 자연이라는 온
전함全을 파괴하는 어리석은 집착이라고 경계했다. 하지만 이를 역
으로 생각하면 忠과 孝가 이미 중요한 정치이데올로기로 사회의식
화되고 있었다는 반증이기도 하다.

### 제국시대의 '충효' 관념

한비의 글을 사랑하면서 법가사상으로 중국통일을 달성한 진시
황과 그러한 진나라 법을 그대로 수용한 한나라는 忠의 중요성이 孝
를 압도하는 충과 효의 우선순위가 확고해진 시기이다. 『사기』「진
시황본기」에 여러 차례 나오는 '忠', '충신'忠信, '충신'忠臣 등 관념은
황제에 대한 절대적 충성을 뜻하는 것이었다. 부모든 군주든 '孝'로
수식한 경우는 한 차례도 나오지 않는다. 반면 진나라 법제를 그대
로 수용했지만 유가적 통치를 표방한 한 제국은 忠과 孝가 적절히
결합하여 운용되었다. '충효'忠孝는 한나라 정치의 핵심 이념이었다.
'한나라는 孝로 천하를 다스렸다'고 할 정도로 孝가 강조되었다. 모
든 한나라 황제는 시호에 孝자를 덧붙였다. '충효'가 한나라 정치윤
리의 핵심 관념으로 보편화 된 것은 성립순서로 보면 『효경』『예기』
『충경』忠經과 관련이 깊다. 후한 때 성립한 『충경』[47]은 '충효' 관념의
정치화를 이론적으로 결산한 작품이다.

孝에 대해서는 수많은 논의가 있다. 『효경』에 따르면 孝에는 세

---

47) 마융馬融, 79~166이 지은 것으로 알려져 왔으나 최근에는 아니라는 설이
더 유력하다. 아직 누가 지었는지 확실하지 않다.

가지 경지가 있는데 바로 경양敬養, 불욕不辱, 대효大孝가 그것이다. 그 가운데 '경양'의 孝에 대하여 공자는『논어』「위정」편에서 '단순히 부모를 봉양하는' 능양能養의 孝48는 '공경으로 받드는' 경양敬養의 孝보다 못하다고 했다. 같은 편에서 자하子夏가 孝에 대해 묻자 색난 色難 즉 '공경의 낯빛이 어려운 일이다'49라고 말한다. 공자는 자식의 도리나 의무로 행하는 孝보다 도덕적 정서로서 내면의 진실한 공경 의 마음이 전해지는 孝 관념을 만들어 낸 것이다. 이 점에서 孝는 忠 의 본래 의미와 겹쳐진다. '충효'는 내면의 진심이어야 한다는 점에 서 동전의 양면이 되는 것이다.

제국시대 孝 관념은 공자의 이러한 관념을 계승하고 발전시킨 것 이다. 한대에 성립한『예기』「제의」祭儀 편에는 "민중에 대한 기본 교 육을 孝라 하고, 그 행위를 봉양이라 한다. 봉양은 누구나 가능하지 만 존경은 어렵다"50라고 말한다.『염철론』「효양」孝養 편에는 "따라 서 예는 보잘것없이 하면서 물질 봉양만 풍성히 하는 것은 孝가 아 니다"51라고 한다.『염철론』「우변」憂邊 편에 "사람의 자식 된 자는 효 도를 다하여 부친의 업을 이어받아야 한다. ……아버지가 돌아가셨

---

48)『맹자』「이루 하」편에서 "사지를 게으르게 놀리거나", "장기와 바둑 을 즐기고 술을 좋아하고", "재물을 좋아하고 사사로이 처자를 감싸 서" "부모봉양에 마음을 쓰지 않는 것"을 능양의 孝를 하지 못하는 것 이라고 비판한다.
49) '色難'에 대하여 '부모의 낯빛을 살피기가 어렵다'고 해석하는 사람들 도 있다. 두 경우 다 뜻이 통한다.
50) 衆之本敎曰孝, 其行曰養. 養可能也, 敬爲難.
51) 故禮菲而養豊, 非孝也.

으면 자식은 아버지의 도道를 고치지 않아야 한다"[52]라는 말도 '경양의 효'의 일종이다. 『예기』「제의」편에 부모가 돌아가셨어도 나쁜 이름을 남지 않도록 노력하는 것이 진정한 孝라고 주장하는 것도 같은 맥락이다.

『효경』「개종명의」장에서는 건강을 유지하고 신체를 손상시키지 않음이 孝의 시작이라고 했다. 『예기』「제의」에도 비슷한 주장을 하면서 "부모가 온전하게 낳아주셨으니 자식은 온전하게 돌려주는 것이 孝라 할 수 있다"[53]고 한다. 몸을 아끼고 조심하여 위험한 짓을 하지 말라는 요구는 현달하여 부모를 영광스럽게 만들라는 것과 함께 높은 정치적 효과를 낳는다. 체제에 저항하거나 질서를 어지럽히는 행위를 하여 부모를 욕되게 하고 형벌을 받는 따위는 막심한 '불효'라는 인식을 심어주어 전체 사회를 온순하게 만들어준다. 전제정치를 하는 데는 이보다 좋은 토양이 없다. 『예기』「곡례 상」편에서는 "효자는 어두운 데 임하지 않고, 위험한 데 오르지 않으며, 부모를 욕되게 하는 행위를 두려워한다"[54]라고 말한다.

'도의에 따르지 군주를 따르지 않는다'는 순자의 '종도불종군'從道不從君처럼 유가는 도의를 중시한다. 그 때문에 孝를 둘러싸고도 이런 논쟁이 등장했다. 『효경』「간쟁」에는 불의함에도 "무조건 아버지의 명령을 따른다면 어떻게 효가 되겠는가!"[55]라고 한다. 『예기』「내칙」

———

52) 爲人子致孝以承業, ……父沒, 則子不改父之道也.
53) 父母全而生之, 子全而歸之, 可謂孝矣.
54) 孝子不服闇, 不登危, 懼辱親也.
55) 從父之令, 又焉得爲孝乎!

편에는 부모가 간언을 받아들이지 않아도 대항해서는 안 된다고 하는데, 부모가 잘못하여 그 결과가 치욕을 당하거나 죽임을 당할 게 분명하다면 어찌할 것인가? 『대대예기』「증자사부모」曾子事父母 편의 말처럼 "무조건 따르기만 하고 간하지 않으면 효가 아니며, 간하기만 하고 따르지 않으면 역시 효가 아니다"[56]라며 중립적 입장을 취할 수도 있다. 이 논쟁의 결론은 중장통이 『창언』에서 한 말처럼 "거역해선 안 될 것을 거역하면 효도가 아니다. 거역해야 됨에도 거역하지 않음 또한 효도가 아니다."[57]

제국시대에 忠 관념은 더욱 다양한 의미를 지니게 된다. 『충경』「천지신명」장은 충이 일심一心을 얘기한다고 하면서 「증응」證應 장에서는 "忠하면 복록이 이를 것이요, 不忠하면 형벌이 더해질 것이다"[58]고 겁을 준다. 군주의 권위에 대한 절대복종이 한나라 때 忠 관념의 핵심이었던 듯하다. 동중서는 『춘추번로』「천지지행」天地之行 편에서 "몸을 굽혀 목숨을 바치고 섬김에 전제專制가 없어야 忠이 된다"[59]라고 말한다. 전제군주의 대명사인 한 무제의 시대에 군주를 향해 '전제'가 없어야 忠이라고 함은 모순된 의식의 반영이다.

군주에 대한 거역이 불충이라면, 군주가 엉망일 경우는 어떻게 할 것인가? 『한시외전』韓詩外傳 권6에 이런 내용이 실려 있다.

---

56) 從而不諫, 非孝也 ; 諫而不從, 亦非孝也.
57) 不可違而違, 非孝也 ; 可違而不違, 亦非孝也.
58) 忠則福祿至焉, 不忠則刑罰加焉.
59) 委身致命, 事無專制, 所以爲忠也.

"비간은 간하다가 죽었다. 기자는 '쓸데없음을 알면서 말함은 어리석음이다. 몸을 죽여 군주의 악을 더욱 드러냄은 不忠이다. 둘 다 불가한데도 그렇게 한 것은 지극히 좋지 못하다'고 말하며 머리를 풀고 미치광이처럼 하여 떠났다. 군자는 이를 듣고 '힘들다, 기자여! 정신을 다하고 忠과 애愛를 다했구나. 비간의 일을 보고 제 몸의 화를 벗어났으니 극히 어질고 지혜롭구나'라고 말했다."60

기자는 극한상황에서도 군주에게 대항하거나 거역하지 않고 떠났다. 『예기』「곡례 하」曲禮下 편에는 "세 번 간해도 듣지 않으면 달아나라"61고 한다.

그렇다면 위의 孝의 경우와 마찬가지로 유가는 '도의'를 중시하는데, 군주가 도의를 어겨 멸망할 가능성이 높거나 치욕을 당할 것이 명약관화하다면 어떻게 할 것인가? 역시 순자의 '종도불종군' 입장을 고수하는 것이 진짜 충성 즉 대충大忠이 된다. 도의에 입각해서 군주를 교정해주어야 한다. 『한시외전』권4에는 "도道로써 군주를 넘어뜨려 교화시키는 것을 大忠이라 부른다"62고 말한다. '대충'의 방법은 간언뿐이다. 제국시대에 가장 아름다운 忠은 죽음을 무릅쓴

---

60) 比干諫而死. 箕子曰: '知不用而言, 愚也. 殺身以彰君之惡, 不忠也. 二者不可, 然且爲之, 不祥莫大焉.' 遂解髮佯狂而去. 君子聞之曰: '勞矣箕子! 盡其精神, 竭其忠愛. 見比干之事免其身, 仁知之至.

61) 三諫而不聽則逃之.

62) 以道覆君而化之, 是謂大忠也.

간언이었다.『충경』「충간」장에는 "충신이 군주를 섬김에 간언보다 앞선 것은 없다. ……어긋나도 간하지 않으면 충신이 아니다. 간할 때는 처음에는 순한 말로, 중간에는 항의로, 마지막에는 죽음의 절개로 한다"[63]라고 말한다.『염철론』「상자」相刺 편에도 "죽음을 무릅쓰고 군주의 잘못을 간하는 사람이 충신이다"[64]라고 한다.

차츰 군주를 백성의 부모라고 말하며 충과 효를 같은 선상에 놓고 얘기하게 되었다.『당률소의』唐律疏義「명례」名例 편에는 이렇게 말한다.

"왕이란 북극성의 지존 자리에 위치하여 하늘의 보배로운 명령을 받들고, 세상을 뒤덮고 있는 천지와 같은 존재로 만백성의 부모가 된다. 자식되고 신하된 자들은 그저 忠과 孝를 다할 따름이다."[65]

당나라 황제들은 자주 스스로를 백성의 부모라고 말하기도 했다.『자치통감』권 194에 보면 당 태종은 "군주와 신하의 관계는 부자와 같다"[66]고 하고, 여성 황제 무 측천도『신궤』臣軌「지충」至忠 편에서

---

63) 忠臣之事君也, 莫先於諫. ……違而不諫則非忠臣. 夫諫, 始於順辭, 中於抗議, 終於死節.

64) 故觸死亡以干主之過者, 忠臣也.

65) 王者居宸極之至尊, 奉上天之寶命, 同二儀之覆載, 作兆民之父母. 爲子爲臣, 惟忠惟孝.

66) 君之於臣, 猶父子也.

"제 어버이를 존중하려면 반드시 먼저 군주를 존중해야 한다. ……
옛날의 충신의 제 군주를 앞에 두었고 제 어버이를 뒤에 두었다"[67]
라고 말한다. 부모보다 군주에 대한 忠과 孝가 먼저라는 주장이다.
당 현종은 직접『효경주』를 지었으며 군신관계와 부자관계의 일치
성을 얘기하고 '충효'를 한 관념의 두 가지 측면으로 보았다.

수당시대 정치사조 가운데 특징적인 것은 훌륭한 군주가 되기 위
해서는 신하들의 간을 잘 받아들여야 한다는 납간론納諫論이 있다.
납간론의 핵심은 신하들로 하여금 '충신'忠信을 다하게 하고 군주는
'충언'忠言을 따라야 한다는 것이다. '충언은 귀에 거슬리나 행동에
이롭고 양약은 입에 쓰나 병에 이롭다' 등의 '충언' 언급은『초사』나
『한비자』등 전국시대 문헌에 자주 언급된 것이었다.[68]『당태종집』
「구직언수조」求直言手詔에는 "충언을 따르느냐 거역하느냐의 차이에
따라 제도帝道가 영광스러운가 치욕스러운가의 갈림이 생긴다"[69]라
고 말한다. 여기서 '忠' 관념은 내면의 진실한 마음이란 忠의 원래
의미를 내포하면서 군주와 국가, 사직에 대한 충성이라는 의미도 함
께 갖는다.

불교 또한 중국화한 뒤 '충효'를 중요한 지침으로 삼았다. 특히 송
대 이후 왕권과 결합하면서 군주에 대한 충성을 부처에 대한 공경만

---

67) 欲尊其親, 必先尊於君 ; ……古之忠臣, 先其君而後其親.
68) 참고로『사기』「유후세가」留侯世家에는 "忠言逆耳利於行, 毒藥苦口利於
病"이라고 한다.『설원』에는 공자의 말이라고 소개되어 있으며,『공자
가어』에도 그렇게 말한다.
69) 故異順逆於忠言, 則殊榮辱於帝道.

큼 중시하게 되었다. 『고존숙어록』古尊宿語錄 권20에서 법연法演화상은 향을 집어 들고 "이 한 판의 향은 주현의 관료를 받드나니 忠하고 孝하며 청렴하고 결백하여 영원히 생민의 부모가 되시고 오래오래 바깥 기강을 지켜내시길 엎드려 비옵니다"라고 했다 한다.[70]

이러한 忠 관념을 철학적으로 천리天理와 연결시킨 것은 신유학이었다. 성리학자들은 효제충신孝悌忠信과 인의예지 모두를 도道이자 리理라고 생각했다. 『이정어록』二程語錄 권11에는 "忠이란 천리天理이며 서恕란 인도人道이다. 忠이란 망령됨이 없음이니 恕하는 까닭은 忠을 실천하는 것이다. 忠은 우주만물을 주재하는 본체이며 恕는 그 본체의 작용이다. 큰 근본으로 道에 도달할 수 있다"[71]라고 한다. 『주자어류』 권27에서 주희는 "일이관지一以貫之한다는 건 일심一心으로 만사에 응함을 말한다. 忠恕는 일관一貫에 대한 주석이다. 一이 忠이고 貫은 恕의 일을 말한다"[72]라고 한다.

명 제국은 성리학을 중요한 국시로 삼았다. '충효'는 통치강령의 핵심이었을 뿐만 아니라 백성들 생활의 가장 중요한 규범이 되었다. 『명태조문집』「술비선생사」述非先生事에서 "신하는 반드시 忠해야 하고, 자식은 반드시 孝해야 한다"[73]고 한다. 주원장은 이런 조서를 자

---

70) 此一瓣香, 奉爲州縣官僚, 伏願乃忠乃孝, 惟淸惟白, 永作生民父母, 長爲外護紀綱. 劉澤華 主編, 『中國政治思想史』隋唐宋元明淸卷, 앞의 책, 121쪽에서 재인용.

71) 忠者天理, 恕者人道; 忠者無妄, 恕者所以行乎忠也. 忠者體, 恕者用, 大本達道也.

72) 一以貫之, 猶言以一心應萬事. 忠恕是一貫底注脚. 一是忠, 貫是恕底事.

73) 爲人臣必忠, 爲人子必孝.

주 내렸다. 『명사』「오침전」<sup>吳沈傳</sup>에는 "성현의 가르침이 세 가지 있다. 하늘에 敬하고, 임금에 忠하고, 부모에 孝하는 것이다"[74]라고 말한다. 제국의 황제들이 '효제충신'을 강조한 것은 한편으로 부모를 포함한 모든 존재의 상위에 있는 군주의 절대적 권위를 강조하기 위함이었으며, 한편으론 백성들의 심리적 복종을 유도해 행정력 낭비없이 자발적 사회질서를 잡아가기 위함이었다.

---

74) 聖賢之教有三: 曰敬天, 曰忠君, 曰孝親.

# 3. 충군忠君과 효치孝治

## '충효'의 선후관계를 둘러싼 갈등

충忠을 앞세울 것인지 다른 가치를 앞세울 것인지에 대한 갈등은 춘추시대에도 있었다. 예를 들면 무도한 진 영공晉靈公이 간언이 잦은 조순趙盾을 죽이라고 서예鉏麑에게 명령했는데 서예는 새벽부터 조복을 단정히 입고 입조채비를 서두르는 충신 조순의 모습에 감동하여 "백성들을 이끄는 사람을 죽이는 것은 불충不忠이고 군주의 명령을 어기는 것은 불신不信이다. 이 가운데 하나만 취해야 한다면 차라리 죽느니만 못하다"[75]『좌전』「宣公 2년」면서 자살해버렸다. 서기전 607년의 일이다. 忠을 중시하긴 했으나 孝와 연결시키기보다 역시 신信의 가치와 더불어 생각하고 있다.

『사기』「순리열전」循吏列傳에는 충과 효 사이에 갈등한 초나라 석사石奢의 얘기를 싣고 있다. 춘추시대 말기의 일이다. 재상 석사가 순행하다 살인을 하고 도망하는 사람을 잡고 보니 자신의 아버지여서 풀어주고 말았다. 왕은 용서하려 했으나 석사는 "아버지를 사적으로 감싸지 못하면 효자가 아니며, 군주의 법을 받들지 못하면 충신이

---

75) 賊民之主, 不忠, 棄君之命, 不信, 有一於此, 不如死也.

아니다"[76]라고 하면서 자살했다. 충신이니 효자니 하는 언어의 대비
는 사마천司馬遷이 충군의식이 절대적으로 지배하던 한나라 때 사람
이라서 쓴 용어일 것이다. 어쨌든 忠과 孝의 갈등을 잘 웅변해주는
얘기다.

춘추시대 말기로 갈수록 하극상의 빈발과 종법 귀족정치의 붕괴
는 신분의 변동을 불러 왔고, 토지기반은 없으나 일신의 능력을 지
닌 사士 계급은 종족가문에 대한 '孝'를 떠나 자신을 임용한 군주에
대한 '忠'을 중시한 경우가 많았다. 널리 알려져 있듯이 제자백가들
은 '孝'를 다해야 하는 자신의 조국과 종족을 떠났다. 그리고 타국
군주에게 자리를 구하고 '忠'을 바쳤다. 예컨대 위衛나라 출신 오기
吳起는 천하의 효자라는 증자에게 배웠음에도 아내를 죽이고 어머니
와 결별하면서 노魯나라 장군이 되고자 했다. 이런 사례들은 양화楊華
의 분석이 참고할 만하다.[77]

양화는 이를 종족본위에서 국가본위, 즉 종통宗統에서 군통君統을
향해 나아간 변법 운동의 결과라고 설명한다.[78] 그러나 그는 '내면
적 성실성'이라는 忠이 갖는 본래적 의미를 간과했다. 종족을 버린
것이 아니라 국가와 사회, 더 나아가 천하에 대한 내적 성실로서 忠
의 가치가 의미 확장된 것이라고 나는 생각한다. 다시 말해 춘추시
대 후반부터 전국시대에 이르기까지 제자백가들의 忠과 孝 관념에

76) 不私其父, 非孝子也; 不奉主法, 非忠臣也.
77) 楊華, 「春秋戰國時期 '宗統'與 '君統'的鬪爭－兼論我國古代忠孝關係的三
個階段」(『學術月刊』1997年 5期), 92~94쪽 참조.
78) 같은 글, 94쪽.

대한 길항拮抗과 갈등은 孝를 버리고 忠으로 나간 것이 아니라 忠 관념이 의미 확장을 하여 인간 내면의 문제를 차츰 수용하게 되었다는 것이다.

忠과 孝 사이에 갈등하는 사례가 춘추시대보다 전국시대에 훨씬 많았음을 『사기』를 통해 확인할 수 있다. 예를 들면 「오자서열전」伍子胥列傳에는 감옥에 갇힌 아버지의 서신에 죽을 줄 알면서 간 형 오상伍尙의 효와 훗날을 기약하며 명을 거역하고 다른 나라로 도망해 출세한 동생 오자서의 일을 선명하게 대비시킨다. 『맹자』「양혜왕 상」편에 이익이 정치 이념의 중심이 되면 '국가를 이롭게 할 것인가'와 '집안을 이롭게 할 것인가' 사이에 충돌이 일어나 나라가 망하게 된다는 주장을 한다. 忠과 孝 가운데 무엇을 선행해야 하는지 갈등하는 대목으로 읽을 수도 있다.

제자백가 논의를 집대성한 순자는 충효 관념의 확장과 그것의 사회적 작용을 종합해내었다. 철저한 존군론尊君論자였던 그는 孝 관념이 갖는 정치적 무게를 충으로 치환할 수 있다고 생각했다. 순자는 孝를 이야기했지만 忠에 훨씬 더 관심이 많았다. 『순자』「영욕」편에 군자의 행위로 "신信으로서 다른 사람이 자신을 믿어주기를 바라고, 忠으로서 다른 사람이 자신을 친근하게 대하길 바란다"79고 한다. 여기선 공자 이래 내면의 진실한 마음으로서 忠의 의미를 잘 보존하고 있다. 「치사」致士 편에서 순자는 忠을 간姦의 반대 개념으로 사용하고 있다. "그렇게 하면 간언姦言, 간설姦說, 간사姦事, 간모姦謀,

---

79) 信矣, 而亦欲人之信己也; 忠矣, 而亦欲人之親己也.

간예<sup>姦譽</sup>, 간소<sup>姦愬</sup>가 시도되지 않을 것이며, 충언<sup>忠言</sup>, 충설<sup>忠說</sup>, 충사<sup>忠事</sup>, 충모<sup>忠謀</sup>, 충예<sup>忠譽</sup>, 충소<sup>忠愬</sup>가 밝게 통용되지 않는 경우가 없을 것이다." 姦은 거짓된 나쁨을 말하므로 忠은 진실한 좋음을 뜻하는 것이다.

忠이 군주에 대한 충성의 의미로 정형화한 것은 『순자』와 깊은 관련을 맺는다. 「신도」편은 이렇게 말한다.

"덕으로 군주를 감싸 모든 것이 잘 돌아가게 하는 것이 가장 큰 忠이다. 덕으로 군주를 조율하여 잘 보필하는 것이 그 다음 忠이다. 자신의 말이 옳다고 군주의 뜻에 맞지 않는 바를 간언하여 군주를 노엽게 만드는 것은 하급의 忠이다. 군주의 영광과 오욕을 가리지 않고, 국가 문제의 해결여부는 따지지도 않으면서 자신의 처세나 잘하여 녹을 유지하고 사적인 교유를 하는 사람은 나라의 도적이다."[80]

순자는 「신도」편에서 忠을 다른 관념과 비교하여 '忠'이 무조건적인 충성이나 아부와는 다른 것이라고 말하기도 한다. "명령에 복종하여 군주에게 이익이 되게 하는 신하를 가리켜 순<sup>順</sup>이라 한다. 명령에 복종하지만 군주를 이롭게 하지 못하는 신하를 가리켜 참<sup>諂</sup>이라 한다. 명령을 거역하면서도 군주를 이롭게 하는 신하를 가리켜

---

80) 以德覆君而化之, 大忠也; 以德調君而輔之, 次忠也; 以是諫非而怒之, 下忠也; 不卹君之榮辱, 不卹國之臧否, 偷合苟容以持祿養交而已耳, 國賊也.

충忠이라 한다. 명령을 거역하면서도 군주를 이롭게 만들지 못한 신하를 가리켜 찬篡이라 한다."[81] '忠'에 대한 특수한 정의로 忠은 순종도 아니요, 아첨도 아니요, 찬역도 아니라는 것이다. 양화는 이를 가리켜 '충효 관념의 철저한 국가본위화'[82]라고 하지만, 순자의 본의는 '충효의 가치를 예의 하위개념화'하여 군주를 통한 예치禮治를 실현하는 데 있었다고 보아야 한다.[83] 그러나 포괄적이고 추상적 의미의 충이 군주를 향한 충성으로 관념의 변천을 하게 된 것은 순자와 관련이 깊다.

순자의 제자인 한비韓非는 스승의 핵심 명제인 예禮를 자신의 주요 명제인 법法으로 바꾸었으나 기본적 사유의 길은 순자와 비슷했다. 그는 선배 법가들을 종합하면서 孝 관념을 부정하고 忠의 가치 하에 孝를 통합했다. 『한비자』 「충효」 편에서는 '효제충순孝悌忠順을 따르면 천하는 혼란에 빠지게 된다'라고 말한다. 그렇다고 忠과 孝 관념 자체를 부정하지는 않았다. 「충효」 편에는 공자가 '충효'를 제대로 알지 못했다고 하면서 "효자가 부모를 섬길 때는 부모의 집을 취하려고 다투지 않으며, 충신이 군주를 섬길 때는 군주의 국가를 취하려 다투지 않는다"[84]는 지극히 계산적인 관계를 얘기하고 전심전력

---

81) 從命而利君謂之順, 從命而不利君謂之諂; 逆命而利君謂之忠, 逆命而不利君謂之篡.

82) 楊華, 「春秋戰國時期 '宗統'與 '君統'的鬪爭-兼論我國古代忠孝關係的三個階段」, 앞의 글, 95쪽.

83) 장현근, 『순자: 예의로 세상을 바로잡는다』(한길사, 2015), 특히 10장과 11장 참조.

84) 孝子之事父也, 非競取父之家也; 忠臣之事君也, 非競取君之國也.

으로 군주에게 충성을 다하라고 주문한다. 순자와 한비에 이르면 忠은 내면의 성실성이라는 관념에 더하여 군주, 또는 더 넓게 국가에 대한 충성이라는 관념으로 전환하여 孝를 압도하게 되었다.

## 충군忠君의식의 강화와 충효 관념의 정치화

忠 관념은 역사적으로 변천해왔다. 주로 군주와 신하 혹은 군주와 백성들 사이, 주인과 노예 혹은 조직의 수장과 조직원 사이에 통용되는 예속적 복종관계에 쓰였다. 孝 관념 또한 노인에 대한 존중으로부터 의미가 변화해왔다. 기본적으로 부모와 자식 혹은 조상과 후예 사이, 종실의 수장과 종가 구성원 사이에 통용되는 윤리적 봉사관계에 쓰였다. 忠과 孝는 둘 다 개인의 차원에서 다룰 수도 있으나 사회 질서와 깊은 관련이 있으므로 정치사상의 중요한 관념이기도 하다.

춘추시대에 들어서면서 토지에 기반을 둔 귀족주의적 봉건封建이 무너지고 토지가 없는 사士 계급의 흥기와 더불어 군주 전제적 정치 풍토가 조성된다. 주군은 이들에게 직책과 급여를 하사하고 강한 주종관계를 요구했다. 춘추전국시대 군주는 곧 국가였으며 사직이었다. 따라서 국가와 사직에 대한 忠도 '충군'의 범주에 포함된다. 『좌전』「양공 14년」에 "죽음에 이르러 사직을 보위하는 것을 잊지 않았다. 이를 어찌 忠하다 하지 않을 수 있겠는가? 忠이란 백성들의 소망이다"[85]라고 한다. 「성공 9년」에는 무사無私 즉 '사사로움이 없는 것'을 忠이라고 한다. 「양공 5년」에는 "세 군주의 재상을 하고도 사적

---

85) 將死, 不忘衛社稷, 可不謂忠乎? 忠, 民之望也.

인 축재를 하지 않았음"을 忠이라고[86] 말한다.

앞 절에서도 언급했지만 『좌전』과 『국어』를 보면 다양하고 풍성한 '忠' 관념을 확인할 수 있다. 후대의 '충군'사상은 이 범주를 크게 벗어나지 않는다. 『좌전』 「정공 9년」에서는 국익을 생각하지 않고 등석鄧析을 죽인 일을 '불충'이라고 주장한다. 사람을 아끼는 것이 '충군'의 기초라는 것이다. 도의로 군주를 섬기고 간언을 잘하는 것도 忠이다. 『국어』 「진어 6」 편에는 "간하여 악을 없애는 일에 죽음도 꺼리지 않고 나아갔다. 어찌 忠하다 하지 않을 수 있겠는가?"[87] 라고 한다. 원대한 계획을 세워 백성들에게 이익을 가져다주는 것도 忠이다. 『좌전』 「환공 6년」에는 "도道라 함은 백성에게 忠하고 신神에게 신의 있음을 말한다. 위에서 백성의 이익을 생각하는 것이 忠이다"[88]라고 한다. 그 외 어떤 사람이든 주인이 되면 그에게 忠을 바쳐야 한다든지, 적에게 은혜를 베푸는 것도 忠의 범주에 포함시키고 있을 정도로 忠의 의미는 다양하다.

孝는 가족관계를 배경으로 하는 관념이었지만, 춘추시대에 벌써 정치적 관념으로 승화하고 있다. 『좌전』 「민공 2년」에는 孝를 실천하면 안민安民 즉 '백성을 안정시킬 수 있다'고 말한다. 앞에서 언급했듯이 중국의 정치전통은 가부장적 군주전제주의를 취하고 있으며, 이 때문에 忠과 孝는 같은 맥락의 두 가지 관념으로 정치와 사회

---

86) 相三君矣, 而無私積, 可不謂忠乎?
87) 宣子盡諫於襄靈, 以諫取惡, 不憚死進, 可不謂忠乎?
88) 所謂道, 忠于民而信于神也. 上思利民, 忠也.

를 지배해왔다. '충'과 '효'는 상호보완적이며 둘 다 정치와 불가분의 관계를 맺고 있다. 충신과 효자는 같은 가치로 여겨지며 도덕적이며 심리적인 구속력을 지닌다.

집안에서 아버지의 권위에 절대적으로 복종하는 孝는 그 의미가 확장되어 고을의 수령, 나아가 국가의 군주에 절대적으로 복종하는 忠으로 연결된다. 이 과정이 순조로우면 정치는 매우 수월해진다. 사람들이 심리적으로 스스로 구속을 당하고 법률적 제재보다 도덕적 통제가 이루어짐으로써 군주정치는 안정된 질서 기반을 갖게 될 것이다. 제국시대 '충효' 관념이 특히 강조된 것은 이와 같은 이유 때문일 것이다.

'충효'의 강조는 忠君의식의 강화를 통한 군주정치의 안정에 목적이 있다. 따라서 그 내포된 관념을 넓혀주고 융통성을 열어주면 목적을 달성할 가능성은 그만큼 커질 것이다. 청나라 말까지 제국시대 논의의 상당부분이 충효에 대한 얘기로 가득한 것은 우연이 아니다. 한대에는 孝가 특히 강조되었으며, 제왕의 시호에도 반드시 들어간 글자였다. 그걸 감안하더라도 『사기』에 孝자가 749차례나 등장한 것은 좀 과하게 느껴진다. 忠자는 196차례 등장한다. 상황에 따라 강조된 초점이 다르면 忠과 孝의 빈도도 달라진다. 송나라 때 주희의 『사서집주』에는 忠과 孝가 비슷한 빈도를 보이지만, 명나라 때 이루어진 『삼국지연의』에는 忠자가 563차례, 孝자가 102차례 등장하고 청나라 초의 『홍루몽』에는 孝자가 293차례, 忠자는 36차례 등장한다. 이런 과정을 통해 '충효'의 도리는 민간 깊숙이 파고들어 공공성common의 중심가치가 되면서 내부적이고 자발적인 사회질

서를 만들어내었다. 통치자는 지배만 하면 되고 신민의 복종을 받아
내기 위한 치열한 정치적 노력을 덜 기울여도 되었으니 참으로 고매
한 수단이다.

관념적으로 忠과 孝는 서로 통한다. 『효경』「개종명의」장과 『충
경』「천지신명」장의 다음 두 구절을 비교해보자.

"孝는 부모를 섬김으로 시작하고, 군주를 섬김으로 중간을 삼
으며, 몸을 일으켜 세움으로 그친다."[89]

"忠은 몸에서 일어나고 집안에서 드러나며 나라에서 성취하는
데, 그 움직임은 하나이다."[90]

두 구절 모두 가족에서 국가까지 인간의 일생동안 사회생활 전체
를 규정하는 윤리적 준칙으로 작용한다. 두 글자를 서로 바꾸어도
문장 속에 무리 없이 어울릴 정도로 둘 사이의 경계가 불분명하다.
『한서』「두주전」에 붙어있는 〈두흠전〉杜欽傳에는 孝를 먼저 생각해
"不孝하면 군주를 섬기는 데에도 不忠한다"[91]라고 말한다. 『대대예
기』「증자본효」편에는 忠을 먼저 생각해 "忠이야말로 孝의 근본이
라!"[92]고 말한다. 忠과 孝는 역할이 구별되지 않고 서로의 근본이 되
어준다는 논리이다.

———

89) 夫孝, 始於事親, 中於事君, 終於立身.
90) 夫忠, 興於身, 著於家, 成於國, 其行一也.
91) 不孝, 則事君不忠.
92) 忠者, 其孝之本歟!

한대 이래 '충효'는 사람들의 삶 전체를 지배하는 원칙이 되었는데, 생활공간을 중심으로 구분이 되었다. 즉 집안에서는 孝를, 출근하면 忠을 추구하거나 강요받았다. 『한서』「장창전」張敞傳에는 "집으로 물러나오면 부모에게 마음을 다하며, 벼슬자리로 나아가면 군주에게 힘을 다한다"[93]고 한다. 집에 있으면 효자 노릇을 해야 하고, 조정에 들어가면 충신 노릇을 해야 하는 것이 사람들의 삶이 된 것이다. 이는 다른 사회생활에서도, 예컨대 상사와 술자리를 함께하면 忠을 이어가고 어른과 이야기를 나누면 孝를 이어가야 한다는 논리로 발전하게 된다. 그리하여 전체 사회구성원의 삶 전체가 '충효'의 지배 아래 이루어지게 되는 것이다. 달리 말하면 위의 권위에 복종하라는 말도 되겠지만 그것이 사회의식으로 자리를 잡아서 추호의 의심도 받지 않게 된다면 자연스럽고 무난하며 편하게 느껴지는 삶의 방식이 될 수도 있다. 동아시아 전통사회가 그토록 오랫동안 전제군주에게 유순하게 복종하는 삶을 살아온 것은 충효 관념의 강조와 무관하지 않을 것이다. 『한서』「선제기」宣帝紀에서 선제가 "백성들을 孝로써 이끌면 천하가 순종한다"[94]고 말한 것을 보면 충효 관념의 정치적 효과를 충분히 알고 있었던 듯하다.

충효 관념을 합치시키면 군주와 아버지의 권위는 상승작용을 일으킨다. 忠이 孝를 높여주고 孝가 忠을 높여주는 효과 때문이다. 군주는 아버지의 권위를 동시에 가질 수 있게 되며, 아버지는 군주와

---

93) 退家則盡心於親, 進宦則竭力於君.
94) 導民以孝, 則天下順.

같은 무게를 얻게 된다. 『염철론』「비호」備胡 편에는 "천자는 천하의 부모다"라고 말하고, 『춘추번로』「순명」편에는 "아버지는 아들의 하늘이다"라고 말한다. 충효 관념의 확산은 집안과 조정 모두에서 가부장적 군주전제를 더욱더 강화시켜준다. 효자여야 하므로 개인의 의지보다 부모의 결정이 인생을 좌우하게 된다. 『예기』「곡례 상」편의 말처럼 "부모가 살아계시면 우정 때문에 죽음을 약속해선 안 된다."[95] 또한 충신이어야 하므로 『신서』「계급」편의 말대로 "신하된 자는 군주의 치욕을 갚으려 제 몸을 잊고, 나라의 치욕을 갚으려 제 집을 잊고, 공적인 치욕을 갚으려 사적인 것을 잊어야 한다."[96] 효자와 충신은 자기 재산도 가져선 안 되고 그저 순종하고 고집을 부려서도 안 되는 것이다. 그 위에서 아버지와 군주는 걱정 없이 권력을 행사할 수 있었을 것이니 그것이 '사적' 욕망에 기초한 것이라면 그 결과는 어떻게 되었을 것인가! 역사가 말해주지 않는가.

한나라 이래 중국사회는 『효경』과 『충경』을 떠받들며 인간의 길이자 하늘의 도라고 생각했다. 절대 진리였으며 만사의 표준이었다. 그렇게 된 데는 '충효'에 대한 학자 또는 정부주도의 구체적인 의무 규정들이 한몫을 했다. 그리고 그것이 보편성을 지닌 당연한 이치로 포장되면서 사회의식으로 발전되었다. 『효경』에는 '천자'로부터 '서인'에 이르기까지 구체적인 孝의 의무를 규정하고 있다. 「천자」장에는 "부모를 섬김에 사랑과 공경을 다하고, 유덕한 가르침을 백

---

95) 父母存, 不許友以死.
96) 爲人臣者, 主醜亡身, 國醜忘家, 公醜忘私.

성들에게 더하여 사해의 모범이 되는 것이 천자의 孝이다"[97]고 규정한다.『충경』에도 군주에서 각종 장인, 만백성에 이르기까지의 忠의 의무를 규정하고 있다.「성군」장에는 "왕자는 위로 하늘에 대한 일을 하고, 아래로 땅에 대한 일을 하며, 가운데로 종묘에 대한 일을 한다. 그렇게 사람들에게 임하면 사람들이 감화되고 천하가 모두 충성으로써 윗사람을 섬기게 된다"[98]고 주장한다.

충효 관념의 사회의식화는 백성들에게 순종의 덕을 키워주고, 그것이 돈후한 인격이며 훌륭한 인간됨의 표상이라고 추켜올려줄수록 효과는 배가한다.『충경』「정리」政理 장에는 그 방법을 '위에서 모범을 보이면서 도덕교화를 하는 것이 최고의 방법이고, 다음이 정책적 수단을 동원하는 것이고, 마지막 방법이 형벌로 징계하는 것이다'라고 한다. 그래서 동아시아 전통시대에는 충신, 효자를 끝없이 포장하여 광고하고 포상함으로써 충효를 이끄는 정책을 일관되게 펼쳤던 것이다.

중국정치사상의 전통적 문제이지만, 하급 단위에게는 권리보다 의무만 강요하는 경우가 많다. 충효 관념의 사회화 과정에서도 마찬가지였다. 부모 말을 무조건 잘 듣는 것이 孝이고, 세금과 군역을 충실히 이행하는 것이 忠이었다.『효경』「서인」장에선는 "근신하고 아껴 써서 부모를 봉양하니, 이것이 서인의 孝이다"[99]라고 하고『충

---

97) 愛敬盡於事親, 而德敎加於百姓, 刑於四海. 蓋天子之孝也.
98) 王者上事於天, 下事於地, 中事於宗廟. 以臨於人, 則人化之, 天下盡忠, 以奉上也.
99) 謹身節用, 以養父母, 此庶人之孝也.

경』「조인」兆人 장에서는 "열심히 농사일을 함으로써 왕의 세금으로 제공하니, 이것이 만백성의 忠이다"[100]라고 한다.

忠과 孝에 충돌이 생기면 어떻게 할 것인가? 부모와 군주가 동시에 죽으면 어떤 상喪을 우선해야 하는가? 실제로 부모의 병환이 위중한데 군주의 부름이 있는 경우는 수없이 발생할 수 있다. 역사는 이 둘 사이의 갈등을 수 없이 기록하고 있다. 『한시외전』권7에는 군주의 토지와 녹으로 부모를 모신다면서 "군주에게 받아서 부모에게 바친다. 군주를 섬김은 부모를 위해서이다"[101]고 말한다. 孝와 忠은 동등하지 않으며 孝가 더 중요한 목적일 수 있다. 중국 역사상 명문장 가운데 하나인 이밀李密의 「진정표」陳情表는 자신을 키워준 할머니를 봉양하기 위해 군주의 사령장을 거절하는 글이다.

충효 관념의 사회화는 천자로부터 서인에 이르기까지 孝의 실천을 통해 忠을 확인하고 이로써 모범적이고 도덕적인 사회를 만드는 과정이었다. 때문에 국난의 위기를 맞아도 부모의 병환은 먼저 구원해야 할 중요한 일이었다. 『충경』「보효행」保孝行 장에는 "군자는 孝를 행하려면 반드시 먼저 忠으로써 하며, 忠을 다하면 복록이 이른다"[102]고 한다. 孝는 忠을 전제적 수단으로 삼아야만 실천할 수 있다는 얘기다. 거꾸로 생각하면 孝의 실천을 강조하는 것 자체가 忠을 전제한 것이므로 둘은 모순된 관념이 아니라는 것이다. 「진정표」를

―

100) 服勤稼穡, 以供王賦. 此兆人之忠也.
101) 受之於君, 致之於親. 凡事君, 以爲親也.
102) 君子行其孝必先以忠, 竭其忠則福祿至矣.

받은 진晉의 무제武帝가 효심에 감복하여 노비와 의복을 하사한 것 또한 그와 같은 맥락으로 이해할 수 있다. 따라서 부모에 대한 孝를 강조하는 것만으로도 충분히 忠을 이끌어내는 효과를 얻을 수 있었다. 이것이 중국정치에서 효치孝治의 전통이다.

### 효치孝治사상

『효경』에는 「효치」孝治 장이 있다. 거기에 "현명한 왕은 孝로써 천하를 다스린다"[103]라고 한다. 한나라가 중국의 전통문화에 미친 영향은 실로 다양하고 크지만, 그 가운데서도 '孝'를 사회가치의 핵심으로 승화시킨 통치계층의 고심은 오늘날까지도 동아시아 사회 전체에 막강한 영향력을 행사하고 있다. 권위에 대한 무조건적 복종을 유도하여 순민順民사회를 만들려는 정의롭지 못한 시도라는 부정적 평가에도 불구하고 법률적 강요나 벌거벗은 폭력의 지배를 빗겨가게 만든 긍정적 요인이 '孝'의 생명력을 연장시켜온 것으로 생각된다.

공자는 3년 세월을 매우 중시했는데, 『논어』 「학이」 편과 「이인」 편에 등장하는 공자의 말은 孝를 나타내는 대표적인 언술이다.

"아버지가 살아계실 때는 그의 현재 뜻을 살피고 아버지가 돌아가시면 그의 과거 행적을 살펴야 한다. 3년 동안 아버지가 지키셨던 도를 고치지 않으면 孝라고 말할 수 있다."[104]

———

103) 明王以孝治天下也.
104) 父在, 觀其志; 父沒, 觀其行; 三年無改於父之道, 可謂孝矣.

『논어』「선진」편에 따르면 3년 상을 치르는 것도 이 이유와 관련이 있다. 한나라 정치에서 강조한 것도 이것이었다. 孝를 시호로 삼은 이유도 그렇다. 군통君統의 계승을 정당화하고 선제의 지향과 정책을 '고치지 않고' 잘 유지하여 황실의 영원함을 추구한다는 것이다. 시골 구석구석까지 이 기조를 관철시키기 위하여 한나라 때는 '효제'孝悌라는 지방관직을 둘 정도였다. 여呂태후의 섭정시기에 만들어진 제도인데 "그로써 향리를 잘 권면하고 계도하여 풍속을 순화시키는 데 일조하고자 함이었다"고 한다.[105]

　이런 식의 제도화는 孝에 대한 대대적인 홍보와 더불어 중앙정치에 반영하여 '孝'를 관료선발의 기준으로 삼기에 이르렀다.『한서』「무제기」에 따르면 무제 원광元光 원년서기전 134년에 "처음으로 군국郡國에 효렴孝廉 각 한 사람씩을 천거하라고 명령했다"[106]고 한다. '효행이 뛰어난 청렴한 사람을 뽑아 관료로 천거한다'는 뜻의 '효렴의 선거選擧'는 한나라 때 공식적인 관료임용절차가 되어 오랫동안 지속되었다.[107] '효렴'의 선발범위가 늘어나고 공무원이 될 수 있는 첩

---

105) 『후한서』「명제기」의 "三老, 孝悌, 力田"에 대하여 이현李賢은 이런 주석을 달고 있다. "삼노, 효제, 역전 셋은 모두 향관의 명칭이다. 삼노는 고조 때 설치했고, 효제와 역전은 여태후 때 설치했다."三老, 孝悌, 力田, 三者皆乡官之名. 三老, 高帝 置, 孝悌, 力田, 高后 置, 所以劝导乡里, 助成风化也.

106) 初令郡國擧孝廉各一人.

107) 한나라 때 관료선발제도는 찰거징벽察擧徵辟이라 불렀다. 과목으로는 현량賢良, 문학文學, 방정方正, 효제孝悌, 효렴孝廉, 능언극간能言極諫, 무재茂才, 명경明經, 명법明法 등이 있었는데, 효렴 과목을 가장 중요시했다고 한다.

경으로 인식되면서 '孝'는 엘리트뿐만 아니라 전 사회구성원들이
지향하는 가치의 중심이 되었다.

'효렴'은 동중서가 처음 건의했다고 하며 지방 군국郡國에서 효孝
와 렴廉을 각각 선발했는데, 후한 말기에 효렴을 하나로 합쳤다. 동
한시대에는 더욱 중시되었고『후한서』「순상전」에 따르면 "한나라
제도에 따라 천하가『효경』을 암송하게 되었으며 관리 선발에 효렴
이 으뜸이었다"[108]고 한다.『한서』『후한서』속 여러 전傳의 기록으
로 보면 초기 '효렴'으로 관료가 된 선비들은 대부분이 행실이 깨끗
하고 유교적 교화에 앞장섰으며 강상윤리를 특별히 강조했다. 이들
에 의해 유교 윤리를 명분으로 삼아 모든 정치적 사회적 이념을 통
일시키려는 명교名敎의 보편화가 크게 촉진되었고, 孝는 그 중 으뜸
덕목이었다. 물론 모든 일들이 그렇듯이 나중에는 '효렴'이 뛰어난
결과 높은 관직에 오르고 이익을 얻는 것이 아니라 높은 관직과 이
익을 목적으로 '효렴'을 포장하는 문제가 생기기까지는 그러했다.

효행에 대한 표창, '효렴'의 제도화는 당연히 '孝' 교육의 강화와
맞물려 있다. 한나라 때는 이른바『시경』,『서경』『주역』『예기』『춘
추』를 연구하는 오경박사제도를 두었는데, 무제 때에는 거기에 孝를
강조하는『논어』와『효경』을 더하여 7경으로 삼았다.『효경』은 국정
교과서였으며 "그 교육대상은 선비 · 백성들 외에 황태자에게도 필
독서였다."[109] 이 제도는 오래 유지되어 한 왕실을 대체하여 신新나

———

108) 故漢制使天下誦孝經, 選吏擧孝廉.
109) 劉澤華 主編,『中國政治思想史』秦漢魏晉南北朝卷, 앞의 책, 제4장 제3

라를 수립한 왕망王莽도 구구절절『효경』을 인용하여 논증했고, 왕망을 무너뜨리고 다시 유씨 왕실을 복구한 동한 광무제 유수劉秀 또한 치국의 지도사상으로 '효치'를 내세웠다. '효제'孝弟는 선비들의 가장 중요한 덕목이 되었고 관직에 나가는 데 반드시 통과해야 할 필수 항목이었다.『후한서』「위표전」韋彪傳에 따르면 조정의례를 관장했던 위표는 "국가에서는 현인의 임용에 힘써야 한다. 현인은 효행을 으뜸으로 삼아야 한다"[110]고 말하고 있다.

앞에서 얘기했듯이 孝의 강조는 忠을 끌어내어 군주지배를 정당화하고 상하의 질서를 안정시키는 역할을 한다. 동한시대에는 특히 '효제' 행위에 대한 표창을 많이 함으로써 그 효과를 극대화하려고 노력했으며『후한서』는 효자와 충신의 '모범사례'에 대한 이야기가 특히 많다. 예를 들면『후한서』「강혁전」江革傳은 동아시아 사회에 큰 영향을 미친 유명한 이야기를 싣고 있다. 효행 얘기의 단골메뉴인 '어려서 아버지를 잃고 홀어머니를 모시고 온갖 고초를 겪었다.' 강혁은 늙은 어머니를 "스스로 끌채를 메고 수레를 끌면서 소나 말을 사용하지 않았다. 그래서 마을 사람들이 그를 '강 거효巨孝'라고 불렀다."[111] 장제章帝는 "孝는 백행 가운데 최고이며, 모든 선善이 그로부터 시작된다. 국가에선 언제나 지사를 기리는 데 강혁만 한 사람이 아직 없다. 곡식 천 곡斛을 '거효'에게 하사하여 높이 찬양하

---

절 참조.

110) 夫國以簡賢爲務, 賢以孝行爲首.

111) 自在轅中輓車, 不用牛馬, 由是鄕里稱之曰江巨孝.

라"112했다. '거효'라는 명칭은 이로부터 유행했다.

『후한서』에는 효자 외에도 충신과 청렴결백한 관리에 대한 이야
기도 많다. 거의 모든 이야기는 황제가 직접 이들을 표창하고 대대
적인 포상을 내리고 사후까지 기리도록 강조한 것으로 끝난다. 다시
말해 본보기를 통한 충효 관념의 사회화를 기도한 것이다. 서한 이
래 사상은 유교 일색이 되고 공자가 신성시되는 사회분위기에서 대
부분의 행위들은 훌륭한 유생의 사례로 포장되어 유교적 지배를 더
욱 정당화하는 효과를 낳았다. 『후한서』「개훈전」蓋勛傳을 보면 수없
이 많은 중앙과 지방의 학교에서 "『효경』을 많이 베끼도록 하고 집
집마다 그것을 익히도록 한다면, 어쩌면 사람들로 하여금 의를 알게
할 수 있을 것이다"113고 강조했다.

그런데 孝가 강요가 아니라 마음으로부터 우러나오는 것이란 점
에서 '효치'의 오묘함이 존재한다. 단순히 사례를 표창하는 것에서
끝나는 것이 아니라 '孝'를 강조하는 통치계급 스스로 '孝'에 모범
을 보여야 한다는 점이다. 동한시대 황제들은 지방수령들에게 매번
모범을 보이라고 요구했다. 모범을 보이지 않고는 강요의 효과를 극
대화하기가 어렵기 때문이다. 『후한서』「유개전」劉愷傳에는 한 주를
다스리는 자사라면 "그 직무는 백성들을 잘 다스려 훌륭한 풍속을
만들어가도록 하는 것이다. 그러니 더더욱 예의를 존중하여 제 몸이

---

112) 夫孝, 百行之冠, 衆善之始也. 國家每惟志士, 未嘗不及革. 縣以見穀千斛賜
巨孝.
113) 今欲多寫孝經, 令家家習之, 庶或使人知義.

앞서가야 할 것이다"114라고 말한다.

'효치'에 적극적인 공헌을 한 사람은 시호를 효문제孝文帝로 한 선비족 국가인 북위北魏의 군주였다. 유학에 정통한 그는 공자의 '상지하우'上智下愚115 주장을 잘 응용하여 사람의 성품을 상중하로 나누는 후한 말 문관제도를 재정비했다. 『위서』「고조기」에는 "상상上上은 승진시키고, 하하下下는 물러나게 하고, 중중中中은 본래 임무를 맡도록 한다"116라고 하는데 두 변수를 종합하면 상상上上에서 하하下下까지 9등급이 나온다.117 효문제는 이 구품九品에 의하여 관료의 진퇴 문제를 정비하고 효렴의 선거를 충실히 시행했다. 한화漢化 정책에 적극적이었던 이 선비족 군주는 충효에 입각한 유가 통치사상의 정수를 잘 이해하고 있었으며 "효순의 도道야말로 천지의 벼리"118 『위서』「위원전」라고 인식했다. '효제'를 국가적으로 장려했으며, 『위서』「고조기」에 따르면 효문제는 노인을 공경하여 "수도의 노인들을 모

---

114) 職在辯章百姓, 宜美風俗, 尤宜尊重典禮, 以身先之.
115) 『논어』「양화」편에서 공자는 "오직 상등의 지혜로운 사람과 하등의 어리석은 사람은 바꾸어질 수 없다"唯上知與下愚不移며 성품을 상하로 구분시켰다.
116) 三載考績, 自古通經; 三考黜陟, 以能能否. 今若待三考然後黜陟, 可黜者不足爲遲, 可進者大成賒緩. 是以朕今三載一考, 考旣黜陟, 欲令愚滯無妨於賢者, 才能不壅於下位. …上上者遷之, 下下者黜之, 中中者守其本任.
117) 후한시대 상서였던 진군陳群의 건의로 시작되었다는 설이 유력하다. 조비의 위나라 때 '구품관인법'九品官人法이 실시되었고, '구품중정제'九品中正制라고도 불린다. 북위 효문제는 이를 잘 정비하여 효과적으로 관료의 진퇴에 응용했다.
118) 孝順之道, 天地之經.

아 비단, 의복, 궤장, 쌀, 꿀, 면을 하사하고 집안사람들을 돌려보내고 요역을 시키지 말라는 조서를 내렸다"[119]고 한다. 동시에 그는 불효를 징계함으로써 백성들이 순화되어 자신의 통치에 순종하기를 바랐다. 『위서』「형벌지」에는 "3천 가지 죄악 가운데 불효보다 큰 것은 없으니"[120] 불손한 죄를 잘 다스리라는 효문제의 조서가 실려 있다. 그는 태후가 죽자 군주이면서도 3년상을 치르겠다고 고집을 피웠던 사람이다.

수나라와 당나라 황제들도 '효치'를 주장했다. 『자치통감』권175에는 "『효경』 한 권만 읽으면 충분히 입신하여 나라를 다스릴 수 있는데 달리 더 무엇을 쓰겠는가"[121]라는 수나라 문제의 말을 싣고 있다. 당 태종은 직접 국자학國子學에 가서 공영달孔穎達의 『효경』 강연을 듣곤 했다. 당 현종은 친히 『효경』에 주를 달아 출판했다. 그들은 충과 효를 일체화시키고 그것을 신민들이 군주를 섬기는 기본 도리로 강조했다. 특히 군부君父의 일체를 강조한 것은 수당시대의 유행이었다. 따라서 황제들은 정교한 충효 논리를 전개해야 했으며, 忠과 孝의 관계에 대해서도 독자적인 견해를 갖고 있었다. 예컨대 무측천은 『신궤』「지충」편에서 "충신을 구하고자 하면 효자의 문에서 나온다. 순정한 孝가 아니라면 큰 忠이 설 수 없다"[122]고 한다. '孝'를 더 근본적인 것으로 본 것이다.

———

119) 詔會京師耆老, 賜錦綵衣服几杖稻米蜜麵, 復家人不徭役.
120) 三千之罪, 莫大於不孝.
121) 唯讀孝經一卷, 足以立身治國, 何用多爲.
122) 欲求忠臣, 出於孝子之門. 夫非純孝者, 則不能立大忠.

'효치'의 목적 가운데 하나는 忠을 유인하는 것이다. 동중서 이래의 삼강三綱은 이 질서체계를 정당화하는 논리적 설득 수단이었다. 『당률소의』에는 삼강을 원용하여 군주를 신하의 하늘, 부모를 자식의 하늘, 남편을 아내의 하늘로 삼고 법률 규정을 마련한다. '충효'의 기본 개념을 공경과 순종으로 정의하고, 구체적으로 '공경하지 못하고 순종하지 못하는' 행위에 대한 제재를 천명하고 있다. 효치는 신민에 대한 통제술의 일종이었다고도 볼 수 있다.

　『명태조문집』「술비선생사」逑非先生事에 보면 명나라 태조 주원장은 "신하는 반드시 忠해야 하고, 자식은 반드시 孝해야 한다"[123]라는 조서가 있는데, 이는 주원장이 가장 자주 쓰던 훈화말씀이었다. 평민 출신 황제였음에도 주원장은 역대 황제들처럼 '孝'가 '忠'의 기초임을 잘 알고 있었다. 『명태조문집』「상감현신전서」相鑒賢臣傳序에서는 "효도하지 않으면 충성을 못하고, 충성하지 않으면 효도하지 못한다"[124]면서 그가 '효치'를 강조한 목적이 忠에 있음을 직접적인 언어로 말하고 있다. 군주전제의 중국정치전통에서 '효치'는 곧 군권의 강화와 정당화를 위한 것이었다.

---

123）爲人臣必忠, 爲人子必孝.
124）非孝不忠, 非忠不孝.

제11장

# 공사

이 장은 중국정치사상사에서의 公과 私 관념에 대해 다룬다. 서로 반대되는 두 관념이 중앙집권적 군주전제가 시행되면서 公은 무조건 우선해야 할 가치이고 私는 추구해서는 안 되는 나쁜 가치가 되어가는 과정을 분석한다. 天下爲公의 관점에서 천하를 공공적인 것으로 보는 이념적 지향이 있었음에도 황실 위주의 私天下의식이 중국정치사를 지배했다는 논쟁을 이해하는 데 중요한 지표가 되어줄 것이다.

# 1. 공公 · 사私 관념의 형성

### 公의 어원

공公자는 아래 〈그림25〉와 같이 여덟 八자와 입 口자가 결합한 회의문자로 알려져 있다. 하지만 그 모양에서 알 수 있듯이 여러 가지 해석을 낳을 수 있는 전혀 다른 모양이기도 하다.

| 甲2546 | 京津4111 | 作冊大鼎 | 秦公簋 | 설문해자 |
|--------|---------|---------|--------|---------|
| 갑골문 | 갑골문 | 초기 금문 | 후기금문 | 소전 |

그림 25 公자의 변천

서중서의 『갑골문자전』에는 갑골문 公의 용례를 필공畢公처럼 신분으로서 선공先公을 뜻하는 경우와 대중의 궁실 즉 공궁公宮의 경우 등 둘로 나누기도 한다.

『상형자전』에 따르면 八은 분分의 본래 글자로 원의는 나눈다는 뜻이다. 거기에 음식이나 촌락을 뜻하는 ㅂ口자를 더했다. 음식물이나 재화를 고르게 분배한다는 의미로 본다면 오늘날 공정公正 등에 원의가 살아 있다고 볼 수 있다. 그러나 소전의 아래 모양은 口가 아

니라 ♂인데 입 위에 막대를 꽂아놓은 듯한 이것은 먹는 것과 관련
된 생활방식일 수 있다. 또한 공정한 분배 등 추상적 의의가 글자의
초기 어원부터 시작되었다는 것은 믿기가 어렵다.

『설문해자』는 ♂를 厶자로 보아 公을 다음과 같이 해석한다. "고
르게 나눔이다. 자형은 八과 厶를 채용한 회의문자다. 八은 서로 등
지고 있는 모습이다. 한비자는 '사사로울 사私와 등지는 것이 바로
공公이다'라고 말했다."[1] 하지만 그럴 경우 公이 갖고 있는 작위爵位
로서의 의미와 최고 계급의 신하로서의 의미를 발견할 수 없다. 전
국시대 후반 인물인 한비를 인용하여 公자의 고대적 의미를 부여하
는 것도 맞지 않다. 어느 것이 먼저인지는 알 수 없으나 조성의 견해
처럼, 갑골문 公은 옹기그릇의 상형으로 옹甕자였는데 이를 빌려 조
상신에게 제사를 지내는 장소나 제사를 지낼 자격을 가진 족장을 지
칭하는 말로 썼을 수 있다.[2] 어떤 경우든 公은 사적인 공간과 지위에
대비되는 공적이고 대중적이란 의미를 지녔다.

하지만 그렇기 때문에 공정하다는 의미를 처음부터 갖고 있었다
고 말할 수는 없다. 『고문자고림』에는 公자의 고문자 수백 가지를 보
여준다. 그와 관련된 여러 주장들을 종합하면 公은 허신의 주장처럼
처음부터 공평한 분배를 뜻한 글자로 보기 어렵다.[3] 우선 〈그림25〉

---

1) 平分也. 從八從厶. 八猶背也. 韓非曰: 背厶爲公.
2) 시라카와 시즈카, 윤철규 옮김, 『한자의 기원』, 앞의 책, 146쪽 및 徐中
舒 主編, 『甲骨文字典』, 앞의 책, 71쪽 해석 참조.
3) 『고문자고림』 제1책, 652~655쪽에 실린 公자의 여러 형태 및
655~658쪽의 여러 주장들 참조.

의 글자들 아랫부분이 ㅿ라고 보기 어렵다. 상승조는 모공정, 우정 등을 예로 든다. 사신비史晨碑4의 ㄊ에서 보듯 예서는 소전의 글자가 더 변형되어 ㅿ로 잘못 기재되었을 수도 있다.

결국 公자는 초기에 대형 옹기를 그린 상형문자였을 것이다. 나중에 가차하여 그것을 소유한 군주를 대표하는 왕공의 公이란 의미로 전환되었다. 초기에는 '공사'公私관념의 公의 의미는 없었으며 공평한 분배라는 의미는 사私 개념을 부정적으로 사용하면서 그와 대비하기 위한 개념으로서 公을 등장시킨 후대의 산물로 여겨진다.

### 私의 어원

고대 중국에서 사私의 본자는 사ㅿ였다. 두 글자는 통용되었다. ㅿ는 상형문자다. 『상형자전』에 따르면 아직 태어나기 전 머리를 아래로 향한 복중의 아이를 상형한 것이라고 한다. ↓는 아직 성별이 무엇인지 모르며, 了자의 원형이 갓 태어난 아이인 ⟨의 상형이고, 子의 갑골문이 성별이 구분되는 ⟨자를 원형으로 하고 있는 것과 비교된다.5 私자의 갑골문, 금문 글자는 아직 정확히 규명되지 않았다. 아래 〈그림26〉에 보이듯이 소전에는 ㅿ와 私 두 글자가 따로 기록되어 있다.

---

4) 사신비史晨碑는 동한시대 예서隸書로 새겨진 돌 비석으로 현재는 산동성 곡부曲阜의 공묘孔廟에 보존되어 있다. 기원후 168~169년에 새긴 것으로 추정된다.

5) 『상형자전』 http://vividict.com/WordInfo.aspx?id=2726

| 甲555 | 설문해자 | 설문해자 | 睡虎地秦簡 |
|-------|---------|---------|-----------|
| 갑골문 | 소전 | 소전 | 예서 |

그림 26 私(厶)자의 변천

δ처럼 생긴 글자는 갑골문에 수없이 등장하는데, 서중서의『갑골문자전』에는 대부분을 쟁기보습 사耜자의 초기 상형문자 이㠯, 㠯 또는 사ᄅ6자로 해석한다. 용례 또한 써 이㠯자에 준용한다.[7] 厶자와는 음만 같을 뿐 의미가 통하지 않는다.『고문자고림』에는 私의 고대문자는 오른쪽이 厶가 아니라 입 口자라는 주장이 있다.[8] 〈그림26〉의 글자형태를 보아도 알 수 있다.

厶의 왼쪽에 식량과 재산을 뜻하는 釆禾자를 덧붙인 형성문자가 私이다.『고문자고림』을 보면 마서륜은 왕념손의 주장을 근거로 私는 벼이삭을 말하는 것으로 禾의 전주轉注라고 한다.[9] 또한 私는 담원畐자의 초기 문자와 같은데 담으로 구분되어 사사로운 공간을 뜻한 '공사'의 私가 되었다고도 한다. 厶자를 口자로 보면 비슷한 추론이 가능하다. 충분한 근거를 발견하긴 어렵지만 이에 대해 현재로선 다른 주장도 없는 상태다.

『설문해자』의 해석은 이와 관련이 있다. "私는 곡식 벼를 말한다.

---

6) 지금도 한문의 사ᄅ자에는 태아라는 뜻이 있다.
7) 徐中舒 主編,『甲骨文字典』, 앞의 책, 1592~1593쪽 참조.
8) 『고문자고림』제8책, 205쪽.
9) 『고문자고림』제6책, 608쪽 참조.

자형은 禾를 채용했으며 厶는 소리를 나타낸 것이다. 북방에서는 벼 곡식의 주인을 이름하여 사주인私主人이라 부른다."[10] 허신의 이 해석은 더 혼란스럽게 만든다. 단옥재의 『설문해자주』는 조금 더 명료하게 설명한다. 『한비자』 「오두」五蠹 편에 나오는 내용이라면서 "창힐이 글자를 만들 때 자영自營을 厶라 했다"[11]는 것이다. 자영은 자환自環이라고도 하며 스스로 둘러치는 것, 또는 저절로 돌아가는 것을 말한다. 「오두」 편의 관련 내용은 이렇다.

> "옛날 창힐이 글자를 만들면서 스스로 경계를 두르는 것을 가리켜 私라고 하고, 私와 등을 돌리고 있는 것을 公이라 했다. 公과 私가 서로 등지는 것을 창힐은 분명히 알고 있었던 것이다."[12]

한비의 이 말이 정확하다면 公과 私의 중요한 어원일 수 있다. 그 내용이나 시간적 간극 때문에 여전히 갑골문이나 금문시대 私의 어원을 정확히 밝힌 것인지 의심스럽지만 『설문해자』나 『설문해자주』에서는 한비자를 인용하여 公을 私의 반대말로 설명하고 있다. 여기서 배사背私란 자신에게 등을 돌린다는 말로 공을 위해 나를 버린다는 뜻이며 선공후사先公後私 등 후대의 추상적 정치 관념과 연결시켜 볼 수 있다.

—

10) 私, 禾也. 從禾, 厶聲. 北道名禾主人曰私主人.
11) 韓非曰, 倉頡作字, 自營爲厶.
12) 古者蒼頡之作書也, 自環者謂之私, 背私謂之公, 公私之相背也, 乃蒼頡固以知之矣.

결국 厶자는 초기에 담이 쳐진 사사로운 공간을 뜻하는 개념이었을 수 있으며, 私자는 공적 재산이 아닌 사사로운 가산 혹은 곡식을 뜻하는 관념이었을 수 있다. 그리하여 사사로이 자신의 주변에 경계를 친 모습으로서 '나' 개인을 뜻하는 말로 바뀌어 사용되었을지도 모른다.

## 2. 공公 · 사私 관념의 변천

### 공자 이전의 公 · 私 관념

공公 관념은 일찍부터 관직의 명칭으로서 公, 공적 기관을 뜻하는 대중적 장소로서의 公, 공공적 행위를 뜻하는 公으로 의미 분할이 이루어지면서 범주가 확장되어갔다. 『시경』『서경』 등 경전문헌에 수백 차례 등장하는 公자는 주공周公, 삼공三公의 용례처럼 대부분 관직, 궁실을 뜻하는 의미로 쓰이고 있다. 이런 의미의 公이 아주 이른 시기의 문헌인 『주역』의 괘효사에도 곧잘 쓰이고 있는 것을 보면 은나라 중후반부터 보편화되었던 것으로 추정할 수 있다. 상대적으로 私자는 『주역』에 한 차례도 등장하지 않는다.

『시경』과 『서경』에는 여러 차례 사私자가 등장한다. 『서경』 「함유일덕」咸有一德 편에는 "하늘이 사사로이 우리에게 은나라를 갖게 해준 것이 아니다"[13]라고 한다. 사사로운 결정이 아니란 점을 강조한 것은 공적인 것임을 강조하기 위함이다. 『시경』에는 사사로운 개인적 관계를 뜻할 때 私자를 언급한다.

『시경』 「소아 · 대전」大田 편에는 "비가 우리 공전公田을 적시고 이

---

13) 非天私我有商.

에 그 영향이 우리 사전私田에 미쳤다"14라고 한다. 맹자의 주장대로 주나라 초기 토지제도가 정전제井田制였다면 9등분한 토지 가운데 세금을 납부하기 위해 함께 경작하는 곳을 공전公田으로 볼 수 있다. 사전私田은 인구수를 기준으로 정교하게 분할된 각 호戶가 경작하는 토지단위일 수 있다.

이렇게 公과 私를 대비되는 개념으로 사용한 역사 또한 상당히 오래된 듯하다. 주나라 초기 문헌인 『주례』의 「하관사마」夏官司馬 편에는 다음과 같은 재미있는 기사를 싣고 있다.

"큰 들짐승을 포획하면 公 즉 공실公室에 바치고, 작은 날짐승을 잡으면 私 즉 자신의 것으로 남긴다. 들짐승을 잡은 사람은 계산을 위해 그 왼쪽 귀를 취한다."15

호랑이 같은 큰 짐승을 잡으면 公에 헌상하고, 꿩 같은 새를 잡으면 私가 갖는다는 말이다. 私보다 상위 단위에 公이 있다는 말이다. 큰 것은 공공재로 여기고 작은 것은 사유로 삼을 수 있다는 이야기로 公과 私를 분명히 구분하고 있다.

정치적 관념으로 公과 私를 대비하는 경우도 일찍부터 생겨났다. 『서경』「주관」周官 편에 "公으로 私를 멸하니 백성들이 마음으로 동

---

14) 雨我公田, 遂及我私.
15) 大獸公之, 小禽私之, 獲者取左耳.

의한다"16에 대하여 공전孔傳에서는 "정치에 임하면서 공평公平으로 사정私情을 멸하면 백성들이 믿음을 가지고 귀의해온다"17라고 주석한다. 사사로운 정을 없앤 공평하고 공정한 정치행위를 公으로 본 것이다.

춘추시대에는 公과 私 관련 논의가 매우 활발했다. 앞서 언급했듯이 수많은 국國들이 곧 사직이었고 군주였으며, 國은 곧 公이었다. 군주의 公에 상대되는 존재가 경대부였는데 이들을 사私라고 불렀다. 『좌전』「양공 5년」에는 "그래서 군자는 계문자가 공실公室에 충忠으로 임했음을 알았다고 한다. '세 군주의 재상을 하고도 '私'적 축재가 없었다니 어찌 忠하다 하지 않을 수 있겠는가?'"18라고 한다. 이런 기록은 자주 보인다. 군주를 '공실'로 보고 신하들은 私를 자처했다.

그러다가 경대부의 가신을 뜻할 때도 私를 사용하는 경우가 생겨났다. 『의례』儀禮「사상견례」士相見禮 편에 "부자夫子의 천한 私"라고 할 때 私는 가신이다. 『국어』「진어 6」 편에 등장하는 "군주는 많은 私를 거느렸다"의 私는 제후나 군왕의 비첩 혹은 후처를 가리키는 말이었다. 춘추시대 후반으로 오면서 군주라는 公에 대비되는 존재들은 私로 통칭한 듯하다. 춘추시대까지 제후의 國에 대비되는 것인 대부의 가家였음을 살펴볼 때 '사가'私家는 '공실'의 하위개념이었다.

---

16) 以公滅私, 民其允懷.
17) 從政以公平滅私情, 則民其信歸之.
18) 君子是以知季文子之忠于公室也: '相三君矣, 而無私積, 可不謂忠乎?'

『좌전』「소공 26년」에 보면 공자시대의 안영晏嬰은 "대부 家에서 베 푸는 것은 國에 미치지 못한다"고 한다.

한편 公과 대비되지 않는 경우의 私는 예전의 관념을 계승하여 사 적인 개인을 뜻하는 용어로 사용되었다. 『논어』「위정」편에서 공자 는 私를 사사로운 개인의 언행으로 표현한다.

"나는 안회와 온종일 대화를 나눈 적이 있는데 안회는 마치 어 리석은 사람처럼 아무 대꾸도 하지 않았다. 그런데 나중에 그 私 를 관찰해보니 내 뜻을 충분히 발현해내고 있었다. 안회는 어리 석지 않다."[19]

공자시대의 公·私 관념은 기본적으로 오늘날의 이해와 많은 차 이가 나지 않는다. 전국시대 제자백가는 두 관념을 더욱 분명하게 대비시켜 사용했다.

### 제자백가의 '공사' 관념

묵자는 두루 사랑하면 모두에게 이익이 된다고 주장했다. 장자는 유가와 묵가 모두에 비판적이었는데 『장자』「천도」편에서 "겸애 또 한 우회적인 말 아닌가? 私가 없다는 것이 곧 私이다"[20]라고 비판한 적이 있다. 유가의 인의仁義나 묵가의 겸애兼愛는 모두 사적인 감정

---

19) 吾與回言終日, 不違如愚. 退而省其私, 亦足以發. 回也, 不愚.
20) 夫兼愛不亦迂乎? 無私焉, 乃私也.

을 넘어서 보편적 사랑을 실천하는 것이라고 주장하지만 이 또한 사적인 것이라는 힐난으로 私를 보편에 대비되는 관념으로 사용하고 있다.

위에서 언급한 『시경』과 마찬가지로 『맹자』「등문공 상」편에서는 정전井田제도를 표방하며 이렇게 설명한다.

"사방 1리마다 정전을 두어 1정을 900무로 하며, 가운데 것을 공전公田으로 한다. 8가구가 100무씩 사전私田로 삼고 公田은 같이 경작한다. 공적인 일이 끝난 뒤에 私田의 일을 할 수 있게 한다. 군자와 야인을 구별해야 하기 때문이다. 이것이 정전의 대략이다."21

맹자의 이 구절에 대해서는 논란이 많다. 중국 고대 경제사상을 얘기하면 누구나 이상적인 토지 및 세금제도로서 정전제를 언급하지만 고대 문헌 가운데 정전제를 구체적으로 다루고 있는 곳은 맹자의 이 구절뿐이며 맹자도 스스로 모순을 범하고 있다.22 하지만 '공사'公私관계만큼은 앞에 언급한 『시경』처럼 분명하다. 國에 세금으로

---

21) 方里而井, 井九百畝, 其中爲公田. 八家皆私百畝, 同養公田; 公事畢, 然後敢治私事, 所以別野人也. 此其大略也.
22) 특히 이것이 역사적 사실인지 누구의 주장인지 근거가 불명확하다. 정전제 실시의 대상이 불명확하다. 또한 맹자는 다른 곳에서 토지 및 세금제도를 언급하면서 정전이라는 이상적인 제도가 있음에도 전혀 예로 들지 않는다. 이런 이유들 때문에 정전제에 대해서는 아직도 논쟁 중이다.

바칠 公田을 따로 두고 家들은 私田을 경작하는가 하면, 公事를 먼저 하고 私事는 뒤로 한다는 것으로 公과 私의 관계를 정치적·경제적 관계로 매우 분명하게 정리하고 있다.

公에 상대되는 개념으로 私를 언급한 것은 순자도 마찬가지였다. 『순자』「수신」편은 한 걸음 더 나아가 "법法은 私를 이겨낸다"는 용례처럼 法에 대비된 개념으로 私를 언급하기도 한다.「의병」편에서도 '法이 분명하면, '私'적으로 군왕에 아첨하는 일이 없다'고 말한다. 순자는 군주를 지극히 드높이는 존군론자였으나 군주 자신에게도 公과 私가 있다면서 공적인 도의를 강조한다. 국가적 대사를 군주 개인에 앞서는 公으로 본 것이다.『순자』「왕패」편에는 "공도公道가 잘 뚫리면 사문私門은 막히게 된다"[23]라고 한다. 같은 편에서 "군주가 공적이지 못하면 신하는 충성하지 않는다"[24]라고도 말한다. 순자는 군주의 권세보다 공적인 도의를 앞세웠다는 점에서 법가와 견해가 달랐다.

사적인 것이나 그 확장인 家에 대한 반대로서 公의 의미는 법가 사상에서 훨씬 선명하게 나타난다. 앞에서 언급했듯이『한비자』「오두」편에 "私를 등지고 있는 것을 公이라 일컬으니 公과 私는 서로 배치된다"[25]는 말은『설문해자』에서 公私 관념의 어원을 탐색하는 데 중요한 역사적 자료로 활용되었을 정도다. 법가들은 法을 公 즉

---

23) 公道達而私門塞矣.
24) 人主不公, 人臣不忠也.
25) 背私之謂公, 公私之相背也.

public으로 생각한다. 『상군서』「일언」壹言편에는 "공리公利를 개척하고", "사문私門을 막아라"라고 주장한다. 여기서 公은 국가와 군주를 가리키고, 私는 귀족이나 큰 집안을 가리킨다.

『한비자』「궤사」詭使 편에서 私에 반대되는 것으로서의 公은 국가적 차원의 法을 일컫는다. "법령을 수립하는 것은 그것으로 私를 폐하려는 까닭이다. 법령이 행해지면 사적인 도는 폐기된다. 私는 法을 어지럽히기 때문이다."26 한비자는 스승 순자의 公私 관념을 흡수한 듯하다. 그리고 한 걸음 더 나아가 그것을 군주에 집중시켰다. 『한비자』「팔설」八說 편을 보자.

"필부들은 '私'적 편의를 도모하고, 군주는 '公'적 이익을 도모한다. 일하지 않고 편안히 먹고살고자 하며, 벼슬길에 나가지 않고도 이름을 떨치려 함은 사사로운 편이다. 문예나 학문을 금지시키고 법도를 분명히 밝히며, 사편私便을 방지하여 공로를 하나로 만듦이 공리公利이다."27

한비는 입법의 최종목적이 私門의 편의를 막고 公門의 이익을 확장하는 것이라고 생각했다. 법가에게 있어 공적 질서는 法의 질서였으며, 내용은 군권의 강조와 국가중심주의였다. 법가들의 공통된 주

---

26) 夫立法令者以廢私也, 法令行而私道廢矣. 私者所以亂法也.
27) 匹夫有私便, 人主有公利. 不作而養足, 不仕而名顯, 此私便也; 息文學而明法度, 塞私便而一功勞, 此公利也.

장은 멸사봉공滅私奉公이다. 후대 동양인의 정치적 사유에 가장 큰 영향을 미친 이 주장은 유가의 주장이 아니라 법가가 원조다.

『도덕경』 19장의 "소박한 바탕을 드러내고 나뭇등걸의 자연스러움을 품으며, 私를 적게 하고 욕망을 줄이라"[28]는 말은 매우 유명한 구절이다. 생물적 자연스러움을 추구하는 삶은 욕망을 줄이는 데 있고 私를 적게 하는 데 있다는 뜻이다. 여기서의 私는 사적인 욕망을 말한다. 『도덕경』 7장에서는 성인의 품격을 말하면서 "私를 없이 함으로써 그 私를 성취할 수 있다"[29]고 한다. 앞의 私는 욕망에 가득한 사회적 존재를 말하고 뒤의 私는 자연 속에 살아가는 개별 존재를 말한다. 이에 대해서는 '도에 따르는 삶' 또는 '모든 욕망을 초월하는 삶'을 추구하는 것 자체가 큰 욕망이기에 자체 모순이라는 비판도 있다.[30] 장자 또한 노자를 추종하며 『장자』 「산목」山木 편처럼 '소사과욕'少私寡欲을 주장한다.

명가, 묵가를 포함한 전국시대 제자백가의 대부분은 私의 제거를 중요한 정치적 주장으로 채택했다. 명名과 분分을 바로잡아야 한다는 제자백가의 정명론 혹은 명분론은 私를 없애는 것을 명분으로 삼았다. 선진시대에 私는 '좋음'으로서의 公에 대립되는 '나쁨'의 이미지로 정착되었다. 예컨대 『윤문자』 「대도」 편에는 " '名'이 정해지면 사물끼리 경쟁하지 않는다. '分'이 밝혀지면 私가 행해지지 않는

---

28) 見素抱樸, 少私寡欲.
29) 以其無私, 故能成其私.
30) 이에 대해선 유택화 주편, 장현근 옮김, 『중국정치사상사』 선진편 하, 앞의 책, 제7장, 특히 40~45쪽 참조.

다"라고 한다.

노자와 장자는 公이라는 관념을 추켜세우고 그 반대편에 私를 두지는 않았다. 도가 가운데 公私 관념을 대립적 관점에서 가장 많이 언급한 곳은 '황제사경'이라 불리는 마왕퇴 한묘에서 출토된 「노자 을본권 전고일서」老子乙本卷前古佚書이다. 하나만 예를 들자면 『경법』 「도법」道法 편에 "백성을 부리는 데 영원한 법도는 私를 버리고 公을 세우는 것이다"31라고 말한다. 도가 서적인 『할관자』鶡冠子「도단」道端 편에서는 '폐사입공'廢私立公을 말한다. 거사입공去私立公, 또는 폐사입 공을 강조한 한초 황로사상은 법가적 公私 관념이 도가와 습합된 것으로 보인다.

'거사입공'은 황로의 중심사상이며 한나라 초 정치의 핵심 주제였다. 여기서 公은 法을 뜻한다. 전국시대에서 한나라 때에 걸쳐 형성된 것으로 보이는 『관자』의 법가 관련 편장에는 公私 관념에 대해 정치철학적으로 깊이 탐색하고 있는데, "신도의 이론을 계승하고 있다. '公'과 '法'은 통일된 것이며, '法'이 제도라면 '公'은 '法'의 관념적 표현으로 통치자의 가장 보편적이고 가장 일반적인 요구와 이익을 반영한"32것이라고 할 수 있다. 전국시대부터 한대에 이르는 시기는 중앙집권적 군주정치가 정착되어가던 때로 公私 관념 또한 군주의 통치 이념으로 기능했다. 예컨대 『관자』 「임법」任法 편에는 현명한 군주는 "公으로 임하지 私로 임하지 않는다"고 하고 사사로운

---

31) 使民之恒道, 去私而立公.
32) 유택화 주편, 장현근 옮김, 『중국정치사상사』 선진편 상, 앞의 책, 314쪽.

감정을 앞세우거나 사적인 친분으로 인사를 한다거나 사견이 개입된 정책 등을 입안하면 모두 어리석은 군주라고 한다. 오직 公으로서 사회적 논란을 바로잡는 것이 정치의 바른 길이라고 한다.

### 제국시대의 '공사' 관념

진秦 제국시대로 넘어가는 중요한 과도기적 저작인 『여씨춘추』의 핵심 주장은 公을 드높이는 것이었다. 특별히 「귀공」貴公 편이 있는데 이렇게 말한다.

"옛날 앞선 성왕들이 천하를 다스릴 때 반드시 公을 우선시했다. 公하면 천하가 평정되었다. 평정은 公에서 얻어진다."[33]

앞서 언급했듯이 公은 명문의 성문법규정에 따르는 것, 전통 관습에 따르는 것, 국가와 개인 사이에서 국가의 사무를 우선시하는 것 등을 말한다. 그 반대는 군주 개인의 일이라 하더라도 私로 간주한다. 『여씨춘추』에서 公을 숭상하고 私를 억제하라고 요구하는 것은 公의 범주에 대한 관념의 통일을 기하기 위함으로 보인다. 「귀공」 편에는 "천하는 한 사람의 천하가 아니다. 천하의 천하이다"[34]라고 한 것으로 보면 군주는 사적인 존재가 아니라 공적인 존재여야 함을 강조하기 위함이었다. 진시황의 독재에 대한 역사적 평가는 그가 천하

---

33) 昔先聖王之治天下也必先公, 公則天下平矣. 平得於公.
34) 天下, 非一人之天下也, 天下之天下也.

를 사적인 물건으로 취급했다는 것이다. 한나라 창업주인 유방도 그런 '사천하'私天下 혹은 '가천하'家天下 의식이 다분했다.

'천하의 천하'는 유가와 묵가, 도가사상에서도 발견되는 중요한 의식이다. 이것들이 합류하여 제국시대에 들어서면서 일종의 '공천하'公天下 의식으로 자리를 잡아가는 데 잡가적 시각과 황로의 시각은 사상사적으로 매우 중요한 공헌을 했다. 특히 법가사상이 유가사상의 외피를 둘러쓰면서 외유내법外儒內法의 정치질서를 이룬 한나라 정부에 이르면 '公'은 모두 법의 모양새를 띠게 된다.

다양한 사상이 하나의 용광로에 들어간 진한 제국시대에 '공천하'의식은 정점을 이루었다. 한대에 성립된 것으로 추정되는『예기』「예운」禮運의 〈대동大同장〉은 "큰 도가 행해지니 천하는 '公'적인 것이 되었다"[35]로 출발을 하면서 이상세계의 정치상황을 절묘하게 그려내고 있다. 후한의 정현鄭玄은 '公은 共과 같다'고 주석하여 공공公共의 의미를 조정, 국가, 공가公家와 같은 맥락에서 이해한다. 〈대동장〉은 공정한 인사정책에서 공평한 사회복지에 이르기까지 대도大道가 행해지는 '공천하'가 매우 도덕적이며 하늘의 이치를 구현하고 있음을 표현한 것이다.『예기』「공자한거」편에는 私가 없는 公의 세계가 자연의 규율에 입각한 것임을 다음과 같이 표현한다.

"하늘은 私로 뒤덮지 않으며, 땅은 私로 싣지 않으며, 해와 달

---

35) 大道之行也, 天下爲公.

은 私로 비추지 않는다."[36]

사람도 하늘과 땅과 해와 달의 이치를 본받아 사사로움이 없어야
하며, 사람의 세계인 정치도 공평무사해야 한다는 논리이다. 『사기』
「장석지풍당열전」張釋之馮唐列傳에 "법은 천자가 천하에 부여하는 '公
共'의 것이다"[37]에 대해 사마정司馬貞의 색은索隱은 '公은 不私를 이
른다'고 한다. 한대에 公은 法 즉 정책과 제도의 의미로 이해되고 있
었던 것이다.

유가를 표방한 제국시대 사상가들은 거의 법가의 公私 관념을 받
아들여 내면화시키는 데 성공한 듯하다. 한 초 가의의 『신서』「계급」
階級 편에는 "신하되는 사람은 오직 군주를 위하며 제 몸을 잊고, 오
직 나라를 위하며 제 집을 잊으며, 오직 公을 위하며 私를 잊는다"[38]
라고 한다. 중앙집권을 강조하는 맥락에서 중앙정부의 정책, 사업,
이념이 공적인 것이고 지방이나 신하들의 것은 사적인 것이니 배척
되어야 한다는 주장이다. 한 무제 때 소금과 철의 관영을 주장한 맥
락도 여기에 닿아 있다. 사적인 영업은 공적이지 못한 나쁜 행위이
며 법을 어기는 행위로 받아들였다. 『사기』「평준서」는 "감히 사사
로이 철기를 주조하고 소금을 굽는 자는 왼쪽 발뒤꿈치에 차꼬를 채

---

36) 天無私覆, 地無私載, 日月無私照.
37) 法者天子所與天下公共也.
38) 則爲人臣者, 主爾忘身, 國爾忘家, 公爾忘私. 『한서』「가의전」에는 爾자
가 耳자로 되어 있다. 어조사이다.

우고 그 기물들을 모두 몰수한다"[39]라는 무제의 명령을 싣고 있다.

충효의 의무가 강조되고 충효가 사회 관념의 중심이 되어감에 따라 公私 관념은 충효를 설명하는 방식이 되기도 했다. 사적인 행위나 축재는 불충과 불효의 상징이 되고 오직 公을 위한 것만이 충신, 효자의 상징이 되었다. 『예기』 「방기」坊記에는 "부모가 살아계시면 감히 제 몸을 챙겨선 안 되며, 감히 사사로운 재물이 있어선 안 된다"[40]라고 하고, 『충경』 「천지신명장」에서는 "충이란 中이다. '公'적인 것을 다하고 '私'사로움이 없음이다"[41]라고 한다. 이 논리대로라면 충효는 일체이며 그 정점에 황제가 있고, 황제의 가문이 있고, 세습을 하니 결국 '私천하', '家천하'가 '公천하'가 되며 황제는 모든 것을 사유私有하고 그 외 사적으로 사유한 사람은 불충불효한 사람이 되고만다.

여하튼 군주중심의 정치체제 아래서 국왕을 대표하는 公은 항상 존엄하고 중요하고 좋은 가치였으며, 그 반대인 私는 항상 문제가 많고 나쁜 가치로서 기능했다. 외척의 전횡으로 왕실이 멸망할 지경에 이르렀던 전한 말 후한 초기를 다룬 『한서』의 주된 내용들이 사문私門을 혁파하고 공족公族을 살려내라는 주장으로 가득한 점은 公私 대비 관념이 한대를 지나면서 민간과 지식인들 사이에 얼마나 깊이 박혀 있었는지를 보여주는 사례이다. 청 제국의 말까지 사상가들

---

39) 敢私鑄鐵器煮鹽者, 釱左趾, 沒入其器物.
40) 父母存, 不敢有其身, 不敢私其財.
41) 忠者, 中也, 致公無私.

은 公을 무너뜨리고 '私'적 이익을 챙기는 사람을 악의 화신으로 보았다.

물론 그렇다고 국왕의 행위를 무조건 공적이라고 주장한 것은 아니다.『한서』「곡영전」에서 "천하는 천하의 천하이지 한 사람의 천하가 아니다"[42]라는 옛 주장을 계속 반복하듯이 국왕의 행위가 私에 기울어서는 안 되며 '公'적인 것이어야 함은 줄곧 얘기되어졌다. 위서는 군주를 가장 존엄한 지위로 다룬 책들인데『상서위』「선기령」편에는 "정치를 하면서 사사롭지 않은 공적 지위를 가졌으므로 제帝라 부르는 것이다"[43]고 한다. 公은 군왕이 갖추어야 할 최고의 덕성이며, 군주는 하늘을 본받는다는 원칙으로 정책과 제도에 공적 입장을 견지해야 한다. 군왕에게 요구하는 公의 덕성은 자연에 합치하고 사사로운 감정이 개입되지 않은 공평하고 공정한 것이어야 한다. 왕필은『주역주』「건괘」에서 군주가 일을 할 때는 "마음을 쓰면서 公에 입각하고, 나아감에 私가 있어서는 안 된다"[44]라고 주장한다.

公私 문제는 후대에도 많은 사람들이 사상 관념의 핵심으로 생각했다. 위진시대 혜강은「석사론」釋私論을 써서 公은 자연에 맡기는 삶이고, 私는 자연에 위배되는 삶이라고 말했다. 그는 당시 변질된 유교인 명교名教처럼 인위적 허례허식을 따지는 것을 私의 추구라고

---

42) 垂三統, 列三正, 去無道, 開有德, 不私一姓, 明天下乃天下之天下, 非一人之天下也.
43) 在政不私公位稱之曰帝.
44) 用心存公, 進不在私.

특히 미워하여 "公과 私는 성패의 길이자 길흉의 문이다"[45]라고도 말한다. 『혜강집』「답난양생론」에서는 公을 칭송하고 이기적인 것을 미워한다. 여기서 등장한 '자사'自私란 말은 현대 중국어에서도 이기적인 인간을 부를 때 사용하는 개념이다.

군주의 공적 행위를 강조하고, 신하의 충성 및 일반 백성들의 효를 강조하는 정치적 논의를 할 때면 언제든 公私 문제가 거론되었다. 당나라 정관貞觀 연간의 논의들이나 당나라 중기 봉건封建 관련 논쟁에서 公과 私는 국가 정책의 근간과 관련된 중요한 사항이었다. 예를 들면 중앙집권적 군주전제인 군현제가 公이냐 私냐, 지방 분권적인 분봉제는 公의 구현이냐 私를 강조하는 것이냐 등이 그랬다. 당 태종은 봉토를 나누는 것을 "천하를 '私'유물로 여기는 것으로 지극히 '公'정하게 만물을 다루는 도가 아니라"[46]고 인정했고, 유종원은 『유하동집』「봉건론」에서 진시황의 군현제를 대사大私로써 대공大公을 성취한 체제라고 논증했다. 군주 스스로에게 있어서 公私는 구분하기가 참 애매한 개념이다. 『정관정요』「공평」公平 편에서 公私와 國家를 일체로 보며 "짐은 천하를 家로 삼으므로 하나의 물건이라도 사사롭게 처리할 수 없다"[47]라고 말한다. 백성들의 눈으로 볼 때는 '가천하', '사천하'이겠지만 군주의 눈에는 결국 같은 '공천하'인 셈이다. 명나라 장거정의 주장처럼 정치개혁은 군주 중심의

---

45) 夫公私者, 成敗之途, 而吉凶之門乎.
46) 以天下爲私, 非至公馭物之道.
47) 君人者, 以天下爲公, 無私於物. …朕以天下爲家, 不能私於一物.

공실<sup>公室</sup>을 강화하고 그 외의 사문<sup>私門</sup>을 막는 것이었다.[48] 군주전제주의라는 시대적 한계 때문에 公私 관념은 아무리 토론을 하더라도 결국은 황종희가 『명이대방록』「원군」에서 이야기하듯 "군주 자신의 大私를 천하의 大公으로 삼는"[49] 것이었다.

---

48) 『장문충공전집』<sup>張文忠公全集</sup> 「여이태복점암논치체」<sup>與李太僕漸庵論治體</sup> 참조.
49) 以我之大私爲天下之大公.

# 3. 법가의 공사公私 관념과 공공성 문제

### 선진 법가의 公・私 관념[50]

법가는 군주전제와 독재의 강화를 주장한 사상학파다. 그들은 公의 가치로 私를 압도해야 좋은 세상을 만들 수 있다고 생각했다. 그들이 주장하는 공적 가치는 대체로 법法이었다. 법은 군주가 만들며 군주는 곧 국가이므로 군주의 언행은 곧 公이 된다. 하지만 군주가 곧 법이고 국가이고 公이라면 군주의 모든 자의적 언행까지 공적 가치가 되는 것이 아닌가? 법가사상들의 고민은 여기에 모아졌다.

먼저 조나라 사람으로 제나라 직하稷下학궁에서 활동했던 신도愼到부터 살펴보자. 그는 군주의 세勢 즉 정치적 영향력과 권세의 발휘에 대해서 깊이 고민한 사람이다. 신도는 군주권력의 일원화를 주장했으며 공정하고 객관적인 법치의 실행을 숭상했다. 법치의 반대어로 신도는 신치身治란 말을 사용한다. 『신자』「군인」君人 편에서 "군주된 사람이 법을 버리고 '신치'를 한다면 상을 주고 형벌을 가하는 것

---

50) 이 소절은 유택화 주편, 장현근 옮김, 『중국정치사상사』선진편 상, 7장의 내용 가운데 일부를 저자의 동의하에 수정, 인용하여 재구성했다.

이 군주의 마음으로부터 나오게 된다"[51]라고 말한다. '신치'란 군주가 제 마음대로 하는 소위 인치人治를 말한다. 군주는 세를 얻어 군왕의 역할을 수행하는 사람이지만 기본적으로 유한한 인식능력을 소유한 한 개인이라는 점에 착안하여 군주의 사적인 측면을 배제하려고 한 것이다.

신도는 이익을 좋아하는 인간의 성정에 바탕을 두고 법을 만들되 그것은 하늘의 도道에 합치해야 한다는 두 가지 입법원칙을 제기했다. 하지만 그 법이 모든 개인의 사적 이익을 보장해주는 것이어서는 안 된다고 생각했다. 본성에서 비롯하는 욕구가 공통의 준칙 아래 보편적으로 보장되는 방향으로 법이 만들어져야 한다는 것이다. 『신자』「위덕」威德 편에서 신도는 공통의 준칙으로서 公에 대해 다음과 같이 설명한다.

"시귀蓍龜[52]로 점치는 것은 그로써 공식公識을 세우려는 까닭이며, 저울로 재는 것은 그로써 공정公正을 세우려는 까닭이며, 문서로 남기는 것은 그로써 공신公信을 세우려는 까닭이며, 도량형을 쓰는 것은 그로써 공심公審을 세우려는 까닭이며, 법제와 예 관련 전적을 두는 것은 그로써 공의公義를 세우려는 까닭이다. '公'적인 것을 세우는 것은 그로써 '私'적인 것을 폐기하려는 까닭이다."[53]

---

51) 君人者, 舍法而以身治, 則誅賞予奪, 從君心出矣.
52) 점을 칠 때 사용하는 시초와 거북의 등딱지.
53) 故蓍龜, 所以立公識也; 權衡, 所以立公正也; 書契, 所以立公信也; 度量, 所以立公審也; 法制禮籍, 所以立公義也.

법제는 저울이나 도량형처럼 공심公審 즉 공적으로 살피고 공식公議 즉 공공의 인식에 도달하려는 것이며, 공정함과 '공의'에 도달하려는 일반규정을 말한다. 이 총괄적 준칙이 법이므로 公에 반대되는 私는 법에 위배되는 것을 뜻한다. 신도의 公私 관념은 법률적 개념이지 도덕이나 사유재산을 뜻하는 개념이 아니다. 그가 이어서 '공적인 것을 세우고 사적인 것을 버린다'는 법의 '입공기사'立公棄私 원칙을 제기한 것은 이런 맥락에서다.

신도는 군주가 되기만 하면 바로 公의 화신이 되는 것은 아니라고 생각했다. 그는 公을 군주보다 높은 곳에 두었다. 물론 '군주입법'에 반대한 것은 아니다. 군주가 입법을 하지만 일단 제정되면 공적 가치를 대표하는 것이므로 군주도 이를 따라야 한다는 것이다. 군주가 사사로이 법을 어기는 행위를 해서는 안 된다. 아무리 지고의 권세를 갖고 있다고 하더라도 법의 공공성을 살리면서 권력이 행사되어야 한다는 것이다. 그는 군주가 개인적인 희노애락에 입각해 법규정을 어기는 것을 사사로운 행동으로 취급하여 절대 반대했다. 『신자』「일문」逸文에는 "법을 만들고도 사사로이 행동한다면 이는 私와 법이 다투는 것으로 그 혼란은 법이 없는 것보다 심하다"[54]고 말한다.

신도는 私가 법의 권위를 상실시키며 정치분열을 조장하고 끝내 표준으로서 '공식'과 '공심'의 기능을 잃게 될 것이라고 주장한다. 군주는 법을 통해 멸사봉공의 원칙을 실천해야 한다. 그 구체적인 방법으로 신도는 분分을 제기한다. 『신자』를 종합하면 分이란 "한 사

---

54) 立法而行私, 是私與法爭, 其亂甚於無法.

람 한 사람의 직무를 깨끗이 나누는 것이고, 행위 하나하나의 경계를 명확히 나누는 것이다."[55] 그 외에도 신도는 군주에게 극기봉공克己奉公하는 자세를 주문했으며, 公을 국가의 공식적 기능으로 인식하여 군왕이 公을 종속시키지 말고 국가기능의 집행자 역할을 해야 한다고 주장했다.

법의 역할을 특히 강조하여 약한 진나라를 강국으로 만든 상앙商鞅 또한 分의 역할을 중시하며 '명분의 확정과 公의 숭상'이라는 '정분상공'定分尙公을 주장했다. 分을 분명히 한다는 명분明分론은 상앙 정치사상의 중심 이론이다. 그는 명분을 통해 국가의 표준을 마련하고자 했으며, 그 표준을 公과 私의 기준으로 삼았다.

모든 법가와 마찬가지로 상앙도 法을 公으로 보았으며, 法을 위배하는 것을 私로 취급했다. 모든 私는 公에 복종해야 하며, 군주는 公의 정점에 위치하는 인물이지만 군주 또한 公私 구분을 명확히 해야 한다. 『상군서』「수권」편에서는 "요·순이 천하의 제위에 오름은 사적으로 천하의 이익을 취한 것이 아니라 천하를 위하여 천하의 제위에 오른 것이다"[56]라고 말한다. 천하를 위해 군왕이 존재한다는 말은 군주가 천하라는 公에 종속되어야 한다는 뜻이다. 이 公을 어기는 군주는 자신을 망치고 국가를 위태롭게 만든다. 「수권」편은 이어서 이렇게 말한다.

---

55) 유택화 주편, 장현근 옮김, 『중국정치사상사』 선진편 상, 앞의 책, 506쪽.
56) 堯舜之位天下也, 非私天下之利也, 爲天下位天下也.

"오늘날 난세의 군주와 신하는 모두 구구하게 한 국國의 이익을 도모하거나 한 관직의 무게만 장악하여 사적인 데 기울어 있다. 이것이 바로 국가가 위태로워지는 까닭이다. 따라서 公과 私의 교차야말로 존망의 뿌리가 된다."[57]

군주는 法과 公을 항상 염두에 두고 행동해야 한다. 모든 것을 법에 입각하여 실행하는 법치 질서를 만들어야지 사적 이익을 염두에 두는 '인치'人治를 했다가는 나라가 약해질 것이다. 상앙은 개인의 수양이나 품격을 강조하는 것은 '인치'를 위한 것으로 私에 속한다고 비판한다. 오직 法만이 '公'적 가치를 대변하는 것이라는 얘기다.

상앙은 또한 국가를 公으로, 개인을 私로 본다. 국가지상주의를 강조하므로 개인의 어떠한 행위도 반대한다. 군주도 마찬가지다. 오직 천하의 公을 위하여 행동해야지 사적인 감정이 개입되어서는 안 된다. 특히 인사 문제나 국가기강에 관련된 중요한 문제에 있어서 公의 가치만을 중시해야 한다. 신하들은 모두 사적인 이해관계로 권력을 가지려 든다. 이들에겐 오직 公만을 숭상하도록 강요해야 한다. 상앙은 군주의 권세가 法을 누르게 되는 상황을 염려한 것이다. '법률공포주의', '법 앞의 만인평등' 등 상앙이 주장하는 법사상은 법이 갖는 공적 가치에 대한 확신에서 비롯되었다.

상앙 公私 관념의 특징 가운데 하나는 公은 국가와 군주를 가리키

---

57) 今亂世之君臣, 區區然皆擅一國之利, 而管一官之重, 以便其私, 此國之所以危也. 故公私之交, 存亡之本也.

고, 私는 귀족이나 큰 집안을 가리키는 용례로 사용한 것이다. 상앙은 『상군서』「일언」편 등 곳곳에서 "공적인 이익을 개척하고", "사적인 경로를 막으라"고 주장한다. 공적인 이익은 국가의 부귀이고 사적인 경로는 개인의 부귀를 뜻한다. 그는 「상형」편에서 "부귀의 경로는 반드시 전쟁에서 나와야 한다"[58]라고 말한다. 전쟁이라는 국가행위를 공적인 이익의 유일한 출로라고 주장하고, 귀족들의 사적인 축재와 청원을 일절 금지시켰다.

상앙의 변법變法은 그의 公法 관념을 정책에 적용시킨 것이다. 일체의 관작을 농사와 전쟁 즉 농전農戰이라고 하나의 가치체계 안으로 수렴하게 만들었으며, 일체의 상벌을 군주가 만든 법의 독단에 의해 처리하게 했다. 그는 어떤 종실 귀척도 따로 봐주지 않았다. 그의 '상공억사'尚公抑私 주장은 큰 성취를 이루어 귀족들에게 타격을 입혔다. 법 밖의 특권을 억제하려는 상앙의 취지는 성공을 거두었으며 결국은 군주의 독재를 강화시켜주는 역할을 했다.

한비는 法과 私를 대립 관념으로 개념화하고 있지만, 여러 부분에서 公을 法으로 치환시켜 法과 私를 대립시키기도 한다. 그는 法을 만든 목적이 私를 없애기 위한 것이라고 주장한다. 『한비자』「궤사」편은 "법령을 수립하는 것은 그것으로 私를 폐하려는 까닭이다. 법령이 행해지면 사적인 도는 폐기된다. 私란 법을 어지럽히기 때문이다"[59]라고 말한다. 私를 중시하면 난세이며 法을 중시하면 치세라고

58) 富貴之門必出于兵.
59) 夫立法令者以廢私也, 法令行而私道廢矣. 私者所以亂法也.

한다. 앞서 언급했듯이 『한비자』「오두」편은 글자형태를 가지고 公과 私를 구분시킨다. "옛날에 창힐蒼頡이 글자를 만들 때 스스로 둘러싸는 것을 私라고 일컬었으며, 그에 반대되는 것을 公이라 일컬었다. 公과 私는 서로 배치되는 것이다."[60]

한비가 말하는 公은 군주이며, 私는 군주와 대치되는 존재다. 따라서 군주만이 공적 이익을 도모하고 그 나머지들은 모두 사적 이익을 도모한다. 따라서 입법은 公을 대표하는 군주만이 할 수 있으며, 그 목적은 公門의 이익을 확장하고 私門의 편의를 틀어막는 데 있다. 군주 즉 公을 위하여 관직에 나아가 공무에 종사하거나 군주를 위한 전쟁과 농업에 종사하는 것만이 공적인 일이다. 공부를 하고 예술에 매진하는 것은 사적 이익을 도모하기 위함이니 막아야 할 사항이다.

한비는 신도의 세勢, 신불해의 술術, 상앙의 법法을 면밀히 고찰하고 분석한 뒤 장점을 취하고 단점을 보완하여 종합 집대성했다. 그 결과는 군주를 가운데 두고 법을 중심으로 삼아 세와 술을 결합시키는 삼각 구도였다. 선배 법가들의 이론을 계승하여 법의 공개성, 평등성, 일원성을 강조했다. 군주 또한 일단 법을 제정하면 그 법을 지켜야 한다고 주장했다. 한비는 또 법만 분명하면 신하들은 그 법을 스승으로 삼으면 되고, 법에 입각해 정치를 하면 그만이기 때문에 따로 현인은 필요하지 않다고 생각했다.

한비는 노자의 道를 면밀히 연구했다. 그는 도를 군주가 추구하는

---

60) 古者蒼頡之作書也, 自環者謂之私, 背私者謂之公, 公私之相背也.

'公'적 가치의 연장선상에 존재하는 것으로 파악했다. 현실 권력이든 추상적 권력이든 군주는 지고무상의 존재다. 그 밖의 모든 것은 私이므로 제거해야 하고, 사적인 조회 풍토도 모두 없애 오로지 군주를 향한 길만을 남겨놓아야 한다고 주장한다. 『한비자』「양권」편은 "나뭇가지가 너무 무성하면 많은 사람이 다니는 공려公閭가 막히고 사문私門이 충실해지며 공공의 정원이 텅 비어 군주는 백성들로부터 막히게 된다. 수시로 나뭇가지를 쳐내고, 나뭇가지가 밖을 막지 않게 한다"[61]고 말한다. 군주의 권력집중에 방해가 되는 모든 것들은 쳐내야 할 사적인 존재이다. 한비는 '私'적 존재인 대신들의 권력을 제한시켰을 때 군주중심의 公이 살아난다고 본 것이다. 결국은 군주의 전제권력을 정당화하기 위한 논의였다고 할 수 있다.

『관자』 가운데 법가 관련 부분, 즉 관법管法에도 분分을 분명히 함으로써 公을 숭상한다는 주장이 많아 신도의 사상을 계승하고 있다. 다만 관법은 도덕을 법의 分 작용으로 취급하고 있으며, 예의와 효제를 매우 중시하고 있다는 점에서 위의 법가들과 차이를 보인다. 『관자』「임법」편에서는 "인의예악은 모두 법에서 나왔다. 이는 옛날 성왕이 백성을 통일시키려는 까닭에서였다"[62]고 말한다. 법을 중시했으나 유가사상을 배척하지도 않은 것이다.

관법 또한 파사입공破私立公의 기본 태도를 견지했으며 公을 곧 법

---

61) 爲人君者, 數披其木, 毋使木枝扶疏, 木枝扶疏, 將塞公閭, 私門將安, 公庭
　　將虛, 主將壅圍. 數披其木, 毋使木枝外拒, 木枝外拒, 將逼主處. 數披其木,
　　毋使枝大本小, 枝大本小, 將不勝春風, 不勝春風, 枝將害心.
62) 仁義禮樂皆出於法, 此先聖之所以一民者也.

의 집행으로 보았다. 私의 발전은 公에 대한 침해라고 생각했다. 백성들이 사적으로 이익을 추구하는 나라는 결국 가난해진다고도 주장한다. 마찬가지로 『관자』「군신 하」 편처럼 "군주된 사람이 도를 거스르고 법을 포기하여 사사로움을 행하기 좋아하면 그것을 혼란이라 부른다."[63] 관법의 公私 관념은 기본적으로 신도의 입장과 비슷하다. 법이 곧 公이며, 법이 제도를 표현하는 것이라면 公은 법의 관념적 표현이다.

### 공공성common & public과 예법禮法관계[64]

중국을 통일하여 제국帝國의 시대를 개창한 진시황은 법가의 이론을 현실에 적용하여 모든 私를 배제한 '公'적 정부를 구성했고 '公'적 법제를 확립했다. 그럼에도 불구하고 16년 만에 패망하고 말았다. 그러나 이어서 등장한 한 제국은 안정된 정부체계를 유지하면서 '公'적public 법체계와 예禮를 통한 공동체의 공공성common을 확보하며 400여 년을 유지하여 중국문화의 기틀을 마련했다. 그 후 역사상 명멸한 수많은 왕조는 public과 common 즉 公과 공共의 합주를 통해 정치적 정당성을 마련하기도 하고, 또 그 정당성을 인정받기도 했다. 이런 점에서 세습 군주의 독재 권력은 정부를 구성하고 정책과 제도를 만들면서 公과 共 사이를 부단히 왕래했다고 할 수 있다.

---

63) 爲人君者, 倍背道棄法而好行私, 謂之亂.
64) 이 소절은 장현근, 「公public · 共common 개념과 중국 진한정부의 재발견: 예 · 법의 분화와 결합」, 앞의 글, 31~55쪽을 주로 참고하고 요약했다.

역사적으로 公 관념은 私의 반대말이기도 하고, 家의 상대어이기도 했다. 신도, 상앙, 한비자 등 법가는 이론상 '상공억사'尙公抑私의 국가지상주의를 강조했으며, 공적 질서는 法의 질서라는 관념을 갖게 되었다. 그 내용은 군권의 강조와 중앙집권 정치의 구축이었다. 한비는 입법의 최종목적이 私門의 편의를 막고 公門의 이익을 확장하는 것이라고 생각했다.

한편 共common 개념은 『맹자』「등문공 상」편에서 "위로는 천자부터 아래로 서인에 이르기까지 하·은·주 삼대가 '共'했다"[65]의 용례에서 알 수 있듯이 사회적 역사적 공통성을 뜻한다. 『논어』「위정」편의 "예컨대 북극성처럼 항상 그 자리에 있되 여러 별들이 '共'히 떠받들고 있음과 같다"[66]의 용례처럼 공동共同의 의미로 사회 전체가 하나를 중심으로 둘러싸고 있는 형태로 볼 수도 있다. 公은 국가 권력이 사적이 아닌 '公'적 산물이라는 의미이고, 共은 국가 권력은 공유물共有物로써 사회구성원들이 공동으로 나누어 누린다는 개념이다. 『순자』와 『예기』의 많은 구절에서 언급하듯 사회전체에 통용되는 규범으로서의 禮가 바로 共 즉 common의 영역이다.

공자, 맹자, 순자 등 초기 유가사상가들은 예를 위주로 하고 법을 보조수단으로 생각했다. 共을 중시하는 정치사상을 전개한 것이다. 대표적으로 공자는 『논어』「위정」편에서 "정政으로 이끌고 형벌로 다스리면 백성들이 요행히 면하길 바라고 부끄러움을 모를 것이다.

———

65) 自天子達於庶人, 三代共之.
66) 譬如北辰, 居其所而衆星共之.

덕으로 이끌고 예禮로 다스리면 부끄러움을 알뿐만 아니라 품격이 있을 것이다"67라고 한다. 덕과 예의 정치가 법과 권력의 정치를 대체해야 한다는 것이 공자의 주장이었다. 공자는 共이 강조되는 사회적 질서체계로서 예치와 公이 강조되는 공적 정부의 질서체계로서 법치를 대비시켰던 것이다.

고대 중국에서 예는 백성들의 삶 전반에 영향을 미쳤다. 예가 共의 중심영역으로 자리를 잡게 된 것은 보편적인 삶과 깊은 관련이 있다. 공자가 『논어』「안연」편에서 "예가 아니면 보지 말고, 예가 아니면 듣지 말고, 예가 아니면 말하지 말고, 예가 아니면 행동하지 말아야 한다"고 한 것은 예를 개인의 수양으로부터 각종 사회적 관계를 규정하기 때문이었다. 『순자』「예론」편에서는 "예는 인간의 길의 극치이다. 그런데도 예를 본받지 않고 예를 충분히 실천하지 못하는 자들을 도리를 모르는 백성이라 하고, 예를 본받고 예를 충분히 실천하는 사람은 도리를 아는 선비라고 부른다"68고 한다.

초기 유가사상에서 예는 사회기능을 조절하는 작용을 하며, 일정한 부분은 국가기구나 체제의 바탕이 되는 형식적 근거로써 작용했다. 그래서 公으로서의 法의 준거가 되기도 한다. 『순자』「권학」편에서는 예를 "법의 큰 근본이요, 만사 유추의 원리원칙이다"69라고 한다. 그러나 『예기』「곡례」편에서 "예는 서인에까지 내려가지 않

---

67) 道之以政, 齊之以刑, 民免而无耻, 道之以德, 齐之以禮, 有耻且格.

68) 禮者, 人道之極也. 然而不法禮, 不足禮, 謂之無方之民; 法禮, 足禮, 謂之有方之士.

69) 法之大本, 類之綱紀.

고, 형벌은 대부에까지 올라가지 않는다"[70]라고 하듯이 형벌을 예치의 보조수단으로 간주했다. 『서경』의 「강고」「주고」「소고」편에도 예와 덕이 공경해야 할 대상이고 형벌은 도덕의 실현을 보조하는 수단임을 명기하고 있다. 사회 전체에 통용되는 共으로서의 예는 교화와 형벌이란 두 가지 수단을 통해 실현된다. 초기 유가들은 학교 교육을 통해 인륜을 가르쳐 정치적 교화의 목적을 달성하려고 했다. 그에게서 정교하고 복잡한 방법으로 이루어지는 교화야말로 예치 사회를 구성하는 핵심이었다. 형벌은 어디까지나 예법제도의 굳건한 시행을 위해 보조하는 역할을 한다.

형과 법이 일치하는 것은 아니지만 정책적 보조수단으로서는 동일한 기능을 한다. 맹자 등 초기 유가사상가들은 公한 법은 꼭 준수되어야 한다고 생각했다. 하지만 公한 법이 닿지 않는 곳에 머물며 천륜이라는 共의 영역을 지키라고 주장한다. 순임금이 왕위를 버리고 아버지를 업고 도망가는 행위는 법망이 닿지 않는 곳에 公 질서를 피할 수 있는 共의 범위를 상정하고 있는 것이다.『맹자』「진심 상」이렇게 초기 유가의 仁政은 共을 기본으로 두고 法을 보조수단으로 생각했다. 共을 지향하여 예를 사회적 통제의 수단으로 보면서도 법을 보조수단으로 활용할 수 있다고 긍정하고 있는 것이다. 유가 사상가들은 共의 기능을 하는 예의가 주도하는 사회를 구상했으며, 그럼에도 公을 소홀히 취급하지는 않았다. 예의가 주체가 되는 사회적 관리시스템을 국가의 공적 관리시스템보다 중요하게 생각했던 것이다.

---

70) 禮不下庶人, 刑不上大夫.

그런데 군권君權이 강조되던 전국시대가 되면서 사회를 주도하던 예의 역할이 축소되고 법이 특별히 강조되었다. 주 왕실의 가례에서 출발한 共의 질서를 가지고는 제국을 지향하는 거대한 나라를 통치할 수 없었다. 公을 지향하는 사회가 된 것이다. 군주들이 강력한 힘을 행사하는 정점에 선 '公'적 권력자로서 public한 존재로 부상했다. 군주의 공적 권력은 사회생활 모든 영역에 관통해야 했다. 『관자』「임법」편은 이것을 6병柄으로 개괄한다. "현명한 군주가 잡고 있는 것은 여섯 가지다. 그를 생生 · 살殺 · 부富 · 빈貧 · 귀貴 · 천賤하게 하는 것이다."[71] 결국 일체의 권력은 군주의 손아귀에 집중되어야 한다. 『상군서』「경법」편에는 "성인이 진실로 나라를 강하게 할 수 있었으나 옛날을 본받은 것이 아니고, 진실로 백성을 이롭게 할 수 있었으나 옛 예법제도를 따른 것이 아니다"[72]라고 한다. 전국시대 군권의 강화는 공적 질서의 강조로 이어지고 사회통제 기능을 담당했던 '예'는 포기되었다. 군주전제제도는 더욱 강화되고 '禮'를 '法'으로 대체한 진 왕조가 최후적 승리를 거두었다.

진나라는 국가운영차원에서는 퇴출되었으나 사회내부의 자발적 질서체계로 여전히 기능하던 '예'를 '私'로 취급하여 아예 금지시켰다. 민간에서 정부에 이르기까지 모든 것을 오직 '公'적 체계인 법에 입각하도록 했다. 진나라 법은 公을 추구하여 성공적인 정치제도를 만들었고, 중국통일이라는 정치적 성공을 거두었다. 그들의 public

---

71) 明主之所操者六. 生之 · 殺之 · 富之 · 貧之 · 貴之 · 賤之.
72) 聖人苟可以強國, 不法其故; 苟可以利民, 不循其禮.

은 바로 '法'이었다.

문제는 바로 그 법 때문에 생겼다. 그 법을 누가 만드느냐 하는 문제가 생긴 것이다. 公을 군권으로 보아 입법권을 군주 개인의 독단에 맡김으로써 실패에 이르게 되었다. 私에 반대되는 것으로서 公은 군주 개인보다 우위에 있어야 한다. 따라서 군권을 제약하는 형태의 법이어야 하고, 법은 당연히 군주보다 우위에 있어야 했다. 위에서 살펴보았듯이 법가의 이론에 따르면 군주도 법 아래 존재해야 한다고 주장한다. 하지만 입법권을 장악한 진시황의 황제지상주의는 민의에 배치되는 公이 되었으며, 군주 개인을 위한 법이 되고 말았다.

극단적 군주만능이 법의 공공성을 해치면서 진 왕조는 멸망했다. 한나라 초 육가는 진나라 멸망의 원인을 분석한『신어』에서 共의 정치적 중요성을 다시 제기했다. 가의 또한『신서』「과진론」을 통해 진나라의 잘못을 인의의 부재 즉 共의 상실로 진단하고, "제도의 제정과 예악의 발흥"을 주장했다. 유가를 지도 이념으로 삼아 제도를 개혁하되 公과 共의 결합을 요청한 것이다. 그는『신서』「예」편을 지어 "예란 국가를 공고히 하고, 사직을 결정하고, 군주로 하여금 백성을 잃지 않도록 하는 까닭이다"[73]라고 말하면서 국가와 사회생활 전부를 예의 궤도에 집어넣어야 한다고 주장했다. 예를 公과 共을 아우르는 개념으로 확장한 것이다.

예 가운데 公 기능을 우위에 두고 共이 동시에 강조되는 가의의 주장은 법가와 다른 방식의 황제권력을 강화하려는 한 무제에게는

---

73) 禮者, 所以固國家, 定社稷, 使君無失其民者也.

적절한 복음이었다. 통치자가 효제<sup>孝悌</sup>를 잘하고, 겸병이나 사치를 하지 말고, 검약하고 절제하여 백성들로부터 사상적, 문화적으로 동의를 얻으라는 가의의 주장을, 한 무제는 외피만을 받아들였다. 그리고 실제 내부적으로는 예의 이름을 한 법을 운용하여 정부의 公기능을 강화하는데 성공했다. 향후 중국의 황제들은 거의 이를 모범으로 삼았다.

　共의 중요성이 부각되고 共과 公의 융합을 꾀한 한나라 초기의 정치사상은 결국 순자가 추구했던 예치<sup>禮治</sup>로 귀결된다. 순자에 있어서 예는 사회의 자발적 질서라는 共의 순기능을 수행하기도 하며 예헌<sup>禮憲</sup>, 통류<sup>統類</sup>의 개념 하에 법을 포괄하며 국가나 정부의 公 기능을 수행하기도 한다. 동중서는 순자와 육가, 가의 등의 견해를 적절히 결합하여 유술독존<sup>儒術獨尊</sup>의 정치이데올로기를 만들어냈다. 그는 조정의 지위라는 公에 향당의 질서라는 共을 禮制를 통해 결합시켰다. 한 무제 때 완성된 유술독존은 제국을 통치하는 원리로 法의 공적 기능이 되살아나는 과정이었다. 하지만 진나라 때 과도했던 公 추구가 정치의 내면으로 숨어들고, 겉으로는 황제의 덕화<sup>德化</sup>를 기반으로 한 共의 추구 즉 예치<sup>禮治</sup>라는 형상을 갖추게 된 것이다. 그 후 민주주의 공화국이 등장할 때까지 크게 볼 때 중국정치의 기본은 시종일관 이 틀을 벗어나지 않았다.

# 제12장

# 화이

華夷론은 주로 타자에 대한 중국인의 자의식에서 생성된 관념이다.

이 장은 본래 습관의 차이를 뜻하던 단순한 화이 관념이 어떻게 하여 華夏族의 문화우월주의로 변질되는지 그 과정을 탐색한다. 大中華主義가 갖는 문제점과 더불어 한족 중심의 華夷共祖 관념을 비판적으로 고찰한다.

# 1. 화華 · 이夷 관념의 형성

**華의 어원**

화華는 오늘날 동사로서는 꽃이 피다, 형용사로서는 화려하다 등의 의미를 띠고 있으며, 명사로서는 꽃, 광채, 중국 등의 의미로 쓰인다. 아직 규명은 되지 않았지만 華의 갑골문은 꽃이 가득 핀 수많은 나뭇가지의 상형이다. 『상형자전』에 따르면 華자의 변천은 다음 〈그림27〉과 같다.

| 미확인 | 克鼎 | 설문해자 |
|---|---|---|
| 갑골문 | 금문 | 소전 |

**그림 27 華자의 변천**

『고문자고림』에는 선진 이전 도기에 등장하는 고도문자古陶文字로 ✿를 華자의 고대문자로 본다.[1] 금문의 글자와 큰 차이가 없다. 華는 꽃 花의 본자이다. 고대에는 華와 花를 통용했다. 갑골문 ✿은 나뭇

1) 『고문자고림』제6책, 107쪽.

가지 끝에 꽃이 핀 모양이다. 금문에는 꽃의 모양을 없애고 꽃가지 형상을 만들고 손을 뜻하는 𠂇자를 덧붙여 꽃묶음을 손에 들고 있는 형상을 하고 있다. 소전에서는 꽃묶음 형상을 조금 복잡하게 바꾸고 풀 艸를 머리에 입혀 식물의 속성을 표시했다. 나무에 피는 꽃에서 초본식물의 꽃으로 바뀌어 오늘날의 華자가 확정된 것이다.

고대 중국어에서 초본식물의 만개를 華라 했다면, 목본식물의 만개는 榮이라 했다. 『설문해자』에서는 "華는 榮 즉 나무에 핀 꽃이란 뜻이다. 글자형태는 艸와 𠌶자를 모은 회의문자이다. 華와 관련된 글자는 모두 華를 부수로 삼는다"[2]라고 한다. 꽃 자체 또는 꽃이 피어 왕성함과 영화를 뜻하는 영榮을 원 뜻으로 한다는 얘기다. 『이아』爾雅「석초」釋草에서는 華와 榮을 나눈다. "나무에 있는 것을 華라고 하고, 풀에 있는 것을 榮이라고 한다."[3] 즉 華는 나무에 무성한 가지에 달린 꽃을 형상화한 글자라고 한다. 『이아』는 華자가 갑골문으로 출현했던 원래의 의미를 잘 표현하고 있다.

꽃이 영광, 광채, 정화, 정화, 정영 등을 가리키는 말로 의미가 확장된 것은 추측할 수 있는 일이지만, 그것이 문화의 핵심으로 중국을 가리키는 말로 바뀌고, 중국 민족을 대표하는 중화the Han nationality로 의미가 바뀐 것이 구체적으로 언제부터인지는 알기 어렵다. 장기윤張其昀 선생은 華가 중원오악의 하나로 현대 중국인 즉 한족漢族의

2) 華, 榮也. 從艸從𠌶. 凡華之屬皆從華.

3) 木謂之華, 草謂之榮.

조상이 살았다는 화산華山4과 깊은 관련이 있다고 주장한다. 중국 최
초의 왕조를 이루었다는 이리두二里頭문화5의 하夏가 문자적으로 주
변 민족과 구별되는 중국인을 뜻하는 글자였다는 점에서 발음이 같
은 華와 夏를 같이 쓰게 되었을 수도 있다.6 夏자의 어원변천은 다음
〈그림28〉과 같다. 夏자로 추정되는 갑골문 모양은 매우 다양하다.

| 甲1556 | 乙4693 | 秦公簋 | 설문해자 |
|--------|--------|--------|----------|
| 갑골문  | 갑골문  | 금문    | 소전      |

**그림 28 夏자의 변천**

4) 현 섬서성陝西省 남동부에 위치. 황하黃河와 위수渭水가 내려다보이는 전
   통적인 중원中原 지역에 위치한다. 청말 민족주의 학자인 장태염章太炎의
   고증에 따르면 중화中華·화하華夏란 명칭의 원류는 화산에서 비롯되었
   다고 하고, 장기윤張其昀도 같은 입장을 견지한다. 張其昀, 『中華五千年
   史』1冊(中國文化大學出版部, 1963), 53~54쪽 참조.
5) 현 하남성河南省 낙양洛陽평원의 보통마을인 언사偃師에서 발굴된 금석
   병용의 신석기 문화.
6) 『상형자전』 http://vividict.com/WordInfo.aspx?id=2522에 따르면 옛날
   부락연맹시기에 뛰어난 역사적 공헌을 이룬 수령들을 특징에 따라 여
   러 가지로 불렀다고 한다. 예컨대 최초로 불을 이용한 수령을 염제炎帝
   라 하고, 최초로 활쏘기 등 무예를 훈련시킨 수령을 황제黃帝라 하고,
   최초로 채집과 식물재배를 한 수령을 화華라고 하고, 최초로 농경생산
   을 한 수령을 하夏라고 하고, 최초로 진흙을 빚어 도기를 만든 수령을
   요堯라고 하고, 최초로 음식을 익혀먹는 제도를 추진한 수령을 순舜이
   라 하고, 최초로 물고기를 잡고 낚시를 한 수령을 곤鯀이라 하고, 최초
   로 뱀을 다스리고 물길을 잡은 수령을 우禹라 한다고 한다. 상형문자의
   자형으로 보면 매우 일리 있는 분석이다.

『고문자고림』에는 夏자에 대한 다양한 해설을 싣고 있다.7 고문자가 머리털을 흩날리고 맨손과 맨발로 있는 형상이라는 설, 그래서 여름을 뜻하는 글자였다는 설, 夏가 중원 지역에 위치하여 가운데를 뜻하는 여름과 일치하게 되었다는 설, 최고 제사장이 춤을 추는 형상이라는 설 등 각자의 근거를 가지고 주장한다. 특히 夏는 음악이며 여름에 기우제를 지내는 춤의 형상이라는 대군인戴君仁의 주장이 설득력이 있다.

『상형자전』 등에서 주장하고 있는 농기구를 들고 있는 중원 사람이라는 설도 일리가 있다. 금문 🐢는 夏자의 원형을 잘 드러내고 있는데, 나누어 분석해보면 머리 부분인 頁자와 잡는다는 뜻의 爪자, 움켜쥔다는 뜻의 執자, 칼을 뜻하는 匕자, 천문관측으로 점을 치는 卜자, 쟁기 같은 농기구를 뜻하는 耒자가 결합된 매우 복잡한 글자이다. 이를 종합하면 손에 농구를 들고 발로 쟁기를 밟고 또 한 손에는 천문을 관측하는 도구를 든 사람의 형상이다. 윗부분은 사람의 머리 모양을 표현한 것이며, 가운데는 두 손, 아래는 두 발을 뜻하는 회의문자이다. 고문에서는 夏를 龠라 하여 그 상형적 의미를 보존하고 있다. 천문을 살피며 계절에 맞추어 바삐 농사일에 종사하는 사람이라는 뜻이다. 당시 농경생활을 했던 중국인의 표상이다. 전서에서는 농기구 모양이 생략되고 예서 夏자에는 손 모양도 빠져서 夏라는 글자만 보고는 초기의 바쁘게 농사짓는 사람의 모습은 상상하기 어렵게 되었다. 글자 변형이 심하게 이루어진 것은 그만큼

7)『고문자고림』제5책, 660~667쪽.

다양하고 자주 사용하는 대표 문자가 되었다는 의미일 수도 있다.

夏가 華와 더불어 중국인 스스로와 자신의 문화를 대표하는 글자로 높은 상징성을 지닌 것은 하, 은, 주 세 민족이 융합하며 하나의 민족의식을 갖게 된 것과 관련이 있는 것으로 보인다. 또한 존왕양이尊王攘夷를 명분으로 회맹會盟의 정치질서가 유행한 춘추시대에 이른바 화하華夏의식은 더욱 공고해진 것으로 추정된다. 위진시대의 책인 『설문해자』에는 "夏는 중원의 나라에 사는 사람이란 뜻이다. 글자형태는 夊자와 頁자와 𦥑자가 결합한 회의문자이다. 𦥑는 두 손을 뜻하며 夊는 두 발을 표시한다"[8]고 한다.

夏의 고대 발음은 '胡와 雅'의 반절半切로서 hua이다. 華와 夏의 발음이 서로 통용되어 같이 쓰이게 된 시기를 정확히 알 수는 없다. 꽃을 뜻했던 華의 본래 의미는 현대어에서는 거의 화花자로 대체되었다.

### 夷의 어원

같은 한자를 쓰지만 이夷자는 한국과 중국에서 매우 다른 의미로 받아들인다. 한국인들은 동이東夷를 민족의 조상으로 생각한다. 글자의 구조대로 활 弓자에다 큰 大자를 결합한 글자로 보며 어원을 큰 활을 들고 활에 능한 종족을 표현한 것이었다고 말한다. 중국에서 夷자는 華자보다 일찍 쓰인 것으로 추정된다. 중국에서도 처음에는 중국과 다른 민족으로 東夷를 말했으나 나중에 중화주의적 문화우

---

8) 夏, 中國之人也. 從夊, 從頁, 從𦥑, 兩手; 夊, 兩足也.

월의식이 작동하면서 華또는夏 문화를 받아들이지 못한 야만적인 오
랑캐로 생각하며 모든 이민족의 대표명사로 쓰기도 한다.

　『설문해자』에서는 夏를 '중국의 사람'中國之人이라 부른 것에 대응
하여 夷를 '동방의 사람'東方之人이라 한다. "夷는 평평하다는 뜻이다.
글자형태는 大자와 弓자의 회의문자이다. 夷는 중국의 동방에 사는
사람을 가리킨다."9 중국에서도 夷의 어원을 한국과 비슷하게 보았
던 것이다. 하지만『고문자고림』의 여러 주장에 따르면 화살을 활에
끼운 형상의 회의會意자로 보는 시각은 여전히 존재하며 포로 또는
쪼그려 앉은 형상이라는 주장도 존재한다. 夷자의 변천은 다음〈그
림29〉와 같다.

| 粹519 | 甲3058 | 兮甲盤 | 柳鼎 | 설문해자 |
|--------|--------|--------|--------|--------|
| 갑골문 尸 | 갑골문 夷 | 초기 금문 | 후기 금문 | 소전 |

그림 29 夷자의 변천

　『고문자고림』의 夷에 관한 정보는 尸를 그 근원으로 볼 것이냐가
가장 큰 의견차이다.10『상형자전』에는 夷자의 초기 갑골문을 ⺅자
즉 尸자로 본다. 오대징 등의 주장이다. 尸는 소멸된 적을 뜻하며 후
기 금문 夷자는 포로를 뜻하는 大자와 묶는 새끼줄을 뜻하는 Ｓ자

---

9) 夷, 平也. 從大, 從弓. 東方之人也.
10)『고문자고림』제8책, 794~802쪽.

의 회의문자라고 한다. 그래서 중원 사람들이 새끼줄로 묶어 포획한 이민족을 뜻하는 글자가 갑골문 夷자의 원래 의미라는 주장이다.[11] 『고문자고림』에서 전천군田倩君은 夷자를 활, 화살과 연결시키며 그림을 곁들인 명료한 설명으로 夷를 尸 어원으로 보지 않고 큰 활을 든 동방의 민족으로 설명한다.[12]

서중서의 『갑골문자전』에 따르면 夷자는 ⟨인데 전서체 夷자가 나중에 생겨난 것이라고 말한다.[13] 尸자에 대한 서중서의 해석에 따르면 ⟨는 人자와 비슷하며 앉는 모양의 차이에서 생겼다고 한다. 그러나 『상형자전』과 해석이 다르다. 중원 사람들은 궤좌跪坐 즉 무릎을 꿇고 앉는데, 夷 사람들은 준거蹲踞 즉 웅크리고 쪼그려 앉는다는 것이다. 그래서 夷자를 웅크릴 이㚰라고도 한다는 것이다.

夷는 갑골문과 금문 및 소전 사이에 연결이 잘 되지 않는다. 갑골문과 초기 금문시대까지만 해도 夷를 습관과 문화가 다른 사람으로 보다가 나중 화하의식이 발동하면서 동방을 대표하는 사람이 되었다가 정치적으로 폄하를 하면서 여러 가지 해석이 가미되고 오늘의 夷자를 형성한 것이 아닌가 추측된다. 夏가 제례를 치르는 사람이고 夷가 큰 활을 가진 사람이라면 힘과 관련 있다는 얘기다. 이 夷Yi nationality는 은나라 때 산동성山東省, 강소성江蘇省 일대에 흩어져 살던 단순한 동방사람을 뜻하는 글자에서 나중에 夏 이외 사방의 다른 민

---

11) 『상형자전』 http://vividict.com/WordInfo.aspx?id=1457
12) 『고문자고림』 제8책, 798~799쪽.
13) 徐中舒 主編, 『甲骨文字典』, 앞의 책, 1144쪽.

족을 뜻하는 대명사가 되었다고 한다.[14] 이것이 하이夏夷 즉 華夷 구분의 출발이다. 이상과 같이 글자의 어원과 초기적 의미로 볼 때 최초의 華夷 구별은 객관적인 상황과 생김새의 차이를 뜻하는 단순한 것이었다고 할 수 있다.

---

14) 예컨대 『후한서』 「동이전」東夷傳에는 이유구종夷有九種 즉 '이족은 아홉 종류가 있다'라고 한다.

# 2. 화華·이夷 관념의 변천

## 공자 이전의 華·夷 관념

『서경』의 「순전」舜典에는 '만이활하'蠻夷猾夏란 구절이 있다. 화이華 夷론에 대한 역사적 논쟁을 부른 유명한 기록이다. '만蠻족과 이夷족이 하夏족을 어지럽혔다'란 뜻이다. 활猾은 '교활'이란 용례에서 알 수 있듯이 정당한 것을 정당하지 못한 것이 어지럽힌 상태를 지칭한다. 만이蠻夷가 가만히 잘 살고 있는 夏 즉 중원 지역에 들어와 교란을 시켰다는 적개심 가득한 표현이다. 역사적 실존 여부는 차치하고 중국 고대를 다룬 『사기』 등 역사기록에 따르면 순임금 때 중원을 혼란에 빠뜨린 삼묘三苗족이 곧 蠻이고, 하나라 초기 후예后羿를 필두로 하나라 권력을 탈취해 혼란을 일으킨 것이 동이東夷족이다. '만이 활하'가 이 역사 사건을 반영한 기록인지는 모르지만 사실이라면 夏에 대척되는 개념으로 夷를 사용한 역사는 매우 오래된 듯하다. 이미 하나라 때 華夷 관념의 기본이 형성된 것으로 볼 수 있다.[15]

---

15) 이하 공자 이전 화이 관념에 대해서는 장현근, 「한국에서 대중국 관념의 변화: 중화주의, 소중화주의, 탈중화주의」(경희대학교국제지역연구원, 『아태연구』 18집 2호, 2011. 8), 97~123쪽의 내용들을 참고하고 인용했다.

『주례』「직방식」職方式에 등장하는 '사이팔만'四夷八蠻이란 말은 주변 민족을 뭉뚱그려 부른 말이다. 주나라 왕의 직할지인 왕기王畿를 중심에 두고 주변에 많은 제후국과 이민족 국가들이 혼재해 있었다. 이들을 사이四夷라 불렀고 그들의 나라를 방邦이라 불렀는데『시경』『서경』등 고문헌에는 방국이 매우 많아 만방萬邦, 다방多邦 등의 용어가 등장한다. 蠻은 위에 언급했듯이 묘苗와 같으며 당시 묘족은 夏나라에 필적할 만한 힘을 가진 민족이었고, 비슷한 규모의 강역으로 왕조를 유지했다.[16] 이런 점에서 볼 때 상대를 낮춰보는 경쟁의식의 발로로서 蠻으로 칭한 듯하다. 여기서부터 정치적 정당화의 수단으로 문화, 특히 언어와 문자기록 측면에서 주변 민족보다 월등히 앞서 있던 화하족의 자기중심 문화우월주의인 중화주의가 시작된 것이라고 생각된다.

문자기록이 앞선 중원의 민족이 자신을 표현하면서 쓴 '화하'란 말 속에는 문화우월주의가 강하게 자리 잡고 있다. 주周 왕실 및 중원 지역에서 문명정도가 비교적 높은 제후국들이 화하이며, 대체로 문명이 비교적 낮은 주변 민족들을 가리켜 이夷 또는 이적夷狄이라 표현했다. 그 구체적인 나라는 진秦, 초楚, 오吳 등 변방에 위치한 제후국들이 포함된다. 춘추시대는 이민족에 대한 멸시가 심했다.『국어』「주어 상」편에 보면 사이四夷를 묵형을 당한 사람들의 후예이며 성정이 좋지 못하다고 평가한다. 夷를 역사상 죄를 짓고 도태당한

---

16) 시라카와 시즈카, 윤철규 옮김.『한자의 기원』, 앞의 책, 181~184쪽 참조.

사람들의 집단으로 매도한 것이다. 주나라는 서융西戎과 섞여 살다가 중원지역으로 이주해 오면서 실력을 쌓아 왕조를 개창한 민족이다. 주나라 때는 서융을 곤이昆夷 또는 混夷라고 불렀다.[17] 夷자가 주변 민족을 지칭하는 보통명사로 변해간 것이다.

춘추전국은 중국 고대 민족 대융합의 시기였으며, 중원의 화하 민족과 주변 이민족들이 서로 왕래하고 이주하며 뒤섞였다. 전쟁도 잦고 포로로 이주한 사람도 많아진 듯하다. 『좌전』「장공 31년」에는 "제후들이 四夷를 공격하여 얻는 것이 있으면 왕에게 헌상하는데, 왕은 이로써 夷에게 경고를 보내려는 것이다. 중국中國은 그렇지 않다. 제후들끼리 서로 포로나 전리품을 교환하지 않는다"[18]라고 한다.

특히 『춘추공양전』은 이 사실을 중국 중심의 중화주의적 입장에서 담아내고 있다. 『춘추공양전』「희공 4년」에는 "남이南夷와 북적北狄이 교통하니 中國은 선처럼 끊지 못했다"[19]라고 한다. 『춘추공양전』은 華와 夷의 구별을 안과 밖의 구별로 보았다. 「성공 15년」에는 "그 국國을 안으로 삼고 여러 하夏를 바깥으로 삼으며, 여러 하夏를 안으로 삼고 이적夷狄을 바깥으로 삼을 것"[20]이라고 말하며 華夷관계를 내외의 조화로 파악하려고 한다. 『춘추공양전』의 저자들은 화

---

17) 『맹자』「양혜왕 하」편에 '주 문왕이 곤이를 섬겼다'는 주장이 있다. 역사적 사실과 합치한다.
18) 凡諸侯有四夷之功, 則獻于王, 王以警于夷, 中國則否, 諸侯不相遺俘.
19) 南夷與北狄交, 中國不絶若線.
20) 內其國而外諸夏, 內諸夏而外夷狄.

하 민족의 문화가 이적보다 높아 이적의 주인이 되며, 華와 夷의 사이는 통일과 피통일의 주종관계라고 주장하고 있으며 이 관계는 도치될 수 없다고 생각했다.

총체적으로 이민족과의 교류에서 화하가 주도적 지위를 행사해야한다는 주장은 민족이 뒤섞이는 춘추전국시대에 더욱 분명해졌다.『춘추공양전』「희공 21년」에는 "'이적'에게 중국의 일을 맡도록 하지 않는다"[21]고 하는데 오吳나라가 자子를 칭하는 문제를 둘러싸고 벌어진 논쟁을 기록한 「정공 4년」에도 같은 주장을 하고 있다. 이렇게 중원의 화하 민족만이 중국의 일을 주도한다는 의식이 정치 전략으로 발전한 것이 소위 '존왕양이'尊王攘夷론이다. '존왕양이'는 내적으로 주나라 천자가 정치의 중심이며 천하 '공통'의 주인이라는 관념을 수호하려는 정치적 전략이다. '화하華夏와 내외의 구별'을 통해 화하 중심의 통일천하를 만들어가야 한다는 과정과 순서를 정당화하는 논리이다. 관중管仲은 이런 '존왕양이'라는 정치적 명분을 앞세워 제 환공을 춘추시대 첫 패자로 만드는데 성공했다. 화이론은 국제정치질서를 주도할 명분 축적용이기도 했던 것이다.

한편 '존왕양이'는 외부 이민족으로부터 내부 화하문명을 수호한다는 현실적 전략이기도 했다. 공자는 『논어』「팔일」편에서 "'이적'에 군주가 있음이 하 지역들에 군주가 없음만 못하다"[22]고 말한 적이 있다. 그 뜻은 이적의 나라는 문명이 낙후하여 군주가 있더라도

---

21) 不與夷狄之執中國也.
22) 夷狄之有君, 不如諸夏之亡也.

예의가 없으니, 여러 하夏에 군주가 없어도 예의가 있음만 같지 못하다는 말이다. 『논어』에는 그 외에도 「자한」편에 공자가 구이九夷 지역에 살고자 한다면서 낙후된 곳으로 낮춰보는 누陋자를 사용하고 있으며, 「자로」편에서는 문화적으로 우매한 지역으로 '이적'을 언급하기도 한다. 공자와 그의 제자들은 주변 민족을 열등한 존재로 보았던 것이다.

문화적으로 열등한 족속으로 주변 이민족을 정의해버린 배타적 중화주의의 전개는 이민족에 대한 중국의 정치적 지배를 정당한 것으로 만드는 관념과 말을 끊임없이 생산하게 만들었다. 예를 들면 예禮 관념이 정치의 핵심으로 자리를 잡으면서 예가 있고 없고를 화이 평가의 기준으로 삼은 것이다. 예가 통치 관념의 핵심인 중국이 그렇지 못한 이민족보다 정치적으로 우월하다는 사실을 강조하려 했다.

물론 춘추시대에도 이민족을 우열이 아니라 문화적으로 다른 나라라고 생각한 주장도 없지는 않았다. 『좌전』「양공 14년」에는 "여러 戎족의 음식과 의복은 華와 달랐으며, 폐백과 예물이 불통하고 말이 연결되지 않았다"[23]고 말한다. 그렇지만 대부분의 경우는 문화적 우열을 전제에 두고 화와 이를 구별시킨다.

『춘추』 필법은 이적의 군주를 다 '인'人이라고 부른다. 그런데 「정공 4년」 "겨울 11월 경오날, 채후蔡侯가 오자吳子를 이용하여 초인楚

---

23) 諸戎飮食衣服, 不與華同, 贄幣不通, 言語不達.

人과 백거伯莒에서 전투를 벌였는데 초나라 군대가 패배했다"[24]에 대하여 『공양전』의 「전문」前文은 이렇게 말한다. "오를 어찌하여 자子라 불렀는가? '이적'이지만 중국을 위해 걱정했기 때문이다"[25]라고 말한다. '중국'은 채나라를 가리켜 한 말이다. 「전문」의 저자는 이 전쟁이 "초인들이 도가 없기 때문이었으며" "채나라에 죄가 있는 것이 아니다"고 생각했다. 오의 군주가 '중국'을 원조하여 '이적'에 대항한 것은 생사존망을 두고 취한 예의바른 행동이었으므로 『춘추』는 화하의 사례에 따라 '자'라고 불러주었다는 것이다. 그러나 며칠 후 칭호에 변화가 생겼다. 경經의 "경진庚辰날 오吳가 초楚에 입성했다"에 대해 『춘추공양전』은 다음과 같이 해설을 달고 있다.

> "오吳를 어찌하여 자子라고 부르지 않았는가? '이적'으로 되돌아갔기 때문이다. '이적'으로 되돌아갔다 함은 무엇 때문인가? 군주는 군주의 침실에 머물렀고, 대부는 대부의 침실에 머물렀다."[26]

하휴의 『공양전』 「해고」解詁에 따르면 "침실에 머물렀다 함은 적의 아내를 처첩으로 삼았음이다. 이 날에 이르러 그들의 예의 없음을 미워한 것이다"[27]라고 한다. 「전문」의 저자는 오나라 군신이 초나라

---

24) 冬十有一月, 庚午, 蔡侯以吳子及楚人戰於伯莒, 楚師敗績.
25) 吳何以稱子? 夷狄也而憂中國.
26) 吳何以不稱子? 反夷狄也. 其反夷狄奈何? 君舍於君室, 大夫舍於大夫室.
27) 舍其室, 因其婦人爲妻. 日者, 惡其無義.

에 공격해 들어간 뒤의 갖가지 행위가 예의에 위배되었다고 생각했다. 이 때문에 『춘추』는 오나라 군주를 다시 '이적'으로 대우한 것이다. 여기서 알 수 있듯이 예의는 華夷 구별의 관건이다. '이적'의 나라라 하더라도 예의를 지킬 수만 있으면 마땅히 제하諸夏와 동등하게 대우하지만, 반대로 만약 제하 국가라 하더라도 예의를 저버리면 이적으로 내려가 『춘추공양전』 「소공 23년」처럼 '신이적'新夷狄으로 부른 것이다.

결국 어떤 민족이든 상관없이 중국에 사는 자신들이 설정한 예의의 문으로 들어오기만 하면 모두 화하문명의 체계 속에 편입시킬 수 있다는 말이다. 춘추시대까지의 많은 고전문헌 속에 등장하는 소수민족 명칭들 대부분이 개 견犬이나 벌레 충虫을 부수로 삼고 있다는 점만 보아도 화하 민족의 주변 민족에 대한 문화적 멸시를 짐작할 수 있다.

### 제자백가의 '화이' 관념

민족 간 모순의 격화는 전국시대에도 계속되었다. 7웅의 경쟁이 심화되고 힘에 의한 통일을 지향하는 사회적 분위기 속에서 주변 민족에 대한 멸시와 華夷의 구별은 점점 고착화되어 갔다. 「중용」 14장에는 "평소에 부귀하면 부귀하게 행동하고, 평소에 빈천하면 빈천하게 행동한다. 평소에 '이적'의 땅에 살면 '이적'에 맞게 행동한다. 평소 환난을 당했으면 환난의 범위 내에서 행동한다"[28]라고 말한다.

28) 素富貴, 行乎富貴; 素貧賤, 行乎貧賤; 素夷狄, 行乎夷狄; 素患難, 行乎

'이적'의 땅은 중국의 땅과 다른 곳으로 비정하고, 문화적으로 낙후하고 행동이 중국인처럼 문화적이지 못하고 야만스럽다는 것을 비정한 이야기다.

묵자는 심하지는 않지만 夷 문화를 낮춰보는 경우가 많았다. 『묵자』「겸애 중」편에는 우임금의 치수실적을 강조하면서 남쪽 수로를 정비하여 마침내 "형荊, 초楚, 간干, 월越과 남이南夷의 백성들을 이롭게 했다"[29]는 가치중립적 입장을 견지한다. 이전에 만蠻으로 부르던 남쪽의 호칭을 남이南夷로 불렀는데 당시 보편적으로 사용되었던 듯하다. 그런데 「비공 하」편에선 주 무왕의 정치교화가 "四夷에 통달하니 천하에 귀의해 오지 않는 곳이 없었다"[30]고 하고, 「절장 하」편에선 "우임금이 동쪽으로 九夷를 교화하러 갔다가 도중에 죽어서 회계산에 묻었다"[31]고 한다. 여기서 夷는 동방 민족을 말한다. 묵자는 夷를 교화의 대상으로 본 것이다. 『묵자』「노문」魯問 편에는 노나라 양문군陽文君과 묵자의 기이한 대화가 실려 있다. 양문군은 나쁜 풍속문화로 초나라 남쪽의 식인 국가 교橋에서 큰아들이 나면 죽여서 아버지가 맛보고 군주에게 바쳐 상을 받는다는 얘기를 하자 묵자는 전쟁을 하지 말라며 이렇게 말한다. "비록 中國의 풍속이라고 한들 마찬가지일 것이다. 전쟁으로 아버지를 죽인 뒤 그 아들에게 상을 내린다면 제 자식을 먹어치운 아버지에게 상을 내린 것과 무엇이

---

患難.
29) 南爲江, 漢, 淮, 汝, 東流之, 注五湖之處, 以利荊, 楚, 干, 越與南夷之民.
30) 通維四夷, 而天下莫不賓.
31) 禹東教乎九夷, 道死, 葬會稽之山.

다르겠는가? 인의를 행하지 않는다면 '夷'족들이 제 자식을 먹는 것을 어떻게 비난하겠는가?"[32]라고 말한다. 夷를 보는 당시의 분위기를 알 수 있는 대목이다.

夷가 문화적으로 낙후한 곳이라는 주장은 맹자의 다음 주장에 더욱 선명하게 드러난다. 『맹자』 「등문공 상」 편의 다음 기사는 중국 화이논쟁의 압권이다.

"난 夏가 夷를 바꾸었다는 말은 들어보았지만, 夷로 인해 중국이 바뀌었단 말은 들어보지 못했다."[33]

이 때 夏는 중화문화를 뜻하고 夷는 문화적으로 낙후한 오랑캐라는 의미다. 오랑캐 나라에 군주가 있어도 중국에 군주가 없음만 못하다는 공자의 이민족에 대한 문화적 비하와 같은 맥락으로 이해할 수 있다.[34] 물론 맹자가 그토록 존경해 마지않던 순舜임금을 동이족 출신이라고 말한 점 등으로 보아 기본적으로 민족적 차별을 둔 것으

---

32) 雖中國之俗, 亦猶是也. 殺其父而賞其子, 何以異食其子而賞其父者哉? 苟不用仁義, 何以非夷人食其子也?

33) 吾聞用夏變夷者, 未聞變於夷者也.

34) 북방 민족 정권인 금, 원, 청나라가 맹자를 성인으로 더 적극적으로 추앙한 것은 이런 사실을 몰랐던 것인가? 나는 그렇게 한 것이 중국 한족들을 이념적으로 통합하기 위한 정치적 계산이 짙게 깔린 의도로 본다. 동시에 이는 당시 중국인들 사이에 공맹이 이미 보편적인 존경의 대상으로 자리 잡았다는 증거이기도 하다. 장현근, 『맹자: 바른 정치가 인간을 바로 세운다』, 앞의 책, 16쪽 참조.

로 보이지는 않는다.

순자 또한 기본적으로 華와 夷가 생물학적으로는 차이가 없으나 문화적으로 차이가 있다는 입장을 견지한다.『순자』「권학」편에는 "간干, 월越, 이夷, 맥貊의 자제들 또한 태어나면서 같은 소리를 내지만 자라면서 풍속을 달리하게 되는데, 이는 교육이 그렇게 만들었기 때문이다"[35]라고 말한다. 중국의 교육이 문명이고 夷는 그렇지 못하다는 차별의식이 짙게 깔린 발언이다.「정론」편에서는 "그러므로 여러 夏족의 나라는 같은 복장에 같은 의례를 행하지만 만蠻, 이夷, 융戎, 적狄의 나라는 입는 것은 같지만 예법제도가 다르다"[36]라고 말한다. 이른바 남만南蠻, 북적北狄, 동이東夷, 서융西戎의 사방 이민족은 예법제도를 잘 갖추고 있지 못하다는 뜻이다.

『장자』에서는 특별한 문화적 차별로 夷를 사용하지 않는다.「천하」편에 묵자의 말을 인용하며 "옛날 우임금은 홍수로 사방이 잠기자 강江과 하河를 트고 사이四夷와 구주九州를 소통시켰다"[37]라는 정도로 주변 지역 夷를 얘기하고 있을 뿐이다.

법가의 여러 서적에도 특별히 문화적 낙후성을 들어 夷를 설명하지 않는다. 다만『한비자』「난 1」편에 순임금을 칭송하며 "東夷 지역의 도기陶器가 조악했는데 순임금이 직접 가서 도기 만드는 데 참여하니 1년이 지나 그들의 그릇이 매우 견고해졌다"[38]면서 구패救敗

---

35) 干, 越, 夷, 貉之子, 生而同聲, 長而異俗, 教使之然也.
36) 故諸夏之國同服同儀, 蠻, 夷, 戎, 狄之國同服不同制.
37) 昔者禹之湮洪水, 決江河而通四夷九州也.
38) 東夷之陶者器苦窳, 舜往陶焉, 期年而器牢.

즉 '잘못된 것을 구제한' 순임금을 어진 성인으로 칭송한 공자의 말을 인용하고 있다.

『관자』「소칭」小稱 편의 언급처럼[39] 전국시대는 중국 화하 민족과 주변 만이 민족의 다름을 긍정하고 그들을 문화적으로 낙후한 교화의 대상으로 파악하는 화이론이 대세를 이루었던 듯하다. 그러한 중국문화 우월주의적 화이론을 가장 적극적으로 펼친 학파는 공자 이래의 유가였다.

### 제국시대의 '화이' 관념

진시황의 중국통일은 華夷 관념의 변화에 하나의 사항을 더해주었다. 천하가 모두 복종해야 하므로 중국의 주변 이민족들도 황제 아래 복종해야 한다는 관념이다. 『사기』「진시황본기」에서 주청신周靑臣은 진시황을 찬양하며 "폐하의 신령과 성명으로 인해 세상이 평정되고 '만이'를 축출하셨으니 해와 달이 비추듯 그 아래 복종하지 않는 것이 없습니다"[40]라고 말한다. '만이'까지 통일했으며 그들을 복종시켜 하나가 되었다는 뜻이다.

진을 극복한 한나라는 장기간 지속하며 오늘날 중국 한漢족 문화의 원형들을 창조했는데 그 바탕에는 華夷를 문화적으로 차별하는 유가사상이 짙게 배어 있다. 그 연장선상에서 華夷 관념에도 하나

---

39) 예컨대 嘗試往之中國諸夏蠻夷之國, 以及禽獸昆蟲之地, 皆待此而爲治亂. 澤之身則榮, 去之身則辱, 審行之身而毋怠, 雖夷貉之民, 可化而使之愛.
40) 賴陛下神靈明聖, 平定海內, 放逐蠻夷, 日月所照, 莫不賓服.

의 변화가 일어났다. 세상의 모든 민족을 황제<sup>黃帝</sup>의 후예로 보고, 중국인과 다른 모든 민족들의 조상이 같다는 이른바 '화이공조'<sup>華夷共祖</sup> 관념이 나타난 것이다. 다음 절에서 상세히 다루겠지만 사마천의 『사기』가 그 전형적인 사례이다.[41] 오랜 정치안정이 가져온 문화적 우월감과 민족적 자부심의 소산이었을 것이다.

한대에 성립된 것으로 추정되는 『예기』 「명당위」 편의 다음 내용은 중국과 이민족 간 불평등성을 공개적으로 드러내고 있다.

"옛날 주공이 명당<sup>明堂</sup>의 자리에서 제후들을 조회할 때, 천자는 도끼를 등에 지고 남쪽을 향해 섰으며 삼공은 중간 계단 앞에서 북쪽에 얼굴을 두고 동쪽으로 오르며 ……여러 남작의 나라는 문의 서쪽에서 북쪽에 얼굴을 두고 동쪽으로 오른다. 구이<sup>九夷</sup>의 나라는 동문의 밖에서 서쪽에 얼굴을 두고 북쪽으로 오른다. 팔만<sup>八蠻</sup>의 나라는 남문의 밖에서 북쪽에 얼굴을 두고 동쪽으로 오른다. 육융<sup>六戎</sup>의 나라는 서문의 밖에서 동쪽에 얼굴을 두고 남쪽으로 오른다. 오적<sup>五狄</sup>의 나라는 북문의 밖에서 남쪽에 얼굴을 두고 동쪽으로 오른다. ……이것이 주공이 정한 명당의 위치이다. 명당이란 제후들의 존비를 명확히 하려는 것이다."[42]

---

41) 이에 대해서는 왕문광과 적국강이 『사기』를 면밀하게 분석하며 매우 상세하게 분석하고 있다. 王文光·瞿國强, 「"五帝"世系與秦漢時期"華夷共祖"思想」(『中國邊疆史地研究』, 2005年 第03期) 참조.

42) 전문은 다음과 같다. 昔者周公朝諸侯于明堂之位: 天子負斧依南鄕而立; 三公, 中階之前, 北面東上. 諸侯之位, 阼階之東, 西面北上. 諸伯之國, 西

천자가 남면하고 서면 사대문 안쪽으로 공후백자남公侯伯子男 순서로 서고, 이민족 국가의 수장은 아예 문 안에 들어오지도 못하고 각 문의 바깥에서 조회에 참여한다는 것이다. 그리고 이것을 존엄함과 비천함을 밝히는 제대로 된 위치 선정이라고 한다. 이것이 고대 화하족이 견지한 華夷 통합의 전형적인 모습이다.

진나라 통일로 오늘날 중국의 산동성과 강소성 연안에 살았던 동이東夷는 진인秦人이라 불리기도 했다. 이들을 포함하여 화하의 주변 민족들은 강한 통합성을 지닌 화하문화에 동화되어 갔을 것이다. 그 추세는 전한과 후한 400년의 통합 노력으로 동서남북 모든 곳에서 벌어졌다. 한 고조 유방이 오늘날 광동성과 광서장족자치구에 해당하는 남쪽의 계림군桂林郡, 상군象郡, 남해군南海郡에 있던 남월南越 지역에 육가陸賈를 사자로 파견하여 중원 중심의 화해와 통합을 기도했듯이, 한나라 때는 각 이민족 지역에 설득과 전쟁 등 정치수단으로 군현을 설립하고[43] 중원의 문화능력을 통해 민족융합을 시도했다.

그 정치적 통합과 민족융합은 어느 정도 성공을 거두었다고 할 수 있는데 그건 화하족 즉 한족을 중심으로 볼 때 그렇다. 주변 민족들 입장에서 보면 진정한 공존의식에 기초한 성공이라고 보기 어렵다.

---

階之西, 東面北上. 諸子之國, 門東, 北面東上. 諸男之國, 門西, 北面東上. 九夷之國, 東門之外, 西面北上. 八蠻之國, 南門之外, 北面東上. 六戎之國, 西門之外, 東面南上. 五狄之國, 北門之外, 南面東上. 九采之國, 應門之外, 北面東上. 四塞, 世告至. 此周公明堂之位也. 明堂也者, 明諸侯之尊卑也.

43) 군현의 명칭 등에 대해서는 王文光·翟國强, 「"五帝"世系與秦漢時期"華夷共祖"思想」, 앞의 글, 4~5쪽에 매우 상세하게 나와 있다.

진한 교체기 성행했던 공양학파의 경우 이민족 문화에 대한 멸시를 더욱 심화시켰던 것만 봐도 알 수 있다. 앞에서 언급했듯이 『춘추공양전』은 대일통大一統사상의 핵심인데, 이민족의 영향을 중국의 일통에 가장 큰 방해가 되는 것이라고 주장한다. 예를 들면 『춘추공양전』「희공 4년」에 "이적夷狄들이 중국을 빠르게 병들게 하고 있다"[44]고 노골적인 적대감을 드러내고 있는데 이런 식의 중국 중심의 華夷 관념은 한대 정치문화 형성에 중요한 내용을 차지했다.

『춘추공양전』이 유행시킨 '夏가 안이고 夷狄은 밖이다'라는 공식은 한나라 사람들의 의식을 형성하는 데 큰 영향을 미쳤을 것이다. 『한서』「흉노전 하」에서는 한나라 사람들의 민족의식이 극단적으로 편향되어 있음을 보여준다.

"그리하여 『춘추』는 여러 夏를 안으로 삼고 夷狄을 밖에 두었다. 夷狄의 인간들은 탐욕스럽고 이익만 따지며 머리를 풀어헤치고 옷깃을 왼쪽으로 여미는, 사람의 얼굴을 하고 짐승의 마음을 지닌 사람이다."[45]

옷깃을 왼쪽으로 여미는 문화적 차이를 긍정하지 않고 주변 민족을 '인면수심'이라고 한 표현은 왜곡된 문화차별주의의 발로가 아닌가. 흉노에게 지속적으로 핍박을 당한 환경을 아무리 감안하더라

---

44) 夷狄也, 而亟病中國.
45) 是以春秋內諸夏而外夷狄. 夷狄之人貪而好利, 被髮左衽, 人面獸心.

도 조금 지나치게 여겨지는 이러한 담론은 문제가 있어 보인다. 후대 중국인들의 화이론이 습관과 문화의 차이를 문명과 야만의 차이로 보게 된 그릇된 경향은 한나라 초기의 이러한 의식화와 어느 정도 관계가 있을 것이다. 이 때문에 중국은 역사적으로 주변국들로부터 타문화를 동등하게 인정하지 않고 이민족을 평등하게 보지 않는다는 비판을 받곤 한다.

한대 이래 이민족과의 관계는 주로 북방 지역의 문제였다. 대체로 중국 정부의 정책은 실력으로 이민족을 복종시키고자 했으며, 때로는 인의도덕을 앞세워 포용해야 할 상대로 취급하기도 했다. 어떤 경우든 중국이 중심이고 夷는 풀었다 옥줬다 하는 변방 기미羈縻의 대상이었다. 『염철론』은 이 의식을 잘 대변한다. 「본의」本義 편에 보이듯이 주변 민족에 대해 중국의 통치자가 어진 정치를 행하여 "인의를 쌓아 풍속을 이루고, 덕행을 넓혀 감싸 안아야"[46] 할 대상으로 생각하기도 했으며, 「결화」結和 편의 주장처럼 "두 군주가 화합하여 내외가 교통하면 천하가 안녕할 것이라"[47]고 주장하기도 했다.

화이 관념의 변천사에 특이한 현상은 위진남북조시대에 일어났다. 한나라 초기 화이공조華夷共祖 관념이 일시적으로 유행했다. 이른바 5호16국시대에 흉노족과 선비족을 중심으로 자신들을 중국인과 같은 조상인 황제黃帝의 후예라고 생각하는 풍조가 일어난 것이다. 『진서』晉書에 보이듯이 5호의 한화漢化 정도가 심해서 진짜 중국인으

---

46) 畜仁義以風之, 廣德行以懷之.
47) 兩主好合, 內外交通, 天下安寧.

로 착각해서 그런 것인지, 인구가 압도적으로 많은 한족 즉 화하 민족을 통치하기 위한 정치적 발상인지 알 수는 없다. 이들은 사마천의 '화이공조'설을 받아들이는가하면 유가사상을 정신적 지주로 삼기도 했다.[48]

남조에서는 불교의 유행과 더불어 화이 논쟁이 발생했다. 남제南齊의 도사 고환顧歡은 「이하론」夷夏論을 써서 불교를 비판했다.『홍명집』弘明集 내의 내용 일부를 보자.

> "예복을 갖추고 띠를 두름은 중화의 용모이고, 까까머리에 승복을 입은 것은 뭇 夷의 복장이다. 손을 받쳐 무릎 꿇고 허리 구부려 절함은 후복侯服, 전복甸服[49]의 공손함이요, 짐승처럼 웅크려 앉는 것은 궁벽한 지역에 사는 사람의 엄숙함이다. 관곽을 써서 염을 하고 장례를 치르는 것이 중하中夏의 풍토요, 화장이나 수장을 하는 것은 서융西戎의 풍속이다. 형체를 온전히 하여 예법을 지키는 것이 선을 잇는 가르침이요, 용모를 훼손하고 본성을 바꾸는 것은 절대 악을 배우는 것이다."[50]

48) 이에 대해선 王文光·翟國强, 「"五帝"世系與秦漢時期"華夷共祖"思想」, 앞의 글, 5쪽 및 장현근, 「중화주의의 시원과 화이공조론 비판」(동양고전학회, 『동방학』 제31집, 2014. 8)을 참조.

49) 후전侯甸은 봉건封建의 오복五服 규정에 따라 천자의 도성 근처에서 천 리이내 가까운 지역에 사는 제후를 뜻한다. 왕실의 높은 문화를 같이 누리는 지역으로 문화적 우월성을 강조한 말이다.

50) 端委縉紳, 諸華之容; 翦髮緇衣, 群夷之服; 擎跽磬折, 侯甸之恭; 狐蹲狗踞, 荒流之肅; 棺殯槨葬, 中夏之風; 火焚水沉, 西戎之俗; 全形守禮, 繼善之敎;

후복, 전복은 중국 봉건封建 논의에서 비롯된 오복五服 규정에 따라 천자의 도성 근처에서 천 리 이내 가까운 지역에 사는 제후를 뜻하며, 왕실의 높은 문화를 같이 누리는 지역으로 문화적 우월성을 강조한 말이다. 夏 즉 중국은 문화적으로 우월한 곳인데 불교는 궁벽한 지역에서 생긴 나쁜 것이라는 얘기다. 고환은 시시콜콜 華와 夷의 풍속을 들어 차별성 발언을 서슴지 않는다.

당나라 때는 조정에선 도교를 숭상하고 민간에서 불교가 크게 유행하여 공존하는 상황이었음에도 불교를 배척하는 논의에는 왕왕 夷의 것이기 때문이라는 주장이 곁들여졌다. 『구당서』「부혁전」傅奕傳에는 화이론을 불교폄하의 수단으로 활용하는 부혁의 주장을 싣고 있다. 부혁은 "부처는 서역에 살며 말이 요망하고 길이 아득하다. 한漢어로 호胡의 책을 번역하면서 제멋대로 가탁했다"[51]고 비판한다. '이적'의 사악한 소인들 논의이므로 배척해야 한다는 논의는 거칠어진 중화주의자의 전형적인 모습이다. 이론적으로 다듬어지긴 했으나 당나라 한유 또한 대표적인 배불론자이다. 그는 『한창려집』「송부도문창사서」에서 "사람이 처음 생겨났을 때는 물론 夷狄과 금수와 다름없었"[52]으나 성인이 문화를 가르쳐주어 존비귀천을 알게 되었으며 그것이 중화中華의 특질이라고 말한다. 불교는 그런 문화적 특질을 갖고 있지 못한 금수와 같은 상태라는 비판이다.

---

毀貌易性, 絶惡之學.
51) 佛在西域, 言妖路遠, 漢譯胡書, 恣其假託.
52) 民之初生, 固若夷狄禽獸然.

불교 측에서도 다양하게 방어했는데 한유의 주장에 반대한 북송의 저명한 승려 계승契嵩은 화이의 구별은 의義에 있는 것이지 지역차별에 있는 것이 아니라는 정교한 논리를 동원했다. 그는 유가 경전과 공맹의 말을 잘 활용했다. 계승은 『원교』原教에서 이렇게 말한다.

"요즘 부처는 서방의 성인이니 그 법이 夷에 합당하고 중국에는 맞지 않는다고 말들을 하는데 이것은 선대 유자들은 생각지도 못한 일이다. 성인이란 큰 도가 있는 사람을 지칭하는 말이다. 큰 도가 있는 사람을 어떻게 성인이라 부르지 않을 수 있겠으며, 성인의 도가 있는데 어떻게 실천할 수 없는 장소가 따로 있겠는가? 그 사람이 夷에서 태어났기 때문에 그렇다면, 순임금은 東夷 사람이고 문왕은 西夷 사람임에도 그 도가 이어지며 중국에 소개되고 실천되었는데 그 사람이 夷에서 태어났다고 하여 그들의 도를 거부할 수 있는가?"[53]

華夷 구분의 핵심은 義라고 한다. 계승은 「인종황제에게 올리는 만언서」上仁宗皇帝萬言書에서 "『춘추』의 법에서는 중국을 높이고 '이

---

53) 今曰佛西方聖人也, 其法宜夷而不宜中國, 斯亦先儒未之思也. 聖人者, 蓋大有道者之稱也, 豈有大有道而不得曰聖人, 亦安有聖人之道而所至不可行乎? 苟以其人所出於夷而然也, 若舜東夷之人, 文王西夷之人, 而其道相接紹行於中國, 可夷其人而拒其道乎? 계승契嵩의 『원교』는 제자들이 간행한 『심진문집』鐔津文集에 있다. 원문은 劉澤華 主編, 『中國政治思想史』 隋唐宋元明淸卷, 앞의 책, 123~124쪽에서 재인용.

적'夷狄을 낮춘다. 그 때 제후국이 중국에 있더라도 의를 잃으면 역시 '이적'으로 취급했으며, '이적'의 지역에 있더라도 진실로 의를 얻으면 역시 중국으로 취급했다. 이것이 바로 공자가 대중大中의 도를 운용한 까닭이다"[54]라고 말한다. 유학자들이 불교를 이적으로 삼는 것은 『춘추』의 취지를 제대로 이해하지 못한 것이라는 논리다.

명나라를 건국한 주원장朱元璋은 華夷 관념을 원나라를 몰아내려는 정치적 혁명의 정당화 차원에서 이용했다. 민족감정을 부추김으로써 자신의 세력을 강화하기 위해 그는 '중화가 안이고 '이적'은 밖이라'는 전통적인 화이분별론을 내세웠다. 『명태조실록』권26에는 "자고로 제왕이 천하의 통치에 임하면 中國이 안을 차지하여 夷狄을 통제하고, 夷狄은 밖에 거처하며 中國을 받드는 것이다. 夷狄이 中國을 차지하고서 천하를 다스린다는 말은 들어본 적이 없다"[55]라고 말한다. 이를 통해 '호족 오랑캐를 물리치고 중화를 회복하자'는 선명한 구호를 외치게 되었다. 청나라가 산해관山海關을 넘어 중원을 차지했을 때도 전통 유학자들 사이에 같은 구호가 등장했으며[56], 손문孫文이 만주족을 몰아내고 중화민국을 수립하고자 했을 때도 같은 구호를 내세웠다.

―

54) 春秋之法, 尊中國而卑夷狄. 其諸侯雖中國, 或失其義, 亦夷狄之 ; 雖夷狄者, 苟得其義, 亦中國之. 是亦孔子用大中之道也.

55) 自古帝王臨御天下, 中國居內以制夷狄, 夷狄居外以奉中國, 未聞以夷狄居中國, 治天下也.

56) 예컨대 황종희는 『명이대방록미간문』明夷待訪錄未刊文 「봉건」 편에서 "삼대 이후 천하를 혼란스럽게 만든 존재는 夷狄만한 것이 없었다"自三代以後, 亂天下者無如夷狄矣고 주장한다.

# 3. 대중화주의와 화이공조론

## 화이론과 중국의 문화우월주의[57]

동아시아 전통사상 속에서 화이華夷와 관련된 논변은 매우 오래되었고 광범한 주제였다. 화하華夏 즉 중원세력의 부침에 따라 시대적 평가가 달라져 온 매우 민감한 사안이기도 했다. 중국과 상대하며 살아온 우리의 경우도 동이東夷를 자처하기도 했으며, 중국에 의해 동이로 정의되기도 했다. 조선시대에는 중국의 화이 관념을 빌려와 소중화小中華를 자처하며 여진족 즉 만주족滿洲族의 청나라에 대해 비현실적 문화우월주의를 주장하기도 했다.

글자의 어원과 초기적 의미로 볼 때 華와 夷의 구별은 객관적인 상황과 생김새의 차이를 뜻하는 단순한 것이었다고 할 수 있다. 이 단순한 차이가 문화적 우열관계 혹은 배타적 관계로 변하여 중화주의와 연결되는 과정은 역사적 사건과 깊은 관련이 있을 것이다. 문화와 달리 문명은 우열을 다투며 자기중심주의와 정당화를 곁들인

---

57) 이 소절은 장현근, 「한국에서 대중국 관념의 변화: 중화주의, 소중화주의, 탈중화주의」, 앞의 글의 일부(특히 제2장) 및 장현근, 「중화주의의 시원과 화이공조론 비판」, 앞의 글의 일부를 수정하여 옮긴 것이다. 상세한 내용은 동 논문을 참조할 것.

다는 점에서 정치적이다. 그래서 권력, 그리고 권력행사의 방식으로서 제례祭禮 장악력의 상징인 청동기시대와 관련이 있을 것이다. 은주殷周 교체기에 주周 민족이 서방 융적戎狄에게 쫓겨서 동쪽으로 이주했다는 사실이 그와 깊은 관계가 있다.

주 민족은 오늘날 감숙성 일대에서 융戎족과 섞여 살다가 동방으로 이주해왔으며 실력을 쌓아 마침내 군사적 반란의 형태로 은殷나라를 멸망시키고 나라를 세웠다. 앞에서 살펴보았듯이 은 민족의 활동무대는 낙양벌판의 동쪽이었고 '夷'족은 그보다도 동쪽으로 오늘의 하북河北성, 산동山東성, 강소江蘇성의 해안, 즉 발해와 황해 가까운 곳에 살았던 민족일 것이다. 주나라는 시종 서쪽과 북쪽의 '융적'들에게 밀렸으며 東夷와도 갈등이 컸던 것으로 추정된다. 서쪽과 북쪽이 유목을 하는 전투적 민족이었던 데 비해[58] 동이는 정착생활을 하며 화하족과 경쟁을 하던 민족일 수 있다.

주나라의 정치적 지배를 정당화하는 노랫말이 가득한 『시경』에는 夷자가 자주 등장하며 특히 '회이'淮夷란 말이 8차례나 나온다. 회이를 국명으로 보는 견해도 있으나, 오늘날 하남 동남부에서 산동, 강소로 흐르는 강이다. 초기 작품인 「대아 · 강한」江漢 편 등에 "회이 땅

---

58) 참고로 『상형자전』에 따르면 戎자의 갑골문 자형은 으로 창과 방패의 손잡이를 뜻한다. 창과 방패로 무장한 강력한 서쪽 민족을 뜻하는 글자였다. 狄자의 갑골문 원형은 으로 큰 사람 즉 사냥꾼과 사냥개를 뜻한다. 사냥개를 데리고 수렵을 하는 북방 민족을 뜻한다. 또한 남쪽 민족을 뜻하는 만蠻자는 갑골문이 없고 금문이 있는데 자는 야생동물을 새끼줄로 묶어 잡아다가 훈련시킨다는 뜻이라고 한다.

에 와서 구하려 함이라", "회이 땅에 와서 베풀려 함이라"[59] 등 적개심이 드러나지 않는 용례와 나중에 쓰인 것으로 추정되는 「노송·반수」泮水 편에 "회이를 무너뜨리고", "회이를 포로로 잡았다"[60] 등 적으로 간주하는 용례가 혼재한다. 특히 「비궁」閟宮 편의 다음 구절은 선명한 우월의식으로 가득하다.

> "부鳧산, 역繹산을 보유하게 되니
> 이에 서徐나라 땅을 개척했으며
> 바닷가 나라에 이르니
> 회이淮夷족과 만蠻족과 맥貊족
> 그리고 저 남이南夷에 이르기까지
> 솔선하여 따르지 않는 자가 없고
> 감히 복종하지 않는 나라가 없으니
> 노나라 제후가 그렇게 만든 것이로다."[61]

실제로 노나라가 언제 군사를 동원하여 오늘의 황해나 동중국해까지 강역을 넓혔는지 역사적 사실은 알 수 없다. 『서경』의 「대고」大誥, 「채중지명」蔡仲之命, 「주관」周官 편 등에 주공이 조카 성왕을 보좌하여 회이를 정벌했다는 말이 등장하는 것으로 보아 형식상 노나라의

---

59) 淮夷來求, ……淮夷來鋪.
60) 既克淮夷, ……淮夷卒獲.
61) 保有鳧繹 / 遂荒徐宅. 至于海邦 /淮夷蠻貊. 及彼南夷 / 莫不率從. 莫敢不諾 / 魯侯是若.

제후였던 주공의 공적일 수도 있다. 『서경』 「무성」武成 편에는 주공의 정벌로 "화華족, 하夏족, 만蠻족, 맥貊족이 솔선하여 따르지 않는 사람이 없었다"[62]고 한다. 주공은 섭정하던 7년 동안 정벌작업을 단행했으며, 반역을 구실로 형제까지도 잔인하게 살육했으니 이민족들에겐 더욱 심했을 것이다. 그리고 은나라 말기부터 유행하던 덕德과 예禮를 정치이데올로기로 삼아 중앙의 정치권력을 공고히 했다. 이것이 『시경』과 『서경』을 구성하는 주된 얘기다.

주공의 통치철학이 만들어낸 주나라의 문화우월주의 정책이 강력한 동방 민족이었던 夷를 문화적으로 낙후한 오랑캐로 만든 것이라고 생각된다. 주공이야말로 중화주의의 개척자인 셈이다. 주나라 정부의 안정과 『시경』 『서경』 등의 보급으로 중화주의적 문화우월 의식이 작동했으며, 처음에는 그저 화하족과 다른 민족이었던 夷가 華夏문화를 받아들이지 못한 야만적인 오랑캐로 취급되기에 이른 것이다. 일종의 정복왕조로서 주나라 정치지배의 정당화, 그리고 언어와 문자기록 측면에서 주변 민족보다 앞서 있던 화하족의 자기중심적인 문화우월주의가 섞이면서 중화주의가 표면화되기 시작했으며 夷는 일종의 '오랑캐'로서 모든 이민족의 대표명사로 쓰이게 되었다.

그 夷의 반대편에 있는 존재가 中이다. 『은계수편』에 따르면 中자의 초기 갑골문은 ￼자로 『상형자전』에서는 군기를 휘날리며 서로 대치하는 중간의 비무장 지역을 뜻하는 글자였다고 해석한다. 금문

―――

62) 華夏蠻貊, 罔不率俾.

「송정」頌卌에는 ▲자로 역시 깃발과 관련이 있다. 나중에 내부 또는
가운데를 뜻하는 中으로 발전했다. 이렇듯 가치중립적인 '中'은 『춘
추』를 통해 특별한 관념으로 성장했다. 『춘추』의 대표적인 해설서인
『좌전』을 보자. 「장공 31년」에서 운운하는 '中國'의 中은 '내內와 중
中'의 의미이다. 안이자 중앙에 위치한 화하족은 밖이자 주변에 위치
하는 '이적'과 다르다는 강렬한 중심주의centrism를 보인다. 또 다른
『춘추』 해설인 『춘추공양전』은 중국중심주의 혹은 중화문화우월
주의를 고착화시키는 데 더욱 큰 역할을 했다.

『춘추』는 공자와 깊은 관련을 맺는다. 공자는 『춘추』의 집필에도
참여한 사람이다. 공자는 주공의 충실한 신도였다. 공자가 꿈에서라
도 뵙기를 고대한 주공은 앞서 언급했듯이 화하족에 대한 안정적 지
배를 위해 중화주의를 선택했으며, 이 전략과 구상은 공자를 거쳐
공자의 추종자들에 의해 유가문화의 한 축을 구성하는 중요한 관념
으로 고착되었다. 단순한 민족 구분에 쓰였던 '화하'와 '이적'의 차
이는 문화적 우열을 가르는 개념으로 변질되었고, 특히 정치적 고려
가 깊이 스민 중화주의의 전개로 화이론은 더욱 왜곡되어 이민족에
대한 천시와 멸시로 이어지게 되었다.[63]

중국사를 보면 중국 민족 내부의 사회적 통합을 통해 정치안정을
이루려는 시도가 있을 때마다, 혹은 이민족의 중국침탈에 대한 저항

---

63) 특히 한나라 때 화이관이 어떻게 전개되었는지에 대해서는 홍승현,
「漢代 華夷觀의 전개와 성격」(동북아역사재단, 『동북아역사논총』 31
호, 2011. 3) 참조.

이 있을 때마다 변함없이 등장한 것이 화이론이었다. 물론 중화는 여러 민족과 어우러진 다문화의 산물이라며 현대중국은 이러한 다문화적 포용성을 통해 사회통합을 이루어야 한다는 여추우余秋雨 등의 반대 의견도 있다.[64] 여추우는 당나라를 예로 드는데, 외면적으로 화이론을 강조하지 않고 이민족 포용정책을 실시했다는 점에서 당나라는 다문화적 통합을 실천한 것처럼 보인다. 그러나 내면을 들여다보면 그렇지 않다. 이민족의 종교라고 불교와 논쟁을 벌이면서 지식인들은 끊임없이 중화문화우월주의와 화이론을 견지했고, 당나라 다문화사회 장안長安의 교육현장에선 이민족 역사를 아예 과목에 넣지도 않았다.

중국 고대사상사에서 화이론은 크게 세 가지 방향에서 논의되었다. 하나는 민족간 모순의 격화가 華와 夷의 구별을 가져왔다는 주장이다. 이는 하, 은, 주 삼대 내내 사방의 주변 민족 특히 서방의 견융犬戎족으로부터 핍박을 받았다는 역사적 주장에 기인한다. 둘째, 중국과 그 주변 민족은 선천적으로 종족이 달라 우열의 구분이 생겼다는 주장이다. 특히 『국어』 「주어 중」 편에는 '융적'을 "시랑豺狼 즉 승냥이와 늑대의 덕을 지녔다"고 비하하며 화하족과 융족 간의 통혼에 반대하고 사람취급을 하지 말아야 한다고 극언하기도 했다. 또한 중원 내부의 싸움은 형제의 싸움이고 '융적'과의 전쟁은 안과 밖의 싸움이므로, 밖에서 적이 침입하면 싸우던 형제는 다시 손잡고

---

64) 예컨대 여추우余秋雨, 심규호 외 옮김, 『중화를 찾아서』(미래인, 2010) 참조.

이들을 막아야 한다는 논지를 전개하기도 했다. 셋째, 이민족들을 역사적으로 도태당한 죄인들의 후예로 간주하는 주장이 있다. 도태 당했다는 말은 본래 같은 종족이었다는 얘기로 '융적'이 처음에는 화하와 한 집안이었으나, 조상이 예의를 차리지 않아 변방으로 쫓겨 나고 이민족이 되었다는 것으로, 『국어』「주어 상」편의 내사과內史過의 말이 대표적이다.[65]

하지만 『좌전』「양공 4년」등을 면밀히 따져보면 융족을 '금수'라 고 욕하고 있는 부분이나 사람 같지 않다는 주장의 맥락은 사실에 바탕을 둔 것이라기보다 피해를 입은 것에 대한 분노의 표현, 혹은 패배에 대한 정신적 승리 등의 수단으로 인용된 것들이다. 따라서 위의 첫 번째와 두 번째의 견해는 모두 일종의 비틀린 문화우월주의 인 대중화주의大中華主義 혹은 대화하주의大華夏主義로 생각된다.

같은 시기에 존재한 다른 관점들은 오늘날 문화를 보는 눈과 상당 히 유사하다. 물론 중국인들의 전통적인 공통 신화에 근거하여 모든 인류가 같은 뿌리에서 나왔다는 주장이 앞에 언급되긴 하지만 『국 어』「정어」나 『좌전』「양공 14년」이나 「희공 22년」의 기록들을 보 면 상이한 생활과 그로 인하여 습속과 문화의 차이가 발생했다는 견 해를 드러내고 있다. 융족을 사악四嶽의 후예로 보기도 하고, 백적白狄 이 문화와 언어가 달라서 다른 민족이라는 주장 등이 그렇다.[66] 민족

---

65) 『국어』「주어 상」편에서는 쫓겨난 후예들이 적狄·만蠻의 족속이 되었 다고 말한다. 칼로 묵형墨刑을 당한 사람들의 후예이므로 성정이 좋지 못하며, 그렇기 때문에 지금도 선량하지 못하다는 것이다.

66) 예컨대 『좌전』「양공 14년」에는 "諸戎飲食衣服, 不與華同, 贄幣不通, 言

평등의 입장에서 이민족과 그들의 문화를 보려는 이 주장이야말로 화이론을 출발시킨 고대 중국사상의 진정한 의미가 아니었을까.

이와 같은 인식이 일단 이론으로 승화하더니 한 걸음 더 나아가 중국의 전통적인 정치문화 속에 녹아들어 필경은 중화 민족의 역사, 정치, 문화 등에 지극히 큰 영향을 미쳤다. 다양한 민족문화를 흡수한 중화 민족의 역사과정에 필요한 심리적 기제를 제공했으며, 민족 융합을 촉진하는 데 유리하게 작용했다. 아울러 중화 전통문화의 특징인 포용성을 촉진시키는 역할을 했으며, 어떤 의미에선 민족자존을 배양하고 강화시켜 이민족의 침입에 대해 왕왕 애국주의적 항쟁을 쉽게 격발시키기도 했다.

중국인의 입장에서 볼 때 화이론은 화하문명을 보존하고 발전시키는 큰 역사적 역할과 문화적 작용을 했다. 근래 장태염<sup>章太炎</sup>은 그의 『국고논형』<sup>國故論衡</sup> 「원경」<sup>原經</sup> 편에서 "진<sup>秦</sup>나라로부터 오늘에 이르기까지 사이<sup>四夷</sup>가 교대로 침공하여 왕도가 중간에 끊긴 지 여러 번이었다. 그러나 어지럽히는 자들이 감히 옛 법도를 훼손·파기하지 못하여 반정<sup>反正</sup>하기도 쉬웠다. ……따라서 오늘날 국민성이 떨어지지 않고 백성들이 스스로 '융적'들보다 귀함을 잘 안다. 『춘추』가 아니었으면 그 무엇이 이를 지키게 했겠는가"[67]라고 말한 적이 있다. 극단으로 치우친 이러한 민족우월감은 필경 '화하'가 이적들

---

語不達"라고 말한다.

67) 自秦氏以迄今玆, 四夷交侵, 王道中絶者數矣; 然揖者不敢毀棄舊章, 反正又易. ……故今國性不墮, 民自知貴於戎狄. 非春秋, 孰綱維是.

보다 위대하다는 불평등성에 기초하고 있음에도 불구하고 봉건왕
조의 과대망상 또는 '폐관쇄국'의 사회문화적 기초가 되기도 한 것
이다.

위진 및 남조시대 유가정치사상의 전승은 덕치, 인정, 절검, 화이
론 등으로 나타났다. 불교와 도교가 유행하기는 했으나 선양, 예법
제도, 군신관계 등 정치적인 측면에서 전체적으로 한대 유가의 둥지
를 벗어나지 않았다. 유가사상 및 그 정치원칙들이 여전히 통치계
급들에 의해 치국평천하의 기본 방침이자 정책 근거로 받들어지고
있었다. 수와 당으로 이어지면서 유가와 불교 사이의 논쟁이 생겨
난 것은 이와 관련이 있다. 현실 정치에 참여하는 통치계층의 유교
적 성향과 광범위하게 피통치자들에게 영향력을 행사하고 있는 불교
라는 현실 사이에서 유불儒佛 논쟁이 불붙은 것은 필연이었다. 문제
는 논쟁 자체가 아니라 불교를 이민족의 종교로 보아 화이론으로 접
근했다는 사실이다. 여기서 화이론과 중화주의는 또 한 번의 파고를
넘게 된다.

불교는 이민족의 종교로 적합한 것이지 중화 민족의 인성에 적합
하지 않다는 것이었다. 그 이유는『홍명집』「삼파론」三破論의 논의처
럼 "호인들은 거칠고 사나워서" 인성이 다르고, "호인들은 의리가
없고 굴강하고 무례하여 금수와 다름이 없기"[68] 때문이라는 것이었
다. 즉 호인들은 풍속과 생활습관이 중화와 다르다는 것이다. 이에
대해선 앞에서 자세히 언급한 바 있다.

---

68) 胡人粗獷, ……胡人無義, 剛强無禮, 不異禽獸.

결국 대중화주의는 위에서 예로 든 공자의 말처럼 '예의문화'가 없다고 주변 이민족들을 멸시하고, 상대적으로 화하족이 문화 민족이므로 주변을 문화적으로 '지배'해야 한다는 의미를 함축한 말이다. 역사적 사실로서 화하 민족은 대부분 기간 동안을 북쪽과 동쪽 '오랑캐'들의 정치적 지배 아래 살아왔다. 현실적으로 힘이 약했던 때에는 중국왕실이 주변 나라를 평등하게 인정한 적도 있다.[69] 그러나 근본적인 의식의 변화는 없었다. 언제든 문화적 우월의식으로 상대를 본다. 그래서 국수주의적이고 자기중심적인 틀을 벗지 못한다. 결국은 힘이 우월한 이민족과 언어문화가 우월한 화하 민족의 경쟁 결과 역사적으로 최후적 승자는 문화의 재배자인 화하 민족이라고 믿는다. 그들의 정교한 문화가 초원의 강자를 제압하는 데 필요한 것은 시간뿐이었다. 중화주의란 중국인의 저항의 표현인 동시에 중국인을 단결시키고 문화적으로 승리하게 해주는 최후의 무기이기도 했다.

중국적 봉건封建의 핵심 또한 중화우월주의, 중국중심주의에 닿아 있다. 중심은 천자 즉 황제다. 천자의 땅 주변에는 친인척을 제후로 두어 안전을 도모한다. 그리고 전국 각지에 건국공신들과 다른 성씨들을 교차시켜 상호경계토록 한다. 소위 오복五服이니 구복九服이니 하는 구분은 왕의 교화와 정치에 안주하여 복종해야 하는 지역,

---

69) 이에 대한 상세한 정보는 전해종 외, 『中國의 天下思想』, 앞의 책에서 김한규, 전해종 등의 논의를 참조. 특히 58~79쪽에 매우 상세히 다루어져 있다.

왕의 문교文教를 열성으로 행해야 하는 지역, 이적夷狄 지역과 가까우니 군병의 조련과 천하의 호위에 힘쓰는 지역, 만이蠻夷의 거주처이니 죄인을 유배 보내는 지방, 미개척 황야는 중죄인을 유배 보내는 지역으로 설명하고 있다. 이 오복규정의 요지는 왕성王城에 가까운 지방은 문화의 수준이 높고 왕의 통제가 미치는 지역이지만 멀수록 문화수준이 낮고 왕에 복속하는 정도도 미약한 오랑캐 지역이므로 볼 것도 없다는 뒤틀린 중화주의를 함축한다. 중국 주변 민족의 모든 문화의 원류는 중국이라는 얘기다. 중국문화를 빼고는 주변 어떤 나라의 문화도 인정할 수 없다는 태도이다. 그래서 중화주의란 중화질서, 즉 중국 중심 세계관의 압축적 표현이며 불평등 의식의 산물이다.

### 화이공조華夷共祖 관념의 확산과 한계[70]

공자는 왜 華와 夷를 애써 구분하며 문화적 차이를 우열로 가르려고 했을까? 공자는 주공의 충실한 신도였으며, 중원문화의 수호를 절체절명의 가치로 여긴 사람이었기 때문이다. 그는 문화의 우열로 華夷를 구분하려는 주공의 정치적 명제를 발전시켜 독재를 하더라도 중화를 수호할 수만 있으면 위대한 행위라고 주장한 사람이다. 춘추시대 패자정치의 문을 연 사람이 관중管仲인데 그에 대한 공자의 평가는 참 모순적이고 특별하다.『논어』에 9차례나 관중을 언급

---

70) 이 소절은 장현근,「중화주의의 시원과 화이공조華夷共祖론 비판」, 앞의 글의 일부를 수정하여 옮긴 것이다.

하는데「팔일」편에서는 관중이 '그릇이 작고, 검소하지 않고, 예의를 모르는' 사람이라고 힐난한다. 하지만「헌문」편에서는 '인재일 뿐만 아니라 그지없이 어진 사람이라'고 평가한다. 그 이유를 관중이 천하의 정치질서를 바로잡지 못했으면 공자 자신과 같은 화하족들이 '이적'처럼 피발좌임被髮左衽 즉 '머리를 풀어헤치고 옷깃을 왼쪽으로 여미는' 야만적 문화 속에 살았을 것이기 때문이라고 한다.

이 말은 후대 유생들에게 엄청난 영향을 미쳤으며 대중화주의가 한껏 고양된 한나라 때 이르면 모든 '이적'을 야만으로 취급하게 되는 근거가 되어주었다. 위에서 예로 들었듯이 반고는『한서』「흉노전 하」편에서 "'이적'의 사람들은 탐욕스럽고 이익을 좋아하며 피발좌임하고 인면수심하다"고 말한 적이 있다. 이렇게 복장과 풍속과 음식이 다름을 문화적 야만으로 취급하여 '화하'의 내부 민족에 대하여 '이적'의 외부 민족을 멸시하는 대중화주의적 경향은 중국인의 핵심사상 가운데 하나가 된다. 화이공조론이 夷의 중화화 즉 '야만의 문명화'란 의도를 담고 있다는 점에서 화이공조론의 단초는 주공에 이은 공자의 사유 속에서 발견된다고 하겠다. 모든 땅의 문화는 자신들의 삶에 가장 잘 어울리는 형태로 존재할 뿐 우열이 있을 수 없는 것 아닌가.

공자시대의 저작인『좌전』의 「양공 14년」 조에는 "여러 '戎'족의 음식과 의복은 華와 달랐으며, 폐백과 예물이 불통하고 말이 연결되지 않았다"[71]고 한다. 민족 우열이 아니라 문화적으로 다름을 표현

71) 諸戎飲食衣服, 不與華同, 贄幣不通, 言語不達.

한 말이다. 그럼에도 문화적으로 열등한 족속으로 주변 이민족을 정의해버리는 배타적 중화주의가 수많은 家와 國들이 정치적으로 합병되어가던 춘추시대 말기 화하족 지식인들의 보편적 경향이었다. 이는 정치적으로 중국의 이민족 지배를 정당한 것으로 만들기 위함이었다. 특히 예의를 정치의 핵심으로 삼은 유가사상가들은 예의 없음을 華夷 평가의 기준으로 삼으면서 중국의 정치적 우월성을 강조하려했다. 특히 공양학파가 그러했다. 대일통大一統을 추구하는 공양학은 한대 유학의 확산에 큰 공헌을 했다. 예의의 문으로 들어오면 모두 중화문화로 대일통을 이룰 수 있다는 것이 공양학의 주장이다. 화이공조론이 결국은 혈통상의 조상보다 문화적인 조상을 염두에 둔 발상이라는 점에서 춘추공양학은 화이공조론의 중요한 단초다.

유가 외 도가나 법가 등 제자백가의 글에서는 문화우월주의로서 '화이지변'을 다룬 곳이 거의 없다. 유학에서 출발했던 묵자사상에서 일부 발견되지만 많지 않다. 유가만이 적극적으로 화이론을 중요한 사상 관념으로 삼았다. 공자의 충실한 계승자임을 자처한 맹자는 한 걸음 더 나아가 '화하'의 문화만이 '이적'의 문화를 바꿀 수 있다는 적극적인 주장을 한다. 중국의 선진문화가 이민족의 후진문화를 바꿀 수 있다면서 서슴없이 주변 민족들을 멸시한다.[72] 그런데 夷

---

72) 아이러니컬하게도 북방 민족 정권인 금, 원, 청나라는 맹자를 성인으로 더욱 적극적으로 추앙했다. 이는 맹자의 이민족 비하를 몰라서가 아니라 이미 중국인들에게 성인으로 존경을 받은 인물을 이용하여 중국 한족들을 이념적으로 통합하기 위한 정치적 계산에서 나온 것이라고 할 수 있다. 장현근, 『맹자: 바른 정치가 인간을 바로 세운다』, 앞의

에 대한 맹자의 생각은 여기에 그치지 않는다. 『맹자』「이루 하」편
에서 맹자는 순임금은 東夷 사람이고, 주 문왕은 西夷 사람이었는데
"뜻을 얻어 中國에서 실천했는데 행동이 부절符節을 합친 듯 일치했
다. 과거의 성인이든 후대의 성인이든 그 규揆는 한가지다"[73]라고 말
한다. 揆는 도의, 법도, 예의 등 화하문화를 일컫는다. 그러니까 맹자
'화이지변'은 중국中國문화로 일체화가 되었을 때에만 '이적'의 문화
가 의미를 지닌다는 얘기다. 이것은 대종가로서 중국이 주변 문화를
이끄는 주체가 되어야 한다는 불평등한 문화우월주의로서 화이공
조론의 또 하나의 단초라 할 수 있다.

한나라는 유가사상이 확산되고 여러 방면에서 제도화로 이어졌
다. 華夷 관념에도 하나의 변화를 일으켰는데[74], 세상의 모든 민족과
중국인의 조상이 같다는 이른바 '화이공조'華夷共祖론이 확산되었다.
전국시대 후반에 형성되었던 대일통 관념이 그 원천이며, 유가의 공
양학파는 이를 통해 한나라 중심의 천하일통의 실천을 특별히 강조
했다. 사마천의 『사기』는 화이공조론의 전형을 보여준 대표적인 예
이다. 華는 천하일통의 주체인 화하족 즉 한족을 말하고, 夷는 통일
된 군현의 내지 또는 외지에 사는 여러 민족이다. 화이공조는 이들
이 같은 조상이라는 얘기인데, 그 조상을 사마천은 황제黃帝로 '설
정'했다. 선진의 제자백가들도 왕왕 황제를 언급하고는 했지만 그것

---

책, 16쪽 참조.
73) 得志行乎中國, 若合符節. 先聖後聖, 其揆一也.
74) 한나라 때 화이관이 어떻게 전개되었는지에 대해서는 홍승현, 「漢代
華夷觀의 전개와 성격」, 앞의 글 참조.

을 체계적인 계보로 만들어 중국인의 조상으로 정리한 원전은 『사기』 「오제본기」이다.

사마천은 『사기』 첫 줄부터 내력이 불분명한 소전씨 제계少典氏帝系[75]라는 계보를 들여오고 황제, 전욱, 제곡, 요, 순으로 이어지는 중국에 사는 모든 사람들의 한 핏줄 유래설을 만들었다. 이는 「오제본기」 말미에 태사공왈太史公曰에서 잘 변명하고 있다.[76] 『사기』 「조세가」趙世家의 첫 출발을 "趙씨의 선조는 秦나라와 조상이 같다"[77]라는 방식으로 춘추전국 각 나라들을 동일 조상으로 만들며, 『사기』 이래 역사서'들은 흉노, 월越나라 사람도 황제의 후예이며 심지어 조선, 서남이西南夷까지도 황제와 어떻게든 연결시켜 화이공조론을 확산시켰다. 「오제본기」五帝本紀의 일부를 살펴보자.

"황제黃帝로부터 순임금과 우임금에 이르기까지 성은 같으나 국호國號를 달리했는데 그로써 각자의 덕을 드러내기 위함이었다. 그러니 황제는 유웅有熊이라 하고, 제帝 전욱顓頊은 고양高陽이라 하고, 제곡帝嚳은 고신高辛이라 하고, 제帝 요堯는 도당陶唐이라

---

75) 중국신화 속에서 소전少典씨는 일종의 하느님 같은 존재이다. 중국의 태고 창조신화부터 황제의 권력신화까지에 대해서는 장현근, 「고대 중국신화의 변천과 정치화」(한국정치사상학회, 『정치사상연구』 10집 2호, 2004. 11), 115~135쪽 참조.
76) 사마천은 공자의 말, 『춘추』 『국어』 등을 종합하고 전국을 돌아다니며 장로들의 의견을 종합하여 五帝의 사실을 얘기한다고 하지만 나는 그것을 냉정하게 읽어 '창조'로 이해한다.
77) 趙氏之先, 與秦共祖.

하고, 제帝 순舜은 유우有虞라 했다. 제帝 우禹는 하후夏后라 하고 다른 성씨였으며 사姒씨를 성으로 했다. 설契은 상商이라 하고 자子씨를 성으로 했다. 기棄는 주周라 하고 희姬씨를 성으로 했다."[78]

근거 없는 이 주장에 대하여 일찍이 고대사 논쟁을 이끌었던 고힐강顧詰剛 선생은 黃帝는 신화적 인물이어서 믿을 수 없다는 견해를 제기한 적이 있다.[79] 실제로 사마천은 『좌전』을 가장 중요한 참고문헌 가운데 하나로 삼았는데 『좌전』「성공 4년」에는 초나라를 "우리와 같은 민족이 아니라 그 마음이 반드시 다를 것입니다. 초나라가 비록 크다고 하지만 우리 종족이 아닙니다"[80]라는 말이 있다. 그런데도 사마천은 『사기』「초세가」 서두를 "초나라 선조는 제 전욱 고양씨로부터 왔다. 고양은 황제의 손자이자 창의의 아들이다"[81]는 공조共祖론으로 시작한다.

이러한 사마천의 화이공조론을 민족평등의식이 반영된 것이라고 주장한 사람도 있지만[82], 위의 '화이지변'과 화이공조론의 단초에서

---

78) 自黃帝至舜, 禹, 皆同姓而異其國號, 以章明德. 故黃帝爲有熊, 帝顓頊爲高陽, 帝嚳爲高辛, 帝堯爲陶唐, 帝舜爲有虞. 帝禹爲夏后而別氏, 姓姒氏. 契爲商, 姓子氏. 棄爲周, 姓姬氏.

79) 顧詰剛, 『顧詰剛古史論文集』(北京: 中華書局, 1988), 제1책 c부분을 참조.

80) 非我族類, 其心必異, 楚雖大, 非吾族也.

81) 楚之先祖出自帝顓頊高陽. 高陽者, 黃帝之孫, 昌意之子也.

82) 화이공조론을 정식 논문으로 다룬 사람은 많지 않은데 王文光 · 翟國强, 「"五帝"世系與秦漢時期"華夷共祖"思想」, 앞의 글은 사마천의 민족평등의식을 무척 강조하면서 '화이공조'를 사상의 차원으로 끌어올리

살펴보았듯이 이는 사마천 대일통사상의 반영이다. 한대 대일통의 실상은 혈통의 동질성보다는 문화적 동질성을 확보하여 화하 즉 한족문화로의 동화와 통일을 지향하는 것이라 할 수 있다. 이는 진한의 통일과 강력한 제국으로의 성장 과정에서 생겨난 우월감과 외부적으로 조선, 흉노, 서역, 남월南越 등 주변 민족과의 갈등을 겪으며 내부적으로 생겨난 민족감정의 소산이었을 것이다.

사마천은 화내이외華內夷外의 공양학적 대일통사상의 선봉에 선 사람이다. 『사기』를 펼치기만 하면 누구든지 그의 중화우월주의를 쉽사리 발견할 수 있다. 『사기』를 그대로 베낀 『한서』의 경우는 더 심각했다. 한대 이후 중국인들의 화이론에 등장하는 이민족에 대한 관념은 습관과 문화의 차이를 문명과 야만의 차이로 보는 극단적 편향성을 보인다. 한대에는 주로 북방 민족 특히 흉노와 갈등이 심했다. 실제로 흉노의 묵돌冒頓 선우가 북방에 대제국을 건설하고 한 고조 유방에게 '평성平城의 치욕'[83]을 안겼으며 나중 여呂 태후에겐 과부라고 놀리는 등 심각한 모욕을 주었음에도 한나라 조정은 그저 화친하고, 아우가 되고, 예물을 보낼 수밖에 없었다. 그럼에도 사마천은 「흉노열전」에서 흉노를 하후夏后씨의 후예로 같은 조상임을 내세운다.

한나라 정부 또한 전쟁정책과 인의도덕을 앞세운 포용정책을 동

---

고 있다.

83) 묵돌 선우가 정예병으로 태원太原을 공격하자 유방이 직접 32만 보병으로 맞섰으나 평성平城 오늘의 大同 동남쪽에서 포위 고립되어 7일을 굶주린 뒤 묵돌의 부인 연閼씨에게 뇌물을 주어 포위망을 뚫고 겨우 빠져나온 사건. 『사기』 「흉노열전」 참조.

시에 구사했다. 힘으로 억누르려는 정책이든 도덕을 앞세워 문화적 통합을 꾀하는 정책이든 언제나 중화의 수호자인 한나라가 중심이고 이민족은 그저 중화문화에 복종해야 하는 문화적 미개인일 뿐이다. 결국 한대 화이공조사상은 혈통의 동질성을 찾는 지적인 노력의 산물이 아니라 실력에서 밀린 중국이 문화적 우월감을 정당화하는 정치논리 속에서 발전된 것이라 해도 크게 틀리지 않을 것이다.

화이공조사상은 그 근거의 박약함 때문에 사상의 주류가 되지는 못했지만 위진남북조시대에 특별하게 확산되었다. 북방의 5호가 한화漢化정책을 시행한 기록은 많은데 그들이 진짜 중국인으로 착각했던 것인지, 인구가 압도적으로 많은 한족 즉 화하 민족을 통치하기 위한 정치적 발상인지에 대해선 더 깊은 연구가 필요하다.

그 후 신유학 발전과정에서 '화이지변'은 중국문화우월주의의 공개적인 주장과 확산으로 이어졌다. 북의 거란족, 여진족, 몽고족에 대해 비교할 수 없이 나약한 실력을 지녔으면서도 끝까지 주전론을 전개하고 오랑캐 문화의 저열함을 강변하던 사람들이 성리학자들이었다. 그들 누구도 사마천의 화이공조론을 적극적으로 추종하고 나서지는 않았지만 모두 기본적으로 맹자의 '중화에 의한 이적의 변화'를 주장하는 화내이외華內夷外의 문화우월주의 입장을 고수했다.

『춘추공양전』이래 중국 역사에서 화이지변을 특별히 강조하고 중국문화우월주의를 강화한 것은 夷의 강력한 힘에 밀린 데 대한 반작용일 수 있다. 특히 夷에게 중국의 군주가 잡히는 사례가 빈번했으나『춘추공양전』은 애써 그것을 사실로 인정하지 않고 '이적'을 비하시키는 용어와 내용으로 포장하고 있다.[84] 희공 원년에는 형邢나라가, 2년에는 위衛나라가 '이적'에게 멸망을 당할 정도였다. 히하라 도시쿠니日原利國는 이에 대해 "군사적 열세를 뼈저리게 느끼면 느낄수록 문화에서는 우월하다고 하는 의식을 더욱 고양시킨 듯하다"[85]라고 평가했다. 북방 민족에게 하염없이 밀렸던 시대의 신유학이야말로 華夷 관념의 결정판이며 대일통사상의 압권이다. 이들의 '화이지변'은 정신승리법에 다름없다고 생각한다. 나는 유가의 이 정신승리법이야말로 중국 중화주의 전개와 확장의 관건이라고 생각한다.

---

84) 『춘추공양전』의 이러한 기록방법에 대해서는 히하라 도시쿠니日原利國, 김동민 옮김, 『국가와 백성 사이의 漢—한 제국, 덕치와 형벌의 이중주』(글항아리, 2013), 59~263쪽에 상세한 예증을 동원해서 분석하고 있다.
85) 같은 책, 262쪽.

# 제13장

## 관념의 변천을 탐구하며

# 관념의 변천과 중국정치의 전개

## 관념사 서술방법

중국은 갑골문에서 현대 중국어에 이르기까지 3천 년이 넘는 기간을 같은 문자와 언어로 된 기록물을 갖고 살아가는 나라다. 세월이 가면서 끝없이 영토를 확장해오긴 했으나 기본적으로 황하와 장강을 중심으로 아주 일찍부터 중앙집권적 통치를 해온 정치적 경륜을 가진 국가이기도 하다. 따라서 그 많은 중국의 문헌들을 하나하나 분석해서 중국정치사상 관련 관념들을 모두 분석해내기는 불가능하다. 하지만 관념이 어느 날 갑자기 특정한 인물에 의해 바뀔 수 없으며, 관념은 또 시대의 산물이라는 점에 착안하여 큰 틀로 접근한다면 중국정치사상 내 관념들이 어떻게 바뀌어갔는지 대강의 모습은 파악할 수 있을 것이다. 나는 시대를 대표하는 사상가들의 저작들 속에서 같은 글자를 쓴 관념들을 찾아내고 그것들이 갖는 의미를 서술함으로써 정치사상과 관련된 관념들이 어떻게 변천되었는지 파악하려고 노력했다.

나는 우선 큰 틀로 각 장을 세 부분으로 나누어 서술했다. 1절에서는 해당 관념이 어떻게 형성되었는지 갑골문, 금문, 소전의 글자해석과 그것들이 갖는 초기의 내용을 밝혔다. 2절에서는 그 관념들의 변화상을 시대순으로 분석했다. 특히 시대환경의 큰 변화를 셋으로 구분했다. 원시문헌으로부터 기존 개념들을 정치사상의 중요한 관념으로 승화시킨 공자의 등장까지를 첫 번째 시기로 다루고, 그렇게 형성된 관념들에 대하여 활발하고 다양하게 논쟁한 제자백가의 시대를 두 번째 시기로 다루었으며, 진한秦漢 이래 거대한 제국의 출현으로 각 정치 관념들이 어떻게 고착화되어갔는지 세 번째 시기로 살펴보았다. 3절에서는 해당 관념들과 연결된 정치철학 관련 논의들 가운데 중요하다고 생각되는 부분을 나의 주관적 입장에서 논술함으로써 각 관념들이 갖는 풍성한 사상사적 의미를 밝히고자 했다.

하나의 연구서에 담을 수 있는 내용과 분량에 한계가 없을 수 없다. 나는 아주 많은 관념들을 쭉 펼쳐놓고 신중하고 엄격하게 선정하여 이 책에서는 최종적으로 서론의 '정치'政治를 포함해 24개의 관념과 몇 개의 관련 관념들을 내용 속에 포함시켰다. 한자는 하나의 대상에 대하여 하나의 글자를 대칭시키는 일물일자一物一字가 그 형성 원리이다. 따라서 한자 한 글자는 하나의 뜻을 지니는 일자일의一字一意가 원칙이다. 내가 선정하고 각 장에 배치한 중국정치사상 관련 관념들 또한 현대어에서는 두 개의 한자를 붙여서 하나의 관념으로 읽는 경우도 있지만 초기에는 모두 독립된 뜻을 가진 관념들이었다. '공사'公私처럼 붙여 읽긴 하지만 두 글자가 끝까지 독립된 관념으로 남아 있는 경우도 있고, '천명'天命처럼 하나의 관념으로 인식되는 경우도 있다. 나는 매 장의 1절에서 해당 글자를 나누어 어원을 탐색했다. 2절에서 공자 이전은 주로 두 글자를 분리해서 연결고리를 찾고자 했으며, 제자백가시대에는 분리된 관념은 분리된 대로, 합쳐진 관념은 합쳐진 대로 함께 다루었으며, 제국시대에는 주로 두 글자를 붙여서 하나의 관념으로 다룬 경우가 많았다. 3절에서는 일부를 제외하고는 붙여서 하나의 관념으로 한꺼번에 다루었다.

### 24개 관념의 변천을 따라

이 기준에 따라 이 책에서 다룬 관념들의 변천을 간략하게 요약하면 다음과 같다.

政治의 政은 정벌하다는 征에서 출발했으며, 정책 또는 법령의 의미로 쓰이다가 『논어』를 지나면서 이해관계의 조절과 질서라는 정치 관념으로 발전했고 인간의 내면적, 외면적 삶과 행위 전체를 지배하는 총체성의 관념으로 발전했다. 질서가 잡힌 상태를 뜻하는 治 개념이 덧붙여지면서 '政의 治 상태'를 말하게 되었다. 이러한 전통적 政治 관념은 전통부정과 서양지향이라는 근대화의 길목에서 급속하게 서양화 과정을 밟게 되었다. 이 과정에서 政治는 그 총체성을 상실하고 경제, 법률 등과 구분되는 협애한 개념으로만 남게 되었다.

天과 命은 원래 서로 관련이 없는 개념이었다. 天은 사람 머리 위의 무한한 공간을 뜻하고, 命은 윗사람이 아랫사람에게 무엇을 시킨다는 의미였다. 그러다 天이 지고무상의 높은 존재를 뜻하는 관념으로 발전하고, 그 존재의 명령이란 의미를 지니게 되면서 天命 관념이 확립되었다. 공자는 나이 50에 '天命을 알았다'고 했다. '天이 만물을 낳고 인간이 그것을 완성시킨다'는 관념의 성립으로 天子 즉 황제는 천명을 부여받은 사람으로 인식되었다. 제국시대에 天命 관념은 왕조의 교체와 관련된 혁명 관념과 연결되었으며 조작되기 일쑤였다.

心자가 먼저 생겼는지 性자가 먼저 생겼는지 알 수 없다. 심장의 생김새를 표현하는 것이 心이고 性은 땅에서 자라나는 풀의 형상인 生자가 어원이다. 본래 육체의 기관이나 인간의 본능을 얘기하던 心性이 '외물에 반응하는 감정이 실린 마음' 또는 인간 내면의 본성 등으로 인식되기 시작한 것은 공자 이전인 듯하다. 民心이란 추상적 관념도 만들어졌다. 그리고 제자백가들의 활발한 心性 담론을 거치면서 心과 性은 때로 대립하고 때로 통합되면서 심각한 철학적 논쟁을 만들어 내었고 그 결정판은 송명이학宋明理學이었다.

정치가 행해지는 공간을 뜻하는 國과 家는 원래 다른 행정단위였다. 國은 성곽을 갖춘 제후들의 도읍을 뜻하고 家는 돼지와 관련되어 독립된 제사를 행하는 대부들의 집안을 뜻했다. 그러다 춘추전국시대에 실력을 키운 대부들이 제후들을 공격하여 스스로 제후가 됨으로써 國과 家의 경계도 불분명해졌다. 겸병을 통해 주변 家國들을 통합하여 거대한 영토와 많은 인구를 거느리게 된 전국시대에 國家는 3공9경의 정부조직을 갖춘 오늘날 국제정치의 단위인 '국가'와 유사한 의미를 지니게 되었다. 제국시대에 天下의 주인은 한 사람 황제뿐이었다. 이때 國家는 독립된 행정단위가 아니라 황제가 통치하는 영역에 부속된 군국郡國의 의미로 남아 다시 봉건적 國의 의미가 되살아났으며 황실 인척과 공신들에게 수여하는 봉지의 의미로 변했다. 근대 영어 state 또는 country 등에 대응하는 관념으로서 國家는 전통시대 관념과 유사한 점도 있고 다른 점도 있다.

국가를 다스리는 최고 지도자로서 君과 王은 현실의 정치지도자로 출발했다. 권력을 상징하는 지팡이를 든 사람이 君이고 도끼를 든 사람이 王이었을 수 있다. 물리적 폭력을 장악한 권력의 핵심을 뜻하는 君王이 공자시대를 전후하여 차츰 스스로 높은 덕을 지닌 존재로 이상화되었다. 중국정치사상사에서 군왕은 가치의 궁극적 판단자라는 이상적 지위와 혹독한 법률을 시전하며 臣民의 생살여탈권을 장악하고 있는 공포의 존재이기도 했다. 제국시대 군왕은 이상적 통치자로서 성인의 형상을 지녀야 했으며, 심각한 권력투쟁으로부터 자신을 지켜내기 위해 군주독재를 지향했다.

권력의 장치부로 군왕을 보좌하며 백성들에 대한 통치를 수행하는 臣과 통치의 대상으로서 피지배계층인 民은 모두 처음에는 노예와 관련이 있었다. 臣자는 복종하고 있는 사람의 모양이었으며 民자는 노예 또는 이주민을 지칭하거나 농민을 부르는 말이었다. 백성百姓이 귀족을 뜻하는 개념이었다면 서민庶民은 노동하는 계급이었다. 그러다 군역과 세금이라는 의무를 지는 존재로 民이 있고 臣은 군주와 民 사이에 존재하는 사람들의 통칭이 되었다. 臣 관념은 갈수록 추상화되어, 군주에게 충성을 바쳐야 하는 존재로서 臣民 관념이 만들어진 것은 춘추시대 말기부터였으나 완전한 군주의 종복으로 臣民 관념이 고착화된 것은 제국시대 이후일 것이다.

道자든 德자든 초기에는 갈림길을 뜻하는 行자에서 비롯되었다는 것이 흥미롭다. 道는 사람이 가는 큰 길이란 의미로부터 삶에서 추구해야할 정당한 방법과 수단으로 발전했다. 德은 똑바로 가는 탄탄대로에서 출발하여 사람의 너그러운 마음 씀씀이란 관념으로 발전하면서 心자가 더해졌다. 道德 관념이 높은 뜻을 지향하는 고도의 인격적 행위와 연결된 것은 은나라 후기에 벌써 생겨났다. 각종 초기 경전에도 출현빈도가 매우 높다. 德은 주공에 의해 정치이데올로기로 승화되고 공자는 자신의 이상을 道德에 집중시켰다. 한편 자연율에 순응하는 원리로서 道를 상정하고 그 실천방법으로 德을 얘기하는 도가사상의 출현으로 道德 관념은 다양한 정치철학 관념으로 발전했다. 그런데 서양식 moral의 번역어로서 '도덕'은 다양성보다는 특수성을 지닌 비교적 협애한 관념이 되고 말았다.

仁과 義는 마땅한 서양언어의 대응어를 찾기 어려운 중국사상사의 독특한 개념이다. 仁義는 중국정치사상사 전체를 관통하는 유가사상의 핵심 관념이다. 초기의 仁은 인간의 동등함을 뜻했으며 義는 하늘이 돕는 정의로운 싸움을 뜻했다. 공자 이전에는 仁義를 붙여서 관념화하지는 않았다. 義는 일찍부터 정의로운 행위로 간주되었지만, 仁이 정치가의 덕목으로 강조된 것은 공자시대의 창조로 보인다. 仁義를 붙여 쓰며 위대한 군주가 가져야 할 필수 덕목으로 요구한 사람은 맹자와 순자다. 제가백가 가운데 義를 특별히 강조한 학파는 묵가이고 도가는 仁義 모두가 인위적인 덕목이라며 반대했다. 이렇게 정립된 이상적인 정치로서 인정仁政, 의정義政 관념은 후대 사상가들이 힘의 정치에 반대할 때마다 들고 나오는 핵심 이념이 되었다.

禮와 法은 함께 쓰기도 하고 정반대의 개념으로 쓰이기도 했다. 禮는 종교제례에 보이는 숭배의식에서 출발했고, 法자는 처음에는 공정한 판결을 통한 형벌과 관련이 있는 글자였다. 禮는 조상숭배와 제례를 포함하여 살아 있는 사람들의 사회에 적용되는 여러 가지 규범과 연결이 되었다. 차츰 국가운영의 기본 방침과 제도 및 직무와 관련된 관념으로 발전했다. 法은 형벌 외에 제도라는 의미로 확장이 되었으며 규정과 규범이란 의미에서 禮와 교류가 가능했다. 춘추시대에는 禮와 法이 상호 병존하는 관념이었다. 法을 숭상하는 학파가 출현하면서 法은 시대의 반영이고 禮는 전통의 계승이라고 보아 충돌하는 정치 관념으로 발전한 것은 전국시대였다. 마치 진보와 보수를 대변하듯 두 관념은 정치적으로 충돌하면서 다양한 사상적 변화를 겪었으나 결국은 진시황에 의해 法으로 통일제국을 수립하게 되었다. 도가의 일부가 禮와 法 모두를 위선이라고 배척했지만, 중국 문화의 전형이 만들어지는 한나라와 그 이후 중국 정치는 겉으로 禮를 표방하나 통치의 실질은 法에 입각해 전개하는 이른바 외예내법 外禮內法의 정치전통이 만들어졌다.

중국의 전통 정치는 권력의 안정성을 확보하고 통치 질서를 유지하기 위한 이념적, 현실적 교화의 내용으로서 忠과 孝를 특히 강조했다. 하지만 초기의 忠孝 관념은 현실 정치와는 무관한 것이었다. 忠은 내적으로 마음이 공정하여 치우치지 않음을 뜻하는 글자였고, 孝는 자손들이 노인을 부축하여 받드는 형상이다. 孝 관념의 확산은 조상숭배의 전통과 관련이 있으며 살아 있거나 돌아가신 어른에 대한 일체의 공경을 뜻하게 되었다. 춘추시대부터 孝는 가부장적 전제의 확장으로서 군주권력의 절대화와 자주 연결되었다. 忠은 孝보다 늦게 사회적 관념이 되었지만 춘추시대 말기에 군주를 섬기는 도리로 忠을 얘기하는 용례가 간혹 보인다. 忠孝 관념은 전국시대 군주전제주의 정치의 발전과 더불어 정권 차원에서 대대적으로 홍보하기 시작했으며, 한나라 이래 제국시대에서는 정치윤리의 핵심 관념으로 보편화되었다. 후한 때 성립된 『충경』은 忠孝 관념의 정치화를 이론적으로 결산한 작품이다. 주지하다시피 오늘날까지도 동양사회에서 忠孝 관념은 확대재생산을 거듭하고 있다.

公과 私는 처음부터 반대 개념이었다. 음식 등을 고르게 분배한다는 것이 公의 첫 의미였다. 그 公의 반대말이 私 즉 厶였는데, 공적재산이 아닌 사유재산인 곡식을 뜻하는 글자로 보인다. 公이 지위가 높은 사람의 상형으로 쓰이고 私가 개인을 뜻하는 말로 쓰인 용례도 매우 오래되었으나 출처를 알 수는 없다. 다만 관직이 분화되고 중앙집권을 지향하는 정치적 지배가 이루어진 은나라 후기에 公과 私는 중요한 정치 관념으로 등장했다. 공전公田과 사전私田이 구분되고, 公이 항상 私에 앞선 것이라는 관념도 만들어졌다. 전국시대의 제자백가에 이르면 공천하公天下와 사천하私天下 의식도 생겨났으며, 公이 절대적으로 私에 앞선다는 주장들이 제기되었다. 私를 추구하는 것은 죄악으로 취급되기도 했다. 제국시대에 이르면 천하의 유일한 주인인 황실만이 公의 세계가 되고 모든 사람이 멸사봉공의 자세로 私를 없애야 했다. 私가 갖고 있는 개별적 존재로서 의의는 완전히 사라지고 公 즉 군주와 국가와 왕실에 종속되는 公私 관념만이 중국의 전통사회를 지배하게 되었다.

華夷 관념은 주로 타자에 대한 중국인의 자의식과 관련된 문제다. 華는 원래 꽃이 핀 나무의 상형으로 가치중립적인 것이었으나 중국인을 뜻하는 夏자와 발음으로 엮여 같이 쓰기 시작하면서 중요한 정

치사상 관념의 하나가 되었다. 모자 쓴 중국의 농부를 뜻하는 夏와 활을 든 이민족 혹은 웅크려 앉는 사람을 뜻하는 夷는 단순히 습속이 다른 이민족 사람을 구분하는 말이었다. 그런데 夷로 통칭되는 주변 민족의 침탈에 대한 華夏 민족의 자의식이 싹트면서 문화적 우열을 가리기 시작했고 아주 일찍부터 강한 적개심을 가지고 夷를 폄훼하기 시작했다. 이렇게 하여 생긴 중국문화 우월주의는 대중화주의라는 틀 속에서 확대재생산을 거듭했고, 공자를 위시한 유가사상가들은 그 정점에 있었다. 유가사상이 중국의 전통 정치 이념으로 자리를 잡은 이래 華夷 관념은 시종 주변 민족에 대한 문화적 멸시를 내용으로 삼았다.

이들 관념 외에도 현실적 통치원리와 관련된 여러 가지 정치사상 관련 관념들이 존재한다. 예컨대 형틀에 갇힌 사람의 머리를 자르는 형상을 한 형刑자와 죄인을 체포하여 심문하고 징치한다는 벌罰자 등도 다루어야 할 중요한 관념이다. 상賞, 정명正名, 혁명革命, 율령律令, 선거選擧 등 정치사상에서 다룰 수 있는 관념들은 셀 수 없이 많다. 하지만 지면의 한계와 시간의 제약 때문에 중국의 정치사상의 역사 속에서 최고의 핵심이라고 간주되는 24개의 관념들만 분석하게 되었다. 이상의 분석 틀이 유용하다면 그러한 개념들은 추후 계속적으로 보완될 수 있을 것이다.

# 참고문헌

## 총서, 역사서, 사전, 자전

『十三經注疏』中華書局, 1980.

『中國哲學書電子化計劃』http://chinese.dsturgeon.net

『中央研究院漢籍電子文獻』http://hanji.sinica.edu.tw

『漢典』www.zdic.net

『象形字典』http://vividict.com

『百度百科』http://baike.baidu.com

『維基百科: 自由的百科全書』http://zh.wikipedia.org/zh-cn

『漢語大字典』, 湖北辭書出版社, 四川辭書出版社, 1985.

徐中舒 主編, 『甲骨文字典』, 成都: 四川辭書出版社, 2006.

趙誠 編著, 『甲骨文簡明詞典－卜辭分類讀本』, 北京: 中華書局, 1999.

許愼, 『說文解字』

段玉裁, 『說文解字注』

朱駿聲, 『說文通訓定聲』, 臺北: 藝文印書館, 1975.

謝光輝 主編, 『常用漢字圖解』, 北京大學出版社, 1997.

『康熙字典』

『弘明集』『廣弘明集』

『群書治要』

吳楓 主編,『中華思想寶庫』, 吉林人民出版社, 1990.

中國思想寶庫出版委員會 編,『中國思想寶庫』, 中國廣播電視出版社, 1990.

『史記』『漢書』『後漢書』『三國志』『隋書』『舊唐書』『唐會要』『資治通鑒』『元史』『明史』『明太祖實錄』『明太宗實錄』『明通鑑』

## 경전, 선진문헌 및 고적

『詩經』『書經』『周易』『周禮』『儀禮』『禮記』『春秋』『爾雅』『孝經』『左傳』『國語』『春秋公羊傳』『春秋穀梁傳』『逸周書』『楚辭』『經法』『文子』

『論語』『孟子』『荀子』『墨子』『道德經』『莊子』『商君書』『尹文子』『愼子』『申子』

『鶡冠子』『韓非子』『吳子』『孫子兵法』『淮南子』『呂氏春秋』『管子』『孔子家語』『忠經』『太平經』『樂緯』『尙書緯』『春秋緯』『孝經緯』『文選』

陸賈,『新語』

韓嬰,『韓詩外傳』

賈誼,『新書』

董仲舒,『春秋繁露』

劉向,『說苑』『戰國策』

桓寬 編,『鹽鐵論』

606

戴德,『大戴禮記』

王符,『潛夫論』

班固 編,『白虎通義』

王充,『論衡』

荀悅,『申鑒』

劉義慶,『世說新語』

顔之推,『顔氏家訓』

王弼,『老子注』『周易注』

慧能,『六朝壇經』

嵇康,『嵇康集』

郭象,『莊子注』

唐太宗,『唐太宗集』『帝範』

唐太宗 外,『貞觀政要』

武則天,『臣軌』

王通,『中說』

吳筠,『玄綱論』

孔穎達 外,『五經正義』

柳宗元,『柳河東集』

韓愈,『韓昌黎集』

李翶,『復性書』

司馬光,『司馬文正公傳家集』

張載,『正蒙』

『二程語錄』,『河南程氏遺書』

朱熹,『四書集註』『朱文公文集』『朱子語類』

陸九淵,『陸象山全集』

鄭樵,『通志』

朱元璋,『明太祖文集』

王守仁,『傳習錄』

張居正,『張文忠公全集』

羅貫中,『三國志演義』

黃宗羲,『破私論』『宋元學案』『明夷待訪錄』

顧炎武,『日知錄』

王夫之,『船山全書』

曹雪芹,『紅樓夢』

雍正帝,『大義覺迷錄』

章太炎,『國故論衡』

孫文,『三民主義』

朴齊家,『北學義』

洪大容,『毉山問答』


## 현대 연구서 및 논문

顧詰剛,『顧詰剛古史論文集』, 北京: 中華書局, 1988.

郭沫若,『靑銅時代-先秦天道觀之進展』, 北京: 人民出版社, 1954.

郭沫若,『十批判書』, 東方出版社, 1996.

郭沫若,『郭沫若全集』歷史編, 北京: 人民出版社, 1982.

데이비드 N. 키틀리, 민후기 옮김,『갑골의 세계』, 학연문화사,

2008.

도현철,『고려말 사대부의 정치사상 연구』, 일조각, 1999.

미우라 쿠니오三浦國雄, 김영식 · 이승연 옮김,『인간 주자』, 창작과 비평사, 1996.

傅佩榮,『儒道天論天發微』, 臺北: 臺灣學生書局, 1985.

徐大同 編,『中國古代政治思想史』, 長春: 吉林人民出版社, 1981.

송영배,『유교사상, 유교적 사회와 마르크스주의의 중국화 1 - 유교사상과 유교적 사회구조 분석』, 남풍출판사, 1991.

순황荀況, 장현근 옮김,『순자』, 책세상, 2002.

시라카와 시즈카白川靜, 윤철규 옮김,『한자의 기원』, 이다미디어, 2009.

야마다 케이지山田慶兒, 김석근 옮김,『주자의 자연학』, 통나무, 1998.

呂振羽,『中國政治思想史』, 北京: 三聯書店, 1955.

여추우余秋雨, 심규호 외 옮김,『중화를 찾아서』, 미래인, 2010.

오하마 아키라大濱皓, 이형성 옮김,『범주로 보는 주자학』, 예문서원, 1997.

韋政通,『荀子與古代哲學』, 臺灣商務印書館, 1966중판.

유택화劉澤華 주편主編, 장현근 옮김,『중국정치사상사』(선진편 상 · 하), 동과서, 2008.

劉澤華 主編,『中國政治思想史』, 浙江人民出版社, 1996.

劉澤華,『中國傳統政治思想反思』, 北京: 三聯書店, 1987.

張其昀,『中華五千年史』1冊, 中國文化大學出版部, 1963.

전해종 외,『中國의 天下思想』, 민음사, 1988.

鄭良樹,『商鞅及其學派』, 臺灣學生書局, 1987.

다케우치 데루오竹內照夫, 이남희 옮김,『동양철학의 이해-사서오경을 중심으로』, 까치, 1991.

陳啓天,『中國法家槪論』, 臺灣中華書局, 1985.

陳大齊,『孟子待解錄』, 臺灣商務印書館, 1991.

陳來,『古代宗教與倫理-儒家思想的根源』, 生活 · 讀書 · 新知, 三聯書店, 1996.

陳夢家,『殷墟卜辭綜述』, 中華書局, 1992.

陳榮捷,『朱學論集』, 臺北: 臺灣學生書局, 1982.

굴만리屈萬里, 장세후 옮김,『한학 연구의 길잡이』, 이회문화사, 1998.

馮友蘭,『中國哲學史新編 上』, 北京: 人民出版社, 2004.

許卓雲,『求古編』, 臺北: 聯經出版事業公司, 1982.

히하라 도시쿠니日原利國, 김동민 옮김,『국가와 백성 사이의 漢 -한 제국, 덕치와 형벌의 이중주』, 글항아리, 2013.


歐陽禎人,「先秦儒家文獻中的"天"-兼論蒙文通先生對」http://www.confucius2000.com, 2006년 1월 5일 작성.

羅安憲,「道家天命論的精神追求」,『中國人民大學學報』 2007년 제3기, 2007.

唐君毅,「孟墨莊荀之言心申義下」, 香港新亞硏究所,『新亞學報』 第1卷 第2期, 1955.

박병석, 「중국 고대 유가의 '민' 관념: 정치의 주체인가 대상인가?」, 한국동양정치사상학회, 『한국동양정치사상사연구』 제13권 제2호, 2014. 9.

Benjamin I. Schwartz, 張永堂 옮김, 「關於中國思想史的若干初步考察」, 張永堂 等 옮김, 『中國思想與制度論集』, 臺北: 聯經出版事業公司, 1976.

舒大剛, 「『周易』·金文"孝享"釋義」, 『周易研究』 2002年 第4期.

謝長征, 李敏, 「論古代家國同構與腐敗的關係」, 『廣西社會科學』 2003年 11期, 2003. 11.

徐復觀, 「荀子政治思想的解析」, 『中國思想史論集續篇』, 時報文化出版事業有限公司, 民國71年.

孫仁宏, 「簡論中國古代家國關係與科擧文化」, 『鹽城師範學院學報』 1995年 第1期, 人文社會科學版, 1995. 1.

沈成添, 「荀子的禮治思想」, 『華岡法科學報』 第1期, 1978. 4.

안재순, 「조선 후기 실학의 주체성 문제-박지원·박제가·정약용의 북학론을 중심으로」, 동양철학연구회, 『동양철학연구』 제40집, 2004.

楊華, 「春秋戰國時期 '宗統'與 '君統'的鬪爭-兼論我國古代忠孝關係的三個階段」, 『學術月刊』 1997年5期, 1997. 5.

余英時, 「淸代思想史的一個新解釋」, 『歷史與思想』, 臺北: 聯經出版公司, 1993.

王文光·翟國强, 「"五帝"世系與秦漢時期"華夷共祖"思想」, 『中國邊疆史地研究』 2005年 第03期.

왕원주,「조선 후기 북벌대의론의 변화와 영향: "조선중화주의"에 대한 시론」, 연세대학교 사회과학연구소,『사회과학논집』40집 1호, 2009.

姚堯,「民字本義試探」,『學術論壇』2001년 제3기(총 제146기), 2001.

이명수 · 조관연,「중화주의적 인식 경계, 로컬리티와 타자 – 도통론적 대상 인식에 대한 실학적 전환을 중심으로」, 동양철학연구회,『동양철학연구』제62집, 2010.

張愛平,「朝代與中的國國家槪念」,『讀與寫: 敎育敎學刊』2013年第12期, 2013. 12.

정재훈,「조선후기 史書에 나타난 中華主義와 民族主義」, 한국실학학회,『한국실학연구』8호, 2004.

최문형,「공자와 묵자의 천 개념 비교」, 동양철학연구회,『동양철학연구』제68집, 2011.

최희재,「동아시아 국제질서의 변화와 한국: 14~19세기의 변화를 중심으로」, 단국대학교사학회,『사학지』제39집, 2007.

홍승현,「漢代 華夷觀의 전개와 성격」, 동북아역사재단,『동북아역사논총』31호, 2011. 3.

**주로 참고인용한 장현근張鉉根의 저서 및 논문**

『중국정치사상입문』, 지영사, 1997.

『상군서: 난세의 부국강병론』, 살림출판사, 2005.

『맹자: 바른 정치가 인간을 바로 세운다』, 한길사, 2010.

『성왕: 동양 리더십의 원형』, 민음사, 2012.

『순자: 예의로 세상을 바로잡는다』, 한길사, 2015.

「商鞅的政論與變法」, 中國文化大學政治學研究所碩士論文, 1987. 6.

「荀子政治思想之研究」, 中國文化大學三民主義研究所博士論文, 1991. 12.

「初期法家의 人性과 歷史에 대한 認識」, 경희대학교행정대학원 『경희행정논총』 제7권 제1호, 1992. 12.

「荀子政治思想에서 '예'의 기능」, 한국정치학회, 『한국정치학회보』 제26집 제3호, 1993. 4.

「선진 정치사상에서 '法'의 의미」, 한국정치학회보, 『한국정치학회보』 제27집 제2호 하, 1994. 3.

「동양사상과 세계시민: 중국 天下思想과 儒家의 大同論」, 한국유럽학회, 『유럽연구』 통권 3호, 1995. 12.

「道家 · 法家의 관점에서 본 정치와 교육」, 용인대학교인문사회과학연구소, 『인문사회연구』 창간호, 1998. 3.

「儒家思想의 養 · 敎 · 治論: 경제 · 교육 · 정치의 상관성」, 고황정치학회, 『고황정치학회보』 제2집, 1999. 5.

「朱子學의 官學化와 사상사적 한계」, 한국정치학회, 『한국정치학회보』 33집 1호, 1999. 7.

「'家'개념의 유래와 사회화」, 『전통과 현대』 2000년 겨울호, 2001. 1.

「중화질서 재구축과 문명국가건설: 최익현 · 유인석의 위정척사사상」, 한국정치사상학회, 『정치사상연구』 제9집, 2003.

「고대 중국신화의 변천과 정치화」, 한국정치사상학회, 『정치사상연구』 10집 2호, 2004. 11.

「동양의 덕치와 법치」, 한국정치학회, 『정치학이해의 길잡이 1: 정치사상』, 법문사, 2008.

「공public · 공common 개념과 중국 진한정부의 재발견: 예 · 법의 분화와 결합」, 한국정치사상학회, 『정치사상연구』 16집 1호, 2010. 5.

「한국에서 대중국관념의 변화: 중화주의, 소중화주의, 탈중화주의」, 경희대학교국제지역연구원, 『아태연구』 18집 2호, 2011. 8.

「성인의 재탄생과 성왕 대 폭군 구조의 형성」, 한국정치사상학회, 『정치사상연구』 17집 2호, 2011. 11.

「염치의 몰락과 자본의 제국: 현대 한국정치의 허상」, 예문동양사상연구원, 『오늘의 동양사상』 제22호, 2011. 12.

「초기 유가 '화동'和同논의의 정치철학적 의미」, 『동양정치사상사』 제11권 1호, 2012. 3.

「방벌放伐과 선양禪讓의 이중주: 초기 유가사상의 정권에 대한 정당화」, 한국정치학회, 『한국정치학회보』 46집 1호, 2012. 3.

「근대 한국정치학과 '정치' 인식의 불연속성」, 서강대사회과학연구소, 『현대정치연구』 제5권 제1호, 2012. 4.

「덕의 정치인가, 힘의 정치인가 맹자 왕패王霸논쟁의 정치 기획」, 한국정치사상학회, 『정치사상연구』 20집 1호, 2014. 5.

「중화주의의 시원과 화이공조華夷共祖론 비판」, 한국고전학회, 『동방학』제31집, 2014. 8.

「중국에서 천天·천하天下 관념의 형성과 보편화 및 그 한계」, 양승태 외,『보편주의: 새로운 세계를 위한 정치사상사적 성찰』, 책세상, 2016.

「중국고대정치사상에서 '국가'國家 관념의 형성과 변천」, 한국정치학회,『한국정치학회보』49집 2호, 2015. 6.

「중국 고대정치사상에서 천명天命 관념의 등장과 군권의 정당화」, 중국학연구회,『중국학연구』73집, 2015. 8.

「중국 고대의 충군忠君사상과 충효忠孝 관념의 정치화」, 한국정치사상학회,『정치사상연구』21집 2호, 2015. 11.

## 갑골문과 금문 참고문헌 및 약칭 출처

于省吾 主編,『甲骨文字詁林』, 전4책, 中華書局, 1999. 12.

李圃 主編,『古文字詁林』전12책, 上海敎育出版社, 2004. 12.

鐵: 劉鶚,『鐵雲藏龜』(六冊), 1903年.

前: 羅振玉,『殷虛書契前編』, 1913年.

後: 羅振玉,『殷虛書契後編』, 1916年.

燕: 孫海波,『甲骨文編』, 1934年.

甲: 董作賓,『殷虛文字甲編』, 1948年.

乙: 董作賓,『殷虛文字乙編』上/中/下輯, 1948/1949/1953年.

粹: 郭沫若,『殷契粹編』, 1937年.

掇: 郭若愚,『殷契拾掇』

佚: 商承祚,『殷契佚存』, 1933年.

金: 方法斂, 白瑞華, 『金璋所藏甲骨卜辭』, 1939年.

京津: 胡厚宣, 『戰後京津新獲甲骨集』四卷, 1954年.

合集 또는 숫자: 郭沫若主編 胡厚宣總編輯, 『甲骨文合集』・『甲骨文合集補編』, 1978~82年.

屯: 考古研究所, 『小屯南地甲骨』

# 책을 마치며

개념사 관련된 자료집이나 연구서들에서 중국사상을 언급한 학자들은 더러 있지만 특정한 저술가가 일관된 입장을 견지하면서 3천 년 이상의 사상사를 관통하여 관념의 어원으로부터 통시대적 의의를 발굴하는 '연구'는 아직 찾아볼 수 없다. 단위 관념을 중심으로 철학적 분석을 해낸 책은 간혹 있지만 정치사상 전반을 관통하는 여러 관념들을 체계적으로 서술한 책은 거의 없다. 나는 중국의 많은 지역을 돌며 중국정치사상사 전공학자들과 깊은 대화를 해보았으나 대부분은 '아직' 관념사 연구를 시작하지 않고 있었다.

'중국정치사상 관념사'라는 선행 연구가 없기 때문에 내가 이 책에서 내린 정의와 변천과정에 대한 설명에 오류가 있을 수 있으며, 그 서술방식이나 해석에 문제가 없을 수 없다. 잘못된 부분에 대한 교정과 수정이 지속적으로 이루어져야 할 것이며, 동시에 관념군의 범위를 확장하고 시대를 더욱 세분화하여 관찰하는 후속 작업들이 필요하다. 그리하여 숱한 논쟁과 보완이 이어져 더 완벽한 '관념의 변천사'가 만들어지길 기대한다.

나는 20여 년 전 박사학위를 받고 귀국하는 비행기 안에서 상당히 의욕적인 구상을 한 적이 있다. 적어도 1년에 두 편의 논문을 쓰고 책은 무릎 높이까지 쓰자. 50대 중반까지 한눈팔지 말고 중국정치사상(사) 공부에 매진할 것이며 입문, 관념사, 논쟁, 통사의 순으로 네 권의 『중국정치사상사』를 쓰자. 서양사상과의 소통을 중시할 것이며 전통 속에서 현대적 가치를 발견하는 작업에 잠시도 소홀하지 말자. 이런 등등의 각오를 하면서 한국으로 돌아왔다. 대체로 그 구상을 지키고 살아왔으며 거기에 더하여 여러 가지 번역서도 내게 되면서 무릎 높이를 훌쩍 넘겼다. 그 과정은 신산했다. 중국의 중요성을 강조하면서도 중국정치사상에 대해서는 홀대하는 기이한 한국의 정치학계를 온몸으로 견뎌가면서 간신히 이루어낸 결과가 이 책이다. 그래서 논쟁사와 통사는 역시 후학들에게 미룰지도 모른다는 슬픈 전망을 하게 된다.

인문학은 언제나 길고 어두운 터널에 들어섰다 빠져나오길 반복하는데 인문학과 사회과학 사이에 애매하게 걸쳐 있는 정치학은 이제 긴 터널에 막 들어선 느낌이다. 나의 정치사상 연구가 터널을 밝히는 점점의 작은 등불 가운데 하나가 되기를 기대할 따름이다. 이에 비해서 흔히 '동양사상' 혹은 '동양철학'이라 불리는 분야는 어둡게 시작했다가 밝은 빛을 받으며 곧 터널의 끝자락에 다다르고 있는 듯하다. 이 책은 그 두 학문분야 사이에 위치한다고 할 수 있다. 이 책은 지금 살아가는 사람들과 대화하는 사회과학적 접근을 하는 동시에 과거를 살다간 사람들과 대화하고 그들의 내면을 들여다보는 인문학적 탐구를 함께 한 결과물이다.

30여 년간 중국을 공부해온 낮은 식견으로 볼 때 사회과학 분야의 중국탐구는 그 중요성에도 불구하고 나를 포함하여 아직 초보상태에 머물고 있으며 인문학 분야의 중국탐구는 초보를 벗어나 어느 정도 자기주장이 가능한 단계에 들어선 듯하다. 서양이 몰려오기 전 이 땅의 선배들이 세계 중국학을 이끌었던 지난 시대와 비교하면 참으로 부끄러운 일이다. 해결책은 교육밖에 없다. 아비는 자식을 가르칠 수 없다는 맹자의 말을 의심하며, 나는 자식들이 어렸을 때 사서삼경을 직접 가르쳐보았는데 성과가 있었다. 고전 가르치는 일을 이어가고 싶다. 우리나라에 한문고전을 가르치는 교육기관이 없는 것은 아니나 대부분 엘리트 교육에 치중해있다. 나는 고전 공부를 하고 싶은 사람이면 언제나 누구와도 함께할 의향이 있다. 지금도 지속적으로 무료강좌를 열어 사재를 털어 밥과 술을 사줘가면서 여러 대학 및 대학원 학생을 모아 즐거운 중국고전읽기 모임을 해가고 있다. 그 학생들과의 대화가 이 책을 써가는 데 큰 힘이 되었다.

나는 책을 쓰면서 선배, 동료학자들의 연구에서 큰 도움을 받았다. 지면의 제약 때문에 참고문헌에는 직접 인용한 문헌들만 언급했지만 실제로는 그보다 훨씬 많은 학자들의 글을 참고했다. 그들 모두에게 깊이 감사드린다. 특히 문자와 텍스트를 고증하는 데 엄청난 시간을 절약시켜준 고문자학 관련 사전 편찬자들과 고전문헌 전자화작업을 해준 연구자들, 그리고 그것을 쉽게 이용할 수 있도록 모두 공개해준 중국의 분위기에 감사한다. 한국연구재단 저술지원사업에 선정되어 연구를 시작했고 일부는 다른 학술지에 실리기도 했다. 그러나 논문을 그대로 싣지는 않았으며 수정과 가감을 거쳐 책의 전체 구성을 통일시켰다. 마지막 문구수정을 할 때는 고려대학교 박사과정의 송재혁 군과 서울대학교 석사과정의 장호영 군이 수고

해주었다.

　먹고 사는 지식 외의 문화나 학문을 일절 없애려 했던 진시황은 한 세대가 못 가서 멸망했다. 법과 권력을 덕과 학문보다 높게 여기는 반지성주의가 유행하는 나라가 오래간 경우는 없었다. 머리 좋은 사람들 모두 인생을 걸고 추구하는 가치가 돈과 지위뿐인 기막힌 세상에서 나와 같은 아둔한 시골 학자에게 출판의 기회를 준 한길사에 감사드린다. 동시에 이런 학문적 저술을 가능하게 해준 한국연구재단에도 깊은 감사를 드린다.

　『논어』論語를 또 한 번 완독했다.
　이번에는 절문切問과 가추可追에 꽂혔다.

　2016년, 장현근.

## 장현근張鉉根

대만의 중국문화대학교에서 『상군서』商君書 연구로 석사학위를, 『순자』荀子 연구로 박사학위를 받았다. 유가사상의 현대화, 동양 경전의 해석과 재해석, 자유·자본·민주에 대한 동양사상적 대안을 모색·몰두하고 있다. 중국 북경사범대학교와 미국 UNC-Chapel Hill의 방문학자를 지냈으며, 현재 용인대학교 중국학과 교수이자 중국 길림대학교 겸임교수다.

지은 책으로는 한길사에서 펴낸 『맹자: 바른 정치가 인간을 바로 세운다』 『순자: 예의로 세상을 바로잡는다』를 비롯해 『맹자: 이익에 반대한 경세가』 『성왕: 동양리더십의 원형』 등이 있고, 옮긴 책으로는 『논어』 『순자』 『신어역해』 등이 있다. 주요 논문으로는 「덕의 정치인가, 힘의 정치인가: 맹자 왕패王霸논쟁의 정치 기획」 「방벌放伐과 선양禪讓의 이중주: 초기 유가사상의 정권에 대한 정당화」 등 한국어 논문과 「왕패논쟁으로 본 순자의 성왕론」 「순자사상 중의 군신민 관계」 등 중국어 논문이 있다.

중국의 정치사상
# 관념의 변천사

**지은이** 장현근
**펴낸이** 김언호

**펴낸곳** (주)도서출판 한길사
**등록** 1976년 12월 24일 제74호
**주소** 10881 경기도 파주시 광인사길 37
**홈페이지** www.hangilsa.co.kr
**전자우편** hangilsa@hangilsa.co.kr
**전화** 031-955-2000~3 **팩스** 031-955-2005

**부사장** 박관순 **총괄이사** 김서영 **관리이사** 곽명호
**영업이사** 이경호 **경영담당이사** 김관영
**편집** 백은숙 노유연 김광연 민현주 이경진
**마케팅** 양아람 **관리** 이중환 문주상 이희문 김선희 원선아
**디자인** 창포 031-955-9933
**CTP 출력및인쇄** 현문인쇄 **제본** 경일제책사

제1판 제1쇄 2016년 4월 27일
제1판 제2쇄 2017년 8월 8일

값 25,000원
ISBN 978-89-356-6549-5 93100